*A Eficácia Jurídica na
Defesa do Consumidor*

O PODER DO JOGO NA PUBLICIDADE

— um estudo de caso —

1205

P522e Pezzella, Maria Cristina Cereser
   A eficácia jurídica na defesa do consumidor: o poder do jogo na publicidade: um estudo de caso / Maria Cristina Cereser Pezzella. – Porto Alegre: Livraria do Advogado Ed., 2004.
   264 p.; 16 x 23 cm.
   ISBN 85-7348-335-0

   1. Direito do consumidor 2. Proteção ao consumidor. 3. Publicidade enganosa. 4. Consumidor. I. Título

CDU - 347.451.031

   Índices para o catálogo sistemático:
   Direito do consumidor
   Proteção do consumidor
   Publicidade enganosa
   Consumidor

   (Bibliotecária responsável: Marta Roberto, CRB-10/652)

Maria Cristina Cereser Pezzella

A Eficácia Jurídica na Defesa do Consumidor
O PODER DO JOGO NA PUBLICIDADE
— um estudo de caso —

livraria
DO ADVOGADO
editora

Porto Alegre 2004

© Maria Cristina Cereser Pezzella, 2004

Capa, projeto gráfico e diagramação de
Livraria do Advogado Editora

Revisão de
Rosane Marques Borba

Direitos desta edição reservados por
Livraria do Advogado Editora Ltda.
Rua Riachuelo, 1338
90010-273 Porto Alegre RS
Fone/fax: 0800-51-7522
livraria@doadvogado.com.br
www.doadvogado.com.br

Impresso no Brasil / Printed in Brazil

Dedico
Aos meus pais, Tommaso e Walkíria,
por me receberem num lar sempre alegre e feliz.

Ao meu filho, Pedro Henrique,
com muito, muito e muito mais amor.

Ao Prof. Dr. Luiz Edson Fachin, orientador da tese que resultou neste livro e que acreditou e confiou na sua potencialidade, antes mesmo de seus primeiros contornos, atuando firme e forte numa relação segura e atenta entre mestre e aluna criando vínculos afetivos e intelectuais indissociáveis, permitindo fazer nascer a tese que se apresenta. O Mestre concedeu a liberdade para o vôo e a segurança para o pouso; pronto e próximo se fez presente nos momentos mais complexos deste trabalho. Ao Mestre e ao Ser a minha eterna gratidão.

Agradecimentos

A proposta deste livro que se apresentou ao público só se tornou possível em razão de uma multiplicidade de apoios pessoais e institucionais, na esfera afetiva, psíquica e material. Em virtude da generosidade de todos, quero tornar público o meu agradecimento.

À Dra. Luíza Hoefel frente ao apoio forte, terno e sublime que costurou, como num bordado, todas as Marias existentes em mim, fazendo ver os obstáculos de forma simples, não me deixando perder nenhuma das minhas Marias no caminho e, meditando em conjunto ao longo de cinco anos a bibliografia psicanalítica utilizada, conferindo densidade à tese.

À Dra. Liane Maria Busnello Thomé amiga e colega que da enorme capacidade de compartilhar me auxiliou e ajudou traçar paralelos com nossas experiências profissionais conferindo mais vida à tese.

Aos que acreditaram neste vôo e que ele chegaria a bom termo, dentre muitos: aos colegas da UNISINOS, da PUC-RS, da UFPR, igualmente aos amigos: Prof. Dr. Urbano Zilles, Prof. Dr. Rovílio Costa, Prof. Dr. Salo de Carvalho, Profa. Dra. Maria Claudia Crespo Brauner, Prof. Dr. Anderson Cavalcanti Lobato, Andréia Terre do Amaral, Fabiana Fiori Hallal, Gianluigi Tosches , Ruth Luiza Raabe Ahrons, Vera Lúcia Grieco de Souza, Roberta Arabiane Siqueira e Gabriela Nader Bataglia, aos meus irmãos: Antônio Rafael e Marcus Vinícius, as minhas cunhadas Eliane e Isabel, aos meus sobrinhos: Aline, Ismael, Nicole, Conrado, Gabriela, Carolina, Rafael, Caroline e a minha doce afilhada Andreia. A todos, o meu mais puro afeto.

Aos Professores Doutores do Curso de Doutorado da UFPR em especial: Guilherme Marinoni, Ângela Cassia Costaldello. Fernando Andrade de Oliveira, Jacinto Nelson de Miranda Coutinho. Agradeço também a dedicação dos funcionários da secretaria do Curso de Doutorado e da Biblioteca da UFPR.

Agradeço a todos os meus alunos, razão do meu escrever, em especial aqueles que me escolheram como orientadora.

Às instituições que apoiaram a realização deste estudo: UNISINOS, PUC-RS, CAPES, e Universidade Federal do Paraná.

Ao Prof. Dr. Ingo Wolfgang Sarlet por suas virtudes, e por ser movido pela esperança.

Ao Walter Abel Filho e ao Valmor Bortoloti por tornar o caminho mais fácil e realizar o contato com o público leitor.

Por fim, esta jornada é fruto de uma relação próxima as pessoas e para elas nasce da vontade do diálogo constante. Que assim possa continuar sendo. Aos meus eternos Professores, referências de minha existência.

Prefácio

O jogo do consumo e o consumo do desejo

Cabe-me a honra de prefaciar a obra sobre publicidade e proteção do consumidor, um olhar transdisciplinar que apanhou, com acerto e sensibilidade, um estudo de caso. Acompanhei a investigação científica e o amadurecimento das dúvidas da autora. Vi o nascimento da tese posto como um exercício para pensar possibilidade e jamais para deduzir obviedade.

Posso, por isso mesmo, afiançar que a comunidade jurídica brasileira assiste à publicação de uma obra inovadora, que consagra novas metodologias para a apreensão do saber jurídico, fruto de tese de doutoramento elaborada sob nossa orientação, defendida e aprovada no Programa de Pós-Graduação da Faculdade de Direito da Universidade Federal do Paraná pela professora Maria Cristina Cereser Pezzella.

Em elogiável e esmerado labor, traz a lume o estudo de caso concreto como meio de discussão dos institutos jurídicos da proteção do consumidor, do comportamento das partes em litígio e da própria sociedade de consumo.

Esse foco, destarte, a partir do caso concreto, clarifica muito mais. Vai ao interior de desejos mais ocultos do ser humano reificado como ele mesmo objeto do consumo. Com apoio em farta doutrina psicanalítica, buscou explicar a fascinação exercida pelo jogo nos indivíduos e como essa magia, do poder sonhar – iludir-se no mudar a realidade – revela-se nas pessoas, promovendo o consumo.

Por meio de um caso paradigmático, exemplarmente escolhido, delineia considerações que ultrapassam raciocínios lineares e tradicionais, enfrentando questões de aridez comprovada, tais como a busca da verdade e de sua existência.

Para tanto, passa em revista considerações essenciais sobre as noções e embates entre princípios e regras, a incidência e interpretação das normas jurídicas e a própria *práxis* judicial, esta objeto de crítica arguciosa.

Não descura a obra da preocupação própria do Direito Civil contemporâneo encimado por uma hermenêutica teleológica de índole constitucional, e pelo repensar da espacialidade intrínseca à racionalidade jurídica. Desse modo, o texto traz o Direito que se ocupa do Estado,* e do público privado se desenvolve o privado "publicizado" por normas jurídicas, não raro de índole constitucional.

Conforme Gustavo Tepedino, ao mencionar a nova racionalidade transmitida pela Constituição ao Direito Civil:

"Fala-se, por isso mesmo, de uma despatrimonialização do direito privado, de modo a bem demarcar a diferença entre o atual sistema em relação àquele de 1916, patrimonialista e individualista." e arremata, referindo-se ao Projeto de codificação: "Os quatro personagens do Código Civil – o marido, o proprietário, o contratante e o testador –, que exauriam as atenções (sociais) do codificador, renascem, redivivos, com o projeto, agora em companhia de mais um quinto personagem: o empresário." (*Temas de Direito Civil.* Rio de Janeiro: Renovar, 1999, p. 438).

A preocupação demonstrada pela obra vai mais longe, pois também se coloca na senda que ilumina, ainda que precariamente, a busca da verdade, e no curso de um processo judicial ultrapassa o purismo conceitual para firmar um marco na análise jurídico-filosófica, reconhecendo as vicissitudes dos sujeitos na apreciação do objeto.

---

* Assim se expressou, nesse sentido, análise acutíssima: "De um modelo de política do direito dogmático-político, teríamos passado de um modelo de política do direito pragmático-político. Isto confirmaria que as relações 'privado-público' não se estabeleceriam mais no espaço que nós definimos anteriormente, e que uma relação fortemente fundada politicamente entre direito e costumes daria lugar a uma relação marcada pela ilegitimidade recíproca: os costumes seriam a resultante de uma justaposição de aspirações individuais sem que esta situação assumida claramente, conscientemente, pelos próprios indivíduos, nem inscritas explicitamente em um projeto político (no sentido de projeto mobilizando o conjunto dos cidadãos); o direito se tornaria aqui um instrumento de gestão dos problemas do 'privado' surgindo na cotidianeidade, e de vontades políticas diversas nascidas de conjunturas particulares. COMMAILE, J. "Direito e costumes ou o surgimento de um modelo de ilegitimidade recíproca". *In*: BARRETO, V. (Org.). *A nova família*: problemas e perspectivas. Rio de Janeiro: Renovar, 1997, p. 20.

A relação sujeito-objeto é desnudada de forma exemplar, a partir de referências à obra de Sófocles, Édipo-Rei, estabelecendo parâmetros que permitem a apreciação da verdade processual, trazendo à tona questões intricadas tais como a limitação das provas pelo juiz e o silêncio das partes em juízo.

A obra buscou desvendar o último recôndito do indivíduo, no qual se encontram as respostas – ou as interrogações – que levam ao consumo de determinado produto, não para a satisfação das necessidades próprias, mas por trazer a idéia lúdica de alterar a vida de forma mágica, como em um sonho infantil.

Essa forma de despertar (ou melhor, de adormecer) ao faz-de-conta que o jogo produz e que a publicidade explora nos indivíduos com alta intensidade, acaba por ser o ponto de partida para o estudo e o repensar de uma sociedade movida mais pela (i)racionalidade do *ter* do que pela razão do *ser*.

Sobre esse aspecto, escreve Jussara Meirelles:

"Não é difícil concluir, portanto, que a pessoa que o Código Civil descreve não corresponde àquela que vive, sente e transita pelos nossos dias. É que os valores pessoais, os desejos, a intenção de ter reconhecida a sua dignidade não encontram correspondência na abstração de uma figura que o sistema pretende como pessoa, como sujeito de direito." ("O ser e o ter na codificação civil brasileira: do sujeito virtual à clausura patrimonial". In Fachin, Luiz Edson. *Repensando Fundamentos do Direito Civil Brasileiro Contemporâneo*).

O apuro nas observações do caso examinado edificou uma tese e com sua publicação, instiga o leitor a imaginar inúmeras resoluções, tendo em vista os relevantes argumentos levantados e os institutos jurídicos examinados. A análise promovida sobre as fontes do direito propõe a jurisprudência como basilar para a arquitetura da obra, demonstrando-se como verdadeiro alicerce para a edificação de posteriores estudos referentes à temática.

Ciente da missão social que reveste o presente trabalho, a autora alerta o *modus operandi* utilizado pelos fornecedores de bens e serviços para a atração do consumidor aos seus bens, encartando, na análise, manipulação e efeitos da publicidade.

A metodologia empregada pela Profesora Doutora Maria Cristina, advinda dos alicerces modelo e abstração – utilizados pela psicanálise – permite uma apreciação sincronizada do direito, ou seja, em sintonia com a aplicação concreta dos aportes teóricos, promovendo em um primeiro momento análise apurada e refletida e em um segundo, alternativas concretas à resolução de conflitos futuros.

A iniciativa inédita da obra se demonstra pela seleção e profunda análise de um *case* de grande repercussão social – elevada pela maciça publicidade –, mas que no âmbito jurídico, até então não possuía abrigo. Nesse sentido, outra grande contribuição da obra: sugerir a necessidade de atenção dos operadores jurídicos para o jogo como agente propulsor do consumo.

A agradável leitura da obra se dá, não somente pela narrativa didática e pela escorreita metodologia, mas pela utilização de marcos teóricos atraentes, plenamente aplicáveis ao estudo jurídico como a estética da arte e que ao final, permitem o deleite do leitor.

Além disso, a análise da lógica do lúdico ou a previsão do jogo pela inventividade dos fornecedores de bens e serviços visando à atração do consumidor, é dissecada pela obra, demonstrando-se mais uma vez o pioneirismo da autora na percepção social.

Como se a mensagem não bastasse, lança a obra ainda um desafio: a proteção legislativa específica do consumidor exposto à inventividade das formas publicitárias do mercado, sempre dispostas a inserir o consumidor na redoma do consumo. Nota-se que, em se tratando de um jogo, a relação torna-se ainda mais desigual, quando uma parte lança-se emocionalmente com desejos e esperanças, e a outra prevê todas as possibilidades e decorrências.

Neste tempo em que os saberes não convivem mais dissociados,* merece louvor a autora e elogios a editora pela contribuição não apenas ao debate jurídico, mas também ao compromisso social e filosófico vivificado pela obra.

Todas essas razões fazem da tese que merecidamente vem a público um convite ao desafio que constrói e desconserta incessantemente os saberes, equilibrando dialeticamente realidade e esperança.

Luiz Edson Fachin
Professor Titular de Direito Civil da UFPR

---

* "Há inadequação cada vez mais ampla, profunda e grave entre os saberes separados, fragmentados, compartimentados entre disciplinas e, por outro lado, realidades ou problemas cada vez mais polidisciplinares, transversais, multimensionais, transnacionais, globais, planetários". MORIN, Edgar. *A Cabeça Bem-Feita. Repensar a reforma. Reformar o Pensamento.* 5ª ed. Rio de Janeiro: Bertrand Brasil, 1999.

Sumário

Apresentação 15
Introdução 17
1. Explicitação preliminar: sentido da jurisprudência no estudo do caso concreto 23
   1.1. Jurisprudência como fonte no Direito Romano 24
   1.2. A ruptura causada pela codificação na percepção de Paolo Grossi ... 34
   1.3. Processo de codificação civil no Brasil 43
   1.4. Polissistemas e a legislação protetiva das relações de consumo 56
2. Propaganda sociedade de massa e o indivíduo 61
   2.1. A psicologia da propaganda na perspectiva de Roger Moey-Kyrle ... 61
      2.1.1. Processos de mercado por meio de armadilhas lúdicas 68
      2.1.2. Processos dolosos e atrativos de consumo 70
      2.1.3. Estudo do caso 75
         2.1.3.1. Relato do caso concreto e ponderações pertinentes 75
         2.1.3.2. Ponderações a partir da decisão de Primeiro Grau 83
         2.1.3.3. Ponderações a partir dos novos argumentos trazidos na sustentação oral 85
         2.1.3.4. Ponderações a partir da decisão do Segundo Grau 87
   2.2. Sociedade de massa e o indivíduo despreparado 103
      2.2.1. Surgimento da pessoa como sujeito de direitos e a sua dignidade ... 103
      2.2.2. Dignidade da pessoa humana para a ordem jurídica brasileira 109
      2.2.3. Dignidade da pessoa humana afrontada por técnicas de captar consumidores 112
3. Princípio da boa-fé e tutela da confiança 117
   3.1. Boa-fé subjetiva 118
   3.2. Boa-fé objetiva 120
   3.3. Boa-fé no direito romano 120
   3.4. Boa-fé como ausência de pecado 124
   3.5. Boa-fé na codificação e no polissistema do Código de Defesa do Consumidor 126
   3.6. Ponderações no que toca ao negócio jurídico e sua relevância para este estudo 132
   3.7. Teoria do abuso da posição jurídica 138

3.8. Responsabilidade pré-negocial e a ligação com o princípio da boa-fé
objetiva 142
3.9. Oferta e a publicidade ao público 154
3.10. Responsabilidade civil e sua repercussão nas relações de consumo . . 159
 3.10.1. Responsabilidade pelo Vício do Produto ou Serviço 166

4. Jurisprudência e eficácia jurídica 173
 4.1. Papel do Advogado, do Ministério Público e do Magistrado na
 construção da jurisprudência e do Direito 174
 4.2. Papel do profissional do direito na produção do conhecimento 180
 4.3. Papel do cidadão e da sociedade organizada na construção do Direito . 185
 4.4. Interpretar uma capacidade a ser desenvolvida 188
 4.5. Conhecimento, pensamento, compreensão e busca da verdade 196
  4.5.1. A tragédia escrita por Sófocles na visão de Foucauld a investigação
  da verdade 213
 4.6. A busca da verdade no processo 233

Conclusão 243

Referências bibliográficas 247

Anexos 257

Apresentação

Foi com imensa satisfação, honra e alegria que recebi o convite para apresentar a obra da Professora Doutora Maria Cristina Cereser Pezzella, e isso por várias razões. Em primeiro lugar, por ter o privilégio de conviver com a autora desde o momento em que ingressou no grupo de estudos constitucionais mantido pela Escola Superior da Magistratura (AJURIS), por mim coordenado já há alguns anos, onde, em ambiente agradável e estimulante, tivemos ocasião de travar interessantes e acaloradas discussões sobre temas de matiz constitucional, inclusive na esfera da constitucionalização do direito privado. Além disso, a autora ofertou belo texto sobre a evolução histórica do Código Civil Brasileiro, que integra recente coletânea sobre *A Constituição e o Novo Código Civil*, por mim organizada e publicada pela Editora Livraria do Advogado, contribuindo, a exemplo dos demais co-autores, decisivamente para o êxito da obra. Da personalidade da autora, coloco aqui em relevo a dedicação incondicional à pesquisa, além de uma saudável curiosidade, indispensável para uma profícua e promissora produção científica. Não é, além disso, demais lembrar que, no contexto da sua trajetória acadêmica, a autora alcançou os títulos de Mestre e Doutora em Direito, respectivamente na UFRGS e na UFPR, tendo lançado importante e erudita obra sobre a *Propriedade Privada no Direito Romano*, publicada pela Editora Sergio Fabris, em 1998. Não chega a ser, portanto, uma surpresa que a autora tenha concluído, com pleno e merecido êxito, o seu Doutorado em Direito na prestigiada Faculdade de Direito da Universidade Federal do Paraná, sob a iluminada e sempre competente orientação do ilustre Professor Doutor Luiz Edson Fachin, inquestionavelmente um dos expoentes da cada vez mais influente escola do Direito Civil Constitucional, cujos alicerces, de resto, ajudou decisivamente a construir de modo sólido e – assim o esperamos – duradouro.

Quanto à obra propriamente dita, versando sobre a *A Eficácia na Defesa do Consumidor - O poder do jogo na publicidade*, definitivamente não pretendemos adiantar nada sobre o seu conteúdo, deixando assim de subtrair ao leitor o natural e insubstituível primeiro contato com o texto. Todavia, não poderíamos nos furtar de destacar aqui que estamos diante de uma autêntica tese de doutoramento, ou seja, de um texto cientificamente consistente, calcado em expressiva e diversificada doutrina, e que oferece um efetivo contributo para o desenvolvimento da ciência jurídica, no âmbito da temática específica escolhida pela autora. Além disso, chama a atenção a elegância da linguagem e a fluidez do texto, que, somados à atualidade do tema, fazem da leitura não apenas um dever – pelo menos para todos os que se dedicam aos problemas da proteção do consumidor – mas também um genuíno prazer. Sem com isso esgotar os aspectos positivos a serem realçados, é de se mencionar – como não poderia deixar de ser, considerando os estímulos acadêmicos recebidos – o diálogo constante com a mais alta principiologia jurídico-constitucional, com destaque aqui para os princípios da boa-fé e da dignidade da pessoa humana, sempre com o olhar voltado para a análise de situações concretas, na forma de um estudo de caso, tudo a demonstrar que Direito é, acima de tudo, vida (e vida com dignidade) ou não é Direito.

Por todo o exposto, almejamos que a autora venha a alcançar, também desta vez, o merecido sucesso, notadamente com a acolhida ampla desta obra pelo público e pela academia. Foi – convém repisá-lo – uma satisfação e um privilégio poder escrever estas linhas.

Porto Alegre, julho de 2004.

Prof. Dr. Ingo Wolfgang Sarlet

Introdução

A tese apresentada propõe uma radiografia crítica do consumo, numa sociedade de mercado, para aclarar o poder dos jogos como elemento impulsionador de demandas artificiais. Tal demonstração busca preencher uma lacuna na doutrina jurídica pertinente e o faz mediante exame de caso concreto.

A compreensão do núcleo temático a ser aqui enfrentado leva em conta o ensino jurídico que, em regra, destina-se a informar aos interessados na tese das teorias sobre o seu vínculo, aplicado à prática e à crítica da jurisprudência, como fonte originária da formação jurídica. Na perspectiva de um estudo cativante a todos, tendo como objetivo intentar atender às solicitações da comunidade acadêmica e forense na busca de soluções jurídicas adequadas aos casos concretos que tendem a se repetir, justifica-se a presente tese que faz referência a um julgamento realizado no Tribunal de Justiça do Rio Grande do Sul.

Por essa razão, este trabalho tem também a intenção de realizar um estudo com vistas a alertar para os termos dos casos concretos, que se desenvolvem no dia-a-dia, e servir como um referencial para posteriores investigações na esfera temática e metodológica, traçando concomitantemente linhas paralelas que vislumbram as situações do cotidiano com outras hipóteses em que exista uma identidade com os marcos teóricos aqui delineados.

No que toca à temática, o princípio da boa-fé objetiva e a publicidade já têm ganhado relativa repercussão doutrinária recente.[1] A

---

[1] Sob o aspecto da doutrina, ver principalmente COUTO E SILVA, Clóvis do. *A obrigação como processo*. São Paulo: José Bushatsky, 1976, p. 27 e seguintes; O princípio da boa fé no Direito brasileiro e português. In: JORNADA LUSO-BRASILEIRA DE DIREITO CIVIL, 1, 1980, Porto Alegre. *Estudos de Direito Civil Brasileiro e Português*. São Paulo: Revista dos Tribunais, 1980, p. 43-72; *Principes fondamentaux de la responsabilite civile en droit brasilien et comparè*. Curso apresentado na Faculté de Droit et Sciences Politiques de St. Maur (Paris XIII). Paris: s.n. 1988,

boa-fé objetiva refere-se a algo exterior ao sujeito, algo que se lhe impõe, normas de conduta que determinam como este sujeito deve agir, permitindo-se a concreção de normas impondo que os sujeitos de uma relação se conduzam de forma honesta, leal e correta, valores estes existentes em cada sociedade levado-se em observação seu estado de acumulação sociocultural. A publicidade tem merecido diversas investigações de grande repercussão pelos pensadores das mais diversas áreas, tais como do direito, da psicanálise, do jornalismo, da publicidade, do empresariado e da economia, para citar apenas alguns.[2]

Cabe nesta tese enfrentar a aplicabilidade do princípio da boa-fé no caso concreto em que durante a produção da prova se tem em mente a busca da verdade e a atuação das partes de acordo com a boa-fé objetiva. A estrutura apresentada comporta um caso concreto, real, enfrentado de maneira a conter relação com as principais normas do Código de Defesa do Consumidor (CDC) aplicáveis à espécie, fazendo-se referência geral e, em razão direta, ao caso específico, em que se juntam as razões apresentadas pelos advogados das partes e os motivos que justificaram a decisão de primeiro e de segundo grau.

A busca da verdade como um compromisso do investigador jurídico resultou numa perspectiva que ultrapassou as muralhas da bibliografia jurídica para penetrar no mundo ainda pouco conhecido da

---

p. 1, 29, 30 e 48, principalmente. Ver também AGUIAR JÚNIOR, Ruy Rosado de. *Extinção dos contratos por incumprimento do devedor (resolução)*. Rio de Janeiro: Aide, 1991, p. 238-251; Aspectos do Código de Defesa do Consumidor. *Ajuris*, Porto Alegre, n.52, p. 167-187, jul. 1991; A convenção de Viena (1980) e a resolução do contrato por incumprimento. *Revista da Faculdade de Direito da UFRGS*, Porto Alegre, v.10, p. 7-21, jul. 1994; A boa-fé na relação de consumo. *Direito do Consumidor*, São Paulo, v.14, p. 20-27, abr./jun. 1995. Ver MARTINS-COSTA, Judith, com minúcias, ver sua tese de doutorado em Direito Civil apresentada sob o título *Sistema e cláusula geral (a boa-fé objetiva no processo obrigacional)*, hoje publicada sob o título *A boa-fé no Direito Privado*. São Paulo: Revista dos Tribunais, 1999. Sob o ângulo jurisprudencial, as decisões, no que forem pertinentes, a cada momento do trabalho serão comentadas. Ver inclusive a dissertação de mestrado publicada sob o título *A boa-fé e a violação positiva do contrato* de SILVA, Jorge Cesa Ferreira da. Rio de Janeiro/São Paulo: Renovar, 2002. No que toca à publicidade, ver PASQUALOTTO, Adalberto de Souza. *Os efeitos obrigacionais da publicidade no código de defesa do consumidor*. São Paulo: Revista dos Tribunais. 1997 e CHAISE, Valéria Falcão. *A publicidade em face do código de defesa do consumidor*. São Paulo: Saraiva, 2001. Na perspectiva constitucional, ver NEGREIROS, Teresa. *Fundamentos para uma interpretação constitucional do princípio da boa-fé*. Rio de Janeiro: Renovar, 1998. Ver, também, NOVAIS, Alinne Arquette Leite. *Os novos Paradigmas da Teoria Contratual: O princípio da boa-fé objetiva e o princípio da tutela do hipossuficiente. [Problemas de Direito Civil-constitucional]* Coordenado por TEPEDINO, Gustavo. Rio de Janeiro: Renovar. 2001, p. 17-54.

[2] As possibilidades de investigação no campo da publicidade são vastas, mas este estudo ficará restrito ao campo jurídico.

bibliografia fornecida por alguns escritores que enfrentam questões da psique humana.

Além da jurisprudência atual e comprometida com o momento, foi realizada uma digressão ao mundo das lendas e dos mitos ao se enfrentar a discussão, travada por Sófocles, na tragédia que conta a vida de Édipo, assim como a análise de respeitável doutrina aplicável à presente tese.

A citação de passagens distantes no tempo tem por objetivo aproximar as origens e verificar a solução real atribuída ao caso concreto. A idéia de reviver a antiga sistemática utilizada pelos magistrados romanos, com vistas a tornar públicas as decisões valorizando-as e, simultaneamente, criticando-as por intermédio dos jurisconsultos, tem por objetivo aperfeiçoar as "novas fórmulas de direito" mantendo as formas, fórmulas e decisões mais adequadas. A metodologia empregada[3] será o raciocínio aberto, plural e compreensivo assim como o raciocínio dedutivo, como compreende Robert Alexy ao advogar que a ciência do direito tem que ser uma *ciência integrativa pluridimensional*.[4] A todo o passo desta tese há a preocupação em construir uma ponte que ligue:

> uma experiência que é, ao mesmo tempo, um conhecer intelectual, um saber científico e um intuir o justo e o bom, o valor. É o momento da descoberta científica em si, quando se faz em pedaços aquilo que sabíamos, a conclusão, o labirinto mental dentro do qual nos movemos e passamos a ver o mundo com olhos novos, ou melhor, passamos a ver alguma coisa de novo em um mundo novo, quando nos é revelada a solução do problema, do enigma. O estado nascente científico é o descobrimento do ser que se manifesta, que aparece.

---

[3] Luiz Edson FACHIN lembra a importância da jurisprudência: "Na consideração das fontes do Direito Civil, tem sido deferido lugar privilegiado às normativas. A corporação legal proclama supremacia que não se sustenta. Não apenas para integração das lacunas, mas para a própria compreensão das leis e normas, não podem ser relegados princípios e valores que dão base ao próprio sistema. Mais ainda, práticas e fatos se põe em tráfego para construir o que posto ainda não está. A força legal absoluta é um desfavor à concretização do Direito. Lugar especial, para além da mecânica hermenêutica, há de ser dado à jurisprudência, a ensejar um sistema aberto e democrático. Nascentes são todos os momentos, inclusive (e especialmente) aqueles que escapam da racionalidade moderna dos silogismos, formuladores de proposições de caráter constitutivo. A fonte é o fundo cultural, histórica e socialmente compreendido. Nada há de dissolvente. Ao contrário, valorativa e constitutiva é a possibilidade da porosidade jurídica indeterminada, cujas fontes podem estar distantes, embora não afastadas por completo, dos diplomas formais. O direito à vida e à liberdade não são tão-só frutos da garantia legal. O que está no vértice do ordenamento jurídico, portanto, não está *apenas* no ordenamento jurídico". FACHIN, Luiz Edson. *Teoria crítica do direito civil*. Rio de Janeiro: Renovar, 2000, p. 65.

[4] ALEXY, Robert. *Teoria de los Derechos fundamentales*. Madrid: Centro de Estudios Constitucionales, 1990, p. 30-33.

Então, não é somente aquele pequeno fragmento de conhecimento, aquele pequeno fragmento de mundo que nós percebemos, mas é o universo inteiro, o significado de todas as coisas que nos parece iluminado. A *heureca!* De Arquimedes não é apenas o entusiasmo pela solução de um problema, é a admiração pela harmonia, o acordo escondido que se revela. O ser que se descobre para o conhecimento, no estado nascente científico, faz transparecer o absoluto e está imbuído de religiosidade e de moralidade.[5]

Finalmente, a escolha da estrutura para a redação da tese fundou-se em três pilares: a idéia do jogo como forma lúdica de atrair consumidores,[6] o consumo[7] e suas implicações na sociedade atual e a jurisprudência,[8] e sua eficácia jurídica no campo do consumo. O jogo como mecanismo lúdico com vistas a ampliar os consumidores tem em si a idéia que move e contagia as crianças que jogam repetidas vezes para adquirirem assim várias oportunidades para alterar de maneira mágica a vida que levam, trata-se de um mundo de faz de conta. No mundo do adulto chega como uma maneira de acrescer alegria e frente à ilusão de que pode um deus protegê-lo para que sua história de vida se altere, são momentos *flashes* de ousadia, ou de loucura, em que o consumidor se arrisca para ganhar ou apenas sentir a adrenalina de sonhar, com num sonho de criança, que ainda se mantém vivo em seu

---

[5] ALBERONI, F. *Valori, il bene, il male, la natura, la cultura, la vita,* 1993, 1995, Milão: R.C.S. Libri & Grandi Opere S.P. A. Edição brasileira. Valores – o bem , o mal, a natureza, a cultura, a vida. Tradução de Y. A. Figueiredo. Rio de Janeiro: Rocco Ltda., 2000, p. 62.

[6] Segundo ALBERONI, o jogo do consumo tem em si a idéia dos jogos de *video game* em que se têm várias vidas e que se pode alterar o fim da história, mesmo que se perca uma vida, pois logo em seguida o jogo inicia novamente podendo se alterar os paradigmas inicialmente escolhidos. O jogo como forma de estimular o consumo tem íncita a idéia de se poder alterar os parâmetros da vida que o jogador estava levando antes do jogo e na chance de uma vida nova melhor advinda por um golpe de sorte. ALBERONI, p. 81. Assim como no jogo de *video game*, o jogo de consumo permite na psique do consumidor que ele possa recomeçar a partida. A importância do jogo na construção da cultura recebeu relevante estudo do ponto de vista filosófico de HUIZINGA, Johan. *Homo Ludens*. São Paulo: Perspectiva, 1999, que será apontado ao longo do trabalho nos momentos mais adequados para um maior aprofundamento. O jogo visto como um agente estimulante, provocador ao qual os participantes buscam o convívio com outras pessoas e rompem com a solidão, sem a idéia moralista de não percebê-lo em todas as atividades lúdicas, culturais de mecanismos descompromissados e ensejadores de mera alegria e prazer. Não se busca aqui discutir o lado negro do jogo como vício e causador de dependência psíquica, nem mesmo o jogo de guerra infelizmente já tão impregnado na cultura da humanidade, em que pese se faça referência ao se tratar das origens da publicidade.

[7] Neste estudo, o consumo comporta uma visão emoldurada aos limites do direito, com pequenas referências a outras esferas do conhecimento.

[8] O julgado visto como fonte de luz ou também de escuridão. Escolhi aqui um julgado específico que, a meu ver, parece iluminar o direito e suas conquistas. Todavia, tenho consciência, alguns julgados deveriam ser comentados em razão de sua impropriedade.

interior e que a publicidade, usando a idéia do jogo, desperta para fazer renascer a criança adormecida.

O jogo como forma de captar consumidores comporta a magia ou a ilusão que de o consumidor possa alterar os paradigmas, inicialmente escolhidos, para sua vida. O jogo como forma de estimular o consumo tem ínsita a idéia de se poder alterar, instantaneamente, os parâmetros da vida que o jogador estava levando antes do jogo e, na chance de uma vida nova e melhor advinda por um golpe de sorte. Mas se isto não acontecer por instantes, a tentativa trouxe a sensação que o sonho ainda pode vir a se tornar realidade.

Procurou-se com base em um caso concreto, que foi julgado improcedente em primeiro grau e procedente em segundo grau, discutir muitos dos institutos criados pelo Código de Defesa do Consumidor e, a partir dele, ilustrar este estudo com questões que, por mais que sejam enfrentadas, estão longe de ser resolvidas, como a questão da busca da verdade e de sua existência, o comportamento conforme a boa-fé, os instrumentos lúdicos para estimular o consumo e a efetiva proteção das relações jurídicas envolvendo consumidores.

1. Explicitação preliminar: sentido da jurisprudência no estudo do caso concreto

Para dissecar a questão central proposta na tese, impende, de início, explicitar o sentido e o alcance da metodologia que sustenta a formulação apresentada. Verifica-se que o estudo do caso concreto realiza uma força motivadora de investigação jurídica e um papel de envolver tanto aos preocupados com as questões teóricas como aqueles interessados, do ponto de vista concreto, na solução dos casos da vida que ocorrem, ou podem vir a ocorrer no dia-a-dia, e, por vezes, ficam sem um exame mais apurado e cuidadoso.

O estudo da teoria em conjunto com o de um caso real traz também um referencial instigante por parte daqueles que se iniciam na investigação de um determinado tema, assim como desperta, nos mais experientes, um interesse peculiar em razão do enfrentamento, ainda pouco utilizado nas escolas brasileiras permitindo toda uma visão sincronizada do direito. O trabalho vai se desenvolver sob dois alicerces do modelo e da abstração, assim como o realizado por psicanalistas como Bion; observa-se a síntese elaborada por seu colega David E. Zimerman:

> Bion traçava uma distinção entre Modelo e Abstração. Ele reservou o termo "modelo" para uma construção, na qual se combinam, entre si, imagens concretas, e o vínculo entre estas últimas produz amiúde o efeito de uma narrativa que implica que alguns elementos dessa narrativa sejam a causa dos outros. O modelo é construído com elementos do passado do indivíduo, enquanto que a abstração está, por assim dizer, impregnada com pré-concepções do futuro do indivíduo. Na abstração, os elementos reais relacionados têm menor importância, enquanto que o uso do modelo deve ser diferenciado da Teoria, porque, ao contrário dessa última – que se constitui como um paradigma por um longo período de tempo – os modelos são efêmeros. Qualquer experiência emocional pode ser usada como um modelo para alguma experiência futura, desde que haja suficiente flexibilidade para permitir a sua adaptação a experiências novas, mas que, se supõe, sejam similares. O valor de um modelo, prossegue Bion, consiste em que seus dados, já familiares para o psicanalista, estão disponíveis

para satisfazer qualquer necessidade urgente, interna ou externa. Ao construir o seu próprio modelo, o psicanalista necessita dar-se conta de qual é o modelo usado pelo seu paciente e pô-lo a descoberto. (...) Vale reiterar que o inconveniente do uso do modelo é que ele por si mesmo gera novas abstrações.[9]

O estudo do caso concreto apresentado neste trabalho, e outros mencionados, tem por objetivo, sem sombra de dúvida, instigar o leitor assim como despertar para a importância de, por via de novas abstrações depreendidas dos modelos expostos, construir novas previsões legislativas, que, por si só, se caracterizam por serem normas gerais e abstratas que tendem a resolver um número de situações que vierem a se reapresentar num futuro, e que possam, reportando-se aos casos concretos já vivenciados no passado, servir de referência para uma alternativa concreta de adequada solução jurídica. A construção de novos modelos[10] não restringe a elaboração de novas leis, mas a mais adequada interpretação das já existentes ponderando o momento da sua aplicação. Coerente com essa perspectiva, o passo seguinte focaliza uma passagem imprescindível pelas fontes.

1.1. Jurisprudência como fonte no Direito Romano[11]

Compreender o papel da jurisprudência nos dias de hoje comporta um repensar de sua importância histórica. A valorização da jurispru-

---

[9] Ver ZIMERMAN, D.E. na obra *Bion da teoria à prática uma leitura didática*. Porto Alegre: Artes Médicas, 1995, p. 38.

[10] Com o intuíto de responder a uma mistura de desafio e apelo formulado pelo Prof. Dr. Luiz Edson Fachin que surgiu a idéia deste trabalho. Nominou o autor como convite à reflexão: "Há um vazio na doutrina civilística brasileira, que vai do desconhecimento à rejeição de novas idéias, e quando tênue construção metodológica se avizinha das atividades de estudo, a técnica engessada das fórmulas acabadas tentativa um tema perdido no ar. Isso tem uma razão de ser. Recusar essa direção e contribuir para a sua superação significa reconhecer que consciência social e mudança integram a formação jurídica. Representa, ainda, um compromisso com o chamamento à verdadeira finalidade do ensino e da pesquisa jurídica, um desafio que questiona.' Ver FACHIN, L.E. *"Virada de Copérnico": um convite à reflexão sobre o Direito Civil brasileiro contemporâneo.*, In: *Repensando Fundamentos do Direito Civil Brasileiro Contemporâneo*, Rio de Janeiro: Renovar, 1998, p. 318-319.

[11] SAVIGNY visualizou a jurisprudência romana assim: "Este método (romano) no es, en absoluto, propiedad exclusiva de un escritor más o menos grande, sino que es un bien común a todos; y aunque entre los escritores la fortuna en su aplicación esté muy desigualmente repartida, el método es siempre el mismo. Incluso si tuviéramos íntegramente sus escritos ante nosotros, nos encontraríamos con un número mucho menor de individualidades descollantes que en cualquier otra literatura. En cierto sentido, todos trabajaran en una sola y única gran obra, y, por ello, la idea que está en la base de la compilación de las Pandectas no es del todo digna de

dência tem recebido, por parte dos pensadores, graus e dimensões diferentes no que tange à cultura e à maneira de ver o direito e o seu processo de construção. Savigny alerta que a jurisprudência se compreende frente a um conhecimento histórico prévio. Destaca o autor que isto não deve ser entendido no sentido da investigação da história da produção da jurisprudência e sim, da sua inserção no contexto.[12]

Na tradição continental européia, até o período que antecedeu a codificação francesa, detinha como característica a solução de casos concretos como estrutura. Esta estrutura vai sofrer uma ruptura com o processo de codificação dos direitos civis. Diverso do ocorrido com a Inglaterra,[13] que mantém a tradição de sua estrutura de construção do

---

reproche. Toda su literatura jurídica era un todo orgánico, de manera que se podría decir, con un término técnico de la doctrina moderna, que los juristas concretos eran personalidades fungibles". Conforme refere SCHULZ, F. *Principios de Derecho Romano*. Tradução de Manuel Abellán Velasco. Madrid: Editorial Civitas, 1990. p. 128-129. (Monografias Civitas).

[12] SAVIGNY, F.K. *Metodologia jurídica*. Tradução de J. J. Santa – Pinter. Buenos Aires: Ediciones Depalma, 1979 (Clásicos del Derecho y Ciencias Sociales). Tradução do original alemão: *Juristische Methodenlehre*, p. 30. Ressalte-se o pensamento filosófico de Gadamer que refere ser a primeira de todas as condições hermenêuticas a pré-compreensão (Pré-compreensão vista como o entender-se na coisa, e só secundariamente destacar e compreender a opinião do outro como tal). GADAMER, H.G. *Verdad y método*: fundamentos de uma hermenêutica filosófica. Tradução de Ana Agud Aparicio e Rafael de Agapito. 6.ed. Salamanca: Ediciones Síguene (Colección Hermeneia) 1986. Título original do alemão: *Wahrheit undmethode*, p. 346 e segs. José Francisco Zúniga García sustentou: "a juicio de Gadamer, una auténtica relación con el otro es la que lo que importa es dejar valer las pretensiones del otro contra las propias pretensiones, y esto significa, para Gadamer, *estar abierto*, no sólo estar dispuesto a hablar sino también a oír: 'La apertura hacia el otro – comenta – implica, pues el reconocimiento de que debo estar dispuesto a dejar valer en mí algo contra mí, aunque no haya ningún otro que lo vaya a hacer valer contra mí'. A estos tipos de experiencia del tú le corresponden tres tipos de relación con la tradición. En primer lugar, la que surge de la mera aplicación del método científico. Aquí lo importante es alcanzar una visión 'objetiva' de lo que dice la tradición: igual que el *conocimiento de gentes* no implica un auténtico reconocimiento del porque lo convierte en un medio, la conversión de la tradición en un 'objeto' científico supone la negación de su existencia como tú, como 'alguien' que *pretende* decir algo. En segundo lugar, como correlato de la experiencia reflexiva del tú, Gadamer propone la *conciencia histórica*. Esta sí reconoce a la tradición como alteridad, como algo 'otro' de sí misma. Pero, en la medida en que la conciencia pretende salvar la distancia que la separa de la tradición y aprender desde sí misma el espesor del pasado, tampouco en ella se da un auténtico reconocimiento del tú, tal y como vimos en la experiencia reflexiva. En realidad, la renuncia de Gadamer a ambas está basada en que ni en una ni en otra se da una auténtica dialética." Ver GARCIA, J. F. Z. em sua tese de doutoramento publicada sob o título *El Diálogo como juego*: la Hermenéutica Filosófica de Hans-Georg Gadamer. Granada: Universidade de Granada, 1995.

[13] Atualmente o Central *Office Information* considera como as principais fontes do Direito do Reino Unido da Grã-Bretanha a legislação, o direito consuetudinário e as disposições legais da comunidade Européia. Para o Direito do Reino Unido da Grã-Bretanha a *statute law* consiste no conjunto de leis escritas originadas do parlamento. A *statute law* só tem significado em relação à *common law*. Todavia, se a *statute law* inexiste, ainda assim se teria um sistema no direito Britânico, pois a *common law* é sua estrutura. O contrário não se verificaria pois haveria apenas

direito com base na solução dos casos concretos, e por esta tradição, manteve uma proximidade maior com o direito romano do que os países europeus continentais.[14]

O direito romano valorizava a solução dos casos concretos; realizar o direito era solucionar um conflito real e existente, num dado momento, em uma dada comunidade, envolvendo determinadas pessoas. Cada caso concreto era um mundo sob o qual deveria o jurista meditar e buscar a solução mais justa, compreendendo como justo, um justo real, para o caso concreto, e não um justo ideal improvável, inexistente e inatingível. García descreve que surgiu:

> un grupo de conocedores, los iuris prudentes o juristas, dedicados a tal scientia, que, entre otras actividades desempeñabam la de consejeros que aclaraban, cuando eran requeridos por un particular, un magistrado o un juez, las oscuridades existentes sobre un determinado punto, y resolvían los problemas de armonización de unas fuentes con otras o los de aplicación de una norma a un caso concreto. Es decir, interpretaban.[15]

Com o advento da codificação dos direitos privados e o estudo do direito se fundar em outros paradigmas, perdeu-se, com esta nova forma de pensar, o antigo modo de se meditar o direito alicerçado nos conflitos concretos. Recuperar o método do estudo do direito fundado no caso concreto e tecer em conjunto com os conhecimentos abstratos que foram estruturados e sistematizados pela era da codificação, da

---

leis desconexas. Por outro lado, a *statute law*, prevalece sobre a *common law* quando ambas competem. *Central office of information*. A justiça e o direito no Reino Unido. Editado para o serviço britânico de informação. Londres, 1989, p. 36. Lembra CROSS que a origem da *statute law* não seguiu nenhuma influência de qualquer sistema de direito codificado, mas representou a incorporação dos textos transformados em *statutes* o direito casuístico vigente, relatando-os inclusive como fontes. CROSS, R. *Statutory interpretation*. London: Butterworths, 1976. A *statute law* tem se demonstrado um instrumento para acelerar esta renovação por meio da sistematização, mesmo que parcial, da *common law* em sucessivas leis elaboradas pelo Parlamento. A repercussão da *statute law* é limitada pela tradição da interpretação que resulta em um poder compartilhado pelo Parlamento e pelas Cortes Inglesas na continuidade do direito Inglês. Refere Allen que a aplicação de um estatuto ou de uma lei não é automática, nem nunca poderia ser como todas as normas legais há de produzir e produzem seus efeitos por meio da interpretação dos tribunais, pois a interpretação da lei é em si mesma uma ciência. Ver ALLEN, C.K. *Las fuentes del Derecho ingles*. Madrid: Instituto de Estudos Politicos, 1969.

[14] Segundo escreveu DAVID: "Mais do que para o Direito francês, o conhecimento histórico é indispensável quando se considera o Direito Inglês. Este não conheceu renovação pelo direito Romano, nem a renovação pela codificação, que são características do direito Francês e outros direitos da família romano-germânica". Ver DAVID, R. *Os grandes sistemas do direito contemporâneo*. São Paulo: Martins Fontes, 1986.

[15] Ver GARCIA, César Rascón. *Manual de Derecho Romano*. 2.ed. Madrid: Editorial Tecnos, 1996, p. 83.

constitucionalização dos direitos e das legislações específicas, é o desafio que este estudo pretende abraçar.[16]

Importante é fazer a referência histórica e incorporá-la, à medida que ela possa ser útil à sociedade atual, guardadas as devidas especificidades que cada momento histórico exige. Por esta razão, é oportuno referir que já no final da República romana, diversas foram as magistraturas que contribuíram para a formação e o desenvolvimento do Direito romano. Naquela época, os jurisconsultos (estudiosos do direito), cuja autoridade[17] era reconhecida a partir da sua capacidade de elaboração do direito, eram os responsáveis pela produção de novas fórmulas, não sendo objeto de atividade dos magistrados.[18] Esses jurisconsultos raras vezes atuavam diretamente na solução dos casos concretos. As fórmulas por eles criadas eram utilizadas por um novo agente, o advogado, cuja capacidade profissional, mais desenvolvida, era baseada na retórica, e não no conhecimento jurídico.[19] Naquela oportunidade, advogados, magistrados e jurisconsultos tinham em comum sua origem aristocrática, contudo sua atuação e seus interesses seguiam lógicas diferentes.

Os advogados formam um novo tipo de profissional do direito, cuja atuação ocorria apenas diante do magistrado. A capacidade de oratória e da argumentação fazia parte da formação desenvolvida pelo advogado, incluía-se também o aprendizado de um mínimo conhecimento de direito, necessário apenas para a compreensão das fórmulas

---

[16] Gustavo Tepedino adverte que: "a máxima contida no art. 3º. da LICC, segundo a qual ninguém se escusa de cumprir a lei, alegando que não a conhece", tenha se transformado em uma espécie de mito, numa sociedade em que, como acentuou Pietro Perlingieri, "a desigualdade mais odiosa e mais penosa não se estabelece entre quem tem e quem não tem, mas sobretudo entre quem sabe e quem não sabe". Se a legislação não resolve todas as situações e os conflitos reais e potenciais encontráveis na sociedade, o estudo do caso concreto e a escolha mais adequada passa a ser um método que renasce em interesse e perspectivas para compor e recompor as lacunas que se abrem a todo o instante. Ver TEPEDINO,Gustavo. *Prolemas de Direito Civil-Constitucional*, Rio de Janeiro: RENOVAR, 2000, p. 8.

[17] Autoridade no sentido original (*augere*, latin) "fazer crescer". Ver comentário de CRITELLI, Dulce Mara, na obra de HEIDEGGER, Martin. *Todos nós ...ninguém – um enfoque fenomenológico do social*. Apresentação, introdução, notas e epílogo Dr. Solon Spanoudis, tradução e comentário de Dulce Mara Critelli. São Paulo: Moraes, 1981, p. 72.

[18] JÖRS e KUNKEL referem que os pretores e *ediles* eram, em regra, jovens que haviam sido elevados a seus cargos por virtude de sua posição política ou pessoal, e não pela sua capacidade, de maneira que sem o constante auxílio dos verdadeiros peritos não poderiam construir o direito honorário. Ver JÖRS, Paul; KUNKEL, Wolfgang. *Derecho Privado Romano*. Tradução da segunda edição alemã de L. Prieto Castro. Barcelona: Editorial Labor, 1965, p. 30.

[19] SCHULZ, F. *History of roman legal science*. London: Oxford University Press, 1953, p. 54.

elaboradas pelos jurisconsultos.[20] Diferente dos dias de hoje em que os advogados são peças importantes no cenário político e efetivos guardiões dos direitos fundamentais individuais, sociais e coletivos. A existência do advogado na produção da jurisprudência romana não pode ser entendida como o total abandono da formalidade do direito. A formalidade foi, progressivamente, sendo atenuada, ganhando importância crescente a retórica dos advogados na solução dos casos na medida em que convenciam, por meio da argumentação, os magistrados a aceitarem os formulários por eles defendidos.

Os magistrados ocupavam inicialmente cargos públicos não remunerados para ascenderem em uma carreira política, aumentando seu prestígio na sociedade e seu poder de influência nos assuntos militares, políticos e econômicos de Roma, na medida em que pudessem ocupar um lugar nas mais altas magistraturas.

A atividade dos jurisconsultos exteriorizou-se com: o *respondere*, *cavere* e *agere*. O *respondere* consistia na opinião emitida a consultas sobre a interpretação de um instituto, ou sobre os direitos e as obrigações que eram estabelecidos pela lei ou pelo costume. *Cavere* significava a preparação de esquemas ou esboço de negócios concretos. *Agere* correspondia à assistência na escolha e adaptação de formulários processuais aos interesses dos particulares em cada caso concreto.[21] O compromisso dos jurisconsultos era com o direito, e não com causas ou clientes. Eram profissionais remunerados, e as fórmulas por eles elaboradas pretendiam representar o direito, e não qualquer interesse em disputa. Eles levavam em consideração na elaboração das novas fórmulas apenas a autoridade[22] para criar e modificar o direito a partir de sua fundamentação lógica.[23]

A tradição romana foi estruturada sob a realização da justiça para os casos concretos. As fórmulas elaboradas pelos jurisconsultos tinham pouca ou nenhuma preocupação em definir conceitos fundamentais do direito. A elaboração das fórmulas dos jurisconsultos e seu registro ocorreu apenas por meio dos *edicta* dos magistrados, tornando a jurisprudência desse período uma criação coletiva e não-individual.[24] Os

---

[20] SCHULZ, *History*..., p. 108.
[21] GARCÍA, César Rascón, p. 91.
[22] Autoridade compreendida no sentido referido pela conteúdo descrito nota 17.
[23] SCHULZ, *History*..., p. 60.
[24] Ibidem.

jurisconsultos mais destacados deixaram seu nome na história da jurisprudência romana, e não em função da sua produção de direito, mas da autoridade a eles atribuída.

O direito romano no período identificado como helenístico,[25] quando a cultura romana recepcionou da cultura grega a retórica, a dialética e o silogismo para a solução dos conflitos levados aos magistrados, fez surgir novos agentes na produção da jurisprudência. Consolidou-se a tendência do período anterior, intitulado como: clássico.[26] Nesse momento histórico, a produção dessas novas fórmulas não era objeto da atividade do magistrado, mas de jurisconsultos estudiosos do direito, cuja autoridade era reconhecida a partir da sua capacidade de elaboração do direito.

Conforme Papiniano, o direito honorário ou pretoriano foi introduzido pelos pretores com o propósito de corrigir ou suprimir o *ius civile*.[27] De acordo com este novo sistema, competia ao magistrado guiar as partes, controlar seus atos, expor as controvérsias que haviam de se submeter ao juízo dos tribunais ou dos árbitros, assumindo, assim, diante das normas que desde antes regulavam, rigidamente, toda sua atividade e as das partes, poderes de singular amplitude. A função

---

[25] O período nominado helenístico tem relação com o momento histórico em que a cultura grega foi mais amplamente incorporada a cultura romana e sofreu alterações frente aos interesses de ordem prática dos romanos. A cultura grega difundida em Roma disseminada entre os povos não-gregos, principalmente orientais foi a helenística, que se contagiou com o espírito romano e perdeu em profundidade, criatividade e classicismo.

[26] O estudo do direito romano pode ser visualizado sob diferentes enfoques temporais, utilizou-se aqui a classificação de Max KASER, que circunscreve o período clássico assim: "Com o nome de clássicos designamos os juristas com essa máxima perfeição e validade permanente, graças às quais as suas obras podem servir de modelo às épocas futuras e até aos nossos dias. Esta jurisprudência não elaborou teorias de escola, antes prosseguiu numa orientação 'prática' que, partindo das criações dos juristas, teve em vista a solução clara de casos jurídicos concretos apresentados pela vida: a construção de conceitos jurídicos serviu-lhe apenas de apoio para a solução desses casos". Max KASER. *Direito Privado Romano*. Lisboa: C. Gulbenkian, 1999, p. 20. Luiz Edson FACHIN faz uma advertência que merece ser reproduzida: "Precisão e rigor não se confundem, necessariamente, no trato dos signos e conceitos jurídicos, com formalismo excessivo e desproposital. É certo que o saber jurídico que se encastela em definições e abstrações pode ser impreciso e negligente com o seu tempo. Daí porque o tradicional se opõe ao contemporâneo, mas este não pode nem deve negligenciar o clássico". FACHIN, *Teoria*..., p. 4.

[27] Conforme BRETONE, *ius civile* remonta à época mais arcaica e refere-se às relações entre os membros da civitas, indicando, no seu conjunto, a organização jurídica da cidade. BRETONE, M. *História do Direito Romano*. Tradução de Isabel Teresa Santoso e Hossein Seddighzadeh Shooja. Lisboa: Editorial Estampa, 1990 (Coleção Imprensa Universitária, 73) Título original do italiano: *Storia del diritto romano*, p. 83.

normativa passou a ser confiada aos pretores urbano e peregrino, que atuavam, num certo sentido, tal qual um legislador.[28]

O direito honorário ou pretoriano possuía, inclusive, condições de produzir um conjunto de normas genéricas elaboradas pelo titular da *iurisdictio*. Todo o magistrado romano detinha a faculdade de promulgar *edicta*. Primeiramente, a detinham os cônsules, aplicando-a no exercício do poder militar e civil, convocando comícios, reunindo o Senado e também ordenando o recrutamento, além de outras atribuições. O pretor urbano, no exercício do *ius edicendi*, teve em seu edito um valor paradigmático, não se esgotando em manifestações ocasionais, pois obteve inclusive o êxito original e duradouro. Os *edicta* pretorianos regulavam a atividade jurisdicional e foram uma importante fonte do direito, por isso mereceriam maior estudo. O caráter das normas continham promessas de concessão de ações e exceções processuais, fundadas no *ius civile* ou em situações de fato. Por esta razão, muitas das transformações significativas foram introduzidas pelos pretores. De acordo com regras fixas, o novo pretor eleito publicava um álbum com princípios aos quais se ajustava durante todo o exercício do cargo, que era cumprido por um ano, o *edictum perpetuum*. Esses álbuns passavam a ser perpétuos, no sentido usual conferido à palavra hoje, uma vez que as máximas que eram úteis transmitiam-se de pretor a pretor, formando um *corpus* tradicionalmente intangível, mas ele difere da codificação que passou a ser conhecida só após a Revolução Francesa.[29]

---

[28] Ver, nesse sentido, a dissertação de mestrado desta pesquisadora apresentada sob o título de *Propriedade Privada no Direito Romano*. Porto Alegre: Sergio Fabris Editor, 1998, p. 82.

[29] Cabe fazer a diferença no que toca ao nome e ao conceito do significado de compilação e codificação. A primeira significa um acúmulo de conhecimentos reunidos de maneira a não atentar para uma estrutura lógica facilmente identificada como as experimentadas, pela segunda, que responde a uma estrutura identificável na qual, por muitas vezes, se verificam uma estrutura geral e outra mais específica. As compilações legislativas elaboradas ao longo da cultura jurídica mesmo que nominalmente tenham recebido o título de código eles não continham a essência de um código, pois faltavam a estrutura e a compreensão para a sistematização e o acúmulo político social e cultural apenas conhecidos ao final de mil e oitocentos; existem também as questões de ordem material que dificultavam a deflagração desta técnica como o uso corrente do papel e a indústria da edição destes materiais. Para maiores esclarecimentos, ver o estudo realizado pelo Prof. Dr. Paolo GROSSI no ciclo de palestras sobre *Fondamenti del pensiero giuscivilistico moderno* por ele apresentado no ano de 1995 na Universidade Federal do Rio Grande do Sul, oportunidade em que o palestrante foi agraciado com o título de doutor *Honoris Causa*. Citado resumidamente aqui, assim como o próximo capítulo que trata da ruptura causada pela codificação na percepção do autor e no qual o seu pensamento é apresentado de maneira mais desenvolvida. O passado deve se tentar pensar conforme a mentalidade que a cultura da humanidade pode desenvolver até aquele período. Não se pode pretender que os romanos tenham tido um pensa-

Completou-se totalmente esse desenvolvimento na época republicana, perdendo o pretor a atividade inovadora somente no início da época imperial, exceto quando requerida de tempos em tempos pelos *senatus consulta* e pelos editos imperiais. O pretor urbano, aplicando o *ius* às relações controvertidas submetidas a sua *iurisdicto*, dispôs de um amplo poder discricional, que lhe permitiu adotar critérios de solução alicerçados em princípios diversos, mas principalmente, na *aequitas*.[30] Esta atividade criadora não se opunha ao *ius civile*, mas o desenvolvia, suprindo suas lacunas e corrigindo abusos e injustiças que, por sua aplicação, pudessem afetar o cidadão. A partir dessa prática, desde o século II A.C., já que as assembléias populares não produziam as reformas necessárias mediante a promulgação de *leges*

---

mento sistemático, pois os romanos não possuíam um ordenamento assim e sequer possuíam esta preocupação. Obra referencial sobre sistema é a de CANARIS, C. W. *Pensamento sistemático e conceito de sistema na ciência do direito*. Tradução do original alemão: *Systemdenken und Systembegriff in der Jurisprudenz*. No que toca à denominada Lei das XII Tábuas, BETTI elucida esta questão assim: "In primo, le XII Tavole non debbono concepirsi come una codificacione in senso moderno, cioè come una raccolta tendenzialmente universale, di norme di uma data materia: i principi fontamentali di ius civile non sono, in genere, nelle XII tavole, che contengono disposizioni complementari e derogatorie. In secondo lougo, le XII tavole sono la legislazione di una società, ancora poco evoluta, di piccoli agricoltori". Tradução livre: (Em primeiro lugar, as XII Tábuas não devem ser concebidas como uma codificação em sentido moderno, isto é, como uma coletânea tendenciosamente universal, de normas de uma dada matéria: os princípios fundamentais do *ius civile* não estão, em geral, nas XII Tábuas, que contêm disposições complementares e derrogatórias. Em segundo lugar, as XII Tábuas são a legislação de uma sociedade, ainda pouco evoluída, de pequenos agricultores.) Ver BETTI, E. *Instituzioni di diritto romano*. 2.ed. Padova: CEDAM, 1947, p. 44. v.1. No mesmo sentido, ARANGIO-RUIZ refere: "con seguridad las XII tablas están muy lejos de ser lo que nosotros denominamos una codificación". Ver ARANGIO-RUIZ, V. *Historia del Derecho romano*. 5.ed. Tradução de Francisco de Pelsmaeker e Ivañes da 2. ed. italiana. Madrid: Editorial Reus, 1994, p. 78.

[30] Para melhor compreender *aequitas*, merece ser reproduzida a seguinte passagem descrita por António Manuel da Rocha Menezes Cordeiro: "A menção *bonum et aequum,* tal como a *aequitas*, não concitou o aprofundamento folológico dedicado à *fides*. KIPP considera-a como um fortalecimento de *aequum* que AUSFELD, por seu turno, deriva do indo-europeu ékah-uno. Há, ainda, quem tente uma aproximação ao grego ειχις – conveniente, verdadeiro, exacto, justo – com ligação nítida ao conceito aristotélico célebre da επιει χεια. Não parece arriscado – recordar-se as composições, já conhecidas, da *bona fides* e do *dolus malus*, a que se poderiam acrescentar outras, como a do *bonus pater familias* – opinar pela natureza artificial do termo, numa asserção reforçada pelo emprego jurídico preciso a que inicialmente foi destinada. Depara-se, com primazia, um sentido técnico-jurídico. Neste emprego *bonum et aequum*, aditado a certas fórmulas processuais clássicas, equivalia a diferir ao juiz competência para calcular o montante da soma da condenação. Daqui emerge a contraposição dos *iudicia in bonum et aequum concepta* aos *bonae fidei iudicia*: nestes, como se viu, eram cominados vários poderes ao juiz que, embora muito concretos, implicavam a concessão de meios para uma decisão qualitativamente mais perfeita; naqueles, a ampliação era meramente quantitativa: determinar o *quantum* a arbitrar ao autor ganhante". Assim referiu MENEZES CORDEIRO, António Manuel da Rocha e. *Da boa fé no Direito Civil*. Coimbra: Almedina, 1984, p. 114. (Coleção Teses)

publicae, criou-se lentamente uma nova fração do ordenamento o *ius praetorium* ou *ius honorarium*.

O tribuno da plebe[31] foi um dos responsáveis pela cristalização da jurisprudência romana dadas as suas características singulares diante dos outros magistrados, como o fato de este não poder se ausentar da região à qual tinha sido escolhido e diante das limitações a ele impostas, como de não deter poderes para declarar a guerra ou celebrar a paz. Os critérios para escolha do tribuno da plebe podem ainda ser identificados no direito contemporâneo, seu papel na história da cultura jurídica serviu inclusive de referencial para conferir a moldura sob a qual se construiu o magistrado contemporâneo, assim como os requisitos para escolha do chamado quinto constitucional em que um dos requisitos é o mesmo já definido pelos romanos, isto é, ter servido *Roma* por mais de dez anos.

Com a passagem do apogeu da criação jurisprudencial, o Império Romano vai experimentar uma necessidade de reunir o conhecimento já elaborado no período identificado como clássico, e o papel dos senadores romanos sofre uma considerável perda de poder e, com isso, também a magistratura, que vai perdendo prestígio, poder e legitimidade. Como num movimento pendular, o que se inicia é o crescimento de um tipo de função que inicialmente não existia: a figura do advogado remunerado pelo *Estado romano*[32] que vai atender apenas aos interesses de quem comanda, uma vez que sua função só existe para atender ao interesse de quem administra o Império Romano, que também deixa de conhecer o seu ápice do ponto de vista econômico.

A figura do profissional remunerado e dependente da estrutura *do Estado romano* faz nascer uma forma diferente de compreender o direito romano fundado na jurisprudência do caso concreto, que paulatinamente, se estrutura sob o poder de editar normas imperiais, e,

---

[31] O tribuno da plebe surge com o resultado das lutas entre patrícios e plebeus. Inicialmente, foram escolhidos dois tribunos da plebe, o máximo chegou a dez. Os patrícios e os escravos sempre foram excluídos. Os tribunos eram eleitos diante da coletividade dos plebeus, inicialmente, por cúrias e posteriormente por tribos, seguindo o modelo dos cônsules. A atuação do tribuno da plebe restringia-se territorialmente à cidade, sempre pôde convocar os plebeus para eleições e construir o tribunal para fazer acordos, mas nunca lhe foi concedido o *imperium militar*. Ver, para maiores esclarecimentos, MOMMSEN, T. *Compendio del derecho publico romano*. Buenos Aires: Impulso, 1942, p. 233-236.

[32] *Estado romano* é escrito em itálico porque não se pode dizer que naquela época existisse um Estado propriamente, pois este só vai existir a partir do momento em que todas as pessoas são consideradas livres para entre si e em face do Estado possam requerer a proteção jurídica de seus direitos.

assim, retira a mobilidade potencial da estrutura anterior. A figura deste novo profissional é diferente do homem livre para pensar e sua função deixa de ser temporária e eletiva; esta nova figura inclusive está economicamente subordinada a atender aos interesses que advoga, do Império Romano decadente e com poucas condições materiais para atender a toda a grande área territorial conquistada, além da pressão que a estrutura que governa passa a sofrer frente à renúncia à perseguição religiosa e a manifestação e adesão ao cristianismo, que passa a pregar a igualdade fazendo com isso ruir, definitivamente, os alicerces romanos fundados na diferença. Os profissionais deixam as antigas estruturas profissionais para fazer parte da estrutura da Igreja ou do *Estado romano*.

A função desse novo profissional é relembrar a glória vivida por seus antepassados e citar a obra que lhe antecede; é em virtude deste seu trabalho que muito da jurisprudência clássica chegou até nossos dias, mas também muito se perdeu porque, sob o argumento da autoridade,[33] o que não servia para o momento foi deixado à margem. Contudo, cabe mencionar que é sob esse caldeirão cultural que se desenvolveu o direito romano que, mais do que um grande caldo cultural é uma verdadeira colcha de retalhos que longe de ter uma harmonia conhecida em todos os tempos e em todos os locais de seu grande império, consiste num vulcão alterando momentos de erupção com temperança. O direito romano foi múltiplo, porque a todo o momento em que se busca este direito se deve inquirir de que direito se trata, em solo romano ou não, envolvendo romanos, homens livres ou não, e qual o objeto deste litígio.

Compreender o direito romano é um exercício feito num labirinto onde a todo momento se encontram incógnitas a serem decifradas para que novas passagens possam se abrir e novas incógnitas se apresentem e possam ser novamente decifradas, num mosaico de descobertas que imitam o desenho de um calidoscópio, que se faz novo a cada momento em que se muda uma pequenina peça de seu enorme universo, ou, apenas, ao serem reagrupadas as peças existentes. Provavelmente o direito romano continua sendo objeto de estudo pela sua característica invulgar de que mesmo tão distante no tempo possa ainda manter um

---

[33] Autoridade compreendida de maneira diferente da referida na nota 17. Não mais entendida como fazer crescer, mas sim aquele que detém uma porção do poder e a utiliza para mantê-lo, porque entende que este é o seu papel a desempenhar e a essência de sua função, na esfera desta restrita perspectiva.

elo tão profundo com o momento atual que vive a chamada globalização.[34]

Todavia, antes mesmo de se enfrentar o período contemporâneo, faz-se necessário compreender a ruptura causada pela codificação dos direitos civis, um momento histórico em que se rompe com a pluralidade das fontes do direito medieval e se constrói a estrutura do direito sob o alicerce da lei.

1.2. A ruptura causada pela codificação na percepção de Paolo Grossi[35]

Paolo Grossi no ciclo de palestras que realizou em 1995 na Faculdade de Direito da UFRGS teve como objetivo tentar demonstrar qual o itinerário do moderno direito privado que chegou até nós. Inicialmente, referiu o autor que:

> La modernità del diritto privato si identifica, secondo lo storico del diritto e secondo il civilista, nella età della codificazione. I codici rappresentano il moderno nel campo del diritto privato. (...) il codice non è un piccolo libro innocuo, una raccolta di articoli, il codice è una grande scelta, non solo dal punto di vista del diritto, ma anche della antropologia giuridica. Per capire l'età dei codici e per capire i codici civili – a questi noi soprattuto limitiamo il nostro sguardo – per

---

[34] As transformações não são cumulativas, mas deixam suas marcas e para se compreender melhor a sociedade contemporânea se exige do investigador um estudo histórico. O pensamento de GROSSO sintetiza bem esta idéia: "La storia presenta una continuità in cui è pur sempre arbitrario fissare delle date iniziali e finali. D'altra parte essa presenta pure una varietà, tutto un fluttuaredi elementi sociali, che importa trasformazioni. Il giurista, che coglie nella struttura sociale l'unità e organicità di un ordinamento giuridico, che valuta nel complesso di enti sociali la molteplicità di ordinamenti giuridici e ne definisce i rapporti, che individua i caratteri di una organizzazione politica e ne segue le vicende, segnerà unità e pluralità, multiplicità, fusioni, estinzioni, sucessioni". Tradução livre: "A história apresenta uma continuidade na qual é sempre arbitrário fixar as datas iniciais e finais. De outra parte ela apresenta também toda uma variedade, todo um flutuar de elementos sociais, que importam transformações. O jurista, que colhe na estrutura social a unidade e a organicidade de um ordenamento jurídico, que valoriza no complexo de entes sociais a multiplicidade de ordenamentos jurídicos e deles define as relações, que individualiza as características de uma organização política e delas segue as vicissitudes, assinalará unidade e pluralidade, mutações, fusões, extinções, sucessões". GROSSO, G. *Lezioni di storia del diritto romano*. 3.ed. Torino: G. Giappichelli Editore, 1955, p. 3.

[35] O trabalho desenvolvido nesta parte do estudo fundou-se principalmente no pensamento de Paolo Grossi no ciclo de palestras anteriormente referida, ver nota 27. No que toca à correção das citações em italiano no corpo do trabalho e das traduções constantes nas notas de rodapé, contou-se com a gentil ajuda de Gianluigi Tosches para a correta grafia na língua italiana e a mais adequada tradução nas notas.

capire tutto ciò occorre andare a esplorare innanzitutto le radici storiche da cui questi codici provengono. Poi li analizzeremo, o tenteremo di analizzarli, nel loro contenuto tecnico-giuridico.[36]

Para Paolo Grossi, a era da codificação dos direitos privados no direito continental europeu representa uma profunda ruptura do passado com o presente, e os cultores do direito comparado apontam o *civil law* como uma área que sofreu uma profunda descontinuidade. Diverso ocorreu com os países de tradição anglo-saxônica que se fundam no *commom law*, e, por isso, sempre recusaram e ainda hoje têm recusado o direito como base legislativa, percebendo-se alteração, apenas no primeiro governo trabalhista inglês de 1945, que por sua iniciativa e com vistas a uma política social passou a usar do instrumento legislativo. A diferença de escolha e experiência que distancia o sistema *common law* do sistema *civil law* consiste sobretudo em um ponto central, o *common law* sempre recusou e até hoje, em parte, não aceita fazer com que sua única fonte de direito seja a lei. O sistema *common law* tem recusado ser um direito de base legislativa. Este se tem mantido até tempos muito recentes, como referido acima, à exceção feita ao final do primeiro governo trabalhista inglês.

Grossi, ao comparar o seu país de origem, a Itália, com o Brasil, os quais têm uma origem fundada na escolha do direito codificado, refere haver em ambos importantes ligações: uma delas é a ligação entre o Estado e o Direito, e uma outra, a ligação entre indivíduo e Direito. O historiador do direito explica, assim: "Le scelte dei paesi continentali si sono diversificate dal loro passato soprattutto con due legami completamente nuovi che si sono instaurati. Il primo è il legame fra individuo e diritto. E qui dobbiamo spiegare, perché sono affermazioni sibilline ed equivoche".[37]

---

[36] Conforme Paolo GROSSI, no ciclo de palestras apresentado na UFRGS em 1995, na primeira *Lezione* em 21.06.1995, *Fondamenti del pensiero giuscivilistico moderno*: Tradução livre: "A modernidade do direito privado se identifica, segundo o histórico do direito e segundo o civilista, na idade da codificação. O código representa o moderno no campo do direito privado. (...) O código não é um pequeno livro inócuo, uma coletânea de artigos, o código é uma grande escolha, não só do ponto de vista do direito, mas também da antropologia jurídica. Para compreender a idade dos códigos e para compreender (o código civil) – a estes nós sobretudo limitamos o nosso olhar – para compreender tudo isso devemos explorar antes de mais nada a raiz histórica das quais estes códigos provêm. Depois os analisaremos, ou tentaremos analisar, no seu conteúdo técnico-jurídico".

[37] Tradução livre: "As escolhas dos países continentais foram diferentes das do passado sobretudo com duas ligações completamente novas que foram instauradas. O primeiro é a ligação entre Estado e direito, o segundo é a ligação entre indivíduo e direito. E aqui devemos explicar, porque são afirmações sibilinas e equívocas". Ver Paolo GROSSI, p. 2. Neste sentido, José Carlos Peres

Grossi suscita reflexão a partir de Filippo Vassalli, responsável em grande parte pelo vigente código civil italiano de 1942 e autor de *Extrastatualità del Diritto Privato*. Vassalli, ao meditar a respeito do Antigo Regime, antes da existência dos códigos, constatou que o direito privado não era um direito produzido pelo Estado, não era um direito que se consolidava na lei. Na Europa continental, havia um direito *extrastatuale*[38] porque produto também de certos juristas, de certos juízes e, sobretudo doutores, isto é, mestres de direito. Era, como diziam os alemães, um *professorenrecht*,[39] isto é, um direito feito pelos professores.[40]

No antigo regime na época Medieval, o aspecto mais autêntico consiste na inexistência do Estado. Estado compreendido evidentemente uma união política, "quella entità politica munita di effettività di potere, ma soprattutto munita di una psicologia totalizzante".[41] O Estado, que o Medievo não conheceu, é uma entidade política que tende a apropriar-se de todas as relações sociais que se desenvolvem no seu âmbito, o Estado é, por sua vocação, uma entidade *omnicompresiva*.[42] No Medievo, o detentor do poder político não retinha o direito como coisa sua, como coisa da qual ele devesse ocupar-se; o direito outras fontes o produziam. Recorda Paolo Grossi: "Il risultato era che di giudici, i quali mediante il loro sapere tecnico contribuivano all'adeguamento constante del diritto alla realtà sociale".[43]

Gediel chama atenção para o direito insular e conclui que: "no Direito inglês, a distinção teórica entre liberdade e direito subjetivo vai se apresentar com menor grau de intensidade. Assim, o direito subjetivo (*right*) poderia decorrer apenas de sua relação com a lei (*law*), mas também poderia ser visto como uma liberdade (*liberty*)". GEDIEL, José Antônio Peres, *Os transplantes de órgão e a invenção moderna do corpo*, Curitiba: Moinho do Verbo, 2000, p. 16.

[38] *Extrastatuale* significa extra-estatal, um direito extra Estado, fora do Estado, não produzido pelo Estado.

[39] Na cultura e na elaboração do conhecimento houve uma época em que os professores detinham uma parcela mais significativa na construção das ciências, no direito isto não foi diferente. Por esta razão, os alemães chegaram a falar em um direito edificado pelos professores – *professorenrecht*.

[40] Em um passo seguinte deste trabalho se enfrentará o papel dos formadores da justiça, aqueles que com coragem e ousadia constroem o Direito; sem dúvida, não se trata de obra individual, mas sim de um grande grupo, sem que com isso se deixe de reconhecer o trabalho individual.

[41] Ver, neste sentido, GROSSI, p. 2. Tradução livre: "aquela entidade política munida de efetividade de poder, mas sobretudo munida de uma psicologia totalizante".

[42] *Omnicompresiva* é uma expressão italiana sem uma correspondente na língua portuguesa, mas pode ser compreendida assim: *que inclui tudo*.

[43] "O resultado era que estas fontes consistiam justamente em um grande *ceto* (*classe ou categoria*) de professores, em que grande *ceto* de juízes, as quais mediante o seu saber técnico contribuíam para a adequação constante do direito à realidade social". Ver Paolo GROSSI, p. 3.

A história jurídica da época moderna ocorre paulatinamente. Isto é, o Estado aparece na França no século XIV e começa súbito a dar a atenção ao direito. O fenômeno jurídico lhe interessa, o direito é um precioso amálgama para a entidade política. A história dos grandes países da Europa ocidental pode demonstrar como não só na França, mas também na Espanha e Portugal – se verificou uma alteração na figura do Príncipe. O velho Príncipe medieval era sobretudo juiz, e grande juiz dos seus súditos; o Príncipe legislador, o Príncipe produtor do direito que se ocupa, profundamente, do direito é uma realidade moderna.[44] Adverte Paolo Grossi:

> Il nuovo Principe, il Principe moderno, non è più il Principe giustiziere, il Principe giudice, ma è il Principe legislatore, sempre più legislatore; l'attività legislativa diventa il cuore della sua attività, diventa il simbolo dell'essere veramente Principe. Ecco quindi una situazione pericolosa per il regno, il potere politico si sta impossessando del diritto, il vecchio pluralismo di fonti ora sta cedendo a un monismo: un'unica fonte, il Principe, un'unica forma giuridica, la legge. Ecco un nuovo legame che è profondamente moderno: Stato-diritto, non più indifferenza dello Stato verso il diritto, ma un legame intimo, profondo. C''e un'altra circostanza, un altro legame che va segnalato, ed è il legame tra individuo e diritto. Nel mondo medievale non c'era lo Stato, c'era un potere politico ma non con i connotati dello Stato. Nel mondo medievale l'individuo non esiste, o meglio, intendo dire l'ordine giuridico non si basa sull'individuo, non si construisce sull'individuo; si ha una enorme sfiducia verso l'individuo singolo e si tende a inglobare l'individuo singolo all'interno della comunità, di tante comunità. Il mondo medievale è il mondo non di individui, ma di tante comunità, associazioni, fondazioni, in cui il singolo deve operare e deve ricevere protezione. Perché questo? È il segno di una antropologia, anche antropologia giuridica che non ha fiducia nelle forze individuali. L'individuo è una creatura di per sé imperfetta, la comunità è la creatura socialmente perfetta. Questo è tipicamente medievale.[45]

---

[44] Paolo GROSSI, p. 3, exemplifica assim: "La prima grande testimonianza è alla fine del 1600 in francia, con le Ordonnances di Luigi XIV; Ordonnance civil, che si occupa della procedura civile, Ordennance de la marine, che si occupa di quello che noi oggi chiameremo diritto della navigazione". Tradução livre:"A primeira grande testemunha é ao final de 1600 em França, com as Ordenanças de Luiz XIV, Ordenanças civil, que se ocupa do processo civil, Ordenança comercial, que se ocupa de todos os atos próprios dos comerciantes, Ordenanças da marinha, que se ocupa daquele que nós hoje chamamos de direito de navegação".

[45] Tradução livre:"O novo Príncipe, o Príncipe moderno, não é mais o Príncipe justiceiro, o príncipe juiz, mas é o Príncipe legislador, sempre mais legislador; a atividade legislativa torna-se o coração da sua atividade, torna-se o símbolo de ser verdadeiramente Príncipe. Eis então uma situação perigosa para o reino, o poder político esta se apoderando do direito, o velho pluralismo de fonte ora está cedendo a um monismo: uma única fonte, o Príncipe, uma única forma jurídica, a lei. Eis uma nova ligação que é profundamente moderna: Estado-direito, não mais a indiferença do Estado verso o direito, mas uma ligação íntima, profunda. Existe uma outra circunstância, uma outra ligação que vai assinalando, e é a ligação entre o indivíduo e o direito. No mundo

O moderno se aproxima do plano antropológico quando, com a revolução humanista, verdadeira e própria revolução cultural, o indivíduo vem liberado da comunidade. A velha antropologia da desconfiança no indivíduo se substitui, lenta mas maciçamente, por uma antropologia de plena fidúcia. O resultado desta nova fidúcia é aquilo que se chama Jusnaturalismo. Começa-se a entrar em uma zona que precede a codificação, que explica, justifica a codificação. Jusnaturalismo é aquela grande corrente de pensamento que domina toda a Europa continental no século XVII e XVIII e que consiste nesta operação cultural: uma tentativa de criar algumas defesas, algumas ajudas, algumas proteções para o sujeito singular.[46]

> Fare del singolo soggetto un soggetto forte che non debba temere né la comunità e nemmeno il mostro Stato che ormai è sempre più presente. Giusnaturalismo vuol dire che questo uomo nuovo, fiducioso in se stesso, presuntuoso, può leggere da sè il libro della natura, della natura delle cose sociali e può rinvenire in essa delle situazioni soggettive che esistevano prima che si formasse un potere politico, prima che si creasse qualsiasi Stato. Situazioni soggettive volute da dio, una divinità un po' panteista ma sempre divinità, e inattaccabili da parte del potere politico perché situazioni precedenti alla storia umana, precedenti a ogni consociazione umana, risalenti ad un mondo in cui i giusnaturalisti amano vedere non delle comunità, ma soltanto dei soggetti singoli operanti. È proprio in questo momento che nasce quell'idea che dominerà tutto il diritto borghese ed è quella di diritto soggettivo.[47]

---

medieval não havia o Estado, havia um poder político mas não com as características do Estado. No mundo medieval o indivíduo não existe, ou melhor, quero dizer a ordem jurídica não se baseia sobre o indivíduo, não se constrói sobre o indivíduo; se tem uma enorme desconfiança sobre o indivíduo singular e se tende a englobar o indivíduo singular no interior da comunidade, de tantas comunidades. O mundo medieval é um mundo não de indivíduos, mas de tantas comunidades, associações, fundações, nas quais o singular deve operar e deve receber proteção. Por que isto? É o sinal de uma antropologia, também antropologia jurídica que não tem confiança nas forças individuais. O indivíduo é uma criatura por si só imperfeita, a comunidade é a criatura socialmente perfeita. Isto é tipicamente medieval". Ver GROSSI, p. 3 e 4.

[46] Ver Paolo GROSSI, p. 4.

[47] Refere Paolo GROSSI: "Fazer o sujeito singular um sujeito forte que não deve temer nem a comunidade e nem mesmo o monstro do Estado que já é sempre mais presente. Jusnaturalismo quer dizer que este homem novo, confiante em si mesmo, vaidoso que pode ler por si o livro da natureza, da natureza das coisas sociais e mais descobrir nela algumas situações subjetivas que existiam antes que se formasse um poder político, antes que se criasse qualquer Estado. Situações subjetivas queridas por Deus, uma divindade um pouco panteísta mas sempre divindade, e inatacável por parte do poder político porque situações precedentes a história humana, precedentes a cada associação humana, originárias de um mundo no qual os jusnaturalistas amam ver não da comunidade, mas somente dos sujeitos singulares operantes. É próprio neste momento que nasce aquela idéia que dominará todo o direito burguês e é aquela de direito subjetivo". Ver GROSSI, op. cit., p. 4. A noção que foi possível ser construída de direito subjetivo é desenvolvida a partir do momento político que se divulga a igualdade formal de todos frente a uma ordem

Lembra Grossi a definição formulada de direito subjetivo desenvolvida por Savigny: "direito subjetivo é o poder conexo à vontade de um sujeito". Isto é, finalmente passa-se a compreender um sujeito singular que age por si só, com a sua força, e que graças à sua vontade pode criar-se uma armadura de direito que o defende não só dos outros semelhantes, mas, sobretudo, da sociedade como complexo. Registra Paolo Grossi:

> Il Mondo giuridico che il giusnaturalismo ci propone è un mondo non di soggetti concreti, non di soggetti realmente esistenti, ma di modelli di uomo. E questo è naturale, l'età dell'oro, la primitiva età della natura è chiaro che non è mai esistita storicamente, è un artificio di questi grandi filosofi del diritto i quali lavoravano su dei modelli astratti. Nella vecchia età medievale, piena di ingiustizie sociali, però i singoli individui erano soggetti in carne ed ossa, erano soggetti storici; in questo mondo medievale si parla di ricchi e di poveri, di maschi e di femmine, di malati e di sani, di nobili e di plebei, di mercanti e di contadini. Cioè, è una umanità carnale che emerge all'attenzione del diritto medievale. È importantissimo per il civilista moderno segnalare invece che il giusnaturalismo ha creato un mondo di soggetti astratti, ha creato un mondo di modelli, l'uno uguale all'altro, l'uno, rispetto all'altro, titolare di una serie di situazioni giuridiche perfette, prima fra tutte la proprietà individuale. Qual era il risultato a cui si voleva arrivare? Si voleva arrivare a identificare un diritto civile eterno, valevole per ogni luogo e per ogni tempo, in cui il singolo potesse trovare il proprio presidio. L'artificio stava che si credeva di leggere questo, o si faceva finta di leggere questo in un fantomatico libro della natura. Ecco perché in quel titolo della prima lezione io vi sottolineavo un risultato importante per capire i codici futuri: l'unità del soggetto di diritto civile. Nel diritto medievale, nel diritto privato medievale questa unicità non c'era, c'era una pluralità di soggetti, c'era una umanità svariatissima che

---

jurídica que pode ser acessada por qualquer pessoa que possa ser reconhecida como sujeito de direitos. Evidentemente a expressão *direito subjetivo* é muito abrangente e capaz de produzir múltiplas compreensões, entre elas destacam-se a de Judith MARTINS-COSTA: "Atualmente admite-se que os poderes do titular de um direito subjetivo estão condicionados pela respectiva função e a categoria do direito subjetivo, posto que histórica e contingente com todas as categorias jurídicas, não vem mais revestidas pelo *mito jusnaturalista* que a recobria na codificação oitocentista, na qual fora elevada ao *status* de realidade ontológica, esfera jurídica de soberania do indivíduo. Portanto, o direito subjetivo de contratar e a forma de seu exercício também são afetados pela funcionalização, que indica a atribuição de um poder que se desdobra como dever, posto concedido para a satisfação de interesses alheios." *O direito privado como 'sistema em construção'*- as cláusulas gerais no projeto do código civil brasileiro. MARTINS-COSTA, Judith. *Revista dos Tribunais*, São Paulo, ano 87, v.753, 24-48, jul. 1998, p. 39. Ensina Luiz Edson FACHIN que: "A crítica se volta contra a abstração excessiva que se deu sobre o conceito no modelo privado, que desaguou diretamente no Código Civil brasileiro. E é por isso que, não raro, nos elementos da relação jurídica coloca-se o sujeito, e aí se revela claramente que a pessoa não precede ao conceito jurídico de si próprio, ou seja, só se é pessoa quem o Direito define como tal. Não sem sentido, nesses quadrantes, o sujeito não 'é' em si, mas 'tem' para si titularidades". FACHIN, *Teoria...*, p. 85.

emergeva; d'ora in avanti il diritto civile – che è un diritto che si occupa di soggetti astratti, di schemi astratti – conoscerà soltanto un soggetto, perché tutti i soggetti saranno uguali, uguali giuridicamente, quasi uno strano mondo di manichini o di statue che viene confezionato da questa grande corrente giusnaturalistica. Ogni istanza di giustizia materiale, ogni istanza di storicità concreta è estranea proprio perchè si vuloe costruire da parte di questi filosofi del diritto un mondo voluntamente astratto. Nasce da qui la grande astrattezza del diritto civile ottocentesco, che è la sua grandezza e anche il suo difetto.[48]

Paolo Grossi destacou a interpretação do grande escritor francês, Anatole France, no romance *Le lis rouge* (*Il giglio rosso* – O lírio vermelho), no que toca aos sujeitos iguais diante da lei. É dele a frase: "maestosa uguaglianza di cul si fanno portatrici le leggi che proibiscono al ricco come al povere di dormire sotto i ponti di mendicare nelle strade e di rubare il pane".[49]

Em realidade, Grossi denuncia o escárnio feito pelo autor ao demonstrar a injustiça da regra, por não considerar o plano concreto. Anatole France, que não era um jurista, não compreende qual foi a grande operação do Jusnaturalismo, aquela de crer numa série de ins-

---

[48] Tradução livre: "O mundo jurídico que o jusnaturalismo nos propõe é um mundo não de sujeitos concretos, não de sujeitos realmente existentes, mas de modelos de homem. E isto é natural, a idade de ouro, a primitiva idade da natureza é claro que nunca existiu historicamente, é um artifício daqueles grandes filósofos do direito os quais trabalhavam sobre alguns modelos abstratos. Na velha idade medieval, plena de injustiças sociais, mas os indivíduos singulares eram sujeitos de carne e osso, eram sujeitos históricos; neste mundo medieval se fala de ricos e de pobres, de machos e de femininos, de doentes e de sãos, de nobres e de plebeus, de mercadores e de camponeses. Isto é, é uma humanidade carnal que chama à atenção do direito medieval. É importantíssimo para o civilista moderno sinalizar ao invés que o jusnaturalismo criou um mundo de sujeitos abstratos, criou um mundo de modelos, um igual ao outro, um para outro, um comparado ao outro, titulares de um série de situações jurídicas perfeitas, primeira entre todas a propriedade privada individual. Qual era o resultado a que se queria chegar? Se queria chegar a identificar um direito civil eterno, valido para cada lugar e para cada tempo, no qual o singular pudesse encontrar a própria proteção. O artifício estava que se acreditava de ler este, ou se fazia de conta ler isto em um fantomático livro da natureza. Eis porque o que o título da primeira lição eu ressaltava um resultado importante para compreender os códigos futuros: a humanidade do sujeito de direito civil. No direito medieval, no direito privado medieval esta unicidade não existia, existia uma pluralidade de sujeitos, existia uma humanidade variada que emergia; daqui para frente o direito civil – que é um direito que se ocupa de sujeitos abstratos, de esquemas abstratos – conhecerá apenas um sujeito, porque todos os sujeitos seriam iguais, iguais juridicamente, quase um estranho mundo de máquinas ou de estátuas que vem confeccionadas por esta grande corrente jusnaturalista. Cada instância de justiça material, cada instância de historicidade concreta é estranha, justo porque se quer construir da parte destes filósofos do direito um mundo voluntariamente abstrato. Nasce daqui a grande abstração do direito civil de mil e oitocentos, que é a sua grandeza e também o seu defeito". Ver Paolo GROSSI, p. 5-6.

[49] Anatole FRANCE segundo Paolo Grossi, "majestosa igualdade de que se faz portador da lei que proíbe ao rico como ao pobre de dormir sobre a ponte, de mendigar na estrada e de roubar o pão". Ver Paolo GROSSI, p. 6.

trumentos meta-históricos, não-variáveis, ao criar um direito civil baseado sobre um sujeito abstrato e portanto unitário. Nas palavras de Anatole France:

> Mais je suis toujours un peu surpris de voir des personnes adultes et même vieilles se laisser abuser par l'illusion du pouvoir, comme si la faim, l'amour et la mort, toutes les nécessités ignobles ou sublimes de la vie, n'exerçaient pas sur la foule des hommes un empire trop souverain pour laisser aux maîtres de chair autre chose qu'une puissance de papier et un empire de paroles. Et, ce qui est plus merveilleux encore, c'est que les peuples croient aussi qu'ils ont d'autres chefs d'État et d'autres ministres que leurs désirs et leur imbécilité. Il était sage, celui qui a dit: "Donnons aux hommes pour témoins et pour juges l'Ironie et la Pitié".[50]

Na perspectiva jurídica, o moderno inicia quando se alteram duas ligações: a ligação do Estado com o direito e a ligação do indivíduo com o direito. Advirta-se que o indivíduo é um indivíduo novo, liberado da opressão da comunidade, sobretudo tendo-se em conta, liberado da primeira, maior, mais sublime mas também mais opressiva comunidade que é a Igreja Romana. Conforme Paolo Grossi: "Questo individuo liberato ora può leggere da sé il libro della natura, può essere l'artefice del suo diritto, si construisce un diritto civile a sua immagine e per sua funzione".[51]

O direito privado a partir da Revolução Francesa sofreu uma mudança de paradigma muito importante, pois parte do pressuposto formal de que todos são iguais. Todavia, isto não é o suficiente, uma vez que as diferenças devem ser observadas não para excluir como faziam os romanos, mas, ao contrário, para atentar o estudo do caso concreto de modo que de alguma forma se diminuam as diferenças a fim de incluir todos na malha social e no manto da proteção jurídica. Verificar o caso sob *judice* e compreender a igualdade na diversidade é o desafio que está posto para o direito contemporâneo.

---

[50] "Mas me surpreende sempre ver como os adultos e mesmo os velhos se deixam embair pela ilusão do poder, como se a fome, o amor e a morte, todas as necessidades ignóbeis ou sublimes da vida, não exercessem sobre a multidão dos homens um império tão soberano que nada mais resta aos dominadores de carne e osso, além de um poder de papel e de um império de palavras. E o mais fabuloso ainda, é que os povos crêem também que teem outros chefes de Estado e outros ministros além das suas misérias, dos seus desejos e da sua estupidez. Era um sábio aquele que escreveu: 'Demos aos homens por testemunhas e por juizes a Ironia e a Piedade'. Ver, neste sentido, a obra que consagrou Anatole France, intitulada *Le Lys Rouge*, Paris, Calmann – Lévy, p. 374 e 375. Tradução brasileira de Marques Rebelo, Rio de Janeiro: Irmão Pongetti, 1942, p. 259.

[51] "Este indivíduo liberado ora pode ler por si o livro da natureza, pode ser artífice do seu direito, construir a si um direito civil a sua imagem e para sua função". Ver Paolo GROSSI, p. 6-7.

Os modelos, as abstrações estão relacionadas com a utilidade e a finalidade, as quais se vinculam em um determinado local e em uma determinada época; mas a construção de novos modelos é uma necessidade constante. Para usar uma linguagem da biologia, pois ocorre uma seleção natural dos modelos e só os mais aptos, também na cultura jurídica, permanecem, e, quando não se adaptam ao momento histórico e cultural, devem ser criados outros novos. Não perceber este momento de alteração e querer repetir modelos desconectados com o mundo atual é o problema a ser resolvido. Zimerman destaca a importância dos modelos na psicanálise e demostra também com um exemplo elucidativo a sua transitoriedade: "Assim, o modelo que a mim ocorre para conceber essa última definição é o dos andaimes de uma obra em construção: eles são úteis e indispensáveis até que a construção se complete e então se os dispense".[52]

Durante a Idade Média, vários soberanos efetuaram diferentes esboços de consolidações, mas, em realidade, desejavam realizar um código que reunisse os direitos hoje conhecidos como direitos civis. Todavia não obtiveram êxito. O primeiro Código em sentido técnico foi o *Code Napoleon*, sendo possível somente a partir da ruptura realizada com o passado, conforme grifa Grossi, ao traçar a diferença entre consolidação e codificação:

> La consolidazione è un setaccio del passato, non intende avere derisione sverso il passato, lo utilizza e di questo passato lascia anche come vigente una buona parte del diritto. Il Codice si pone sempre, anche quando lo utilizza, in una posizione polemica con il passato; il Codice è l'inizio di una vita nuova, manda in soffitta tutto ciò che si è fatto fino a ieri o, per meglio dire, crede di mandare in soffitta tutto ciò che si è fatto fino a ieri e cancella ogni altra fonte diversa da se stesso. Il Codice è innanzitutto norma esclusiva, proiettata verso il futuro e norma esclusiva. Questi caratteri li ha soltanto il primo grande Codice che è il Codice della Francia napoleonica.[53]

O pensamento jurídico só pode desenvolver o projeto de uma codificação depois de se debruçar sobre uma série de casos concretos

---

[52] Ver ZIMERMAN, p. 43. Também se poderia pensar nos modelos para a feitura de uma escultura, ou um quadro enquanto o pintor faz nascer a obra.

[53] Tradução livre: "A consolidação é uma peneira do passado, não intende menospresar o passado, o utiliza e deste passado deixa também como vigente uma boa parte do direito. O código se põe sempre, também quando o utiliza, em uma posição polêmica com o passado; o Código é o início de uma vida nova, deixa de lado tudo isto que se fez até ontem e apaga qualquer outra fonte diferente de si mesmo. O código é antes de tudo norma exclusiva, projetada para (verso) o futuro e norma exclusiva. Esta característica tem apenas o primeiro grande Código que é o Código da França napoleônica" Ver Paolo GROSSI, p. 8.

e de modelos ao longo do tempo para, a partir deles, construir o edifício da codificação que tão bem resolveu os problemas sociais enfrentados até aquela época; todavia, este, por certo, não passou a ser a única forma de enfrentar os litígios que não se desenvolvem necessariamente sob os trilhos restritos do pensamento codificado. A estrada desta viagem jurídica se altera profunda e constantemente, não é apenas linear, mas tridimensional.[54] Trata-se de construir uma nova estrada por onde vários outros mecanismos deverão ser construídos para dar vazão aos abalos sísmicos que se constroem constantemente, respeitando as características de um mundo em constante expansão.

Ultrapassado o momento histórico que antecedeu e justificou a codificação dos direitos privados, faz-se indispensável enfrentar a codificação na esfera brasileira, o próximo objeto de investigação.

1.3. Processo de codificação civil no Brasil[55]

José de Alencar, no relatório do Ministério da Justiça, em 1869, para justificar a oportunidade de naquele momento pôr em prática a

---

[54] Aqui pode ser lembrada a idéia desenvolvida por Miguel Reale e a sua teoria tridimensional do direito visualizado como fato, valor e norma. Ver com mais propriedade o desenvolvimento do pensamento do autor nas obras: *Estudos de filosofia e ciência do direito*. São Paulo: Saraiva, 1976; *O direito com experiência*. São Paulo: Saraiva, 1992; *Nova fase do direito moderno*. São Paulo: Saraiva, 1990; *Fontes e modelos do direito – para um novo paradigma hermenêutico*. São Paulo: Saraiva, 1994; *Lições preliminares de direito*. São Paulo: Saraiva, 1985.

[55] O trabalho que resultou na codificação dos direitos civis no Brasil foi fruto amadurecido por uma série de tentativas que não obtiveram êxito. Em 1845, o advogado e posteriormente diplomata Francisco Ignacio de Carvalho Moreira apresentou ao Instituto da Ordem dos Advogados Brasileiros a sugestão *Da revisão geral e codificação das leis civis e do processo, no Brasil*, identificando a legislação da época com: "esparsa, antinomica, desordenada e numerossima". Euzebio de Queiroz, seguindo as mesmas idéias, mas julgando muito difícil a elaboração de um Código Civil, sugeriu que se adotasse como tal o *Digesto portuguez, de Correia Telles*. Consultado o Instituto dos Advogados este manifestou-se desfavoravelmente. Vingou o pensamento de realizar um trabalho preparatório do Código Civil confiado a Teixeira de Freitas, por contrato de 15 de fevereiro de 1855. Ultrapassados três anos, estava concluída e aprovada a Consolidação das leis civis. Em 10 de janeiro de 1859, o Ministro da Justiça, Nabuco de Araujo, contratou com Teixeira de Freitas o preparo de um Projeto de Código Civil, que deveria concluir-se em 31 de dezembro de 1861, prazo prorrogado até 30 de junho de 1864. Teixeira de Feitas desgostou-se com a comissão composta por Visconde de Uruguay, Nabuco de Araujo, Caetano Alberto Soares, Ribas, Braz Florentizo, Furtado, Mariani e Lourenço Ribeiro e com o pouco reconhecimento nacional. Confortou-se com o mérito recebido pelo jurisconsulto argentino Velez Sarsfiel, que para o projeto de Código Civil Argentino lhe aceitou o método, a doutrina em grande parte do articulado. Ver, neste sentido, o *Código Civil dos Estados Unidos do Brasil*. Comentado por Clóvis Bevilaqua. Edição histórica. Rio de Janeiro: Rio Estácio de Sá, [s.d.], p. 9. v.1.

escolha do processo de codificação dos direitos civis no Brasil, assim se referiu: "Um Codigo Civil não é obra da sciência e do talento unicamente; é, sobretudo, a obra dos costumes, das tradições, em uma palavra, da civilização, brilhante ou modesta, de um povo".[56] Busca o autor de imediato afastar a idéia de que o processo de codificação seja a obra de um autor ou de um grupo de iluminados, mas fruto maduro ou verde de um povo. Refere o autor que não se trata de um talento unicamente, e aqui recordo Flaubert: *"o talento é uma longa paciência, e a originalidade é um esforço de vontade e de observação intenso?"*[57]

Em momento mais atual, repete a mesma idéia o italiano Perlingiere ao ensinar:

> O conceito de ciência jurídica tem uma função prática, não tanto apenas de conhecimento e de descrição teórica, porque é aplicativa, ou seja, ela é necessária para que sejam resolvidos os problemas civis e os problemas concretos dos seres humanos. Observe-se que o conhecimento jurídico é duplo: não são apenas as leis o objeto do conhecimento jurídico, como também o são os fatos concretos (os casos concretos) estudados, considerados e qualificados à luz das disposições legislativas. O objeto da ciência jurídica é unitariamente a realidade concreta, os fatos concretos e a norma jurídica, fato e norma concretas que estão em contínua dialética. A realidade não pode ser dividida, mas sim estudada unitariamente. Não há realidade econômica distinta da realidade jurídica: igualmente não há realidade social separada da realidade jurídica, como também não há realidade ética ou religiosa divorciada da realidade jurídica. A realidade é una, é unitária, e o seu aspecto (o seu perfil) nada mais é que um aspecto da realidade unitária. Por isso o Estado de Direito não pode se limitar ao estudo das leis. Os instrumentos da ciência jurídica, as noções, as definições, os conceitos não são fins em si mesmos, mas sim instrumentos para o conhecimento desta realidade. Por isso, devem ser instrumentos adequados à realidade. Não existem instrumentos válidos em todos os tempos e em todos os lugares: os instrumentos devem ser construídos pelo jurista levando-se em conta a realidade que ele deve estudar.[58]

Traçando igual pensamento, o português Castanheira Neves advoga a idéia de um modelo metódico de realização do direito a partir da dialética entre as dimensões do sistema e do problema, a partir da organização dos contornos estruturais do que seja "questão de fato-questão de direito" e da certeza da impossibilidade de que cada uma

---

[56] Ver BEVILAQUA, *Código...*, p. 9.

[57] Flaubert citado por Vincent VAN GOGH, *Cartas a Théo: antologia*. Tradução de Pierre Ruprecht. Porto Alegre, 2001, p. 53. (Coleção L&PM, Pocket)

[58] Ver PERLINGIERI, Normas constitucionais nas relações privadas. *Revista da Faculdade de Direito da UERJ*, Rio de Janeiro, n.6/7, 1998/1999, p. 63.

delas não pode ser individualmente considerada. A referência advogada pelo autor parte da compreensão do "caso jurídico" percebido como concreto sentido problemático e verifica o problema jurídico numa situação histórica-social como obstáculo, uma exigência de cumprimento em contraste com uma situação real que resiste. Segundo o autor, em virtude da alteração de seus elementos, os problemas acabam por situar-se de modo diverso, e por esta razão torna-se necessária a automização do pensamento problemático perante o anterior, já que não é possível deduzir deste a posição de problema novo. Para o autor, a juridicidade assemelha-se ao modelo axiológico-normativo que se constitui na vida histórica de uma determinada comunidade e se desdobra em três dimensões: mundano-social, antropológica-existêncial e ética.[59]

O conhecimento prévio do saber jurídico, compreendendo-o as normas positivas, a jurisprudência e a doutrina, não dispensam uma autônoma referência ao problema a ser decidido, em uma consciência do não saber fundamentante. Castanheira Neves concluiu que a indagação do caso concreto faz emergir dele um sentido problemático que só é possível esclarecer a partir do projeto axiológico que é escolhido. Elabora-se uma contínua integração dos princípios conforme as intenções axiológico-culturais desnudados com as decisões dos casos concretos. A determinação da validade de uma situação concreta com referência às intenções axiológico-normativas transcende essa mesma situação, objetivando-se. O próprio sentido da situação problemática analisada é que faz nascer os limites de relevância da situação. A individualidade objetivada é a identificação de uma relevância, e o caso jurídico concreto consiste na unidade jurídico-material entre a situação e o problema.[60]

---

[59] Ver CASTANHEIRA NEVES, *Metodologia jurídica: problemas fundamentais*. Coimbra: Coimbra Editora, 1993.

[60] O problema é compreendido aqui como a pergunta. Significativa a reflexão que desenvolve Emmanuel Carneiro Leão no que toca a toda pergunta: "No pensamento, a fala nunca é primeiro. O pensamento nunca fala de modo próprio. Sempre responde por já ter escutado. Toda pergunta ou questão do pensamento torna-se radical por já ser sempre resposta. Só se consegue dizer a palavra essencial na escuta do sentido, a essência de escuta do sentido. Obediência é uma audiência atenta do sentido. Por lhe dirigir continuamente a essência da palavra, o tempo, enquanto pronome do ser, está sempre dizendo a palavra crucial, mas que o pensamento só consegue repetir numa variedade infinita de palavras, de gestos, de sentidos, de ações." Ver, neste sentido, Emmanuel Carneiro LEÃO na apresentação feita a obra *Ser e tempo* de Martin HEIDEGGER, para o público leitor brasileiro. 10.ed. Tradução de Márcia de Sá Cavalcante. Petrópolis: Vozes, 2001, p. 15.

A conjugação de uma intenção normativa geral ou de validade com uma situação concreta é a pré-síntese de um sentido concreto de intenção jurídica, ou o próprio problema jurídico. Dissociando metodologicamente os momentos de análise do caso jurídico, aponta o autor para a questão de fato e para a questão de direito. A questão de fato fixa a relevância da situação histórico-concreta e a demonstração dos elementos específicos dessa relevância e de seus efeitos. A questão de fato não deixa de ser uma questão de direito que diz com a identificação e seleção das circunstâncias do problema jurídico concreto.[61]

Andréia Terre do Amaral conclui que da reflexão elaborada a partir da obra de Castanheira Neves não há possibilidade de identificar e conceituar, dissociadamente, os termos do fenômeno aludido, a questão de fato e a questão de direito, como se fossem realidades distintas e constitutivamente contrapostas, "senão como texturas que se implicam reciprocamente e se chamam a complementar o sentidos em uma unitária e não dicotômica realização do direito".[62]

A reflexão, que se constrói ao pensar e repensar o direito, exige, dos que a ele se dedicam, um esforço contínuo e constante. Seu nascimento e renascimento é um fruto que só pode ser colhido quando os fatos sociais incidem sobre a relação jurídica, e, assim, comportam um nexo indissociado com a realidade e os conceitos jurídicos abstratamente construídos pela mente atenta aos fatos da vida. A codificação dos direitos privados ocorrida no Brasil seguiu, em certa medida, a influência que já havia sido sublinhada por Clóvis do Couto e Silva:

> Para conhecer a situação atual de um sistema jurídico, ainda que em suas grandes linhas, é necessário ter uma idéia do seu desenvolvimento histórico, das influências que lhe marcaram as soluções no curso dos tempos. De outro modo, ter-se-á a justaposição de soluções jurídicas, sem que se defina a sua estrutura íntima. Convém, assim, examinar a posição do direito de determinado país em face dos Códigos mais influentes e, nesse caso, não haverá dúvida que o Código Civil Brasileiro, sofreu influência do Código Napoleônico, ou do Código Civil Germânico, de 1900, levando-se em conta o fato de que ele foi publicado em 1916.[63]

---

[61] Ver CASTANHEIRA NEVES, p. 154 e seguintes.

[62] Ver a dissertação de mestrado de Andréia Terre do Amaral defendida em 2001 na Faculdade de Direito da Universidade Federal do Rio Grande do Sul, sob o título *Iura novit curia: os sujeitos processuais e a aplicação do direito*, p. 166.

[63] Ver Clóvis do COUTO E SILVA, O Direito Civil brasileiro em perspectiva histórica e visão de futuro. *Ajuris*, Porto Alegre, v. 14, n. 40, p. 128-149, jul. 1987, p. 128.

Luiz Edson Fachin lembra que "transmissão do conhecimento jurídico sem debate é proceder que fica a dever à educação e não fomenta exercícios de cidadania". Reforçando sua argumentação, o mesmo autor alerta:

> Não se trata de uma reciclagem funcional dos parâmetros do Direito Civil, mas sim de uma recomposição do vínculo e da dedicação a partir de um redimensionamento dos afazeres didáticos e de pesquisa. Mirada na sociedade contemporânea, acolhe como motivação a não reprodução de saberes, no intercâmbio e na independência de novas fontes de investigação. Na complexidade, esse fenômeno apresenta, neste momento, um interessante banco de prova que se abre em afazeres epistemológicos que acolhem as novas demandas da jurisdicidade, ao lado da recuperação discursiva de valores como ética e justiça. Um ensaio pode ser caminho aconselhável para encontrar interrogações que entrelaçam o Direito Civil e a sociedade.[64]

Produto característico da cultura nacional e com uma visão em perspectiva, no que toca à educação, demarca Paulo Freire o desafio do conhecer para transformar:

> A educação é um ato de amor, por isso, um ato de coragem. Não pode temer o debate. A análise da realidade. Não pode fugir à discussão criadora, sob pena de ser uma farsa. Como aprender a discutir e a debater com uma educação que impõe? Ditamos idéias. Não trocamos idéias. Discursamos aulas. Não debatemos ou discutimos temas. Trabalhamos *sobre* o educando. Não trabalhamos *com* ele. Impomos-lhe uma ordem a que ele não adere, mas se acomoda. Não lhe propiciamos meios para o pensar autêntico, porque recebendo as fórmulas que lhe damos, simplesmente as guarda. Não as incorpora porque a incorporação é o resultado da busca de algo que exige, de quem o tenta, esforço de recriação e de procura. Exige reinvenção.[65]

A recomposição dos vínculos afetivos estão para a solução dos conflitos e das angústias internas e pessoais, assim como a recomposição dos vínculos com os institutos jurídicos do passado está para a solução dos conflitos e agruras sociais. Repensar e reconstruir necessita conhecer a si muito bem, assim como o passado dos nossos institutos e as abstrações por nós construídas para, a partir delas, reconstruir um direito sob novos paradigmas sob a moldura flexível do mundo que agora se refaz.

A questão que envolve a necessidade de se codificar ou se alterar a codificação existente é questão ainda pendente de questionamento

---
[64] Referiu Luiz Edson FACHIN, *Teoria...*, p. 2-3.
[65] Escreveu Paulo FREIRE, *Educação como prática da liberdade*. 23.ed. Rio de Janeiro: Paz e Terra, 1999, p. 42.

por parte da doutrina pátria. João Uchôa Cavalcanti Netto destacou, antes mesmo de se nomear a comissão coordenada por Miguel Reale, as características do século que fez nascer a codificação civil de 1916:

> A vida social estagnada em certa permanência, inventou-se o instrumento paralelo da lei que se monta na estabilidade. Acontece que, neste século, o homem resvalou para um ritmo vertiginoso de mudanças. Com isto, os relacionamentos humanos perderam o equilíbrio estático e, conseqüentemente, a lei foi atingida no seu vital respaldo de razoável quietude. E descambamos todos no furor legislativo, aflitos por conseguir que as leis acompanhem, versáteis, as estruturas e ininterruptas mutações. Entretanto, lei demais é lei nenhuma. (...) Num tal ambiente, como legislar, ou deixar de legislar? Parece que o homem, sem alternativas, enfrenta uma situação inédita para a qual, talvez, a lei mesma, como instrumento, já não seja mais apta. E aí ? De qualquer forma, o que o esplendor desta crise produziu foi uma vertigem no pensamento, habituado a operar somente nos trilhos de leis. E a atividade jurídico-intelectural do mundo se suspendeu, os autores, prudentes, aguardando sempre a nova lei para que seus livros não sejam velhos desde o nascimento. Inútil. Sai a lei nova mas, enquanto o autor prepara a obra respectiva, outra lei corrige a anterior. E o impasse perdura. Só resta, então, buscar juristas intemporais, aqueles que resistem às tempestades das legislações.[66]

João Uchôa Cavalcanti Netto presta uma homenagem a Clóvis Bevilaqua ao dizer: "Reeditar Clóvis, portanto, constitui inestimável serviço à posteridade e, sobretudo, aos contemporâneos, hoje perdidos numa encruzilhada que desorientou a razão. Porque Clóvis, no fundo, não nos ensina apenas a lei ou somente o Direito: ele principalmente nos faz aprender a pensar".[67]

O processo que antecedeu a codificação dos direitos civis resultante do Código de 1916 envolveu amplamente a comunidade, inclusive a jurídica, num período de sessenta anos com um intervalo de seis anos. O resultado alcançado pelo processo da codificação civil que entrou em vigor em 1916 está assim resumido por Caio Mário da Silva Pereira:

> Não obstante o rumo tomado pelos civilistas franceses, cujas obras chegaram a este século, Clóvis Bevilaqua não se deixou restringir pelo colete apertado do modelo gaulês. Arejada a sua cultura pela influência dos autores que já se insurgiram contra as delimitações da hermenêutica tradicional, revela sua familiaridade com Salleilles, Geny, Lamber e quantos aprovaram o mar alto da investigação científica, para imprimir ele, à hermenêutica dos preceitos, algo mais

---

[66] Descreveu João Uchôa CAVALCANTI NETTO, *Ainda, e sempre, Clóvis* – prefácio ao Código Civil dos Estados Unidos do Brasil, comentado por Clóvis Bevilaqua. Edição Histórica. Rio de Janeiro, [s.d.].
[67] Ver CAVALCANTI NETTO, p. 1- 2.

do que a explicação gramatical ou o esclarecimento vocabular da linguagem, que a lima preciosa de Rui Barbosa castigara, fazendo do Código de 1916 um modelo vernáculo a par de monumento jurídico. Clovis Bevilaqua, familiarizado com os autores germânicos, tais que Windscheid, Dernburg, Köhler, Endemann, Sohn, Gerber, e com o Bürgerliches Gezetzbuch, cuja elaboração acompanhou, e cuja estrutura adotou na elaboração de seu Projeto, abriu horizontes novos à evolução de nosso direito, que os Comentários a cada passo refletem, sem se perder contudo nos exageros que haveriam de votar ao desperstígio a escola livre investigação científica, Que numa concentração vocabular e estrenação conceitual, se apelidaria de "direito livre"(freies Recht). Mas não esqueceu a tradição jurídica pátria, que os seus Comentários assimilam na referência às fontes próximas de cada um dos preceitos interpretados: a obra ciclópica de Teixeira de Freitas; os Projetos de Nabuco, Felício dos Santos, Coelho Rodrigues, e o Revisto pela Comissão dos 21; a segura doutrina de Lafayette.[68]

A Lei nº 10.406, publicada em 10 de janeiro de 2002, entrou em vigor após um ano de *vacacio legis*, tornando-se o próximo Código Civil brasileiro. O projeto de codificação civil sofreu um processo de descontinuidade frente à lenta apreciação por parte do Legislativo e o pouco envolvimento da sociedade em face da falta de crença na possibilidade de ele vir a se tornar, efetivamente, o novo código civil.

O processo de escolha da criação da Constituição chamada cidadã na década de oitenta e, posteriormente, na década de noventa a criação de uma série de polissistemas indicados pela Constituição também são resultados da grande espera que o processo de transformação da codificação civil experimentou. Todavia, uma gama considerável de juristas tem-se manifestado contrária à codificação nos moldes apresentados, chamando a atenção para as diferenças existentes entre o momento em que se criou o projeto agora transformado em lei e o momento que se vive hoje, na perspectiva dos costumes sociais, da legislação, inclusive constitucional, o desenvolvimento da doutrina e o processo de criação da jurisprudência.[69]

---

[68] Ver para maiores esclarecimentos a íntegra da introdução elaborada por Caio Mário da Silva PEREIRA, ao *Código Civil dos Estados Unidos do Brasil, comentado por Clósvis Bevilaqua*. Rio de Janeiro, [s.d.]. Edição histórica, p. XII-XIII.

[69] Ilustra-se este debate que não tem envolvido a comunidade mais amplamente, com o ponto de vista de Jussara Suzi Assis Borges Nasser Ferreira: "*Enquanto* críticas ácidas são dirigidas, aos códigos, vozes erguem-se em defesa, para justificar a indispensabilidade de uma construção normativa sistemática, única, reunindo por ordem, matérias que pela própria natureza, não devem prescindir de tratativa formulada em conjunto ordenado, na forma de código". FERREIRA, Jussara Suzi Assis Borges Nasser. O projeto de novo código civil e a tutela dos direitos individuais e coletivos. *Scientia Iuris* (Revista do Curso de Mestrado em Direito Negocial da UEL), Londrina, v.1, n.1, p. 44, 1997.

Seguindo um desejo e uma escolha pela codificação, pode-se observar o trabalho de toda uma vida de Miguel Reale ao coordenar o projeto e ser seu fiel defensor. Somam-se a ele outros juristas que não deixam de perceber vários pontos sob os quais se deverá interpretar a codificação, com olhos atentos nos avanços das normas constitucionais, em vigor desde 1988,[70] e das normas contidas em todas as legislações especiais que devem se harmonizar com a legislação constitucional, a jurisprudência e a doutrina.

Contudo, não se pode deixar de compreendê-lo como um trabalho de envergadura envolvendo o direito privado de nosso país que perpassa o século que se foi e ingressa no atual por obra de sete professores de Direito, sendo cinco deles advogados e dois representantes da magistratura. Eles elaboraram um estudo de fôlego que, mesmo que possa receber várias críticas, se caracteriza por uma iniciativa que perpassa a idéia da obra de um só para ser a obra escrita por várias mãos, que faz renascer a discussão adormecida dos Direitos Privados. Uma perspectiva diferente da codificada por Clóvis Beviláqua, que retoma discussões não devidamente processadas, mas que o esboço de Teixeira de Freitas deixou como legado. Recentemente, Judith Martins-Costa sintetizou assim as suas idéias em curso realizado na Escola da AJURIS, para magistrados:

> Configurando uma verdadeira "escola de pensamento", formada por Professores portadores de solidíssima cultura dogmática, à qual se aliava a vivência na *praxis* das lides forenses, sendo todos ou advogados ou juízes, a Comissão Revisora e Elaboradora do Código Civil apresentou um primeiro texto, em 1972. Conquanto nascida para revisar o Projeto Orlando Gomes, na verdade a Comissão apresentou um *novo texto*, que englobou, é certo, como subsídios, as anteriores tentativas, afirmando Miguel Reale que o Projeto Orlando Gomes refletiu-se no espírito anti-individualista, na diretriz da socialidade que acabou por impregnar o novo trabalho. Este novo texto, a par de superar a idéia da fratura do Código Civil, reintroduzindo no seu *corpus* o Direito Obrigacional, promoveu a própria unidade do Direito das Obrigações civis e comerciais, "*Verdadeira vocação da experiência jurídica brasileira*", no dizer de Reale, pois, antes de copiar a legis-

---

[70] No campo jurídico que regula as relações civis, as normas constitucionais possuem, pelo menos, eficácia negativa, sendo complementáveis ou não, "vedam qualquer conduta contrária ao que estabelecem". Araken de Assis destaca que a eficácia das normas constitucionais impede o surgimento de regras opostas no âmbito infraconstitucional e não recepcionam normas de conteúdo normativo antagônico. ASSIS, A. Eficácia das normas constitucionais. *Ajuris*, Porto Alegre, v.50, p. 39 e 40, nov. 1990.

lação civil italiana de 1942, mais propriamente retoma idéia do grande jurista Teixeira de Freitas que acabara não acolhida por Beviláqua.[71]

Em sentir diverso, Gustavo Tepedino,[72] citando Amaral Francisco, Antônio Junqueira de Azevedo tornou claras suas idéias da impropriedade da aprovação do Código antes que ele viesse a se tornar a Lei 10.406, de 10.01.02, aprovada, recentemente, em 10 de janeiro de 2001:

> Pretende alguns, equivocamente, fazer aprovar um novo Código Civil, concebido nos anos 70, cujo Projeto Lei toma hoje o n. 118, de 1984 (n. 634, de 1975, na Casa de origem), que pudesse corrigir as imperfeições do anterior, evidentemente envelhecido pelo passar dos anos, como se a reprodução da mesma técnica legislativa, quase um século depois, tivesse o condão de harmonizar o atual sistema de fontes. O Código projetado peca, a rigor, duplamente: do ponto de vista técnico, desconhece as profundas alterações trazidas pela Carta de 1988, pela robusta legislação especial e, sobretudo, pela rica jurisprudência consolidada na experiência constitucional da última década. Demais disso, procurando ser neutro e abstrato em sua dimensão axiológica, como ditava a cartilha das codificações do s Séculos XVIII e XIX, restitui, purificada, a técnica regulamentar. Vale-se o Projeto, é bem verdade, candidamente, de algumas poucas cláusulas gerais (particularmente as dos arts. 420 e 421, em tema de função social do contrato e da boa-fé objetiva), as quais, contudo, desassociadas de um conteúdo axiológico preciso, acabam por carrear insengurança às relações que procuram disciplinar.[73]

Luiz Edson Fachin advogou o mesmo pensamento em parecer publicado no Boletim da Universidade de Coimbra em momento histórico anterior à publicação da Lei nº 1.0406, de 10.01.2002, antes, porém, fez a seguinte análise:

> Tem o presente estudo a finalidade de levar a efeito análise do Projeto do Código Civil, ainda em trâmite, no momento da formulação deste exame, perante a Câmara Federal, visando a uma conclusão acerca de sua aprovação – e conse-

---

[71] Judith MARTINS-COSTA, estudo apresentado na escola da AJURIS em setembro de 2001, p. 6-7.

[72] Ver Gustavo TEPEDINO, que, manifestando inconformidade com os defensores do projeto de Código Civil cita Judith Martins-Costa e simultaneamente reclama coerência: "A culta autora, após produzir a mais importante contribuição sobre cláusulas gerais do direito brasileiro, *Sistema e Cláusula Geral (a Boa-Fé objetiva no Processo Obrigacional)*, expressando de sua tese de doutoramento apresentada no Programa de Pós-Graduação da USP, 1996, dá-se por satisfeita, surpreendentemente, com as previsões de cláusulas gerais do Projeto de Código Civil." TEPEDINO, G., O Código Civil, os chamados microssistemas e a Constituição: premissas para uma reforma legislativa. Trabalho apresentado originalmente no painel *Crise das Codificações*, no âmbito da XVII Conferência da Ordem dos Advogados do Brasil, realizada no *campus* da Universidade do Estado do Rio de Janeiro, de 29 de agosto a 2 de setembro de 1999 e publicado no livro coordenado pelo autor, intitulado *Problemas de direito civil-constitucional*, Rio de Janeiro: Renovar, 2000, p. 9.

[73] Ver TEPEDINO, *Prolemas de direito civil-constitucional*, Rio de Janeiro: Renovar, 2000, p. 9.

qüente inserção no ordenamento jurídico positivo – frente à ordem constitucional vigente. Ressalte-se que não está em questão, nem de longe, a notória autoridade intelectual da Comissão Elaboradora e revisora do Projeto, merecedora de elevada e inegável consideração na comunidade jurídica. São as idéias que, aqui, se apresentam ao debate e que não impugnam alguns reflexos positivos internos contidos no projeto. Coloca-se, então, em análise, sem pretensão de esgotar o tema, não só o texto e o conteúdo explícito do projeto, mas a racionalidade que o informa, buscando-se, assim, avaliar-se sua adequação ou não à tábua axiológica e à ordem normativa trazida pela Constituição de 1988.[74]

Aponta Luiz Edson Fachin várias razões de impropriedade da estrutura e conteúdo do novo Código, e em todos os quadrantes, mas a merecedora de maior destaque funda-se no princípio constitucional da dignidade da pessoa humana:

A Constituição Federal de 1988 impôs ao Direito Civil o abandono da postura patrimonialisata herdada do século XIX, em especial, Código napoleônico, migrando para uma concepção em que se privilegia o desenvolvimento humano e a dignidade da pessoa concretamente considerada, em suas relações interpessoais, visando à sua emancipação. Nesse contexto, à luz do sistema constitucional, o aspecto patrimonial, que era o elemento de maior destaque é deixado em segundo plano. Não tem mais guarida constitucional uma codificação parimonial imobiliária, ranço que marcou a edição do Código Civil em 1916. (...) O patrimônio foi considerado, por muitos autores "atributo da personalidade". Duas reflexões devem ser levadas em consideração nessa perspectiva. Em primeiro lugar, a personalidade a que se está a referir-se é a personalidade abstrata, ou seja, aquela que é conferida pelo ordenamento, tornando alguém apto a ser sujeito de direitos. Não se trata da pessoa concreta, com necessidades, sentimentos, desejos, aptidões, mas de uma categoria abstrata, que não se confunde com o ser humano em concreto. Em segundo lugar, a idéia de que o patrimônio seria atributo da personalidadade faz com que se chegue à idéia de que a personalidade se confunde com o próprio patrimônio. Constata-se, por conta disso, confusão conceitual que vincula o patrimônio à pessoa. Ocorre que essa pessoa abstrata não se confunde com o ser humano concreto. Ainda que se pudesse admitir que o patrimonio fosse um abributo da personalidade, está-se, aqui, a falar de uma categoria abstrata, que não se confunde com o valor da pessoa humana, que não se limita a uma categoria abstrata. Desse modo, privilegiar-se o patrimônio – ao contrário do que se poderia imaginar, em uma visão pouco aprofundada do que significaria essa noção de "atributo da personalidade" – é colocar à margem o valor constitucional da dignidade da pessoa humana. Esta tem agora, sob o texto de 1988, o *status* de princípio de cardeal organizativo

---

[74] FACHIN, Luiz Edson. Sobre o projeto do Código Civil Brasileiro: Crítica à racionalidade à racionalidade patrimonialista e conceitualista. Separata de: *Boletim da Faculdade de Direito*, Coimbra, vol. 76, 2000, p. 129.

dentro do sistema jurídico, e toda regra, positivada ou proposta, que com esse princípio colide, no todo ou em parte, é inconstitucional.[75]

No que toca ao conteúdo do ainda projeto, adverte, critica e conclui Luiz Edson Fachin que a codificação, no que afronta a constituição, é norma inconstitucional, e para chegar a este entendimento argumenta no corpo da publicação, na esfera constiucional, juntamente com Luiz Roberto Barroso, José Afonso da Silva e José Joaquim Gomes Canotilho:

> Com a aprovação do projeto de codificação, há o risco de, aplicando-se as mesmas regras de direito intertemporal, tomarem-se por revogadas disposições do CDC, sem embargo da especialidade da matéria ali disciplinada. O Projeto do Código Civil, desde o início – como pode-se perceber pela disciplina do Direito da Empresa e dos títulos de crédito – pretendeu a unificação do direito Privado. A inexistência de menção no projeto à possibilidade de as matérias ali reguladas, quando se tratarem de relações de consumo, serem submetidas ao Código de Defesa do Consumidor, pode, em consonância com a pretensão de unificação já exposta, levar à conclusão de que esse diploma legal estaria revogado, ainda que tacitamente, pela lei posterior, no caso, o código Civil. Diante do exposto concluímos que o advento da Constituição de 1988, ao impor ao direito a valorização da pessoa humana, sobrepondo-se ao patrimônio, tornou inconstitucional o Projeto do Código Civil. A constituição de 1988, ao impor ao direito a concretização da dignidade da pessoa humana, tornou o projeto, com sua preocupação eminentemente patrimonialista, inadequado à nova ordem jurídica.[76]

Luiz Edson Fachin compreende que a nova codificação recentemente aprovada perdeu a oportunidade de construir-se sob fundamentos consoantes a nossa era, como projetar-se e, sinteticamente, criticou e sublinhou os pequenos avanços da legislação:

> Em 1975 o Poder Executivo remeteu ao Congresso Nacional um novo projeto de Código Civil formulado de costas para o futuro e distante da realidade brasileira contemporânea. (...) Merecedora de encômicos, nessa perspectiva conjuntural, a introdução da *função social do contrato* (artigo 421), referindo-se expressamente à *probidade* e a *boa-fé* (artigo 422). Demais cumprido (artigo 476) e da resolução por onerosidade excessiva (artigo 478) fecha um importante circuito jurídico de tutela à pessoa e à parte, ciclo esse que princípio pelos novos vícios ou defeitos introduzidos: o estado de perigo (artigo 156) e a lesão (artigo 157). A mesma referência pode merecer o capítulo especial sobre o enriquecimento sem causa (a partir do artigo 886), de todo oportuno, sem embargo do caráter subsidiário injustificável que o projeto lhe atribuiu (no artigo 888).[77]

---

[75] FACHIN, *Sobre o projeto* ..., p. 130-131.

[76] Idem, p. 150.

[77] FACHIN, Luiz Edson. "aggiornamento" do direito civil brasileiro e a confiança negocial. In: *Repensando Fundamentos do Direito Civil Brasileiro Contemporâneo*, Rio de Janeiro: Renovar, 1998 p. 128 e 129.

Retomar antigas discussões e reintroduzir institutos não recepcionados no Código de 1916 não se trata, necessariamente, de um retrocesso; ao contrário, relembrar o indevidamente esquecido é ter presente a idéia de construção do direito com os olhos atentos no passado, presente e futuro. Parece que um profissional detém um condão de unir as diferentes funções e atividades no exercício do desempenho das mais diversas profissões que envolvem o direito e esse profissional, assim como no *Corpus Iuris* e nas codificações, é o profissional do ensino jurídico. Pode-se constatar esta afirmação do trabalho realizado em grupo do Projeto de Código Civil, hoje Lei nº 1.406, de 10.01.2002, coordenado por Miguel Reale e fundado no seguinte propósito:

> Quando fui convidado para desempenhar tão alta missão, respondi a Gama e Silva que não a poderia aceitar sozinho, por considerar o mundo contemporâneo incompatível com a vaidade de legisladores solitários, tentando repetir a façanha de Sólon, para Atenas, e de Licurgo, para Esparta. Assente a idéia de constituir-se um Comissão Especial, procurei atender a diversos requisitos, não só de alta competência, mas também de afinidade intelectual, sem a qual seria impossível levar a bom termo um trabalho que, mais do que qualquer outro, exige harmonia das partes no todo, numa unidade sistemática. Além disto, para prevenir acusações de bairrismo, julguei necessário convidar juristas de vários pontos do País, entrelaçados por vínculos de compreensão e amizade.[78]

Realizar um trabalho de grande envergadura depende de mais do que da obra de um ser solitário, mas a conjugação de esforços e a responsabilidade da construção à mera crítica descomprometida não deve mais vingar, pois o professor de direito não é um mero repetidor de conceitos jurídicos previamente elaborados por um legislador iluminado, mas um agente provocador e atuante.

Cada profissional de todos os seguimentos sociais, inclusive do direito, tem um papel importante no momento em que ocorrem a discussão e a realização de uma norma jurídica, assim como de sua mais adequada interpretação. Se o código atual é um código, redigido por profissionais em sua totalidade integrantes do magistério, que poderá vir a ser chamado de código dos juízes, uma vez que aumentou expressivamente as hipóteses de cláusulas gerais,[79] é, sem sombra de dúvida,

---

[78] REALE, Miguel. *Memórias*. São Paulo: Saraiva, 1987. v.2 – A Balança e a Espada, p. 221.

[79] Cláusulas gerais existem por autorização do próprio legislador, que admite a impossibilidade, e por vezes a inconveniência de previsão legislativa casuística, optando por deixar em *aberto* para que a jurisprudência e a doutrina formulem os critérios mais apropriados para preenchê-las. MARTINS-COSTA sintetiza assim: "verifica-se a ocorrência de normas cujo enunciado, ao invés de traçar pontualmente a hipótese e as suas conseqüências, é intencionalmente desenhado como

um código que exigirá dos meios acadêmicos uma produção revigorada, pois estas cláusulas gerais irão necessitar de um estudo e de um trabalho com os pés bem fincados na realidade, pois é para ela e, em razão dela, que as leis surgem numa perspectiva constante de serem aprimoradas. Não se trata de uma estrada que chegou ao ponto desejado. Nada disso, trata-se de um material bruto que necessita de todos para ser aprimorado. A realização de um trabalho que vai necessitar da participação de todos com um *animus* criador, tal qual uma criança brinca com massas de modelar. Um modelo diferente que, por certo, poderá fazer o direito avançar respeitando as normas constitucionais e à luz delas.

Como o projeto em uma série de pontos merece uma crítica mais severa por demonstrar que ficou em descompasso com a cultura, os costumes e, também, as aquisições jurisprudenciais e legislativas que foram surgindo ao longo do tempo da gestação de vários anos, mestres atentos e preocupados com as inadequações, que porventura poderiam

---

uma vaga moldura, permitido, pela abrangência de sua formulação, a incorporação de valores, princípios, diretrizes e máximas de conduta originalmente estrangeiros ao *corpus* codificado, bem como a constante formulação de novas normas: são as chamadas *cláusulas gerais*. Ver MARTINS-COSTA, *A boa-fé...*, p. 286. Ver também o estudo das cláusulas gerais no artigo O Direito Privado como construção: as cláusulas gerais no projeto do Código Civil Brasileiro. *Revista de Informação Legislativa*, Brasília, v.139, p. 5, 1998, de Paulo Luís Neto LÔBO. A ênfase que se queira conferir à interpretação e ao papel desenvolvido pelo juiz e percebido de maneira diferente pelos doutrinadores, o pensamento de Carlos Alberto da Mota Pinto retrata a idéia de não se poder atribuir à jurisprudência o caracter de fonte de direito. Assim refere o autor: "Apesar, porém, do carácter concretizador da actividade do juiz – concretização que tanto tem lugar quando ele aplica normas com conceitos fixos, como quando aplica cláusulas gerais e conceitos indeterminados – *não podemos atribuir à jurisprudência o carácter de fonte de direito*. É que os resultados a que o julgador chegou só tem *força vinculativa para o caso concreto* a ser decidido. Nenhum outro tribunal está vinculado a aplicar a um caso da mesma espécie da norma ou mesmo na concretização de uma cláusula geral ou de um conceito indeterminado. Quaisquer correntes de jurisprudência que se formem, através de uma uniformidade de decisões, não têm eficácia vinculativa para os julgadores que se defrontam de novo com um caso do tipo a que elas se referem. Frise-se até que, entre nós, tal liberdade de cada juiz em face da jurisprudência anterior é constantemente manifestada, raras sendo, com prejuízo para a certeza do direito e para a segurança da vida, as correntes jurisprudências uniformemente acatadas". MOTA PINTO, Carlos Alberto da. *Teoria geral do Direito Civil*. 3.ed. 7ª reimp. Coimbra: Coimbra Editora, 1992, p. 52-53. Mota Pinto, ao comentar o Código Civil Português, sublinha sua preocupação "com um tipo predominante de recurso a conceitos gerais-abstractos e fixos vem combinar-se uma ampla série de cláusulas gerais e conceitos indeterminados – põe, perante nós, um dos grandes problemas – senão o maior – que hoje, num período de 'fuga para as cláusulas gerais', se põe à metodologia do direito". MOTA PINTO, *Teoria...*, p. 61. O entendimento da jurisprudência ser compreendida como fonte do direito confere a atividade do magistrado um papel mais destacado e por via de conseqüência de todos que participam dos conflitos levados ao judiciário. O judiciário, assumindo este papel, pode atuar de duas maneiras, legitimando a injustiça ou fazendo crescer o conceito de justiça nas esferas qualitativa e quantitativa.

se tornar lei, contribuíram com uma série de sugestões – as mais significativas foram realizadas por Luiz Edson Fachin, Fábio Konder Comparato e Álvaro Villaça de Azevedo.

Como referiu recentemente Paulo de Tarso Vieira Sansseverino, a gestação do Código e da Constituição se deu em períodos diferentes, mas a Constituição entrou em vigor antes do Código, e este não irá, por evidente, entrar em linha de colisão, pois deverá ser apreciado à luz da Constituição. Toda a obra se caracteriza por não ser plena. A virtude desta codificação é que hoje já se tem consistência disso. Se se pudesse falar nessa obra como se ela fosse detendora de uma essência, poder-se-ia dizer que ela possui mais princípios, mais cláusulas gerais do que as normas contidas na codificação anterior, mesmo que se entenda que ela pudesse percorrer caminhos mais amplos.

Compreendendo-se que há várias formas de legislar e em razão da necessidade da atualização constante, pode-se observar o surgimento de polissistemas, conforme Natalino Irti denominou o que a seguir se enfrentará.

1.4. Polissistemas e a legislação protetiva das relações de consumo[80]

Experimentado o período conhecido como da codificação dos direitos civis, os países que adotaram a codificação como estrutura

---

[80] A expressão em italiano *poli-sistema* foi utilizada por Natalino Irti no estudo que recebeu o título *Leggi Speciali (das mono-sistema al poli-sistema)*, in Rivista Di diritto Civile, ano XXV, n.2, mar./abr. 1979. Adotada noutra perspectiva por Clóvis Veríssimo do Couto e Silva que demonstrava preferência por esta expressão, pois compreendia o autor que a idéia destas leis especiais, CDC e ECA, por exemplo, continha uma pluralidade de normas de direito material, processual, administrativo, penal e civil. Referia-se com predileção ao Estatuto da Criança e do Adolescente que do seu ponto de vista na perspectiva legislativa detinha uma melhor coerência interna. Gustavo Tepedino suscita reflexão a partir do pensamento de Natalino Irti, *in verbis*: "Esse longo percurso histórico, cujo itinerário não se poderia aqui palmilhar, caracteriza o que se convencionou chamar de processo de descodificação do direito civil, com o deslocamento do centro de gravidade do direito privado, do Código Civil, antes um corpo legislativo monolítico, por isso mesmo chamado de monossistema, para uma realidade fragmentada pela pluralidade de estatutos autônomos. Em relação a estes o Código Civil perdeu qualquer capacidade de influência normativa, configurando-se um polissistema, caracterizado por um conjunto crescente de leis tidas como centros de gravidade autônomos e chamados, por conhecida corrente doutrinária, de microssistemas." Gustavo TEPEDINO, [Coord.] na apresentação a obra *Problemas de Direito Civil-Constitucional*, Renovar, 2000, p. 5. Adota a mesma terminologia Ricardo Luis LORENZETTI, tradução de: Vera Maria Jacob Fradera, da edição em espanhol do livro *Las normas fundamentales de derecho privado*, em Santa Fé, Argentina, pela Rubinzal – Culzoni Editores,

principal para construção dos direitos enfrentaram, como num movimento pendular, o apogeu e o sentimento de declínio da idéia de codificação, o qual não detinha mais utilidade e fez nascer o pensamento de Natalino Irti, que o denominou como era da decodificação.

> La difesa del codice civile si atteggia così, non a disputa su tecniche e metodi di studio, ma a 'lotta politica', capace di fronteggiare altri principî e criterî di disciplina. Il codice, che si liberi di parti caduche o di materie esposte allérosione esterna, e si renda custode del 'diritto privato comune'(degli istituti e della discipline – si scriveva già vent'anni sono – presupposti della leggi speciali); quel codice, più snello e stabile, meglio potrà esser salvaguardato nei 'Valori' essenziali.[81]

É evidente que a reflexão de Natalino Irti não foi aceita por todos, mas fez desencadear uma série de reflexões. O próprio autor, posteriormente, em artigo, reescreve suas idéias, deixando clara a importância da codificação:

> La decodificazione, ormai entrata come lemma nelle enciclopedie del diritto, e come termine ellittico nella teoria delle fonti, non è in grado di dare ciò che le viene chiesto dai critici, e che, più seriamente ed efficacemente, si può e si deve perseguire nella lotta politica. Essa designa, oggi al pari di vent'anni fa, un tipo di descrizione fenomenologica e un correlativo metodo di studio. E perciò non sa, né vuole, pronosticare se la storia futura segnerà un ritorno al mondo di ieri – o, piuttosto, dellàltro ieri -; o se le leggi speciali recheranno a compimento lópera di erosione, dissolvendo il codice nel poli-sistema; o se, fermato nel codice il diritto privato comune, le leggi speciali se situeranno in territori autonomi e indipendenti. Chi vuole che la storia abbia uno od altro esito, quegli dia mano

---

em abril de 1995, *Fundamentos do Direito Privado*, São Paulo: Revista dos Tribunais, 1998, p. 46-57. Destaca LORENZETTI: "O jurista se converte em militante do microssistema. O Direito Civil e os civilistas tendem a perder a imparcialidade, se transformam em militantes de verdades parciais. O mesmo ocorre com o juiz, quando deve decidir a cerca de problemas ambientais ou de consumo; também ele é consumidor e está sendo prejudicado como ser vivo. A verdade que se expressa é subjetiva, particularizada. (...) O douto em Direito torna-se, pouco a pouco, um *exegeta*, um tradutor da lei especializada. Isso conduz à perda da globalidade, da pretensão de regular a sociedade em seu conjunto, o que era a finalidade precípua dos Códigos." LORENZETTI, p. 56-57. Contudo, quem se envolve com as questões particularizadas não significa tenha perdido de completo a noção do todo, inclusive pode ser por esta razão que se justifique ainda mais a terminologia polissistema, vez que cada um desses chamados microssistemas contenha em si uma parte do todo e dele não se desprende inteiramente.

[81] Ver IRTI, Natalino. *L'età della decodificazione*. 4.ed. Milano: Giuffrè, 1999, p. 12. "A defesa do código civil se configura assim, não como disputa entre técnicas e métodos de estudos, mas como 'luta política' capaz de enfrentar outros princípios e critérios da disciplina. O código civil, que uma vez livre de partes caducas e de partes sujeitas ao desgaste externo, se torne vigilante do direito privado comum (dos institutos e das disciplinas – sim já escrevi vinte anos são pressupostos das leis especiais); Esse código, mas ágil e estável, que melhor poderá ser guardado nos 'Valores' essenciais". Tradução de Gianluigi Tosches.

alla vita politica, e corra l'incognita del vincere o del soccombere. La critica della decodificazione non uò giovargli in alcun modo.[82]

No Brasil, várias legislações especiais detêm esse aspecto de recompreender os direitos civis, são exemplos recentes e marcantes o Código de Defesa do Consumidor e o Estatuto da Criança e do Adolescente. Estes marcos vão ensejar uma mudança ainda não plenamente aceita, mas que tem causado repercussão nas relações interpessoais. Cláudia Lima Marques grifou este momento assim:

> A maior contribuição do CDC ao Direito civil atual reside justamente na superação do conceito de sujeito individual, o que – na prática – altera todas as nossas definições de terceiro. Se o sujeito da relação juridicamente relevante pode ser individual, coletivo ou difuso, se pode ser além do contratante e da vítima-contratante também o 'bystander', vítima terceira em relação ao contrato, o filho e a vizinha em caso de transporte, 'participante indireto da relação', por exemplo, o beneficiado em contrato de seguro, o dependente da relação principal de seguro ou plano de saúde, se pode ser exposto à prática comercial, quem aceita estacionar em *shopping center*, mas não consome propriamente dito, o exposto à publicidade, que nunca sequer adquiriu o serviço ofertado.[83]

Construir novos paradigmas[84] só é possível com o descontentamento com os já existentes; é essa irresignação que conjuga a percep-

---

[82] Ver Natalino IRTI, *L'età...*, p. 12. "A decodificação, que já entrou como lema nas enciclopédias do direito e como termo 'elíptico' nas teorias das fontes, não tem condição de dar o que os críticos exigem dela. A decodificação indica, hoje como vinte anos atrás, um tipo de descrição do fenômeno e um correspondente método de estudo. Assim, a decodificação não sabe, nem quer saber de prever, se a história futura marcará um retorno ao mundo de ontem – o melhor ao mundo de anteontem –; ou se as leis especiais levarão a completar a obra de erosão, dissolvendo o código no polissistema, ou se, amarrado ao código o direito privado comum, as leis especiais se situarão em território autônomo e independente. Quem quiser que a história tenha um outro êxito, que corra o risco de ganhar ou de perder, pois a crítica da decodificação não lhes ajudara de maneira alguma". Tradução de Gianluigi Tosches.

[83] Ver Cláudia Lima MARQUES no artigo: Proposta de uma teoria geral dos serviços com base no Código de Defesa do Consumidor – a evolução das obrigações envolvendo serviços remunerados direta ou indiretamente. *Revista do Consumidor*, São Paulo, v.33, p. 79 e seg., jan./mar. 2000.

[84] Paradigma é utilizado neste texto com o sentido proposto por KUHN: "Neste ensaio, 'ciência normal' significa a pesquisa firmemente baseada em uma ou mais realizações científicas passadas. Essas realizações são reconhecidas durante algum tempo por alguma comunidade científica específica como proporcionando os fundamentos para sua prática posterior. Embora raramente na sua forma original, hoje em dia essas realizações são relatadas pelos manuais científicos elementares e avançados. Tais livros expõem o corpo da teoria aceita, ilustram muitas (ou todas) as suas aplicações bem sucedidas e comparam essas aplicações com observações e experiências exemplares. Uma vez que tais livros se tornaram populares no começo do século XIX (e mesmo mais recentemente, como no caso das ciências amadurecidas há pouco), muitos dos clássicos famosos da ciência desempenham uma função similar. A Física de Aristóteles, o *Almagesto* de Ptolomeu, os *Principia* e a *Óptica* de Newton, a *Eletricidade* de Franklin, a *Química* de Lavoisier e a *Geologia* de Lyell – esses e muitos outros trabalhos serviram, por algum tempo, para definir

ção do pretérito, sua superação e, ao mesmo tempo, a edificação do futuro. Para que isso ocorra, o pressuposto é conhecê-los em sua essência e substância. Não se trata de uma construção individual, mas sim de um processo como uma revolução no campo das idéias em que não se identifica ao certo quando uma idéia nasce e a anterior deixa de ser aceita. Nem sempre é uma transformação violenta, mas a própria falência do modelo anterior aponta para a necessidade de um novo enfrentamento. Descreve Kuhn: "O fracasso das regras existentes é o prelúdio para a busca de novas regras".[85] A erupção de novas teorias é, geralmente, precedida por um período de destruição em larga escala dos paradigmas e grandes alterações nos problemas e nas técnicas da ciência anteriormente dominada. Ocorre simultaneamente a decisão de se rejeitar um paradigma e de se decidir aceitar outro. Entretanto, as mudanças não são totais, permanecendo no novo conjunto de regras algumas das regras precedentemente aceitas.[86]

Paulo Luiz Neto Lôbo, atento à unidade da hermenêutica, defende:

> Na atualidade, não se cuida de buscar a demarcação dos espaços distintos e até contrapostos. Antes havia a disjunção; hoje, a unidade hermenêutica, tendo a Constituição como ápice conformador da elaboração e aplicação da legislação civil. A mudança de atitude é substancial: deve o jurista interpretar o Código Civil segundo a Constituição e não a Constituição segundo o Código, como ocorria com freqüência (e ainda ocorre).[87]

---

implicitamente os problemas e métodos legítimos de um campo de pesquisa para as gerações posteriores de praticantes da ciência. Puderam fazer isso porque partilhavam duas características essenciais. Suas realizações foram suficientes sem precedentes para atrair um grupo duradouro de partidários, afastando-os de outras formas de atividade científica dissimilares. Simultaneamente, suas realizações eram suficientemente abertas para deixar toda a espécie de problemas para serem resolvidos pelo grupo redefinido de praticantes da ciência. Daqui por diante deverei referir-me às realizações que partilham essas duas características como 'paradigmas', um termo estreitamente relacionado com 'ciência normal'". KUHN, *A estrutura das revoluções científicas*. 2.ed. Tradução de Beatriz Vianna Boeira e Nelson Boeira. São Paulo: Perspectiva, 1987, p. 19-20. (Coleção Debates, 115). Título original do inglês: *The struture of scientific revolutions*.
[85] KUHN, p. 95.
[86] Idem, p. 108.
[87] LÔBO, P. L.N., Constitucionalização do direito civil. *Revista de Informação Legislativa*, Brasília, ano 36, n.141, p. 100, jan./mar. 1999. Francesco GALGANO adverte que deve-se valorizar a categoria constitucional da *iniciativa econômica*, privada ou pública. Compreender o contrato em série deve ser transferido de um âmbito conceitual pensado em termos de fatos, atos, negócios jurídicos, para um âmbito conceitual a ser edificado sob os alicerces da iniciativa econômica, devendo-se reinterpretar como iniciativa econômica a autonomia contratual, com todas as implicações constitucionais que esta operação comporta. GALGANO, F. *Il Diritto Privato fra Codice e Costituzione*. Bolonha: Zanichelli, 1983, p. 83 e 84.

A defesa de um pensamento e o desenvolvimento de uma idéia não dependem, apenas, de argumentos lógicos e que possam conter fonte de convencimento. O agente desencadeador de uma atitude pessoal que serve para romper a inércia é a emoção do pesquisador. A emoção consiste no *animus*. Luís Roberto Barroso destacou a importância desta compreensão assim: "A linguagem do direito há de conformar-se aos rigores da técnica jurídica. Mas sem desprezo à clareza, à transparência, à elegância e ao ritmo melodioso da poesia. As palavras, para o Professor, para o advogado, para os operadores do Direito, em geral são feitas para persuadir, demover incentivar. Não basta ortografia. Não basta semântica. É preciso paixão".[88]

Os polissistemas detêm a característica de envolver os interessados em virtude do grupo de direitos a serem tutelados e, desta maneira, abarcam uma gama maior de emoção, característica escamoteada no processo de abstração dos direitos civis onde todos são formalmente iguais. As pessoas acabam por perder a sua característica básica de seres singulares, restando despersonalizadas. No momento em que a codificação dos direitos civis atingiu o objetivo de tornar, formalmente, iguais, em direitos, os indivíduos realizou um reconhecimento importante, mas insuficiente. Eles são de certa maneira a correção do exagero e a retomada da importância de se olhar atentamente para os casos concretos que se repetem. Os polissistemas nada mais são do que um amplo leque de situações que não estavam suficientemente protegidos pela codificação civil.

Em razão da constante mutação das relações interpessoais, a todo o momento criam-se fatos socias merecedores de tutela específica, no enfoque da psicologia da propaganda, o passo seguinte, em que se pode verificar a força e a habilidade em formar opinião.

---

[88] BARROSO, Luís Roberto. Direito e paixão. *Revista da Faculdade de Direito da UERJ*, Rio de Janeiro, n.2, p. 338, 1994.

2. Propaganda, sociedade de massa e indivíduo

2.1. A psicologia da propaganda na perspectiva de Roger Money-Kyrle[89]

A propaganda[90] tem sido o meio pelo qual diferentes corporações políticas, religiosas, comerciais, ecológicas, dentre outras, tentam fa-

---

[89] No essencial, sigo o artigo de Roger Money-Kyrle, um homem que acompanhou os acontecimentos de seu tempo, que pertence à tradição inglesa do primeiro quarto do século vinte, não tinha formação médica, mas obteve o título de analista sob a condição de não clinicar. O artigo foi escrito fundado nas palestras ministradas por ele e seus dois colegas Dr. Adrian Stephen e Dr. Hargreaves para enfrentar a origem da propaganda. Ver, para maiores esclarecimentos, *Obra selecionada de Roger Money-Kyrle*. Editado em inglês por Donald Meltzer, com a assistência de Edna O'Shaughnessy, tradução de Ester Hadassa Sandler e Paulo Sandler. São Paulo: Casa do Psicólogo, 1996, p. 177-193.

[90] No que toca à diferença entre as expressões *propaganda* e *publicidade*, cabe registrar a advertência feita por FURLAN: "Ocorre que, no início do século XIX o termo propaganda foi preterido pela palavra publicidade por ter sido um instrumento de abusos nazi-facista e um meio de violentar a consciência das massas, razão pela qual adquiriu um significado indesejável. Diante disso, o termo publicidade que no início limitava-se somente a um sentido jurídico, passou a ter também um sentido comercial. Cremos poder sustentar, como fazem alguns autores, que a publicidade seria uma decorrência da propaganda, haja vista que, embora tenha uma finalidade bem determinada, qual seja, o objetivo comercial, não deixa de ser também, como a propaganda, uma forma de divulgação de idéias". Ver FURLAN, V.C.P. Princípio da veracidade nas mensagens publicitárias. *Direito do Consumidor*, São Paulo, n.10, 1994, p. 99. Valéria Falcão CHAISE compreende: "publicidade como a forma ou meio de comunicação com o público que tem como objetivo promover a aquisição de um produto ou a utilização de um serviço" (p. 8). Destaca a autora que a mensagem deve chegar ao conhecimento do público, a um número indeterminado de pessoas. Ver CHAISE, p. 9. Adverte BENJAMIN não ser qualquer informação que integra o conceito de publicidade, mas a conexa à atividade econômica, excluídas as informações com conteúdo político, humanístico e didático entre outros. Resume o autor para a informação se configurar com publicidade, devem estar presentes o objetivo comercial e o incentivo, ao consumo na compra de produtos e serviços. Frente à inexistência destes elementos, haverá informação *stricto sensu*, como as veiculadas nas notícias, livros e cinema. Registra o autor que nem toda informação é publicidade e nem toda publicidade é só informação. BENJAMIN, A.H. A repressão penal aos desvios de marketing. *Revista de Direito do Consumidor*, São Paulo, n.4,

zer prevalecer a sua vontade. O mundo contemporâneo tem experimentado uma forma diferenciada de formação de opinião, pois no passado seu alcance era restrito e de propagação lenta, não indo além da voz de um orador. A divulgação da propaganda ampliou seu alcance pelo uso das cartas circulares, as Epístolas de São Paulo, e, posteriormente, pela invenção da imprensa. Com o advento de jornais, do cinema, das rádios e sobretudo da *internet*, as informações atingem subitamente vários milhões de pessoas. Registra Roger Money-Kyrle a influência que a propaganda desencadeia no comportamento das pessoas, assim:

> Seu alcance agora cobre o mundo inteiro e ninguém, exceto quem esteja numa ilha deserta pode escapar de sua influência. Por essa razão, a psicologia da propaganda, ou da sugestão em massa (que talvez sejam a mesma coisa), desenvolveu subitamente uma enorme importância prática. Se o homem fosse totalmente racional e influenciável apenas pela propaganda que dissesse a verdade, toda a verdade e nada mais que a verdade não haveria problema. Mas desafortunadamente a evidência e o julgamento não são de modo algum os únicos determinantes de crenças e sentimento. O homem sempre foi um animal crédulo, facilmente convencível e inflamável pela oratória. Às vezes, pode ser quase hipnotizado aceitando qualquer coisa que seja dita com suficiente força e autoridade. Nosso problema é descobrir por quê. Dizer que o homem é sugestionável, como os psicólogos se orgulham de fazer, simplesmente nomeia o que estamos tentando explicar. O que queremos saber é por que algumas pessoas não são mais sugestionáveis pela propaganda que outras e por que o grau de sua sugestionabilidade depende tanto de sua relação com o propagandista quanto da natureza de sua propaganda.[91]

O ser humano é um ser sugestionável, e o seu grau de vulnerabilidade à sugestão está vinculado à sua educação e ao sentimento interior de paz que pode ser por ele construído. Desta forma, o ser é mais permeável e sugestionável quanto menor for sua educação e o sentimento de paz interior que ele experimenta. Roger Money-Kyrle comenta:

> A sugestionabilidade de um homem à propaganda depende do grau de independência de seu caráter, que por sua vez depende do quanto o indivíduo foi capaz de construir seu próprio caráter, a partir do modelo de caráter de seu pai (não necessariamente como o pai é de fato, mas como a criança imaginou em

---

1992(a), p. 171-172. GUINCHARD lembra que na publicidade não basta estar presente o conteúdo comercial da informação, sendo característica o propósito de incentivar a venda de produtos e serviços, atuando na *psique* do público, condicionando-o para o consumo. GUINCHARD, Serge. *La publicité mensogére en droit français et en droit féderal suisse.* Paris: LGDJ, 1971.
[91] MONEY-KYRLE, p. 177.

sua infância precoce e ainda imagina inconscientemente). Mas obviamente a sugestionabilidade à propaganda também depende da sua fonte.[92]

Lembra o autor que no início do século passado as pessoas levavam mais em consideração a palavra impressa do que a opinião de seus amigos ou vizinho. Era comum ouvir-se a seguinte locução: "Deve ser verdade pois estava impresso". Refere Roger Money-Kyrle:

> a palavra escrita possuía uma autoridade mágica. Hoje, não chegamos a discriminar, somos menos seletivos. Somos ao mesmo tempo supercrédulos em relação aos jornais de nossos próprios partidos políticos ou nações, e superdesconfiados em relação aos dos nossos oponentes políticos ou nacionais. (...) Assim, a sugestionabilidade e contra-sugestionabilidade não são qualidades incompatíveis. Possuímos, ao mesmo tempo, ambas e nenhuma.[93]

Argumentos vindos de determinada fonte que já ganhou de seus leitores um certo grau de credibilidade fazem com que sejam melhor aceitos do que de fontes desconhecidas ou daquelas que não recebem de nós atenção e credibilidade. Money-Kyrle menciona:

> Se somos sugestionáveis a uma autoridade, também seremos avessos à sugestão dos oponentes. Uma vez que a credulidade e a desconfiança, com freqüência, andam juntas, sua causa provavelmente é a mesma. Caso sabemos, o tipo de pessoa dependente e sugestionável necessita de apoio porque não está em paz consigo mesma. Ao procurar proteção contra um inimigo interno, age de um modo muito parecido com o patife medieval que procura a proteção de um rei, conquanto tirânico, contra o barão local. Mas a diferença é que o patife conhecia o seu barão bastante bem enquanto o homem dependente em geral não tem consciência de seu inimigo interno. Tivesse vivido na idade da fé, poderia estar com medo de ter sido possuído pelo diabo. Mas mesmo então dificilmente admitiria que o diabo da sua fantasia inconsciente já estava dentro dele; parte de sua persecutoriedade poderá tornar-se momentaneamente consciente, através dos sonhos ou quando está só, no escuro, mas durante a maior parte do tempo terá êxito em negá-la.[94]

Em cada época há uma forma de deslocar este medo interior para o exterior: na Idade Média havia uma caça endêmica às bruxas e durante a Segunda Guerra Mundial uma mania de espionagem. Hoje, provavelmente, com a queda das Torres Gêmeas em Nova Iorque e o desdobramento da guerra no Afeganistão se poderia ressuscitar o medo do terrorismo, que a Europa de certa maneira não se deixa esquecer, seja em virtude de grupos separatistas na Irlanda, ou no interior da

---

[92] MONEY-KYRLE, p. 180.
[93] Ibidem.
[94] Ibidem.

Espanha, seja em virtude da máfia ainda existente em vários quadrantes do globo. Roger Money-Kyrle exemplifica:

> Mesmo em tempos de paz, há várias pessoas sadias, em outros aspectos, que atribuem todos os males do mundo a alguma fonte maléfica e misteriosa que identificam, de acordo como seus preconceitos religiosos ou políticos, com os jesuítas, os judeus, os bolcheviques, os capitalistas ou os alemães. E similarmente, para muitos alemães, a Inglaterra é o inimigo hipócrita e dissimulado que incessantemente está tramando as sua destruição. Estamos começando a enxergar porque o excesso de credulidade e de desconfiança ou a sugestionabilidade e contra-sugestionabilidade andam juntas com tanta freqüência. O mesmo conflito interno que leva um homem a procurar a liderança fora de si mesmo e a confiar cegamente a qualquer preço ao invés de abandonar essa necessidade de apoio também o leva a projetar seus inimigos internos nos estrangeiros a quem pode odiar e de quem passa inevitavelmente, a desconfiar. Quando dois grupos se tornam reciprocamente paranóides do modo acima descritos, fica quase impossível distinguir as suspeitas falsas das verdadeiras; pois as falsas suspeitas de cada lado geram imediatamente retaliações e assim se autojustificam.[95]

Há uma credulidade seletiva que pode ser "determinada por suas fantasias inconscientes, tendendo-se a rejeitar aquilo que não corresponde a preconcepções inconscientes e a aceitar o que lhes corresponde".[96] Roger Money-Kyrle relembra um exemplo que ele viveu quando o levaram para ouvir o discurso de Hitler pouco antes de chegar ao poder:

> Não era fácil manter o equilíbrio, pois caso não se conseguisse uma identificação com a multidão e, assim compartilhar de suas intensas emoções, seria quase inevitável personificar essa multidão como um superindivíduo sinistro e bastante atemorizador. Ao menos para mim, os discursos não foram particularmente impressivos. Mas a multidão foi inesquecível. As pessoas pareciam perder gradualmente sua individualidade e se fundirem em um monstro pouco inteligente, mas imensamente poderoso e um tanto insano e, portanto, capaz de qualquer coisa. Além disso, seria um monstro rudimentar, alguma coisa vinda do período pleistoceno, sem julgamento, e com poucas paixões, embora muito violentas.[97]

Roger Money-Kyrle continua a sua descrição e sublinha que após o silêncio mortal de Hitler, este gritou uma única sentença: "a Alemanha precisa viver, ainda que seja preciso morrer por ela",[98] neste dis-

---

[95] MONEY-KYRLE, p. 181.

[96] Idem, p. 182.

[97] Ibidem. A descrição do autor me faz lembrar o que senti ao ir a um campo de futebol pela primeira vez, ainda era muito pequena e, sem conhecer as regras do jogo, a multidão em euforia foi o que mais me deslumbrou.

[98] MONEY-KYRLE, p. 183.

curso havia a alusão um inimigo, todavia ninguém havia perguntado quem ameaçava a Alemanha. Não era necessário, "mas a uma simples palavra de seu líder, o monstro estava pronto, até ansioso para auto-imolar. Como propaganda, esses discursos foram um imenso sucesso. Se nossas suposições são corretas, devem ter apelado para algo que já estava inconsciente. Para cada um dos temas, deveria haver alguma fantasia inconsciente preexistente e correspondente".[99]

A grande depressão experimentada pela América consistia no medo que foi enormemente exagerado, assim como o lucro que tiveram algumas pessoas, entre elas algumas eram judeus ou social-democratas, e os oradores as acusavam, assim como os ouvintes, em seu transe semi-hipinótico, as consideravam culpadas e as condenavam.[100] Descreve Money-Kyrle:

> em linguagem psicanalítica, não foi possível substituir um inimigo externo por um interno. Foi necessário também converter o perseguidor interno em aliado poderoso; esta figura continuava sendo terrível, mas apenas para os inimigos e não mais para o próprio indivíduo. O diabo tornou-se o deus da guerra (fálico) alemão, e cada ouvinte sentiu-se surgir e palpitar dentro do peito. Mesmo assim restou uma insatisfação no inconsciente; pois este contém não apenas medos e ódios, mas também um intenso anelo por um Paraíso, em que as injúrias são corrigidas e todos os homens se amam.[101]

Na avaliação de Roger Money-Kyrle, a propaganda pode ser vista numa perspectiva, simultaneamente, desfavorável e favorável sob o título de um padrão de psicoses induzidas. Descreve o autor:

> Visto de um ângulo desfavorável, a propaganda parece com freqüência ser um método para induzir uma série de psicoses temporárias que começam com depressão e, vira paranóia, chegam a um estado de bem-aventurança maníaca. Mas isso também pode ser visto de um ângulo favorável, como tendo um certo sentido, um efeito curativo, se o receptor da propaganda se acha deprimido e passa um estado de entusiasmo relativamente equilibrado.[102]

Descreve Roger Money-Kyrle a fase que ele denominou de depressivo-paranóide, oportunidade em que as propagandas prometem

---

[99] Assim sublinhou MONEY-KYRLE, p. 183. A Alemanha realmente sofreu e foi humilhada, com a depreciação de sua moeda e o fim da poupança de seu povo e também conheceu uma depressão econômica sem precedentes. Destaca MONEY-KYRLE: "Em geral, o inconsciente sente-se maltratado porque a maioria das pessoas carregavam um inimigo imaginário dentro de si mesmas; e por essa razão estão freqüentemente predispostas a acreditar num ressentimento de origem externa" (p. 184).
[100] MONEY-KYRLE, p. 184.
[101] Idem, p. 185.
[102] Ibidem.

ajudar, mas iniciam aflorando a angústia e o sentimento de culpa e ameaçando com a danação, nas propagandas religiosas, enquanto os anúncios comerciais apelam para o sentimento de inferioridade social, antes mesmo de tentar vender seus produtos. Sintetiza assim o autor:

> O verdadeiro propagandista sente ser, com freqüência, um messias que *descobriu* o caminho para a salvação – seja esse caminho uma nova fé ou alguma panacéia. Mas seus remédios não serão testados, a menos que consiga primeiro persuadir as pessoas de que elas precisam de ajuda. Às vezes, as pessoas já estão ansiosas ou deprimidas. Mas se não estão, seu primeiro passo será evocar esses sentimentos a partir do inconsciente. Por essa razão, a propaganda nazista começou com os sofrimentos da Alemanha – sofrimento que era bastante real, mas que foi exagerado até que as pessoas sentissem que estavam, de fato, à beira de um abismo do qual só Hitler poderia salvá-los.[103]

O autor não teve como objetivo comentar a indução do público no consumo de tabaco e álcool, mas pode ser dito que a publicidade vende a idéia que as pessoas ao consumirem esses produtos seriam visualizadas pelo público como bem resolvidas, seguras de si e detentoras de sucesso na vida afetiva, profissional e social. As mulheres seriam mais sedutoras, charmosas, elegantes, inteligentes, assim como os homens mais viris, esportistas, cultos e seguros de si. Nestes anúncios, é comum verificar que as pessoas que não possuem estes hábitos acabam por não participar do grupo especial dos bem-sucedidos. Em relação à formação desses dois grupos, o autor demonstra que o temor da exclusão já fora utilizado na propaganda nazista:

> Aqueles que ficam de fora do grupo não podem mais considerá-lo como um indivíduo comum. Ele deve ser um deus ou diabo; e se os indivíduos não têm um deus estável dentro de si mesmos, ou estão isolados ou têm outro líder externo. Então, eles têm que suportar sem alívio a sensação de perseguição interna e externa, ou têm que se render a esse líder e aceitá-lo como seu deus. Ao fazê-lo é todo-poderoso e irá protegê-los. Torna-se a consciência do grupo – o que o líder pensar sempre estará certo. Começa com aquele que os salva dos problemas reais, que ele próprio exagerou. Termina com aquele que os salva da ansiedade que pode ser produzida apenas pela sensação de isolamento: de estar fora de seu grupo.[104]

Fazer parte do grupo das pessoas especiais desencadeia o desejo de querer participar deste grupo, e os excluídos dele temem os efeitos

---

[103] MONEY-KYRLE, p. 186. Grifei com vistas a traçar uma comparação com a peça escrita por Sófocles, Édipo Rei, na qual este aparece como um ser especial que descobriu o mistério que salvou a população de Tebas da terrível Cantadeira, como se verá mais adiante neste estudo.
[104] Idem, p. 189-190.

desta exclusão. Despertar o medo real existente em cada indivíduo ou fazer despertar o medo inconsciente é o primeiro passo para a propaganda atingir seu público-alvo. No decorrer do artigo, o autor desce ao detalhe também no que toca às questões vinculadas ao som e refere que não se trata de uma nota musical, mas de um acorde que se ouve ao ser enviada a propaganda. A mensagem atinge o público porque atua sobre um desejo ou um medo que já existe consciente ou inconscientemente e os aflora, conferindo-lhes proporções bem maiores do que as reais, trabalhando com a emoção. Aflora a emoção e depois manipula-a, como numa brincadeira de fantoches movidos por cordas; os movimentos do público, atingido pela propaganda, são teleguiados por ela e, demonstrado como a arte da propaganda induz a vida,[105] Roger Money-Kurle comenta assim:

> Existe um tipo de propaganda cuja abertura se dá com uma nota de medo e com ela prossegue. É a propaganda terrorista, destinada a destruir a moral de um inimigo antes ou durante a guerra. Um bom exemplo é aquela parte da propaganda nazista que se destina mais à exploração do que ao consumo doméstico. Os nazistas tentaram, com certeza, aterrorizar o mundo e, devemos confessar, conseguiram-no em parte. Para muitas pessoas – e não apenas para seus oponentes políticos na Alemanha – líder nazista tornou-se um poder obscuro e diabólico, que se alastrou por todo o mundo, a quem não se ousa resistir e de quem não se pode escapar. (...) a propaganda terrorista é como um encantamento medieval; procura acordar essa figura diabólica do inconsciente não para que seja um terrível aliado, mas para paralisar toda oposição. Pode ser notavelmente bem-sucedida, mas apenas se a oposição não tiver uma liderança tão resoluta como a sua.[106]

A fase identificada como maníaca ou entusiasta atinge seu resultado e realiza-se após ultrapassada a fase depressiva. Descreve Roger Money-Kyrle como isso ocorre, envolvendo uma gama tão grande de pessoas que se enredam numa teia:

> a propaganda pode ser considerada um meio de evocar uma psicose coletiva, basicamente de um tipo maníaco, ou um modo de curar uma depressão coletiva. Em parte, a escolha do aspecto é subjetiva: há elementos curativos na propaganda nazista, assim como há aspectos maníacos na nossa. Mas penso que há uma vasta diferença no grau em que o senso de realidade preservado. O deus da guerra hitlerista ou alemão, que o povo teutônico incorporou e que lhe em-

---
[105] MONEY-KYRLE, p. 187.
[106] Idem, p. 188.

prestou temporariamente uma força tão grande, parece fantástico demais para que nossas mentes possam compreender totalmente.[107]

Roger Money-Kyrle resume as principais características da psicologia da propaganda, dentre as quais confere-se destaque à que segue:

> Finalmente, a sugestionabilidade da propaganda depende de sua *natureza*. Para ser efetiva, ela precisa corresponder às fantasias inconscientes que já estão presentes, ou simbolizá-las. A propaganda mais eficiente começa provavelmente com um apelo ao medo. Ela primeiro assinala os símbolos dos maus pais e, assim, acorda os demônios adormecidos da fantasia inconsciente: então, erige símbolos compensatórios para os bons pais, heróis fortes o bastante para derrotar os demônios que podem restaurar a crença que o povo perdeu em seu poder de fazer trabalho criativo e lhes dá coragem para enfrentar perigos reais.[108]

Verificar os efeitos causados pela propaganda nazista nos chama a atenção para o fato de até que ponto pode chegar um grupo de pessoas atingido por um apelo com raízes fortes no consciente e no inconsciente, e adverte para prevenir que situações como aquelas possam vir a ocorrer ainda hoje.

Pelas razões acima, antes mesmo de se iniciar o estudo dos processos utilizados pelo mercado para captar clientes, parece ser indispensável ser feito o enfrentamento psicológico, pois esta constitui uma verdadeira ante-sala para compreender melhor os mecanismos aos quais estamos diariamente sujeitos e qual é o motivo que de algumas pessoas caírem mais facilmente nas armadilhas do consumo e por quais razões. Feita esta preparação, o próximo passo consiste em enfrentar de forma livre uma investigação dos processos atuais que desencadeiam o consumo em nossa sociedade.

2.1.1. Processos de mercado por meio de armadilhas lúdicas

A sociedade contemporânea caracteriza-se por uma série de circunstâncias e facilidades para o consumo de bens e serviços. Os consumidores, por vezes, não conhecem todos os produtos que são postos à disposição. O desenvolvimento de mecanismos diferenciados para despertar a atenção dos consumidores potenciais tem sido uma tônica por parte dos fornecedores de bens e serviços.

---
[107] MONEY-KYRLE, p. 191.
[108] Idem, p. 192.

Existem produtos que têm em essência uma tipologia muito parecida e atingem ao mesmo público-alvo, o preço semelhante, a eficiência, a distribuição, a qualidade bem aceita, e por isso o mecanismo de diferenciação passa a ser a forma como este produto é posto no mercado consumidor. O método utilizado para colocar um produto no mercado constitui o fator determinante. A publicidade[109] e a venda do produto passam a ser secundárias e o que é repassado ao consumidor é a idéia de uma brincadeira da qual ele fará parte e, ainda, levará consigo o produto desejado como um complemento, e não o fator que faz desencadear o consumo.

Esse método faz despertar a criança que existe em cada um de nós, e que ainda é a melhor aliada dos produtores de bens e serviços, sendo assim os mecanismos para atingir a criança (para que ela inicie uma brincadeira ou deixe o seu estado de inércia), ainda é, em essência, o mesmo método que faz despertar os adultos para consumir. Havendo dois produtos muito próximos em qualidade, quantidade, reconhecimento da marca e preço, qual será o produto consumido, o que traz em si algo lúdico que possa despertar o interesse em consumir hoje e amanhã também, e assim, sucessivamente. Inicia-se uma brincadeira de consumo em que o consumidor passa a ter interesse não no produto em si, mas no que vem junto, a diversão, a possibilidade de ganhar um prêmio, previamente definido, é o que, na realidade, o despertou para o consumo. A quantidade da aquisição dos bens e serviços ultrapassa a quantidade usualmente utilizada, pois a expectativa de receber um

---

[109] A expressão *publicidade* tem origem no latim *publicus*, no português *público* e expressa o ato de tornar público, divulgar, conforme Armando SANT'ANA, *Propaganda*: teoria, técnica e prática. 3.ed. São Paulo: Pioneira, 1981, p. 81. *Publice – publicus*, segundo aponta Francisco TORRINHA em seu dicionário latim/português detém vários significados como: "*adv*. 1. Para o público; no interêsse público; para todos. 2. Em nome da autoridade pública; em nome do Estado, oficialmente; por decisão pública. 3. À custa do Estado. 4. Em prejuízo do público. 5. Em massa; fazendo causa comum./ *publice signare*: bater moeda com cunho legal / p. *interficere:* condenar juridicamente à morte/ *exsulatum publice ire:* fugir em massa". TORRINHA, F. *Dicionário latino português*. 2.ed. Porto: Gráficos Reunidos, 1942, p. 707. Conforme FURLAN, op. cit., p. 99. Na esfera jurídica, a expressão *publicidade* foi empregada pela primeira vez adquirindo conotação comercial no início do século XIX, quando propaganda foi associada aos abusos e métodos indesejáveis de conscientização nazi-facista, como referido anteriormente.
Ver, nesse sentido, Claudia Lima MARQUES: "A publicidade, prática comercial de marketing, é tão comum no mercado que seu uso pelo fornecedor (direto e indireto), uso que constitui verdadeira atividade de consciente e finalística, isto é, com finalidade de incitamento ao consumo, ao comércio e à oferta no mercado de determinado produto ou serviço de determinada empresa". MARQUES, C.L. Vinculação própria através da publicidade? A nova visão do código de defesa do consumidor Vinculação própria através da publicidade? A nova visão do código de defesa do consumidor. *Revista Direito do Consumidor*, São Paulo, n.10, p. 9-11, abr. /jul. 1994.

ganho extra faz o consumidor se comportar como o fornecedor quer: aumentando as vendas e o conhecimento do seu produto.

O efeito que produz essa forma de atrair os consumidores faz com que produtos muitas vezes, praticamente desconhecidos, ganhem uma projeção significativa, passando a ser parte da memória individual e coletiva de uma determinada comunidade, propagando-se no tempo e no espaço. Os efeitos são sentidos por um tempo e repercutem de maneira a agir não só frente ao indivíduo, mas atingem também a comunidade.

2.1.2. Processos dolosos e atrativos de consumo

A sociedade enfrenta vários momentos de transformação alterando-se em situações mais ou menos visualizáveis, na oportunidade em que eles se desenrolam. A partir do momento em que os parâmetros de referência vão criando um sentimento de estagnação e imobilismo, surge a idéia que a transformação se realiza por obra do intangível do mágico.[110] O jogo[111] entra neste aspecto da mágica, da escolha por parte dos deuses[112] de alguns escolhidos que serão os presenteados em

---

[110] A magia tem sentido neste texto na perspetiva de abalar a estrutura mais íntima do consumidor, em virtude de seu desejo de ser igual a alguém ou a fazer parte de um grupo do qual ele não pertence e que experimenta um sentimento de exclusão, ou como fator desencadeador de um medo bastante reprimido de perda de algo que julga possuir, mas teme perder. Compreendendo-se como mágico no sentido de fazer despertar a carência adormecida.

[111] "El juego en los seres humanos es una actitud fundamental que es fácilmente perdida debido a que requiere inocencia total. De hecho, cualquier actividad humana hecha en inocencia, esto es, cualquier actividad humana hecha en el momento en que es hecha con la atención en ella y no en el resultado, esto es, vivida sin propósito ulterior y sin otra intención que su realización, es juego; cualquier actividad humana que es disfrutada en su realización debido a que la atención del que la vive no va má allá de ellas, mientras aún estamos en proceso de realizarlas. Los seres humanos adquirimos nuestra conciencia corporal operacional que adquirimos en el lenguaje en la intimidad de nuestra convivencia con ellos, y perdemos nuestra acciones en función de sus consecuencias, en un proceso que nos enceguece acerca de nosotros mismos y los demás.", ver VERDEN-ZÓLLER e ROMESIN, El juego el camino desdeñado, *Amor y juego fundamentos olvidados de lo humano – desde el patriarcado a la democracia*, Santiago: Instituto de Terapia Cognitiva, Colección Experiencia Humana, 1997, 5ª ed., p. 145.

[112] De certa forma, dedica-se aqui à construção do paraíso terrestre no sentido desenvolvido por Francesco ALBERONI: "A idéia do paraíso terrestre não é, por isso, algo de regressivo, algo a superar. Ao contrário, se não existisse essa aspiração altíssima, esse sonho extraordinário, não poderia existir nenhum sonho, nenhum ideal e nenhuma civilização. A vida humana, na verdade, não tem apenas um nascimento e uma infância, é feita de diversos renascimentos e de diversas infâncias. O estado nascente é, a cada vez, uma morte renascida, a destruição e a reestruturação do indivíduo e do seu mundo". ALBERONI, Francesco, p. 65-66.

razão da sua sorte,[113] que nada mais é do que o reconhecimento por parte do divino de algo que a brutalidade da sociedade[114] não confere o devido reconhecimento pessoal.[115]

---

[113] Compreendendo-se a sorte, ou o ganho pela sorte não trará o que falta a pessoa premiada. Porque ela não recebeu a admiração por seu talento ou esforço. Este tipo de técnica, de diversão, não aproxima a pessoa do mero sonho, ou do sonho de realizar. Não se trata de uma energia que motiva e estimula, mas que acomoda e tolera, e também tem em si uma virtude: a esperança. A perspectiva de a pessoa testar a sorte e captar a energia que a estimula e desencadeia alegria de viver foi estudada na relação materno-infantil, destacando-se: "El juego no constituye de ninguna manera una preparación para una acción futura, se vive en el juego cuando el vive en el presente. Cuando los niños juegan imitando actividades llevadas a caba por los adultos, no se están preparando para dichas actividades futuras. En el momento de jugar, los niños (y también los adultos cuando juegan) son lo que el juego indica. Pero vivimos una cultura que niega el juego y valora las competencias deportivas. En nuestra cultura no se espera que juguemos porque debemos estar haciendo cosas importantes para el futuro, y no sabemos jugar. No entendemos la actividade del juego. Les compramos juguetes a nuestros niños para prepararlos para el futuro. No estoy diciendo que no sea bueno que un niño tenga un juguete que le acarreará como resultado el tener ciertas habilidades en el futuro. Lo que estoy diciendo es que la dificultad se origina cuando interactuamos con nuestros hijos o entre nosotros en términos de futuro, no en términos de lo que estamos haciendo con ellos en el momento. Lo que descubrió la Dra. Verden-Zöller es, en primer lugar, que la relación materno-infantil en el juego como relación de total aceptación y confianza en el encuentro corporal de la madre y el niño con la atención de la madre puesta en relación y el encuentro, no en el futuro o salud del niño, no en lo que vendrá sino que en el simple fluir de la relación, es fundamental para el desarrollo de la conciencia corporal y manejo del espacio del niño. En segundo lugar, ella descubrió que esa relación de total aceptación y confianza en el encuentro corporal de la madre y el ninño es esencial para el crecimiento de éste como un ser que puede vivir en la dignidad del respeto por sí mismo en conciencia individual y social. Y, en tercer lugar, la Dra. Verden-Zöller descubrió que toda actividade realizada con la atención pusta en ella se realiza en el juego, en el presente que no se confunde proceso con resultado, y es, por lo tanto, inocente y cursa sin tensión ni angustia como un acto que se vive en el pracer, y es el fundamento de la salud psíquica porque se vive sin esfuerzo aún cuando hayar al final cansancio corporal. Más aún, ella ha mostrado cómo podemos recuperar nuestra capacidad de juego, y, en último término, cómo podemos vivir nuestro vivir cotidiano como un juego continuo. (...) El placer está en llevar a cabo una actividad sin ningún esfuerzo, y uno lleva a cabo una actividad sin ningún esfuerzo sólo cuando uno está jugando, en la inocencia de simplemente ser lo que se es en el instante en que se es. Cuando Jesús dice: "tendréis que ser como ninños para entrar en el Reino de Dios", dice precisamente eso: sólo el que viva en la inocencia, en el presente, y no se enajene en las apariencias ni en el futuro de las consecuencias de su hacer, vivirá en el Reino de Dios."
VERDEN-ZÖLLER e ROMESIN, *Amor y juego fundamentos olvidados de lo humano – desde el patriarcado a la democracia*, Santiago: Instituto de Terapia Cognitiva, Colección Experiencia Humana, 1997, 5ª ed., p. 150 e 151.

[114] Visualizando-se a brutalidade da sociedade como a falta de capacidade que tem a estrutura social de canalizar e capacitar a potencialidade individual e coletiva de seus membros.

[115] Consiste em reconhecimento pessoal a tutela da dignidade e a preservação da auto-estima de cada um e de todos os indivíduos.

O jogo traz em si a ilusão[116] de um reconhecimento, via sorte, de algo que a burocracia da engrenagem social[117] não confere oportunidade de reconhecer os verdadeiros dignos de retribuição.[118] A mágica está na correção do erro,[119] pois os legítimos vencedores serão prote-

---

[116] Vista a ilusão no sentido da fantasia de concretizar algo irreal e irrealizável a busca ou a recuperação do sonho, da auto-estima, do respeito por si próprio via algo externo o que não pode ocorrer, visto que este movimento se dá internamente na medida dos valores construídos, conquistados e preservados no cotidiano. A título de reflexões finais, pode-se fazer uma severa crítica à cultura ocidental moderna que compreende o jogo de forma mutilada. Desenvolvem este pensamento os autores VERDEN-ZÖLLER e ROMESIN: "En nuestra cultura occidental presente que rompe la espontaneidad de la relación materno-infantil, nuestra ignorancia de estas relaciones ha resultado en prácticas cotidianas que bajo las condiciones de hacinameiento en que se vive en las ciudades modernas, someten a las madres a la continua exigencia de alejar su atención de sus hijos cuando están con ellos, con el resultado de que no es fácil para estos tener un desarrollo adecuado de su conciencia individual y social. Más aún, toda actividad humana es realizada en un domínio de acciones especificado por alguna emoción particular. La emoción básica que nos hace seres humanos sociales a través de especificar el espacio operacional de la mutua aceptación en que operamos como seres sociales, es el amor, El amor es la emoción que constituye el dominio de aceptación del otro en co-existencia cercana con uno. Sin un desarrollo adecuado del sistema nervioso en el amor como es vivido en el juego, no es posible aprender a amar, y no es posible vivir en el amor. O en otras palabras, el desarrollo adecuado de nuestra conciencia individual y social, así como el desarrollo adecuado de nuestras capacidades emocionales e intelectuales, y particularmente de nuestra capacidad para amar, con todo lo que esto implica, depende de nuestro crecimiento en el juego y de que aprendamos a jugar a través de la intimidad de nuestras relaciones de aceptación mutua con nuestras madres y padres. Nuestra cultura occidental moderna ha desdeñado el juego como una característica generativa fundamental en la vida humana integral. Tal vez nuestra cultura moderna occidental hace aún más, niega el juego como un aspecto central de la vida humana a través de su énfasis en la competencia, el éxito, y la instrumentalización de todos los actos y relaciones. Nosotros pensamos que para recuperar un mundo de bienestar social e individual en el cual el crimen, el abuso, el fanatismo y la opresión mutua, no sean maneras institucionalizadas de vivir, sino que sólo errores ocasionales de coexistencia, debemos devolver al juego su rol central en la vida humana, y pensamos también que para ésto pase, debemos aprender nuevamente a vivir en él." VERDEN-ZÓLLER e ROMESIN, El juego el camino desdeñado, *Amor y juego fundamentos olvidados de lo humano – desde el patriarcado a la democracia*, ob. cit., p. 152.

[117] A burocracia da engrenagem social torna todos iguais, nos sonhos, desejos e devaneios; o diferente, de uma forma ou de outra, é excluído do convívio social e da estrutura estatal que acaba por criar uma série de dificuldades reais e potenciais, vez que mina a criatividade e a expectativa dos seres singulares, ou seja, aqueles que ousam ao não repetir modelos, previamente traçados e os quais todos sabem seus pontos de largada e chegada, uma previsibilidade que mina o sonho de qualquer criança.

[118] Os verdadeiros dignos de retribuição são os que já perderam a crença, a confiança que a estrutura estatal exista para facilitar e canalizar as potencialidades de todos, conferindo a todos igualdade de oportunidade, são os cépticos.

[119] Os jogadores sentem-se vítimas da estrutura e por isso não trabalham na perspectiva da sua alteração, mas na perspectiva de que a sorte possa corrigir o erro de serem excluídos do reconhecimento social. Na obra *O jogador*, de Feódor Mikhailovich DOSTOIÉVSKI, o personagem retrata bem o sentimento do jogador: "Naquela noite, fui à roleta. Oh, como o meu coração batia! Não, não era no dinheiro que eu pensava. Queria apenas que a partir do dia seguinte todos estes Hinze, todos estes gerentes de hotel, todas estas belas mulheres de Baden, falassem de mim, contando minha história, admirando-me, cumprimentando-me e se inclinando diante da

gidos pelo elemento lúdico, a sorte que pode também trazer em si um fator de acomodação e expectativa. Acomodação, porque as pessoas não mais precisam lutar para conquistar, mas apostar para ganhar. A expectativa e a adrenalina passam a ser o motor, e as pessoas deixam de atuar, de ter atitude para serem presenteadas e reconhecidas por razões que a própria razão desconhece, a álea. E sob esta expectativa perdem, mas esperando ganhar um prêmio, mesmo que pequeno, aqui e agora. A perda não é computada, só o ganho, mesmo que potencial e não-real. O elemento mágico faz parte da nova forma de captar consumidores. A sociedade atual tem sido posta à prova no que se refere a novas formas para seduzir[120] o público consumidor.

As novas maneiras criadas para incentivar o consumo de bens e serviços enfrentam, a cada momento, um novo desafio. O elemento lúdico e o uso do jogo para brincar, incentivar o consumo e presentear aquele que se dispõe a consumir, têm sido uma prática da sociedade contemporânea. O consumo passa a ser um presente que o consumidor se permite, e se esta prática vier conjugada com uma brincadeira e a oportunidade de um ganho extra inesperado e potencial, melhor. Pode inclusive ocorrer que o *ganho* seja visível e palpável, verificável a qualquer um que se disponha a participar da brincadeira.

A magia está na venda de uma ilusão existente no complexo contido em cada ser e a tendência para que um fator irreal, mas potencialmente possível, possa lhe conferir algo que o cotidiano não lhe

---

minha nova sorte no jogo. Eram sonhos e preocupações de criança ... mas... quem sabe?" Num outro momento da obra, o personagem descrito por Dostoiévski é posto a nu quando perguntado o que tem feito, deixando o jogo de lado. A resposta vem com um grande vazio, um grande e enorme nada, diz assim "Eu não sabia de nada, não havia olhado os jornais e não havia aberto um livro durante todo aquele tempo" (dois anos). O amigo do jogador tenta trazê-lo à vida, dizendo: "Você endureceu, observou ele, não apenas se afastou da vida, de seus amigos (pois tem amigos), não apenas se afastou de todo objetivo que não seja ganhar dinheiro, mas se afastou até mesmo de suas lembranças... Lembro-me de você numa época apaixonada e intensa de sua vida, mas estou certo que esqueceu suas melhores lembranças daquele período; seus sonho, seus desejos cotidianos não vão no momento muito além de *par* e *impar*, *rouge*, *noir*, os doze números do meio, etc. etc. Estou convencido disso." Logo após esta ponderação, responde o que representa no livro o jogador assim: "Basta, Mr. Astley, eu lhe peço, por favor, não me fale do passado!, exclamei com mau humor, quase colérico. Saiba que não esqueci de coisa alguma, mas me afastei tudo isso de meu espírito por uns tempos, mesmo minhas lembranças ... esperando restabelecer completamente minha situação; então ...então, o senhor verá, ressuscitarei dos mortos!" DOSTOIÉVSKI, F.M. *O jogador – do diário de um jovem*. Tradução de Roberto Gomes. Porto Alegre, 1998, p. 225, 239 e 230, respectivamente.

[120] A sedução é o primeiro passo, porque depois de captar o consumidor a brincadeira segue para a fase da conquista e em seguida do cultivo.

permite viver. A idéia de algo atingível sem esforço e dedicação compreende o trabalhar a carência da pessoa que, excluída de muitas esferas de relações ou situações, em seu imaginário, só se sentirá incluída se determinado poder econômico lhe permitir atingir. O consumidor deste tipo de meio publicitário passa a construir uma inversão de valores, em que o material poderia preencher o que afetivamente lhe falta, a sensação de ser escolhido e protegido por algo desconhecido, não aferível e verificável. A sorte e a proteção dos deuses, como referem os jogadores, que correm o risco para sentir a recompensa potencial que os faz arriscarem para experimentar mesmo por um breve momento que serão protegidos e escolhidos, entre tantos, para assim, ocultarem o sentimento de vazio objeto de tormento há tanto tempo.[121] Via de regra, após uma campanha publicitária, em seguida vem outra e mais outra envolvendo, constantemente, o consumidor em um permanente cultivo da relação fornecedor-consumidor.

Nas lendas, verifica-se, muitas vezes, que a magia cai sobre o feiticeiro, e assim a busca de preenchimento do vazio da maneira fácil e sem um investimento de curto, médio e longo prazo faz causar no pretendente ao uso da magia um prejuízo verificável economicamente e na sua psique, pois, em regra, muitos são os perdedores e poucos os vencedores. O ganho real, sem sombra de dúvida, reside na maneira de cativar, atrair e seduzir o público consumidor que nem percebe ou sente a perda econômica e de expectativas, e ainda a compreende como uma diversão descomprometida e sem maiores conseqüências.

A busca incessante de uma recompensa facilitada não é questionada nem discutida, tanto que se cria um contingente de programas,

---

[121] O vazio sentido pelos consumidores viciados não está na esfera dos bens buscados, mas da falta de emoção na esfera afetiva. Compreendem Gerda VERDEN-ZÖLLER e Humberto Maturana ROMESIN que: "El amor es la emoción que funda el fenómeno social. Cada vez que uno destruye el amor, desaparece el fenómeno social. Pues bien, el amor es algo muy común, muy sencillo, pero muy fundamental. Esta reunión en la que nos aceptamos mutuamente, se produce sólo bajo el imperio de la emoción del amor, y si esta emoción desapareciera y continuásemos reunidos en esta charla, habría hipotesía en la medida en que actuásemos como si nos aceptásemos mutuamente sin hacerlo. En verdad, en la vida cotidiana afirmamos que alguien ha actuado en forma hipócrita cuando, depués de observar su conducta que nos parece impecable en el amor, en la aceptación del otro como un legítimo otro en coexistencia con uno, tenemos motivos para dudar de su sinceridad. Las hipocresia es siempre a posteriori. En tanto está presente la conducta del amor, uno supone sincerida. Lo que sucede es que si la conducta de mutua aceptación no es sincera, tarde o temprano se rompe la relación social.", ver VERDEN-ZÖLLER e ROMESIN, El juego el camino desdeñado, *Amor y juego fundamentos olvidados de lo humano – desde el patriarcado a la democracia*, ob. cit., p. 147.

hoje chamados de fidelidade, em que o consumidor fiel passa a receber vantagem para consumir sempre o produto de uma certa empresa fornecedora de bens e serviços. Fiel é o consumidor que repetidas vezes busca usar os mesmos fornecedores de bens e serviços e com isso recebe um brinde, um prêmio. Isso ocorre em cinemas, postos de gasolina, vendas de passagens aéreas, aquisição de seguro, e em tantos outros estabelecimentos. A prática de bônus, jogos, sorteios, descontos vinculados a consumo em determinados patamares, descontos especiais em determinados estabelecimentos, enfim todas estas técnicas e mecanismos fazem parte de um mesmo raciocínio: o comprometimento do consumidor numa conta previamente aferível que atinge os patamares desejáveis pelos fornecedores de bens e serviços. Em virtude desta prática, resolveu-se escolher um caso concreto para melhor compreender os novos métodos de captação de cosumidores.

2.1.3. Estudo do caso

Optou-se por trazer um caso concreto para enfrentar questões que envolvem métodos ousados de captar consumidores na sociedade contemporânea, e as relações dos consumidores que aderem a estes métodos de consumo com vistas a obter algum "prêmio" ou "vantagem" em decorrência do simples ato de escolher um produto em detrimento de outro de características muito parecidas.

2.1.3.1. Relato do caso concreto e ponderações pertinentes

No ano de 1996, a Pepsi Cola lançou para o público uma campanha publicitária que atraiu uma série de pessoas a fim de colecionar tampinhas do refrigerante. O sorteio consistia em mostrar no vídeo um jogador que chutava a bola em vários quadrantes numerados da goleira. Na tela era identificado o nome do jogador e o número do quadrante, quem obtivesse em suas mãos informações impressas iguais às mostradas no vídeo receberia o prêmio que constasse na tampinha; os prêmios eram variados, podendo ser desde um refrigerante até o valor de cem mil reais.

Durante a campanha publicitária, a Pepsi Cola divulgou seu produto, o refrigerante, durante a promoção Pepsi Gol, que consistia em encontrar uma tampinha de refrigerante premiada da qual constassem as seguintes informações:

> a) nome do jogador que bateria a penalidade; b) o número do quadrante ou o nome do goleiro, se a penalidade fosse defendida; c) o valor do prêmio, que variava de R$ 100,00 (cem reais) a R$ 100.000,00 (cem mil reais), ao qual o consumidor estava concorrendo; d) o código de segurança próprio, capaz de garantir a lisura da promoção, em benefício dos próprios consumidores, bem como, com o objetivo de evitar possíveis fraudes.[122]

A campanha convidava os consumidores a colecionar as tampinhas do refrigerante Pepsi assim:

> Cada tampinha vem com o nome de um jogador, um número e um valor, junte o máximo de tampinhas que puder e acompanhe a cobrança de pênaltis todos os dias no intervalo da novela das 20h, na rede Globo. Se o pênalti batido corresponder ao da sua tampinha você já ganhou, não esqueça que o goleiro também pode defender o pênalti. "Confira todo o domingo os resultados dos pênaltis nos seguintes jornais: "Folha de S. Paulo", "O dia", "O estado de Minas", "Gazeta do Povo", "Zero Hora", "Diário Catarinense" e "O Popular".[123]

Na primeira semana da campanha publicitária, o Senhor Adão encontrou uma tampinha que a seu juízo detinha todas as informações necessárias para receber o prêmio em dinheiro de cinqüenta mil reais; todavia, esta não foi a compreensão da Pepsi Cola e, desta forma, criou-se o litígio que foi resolvido judicialmente.

O autor alegou ter sido o vencedor e merecedor do prêmio, já que encontrou a tampinha vencedora contendo todos os pré-requisitos exigíveis, ou seja, jogador/número do quadrante/valor do prêmio. A ré, fundada nas razões concretas e verificáveis a olho nu, que a tampinha continha rasura,[124] não reconheceu o direito informado pela parte autora e alegou que grande parte dos seus caracteres gráficos estava desconfigurada. Fato incontroverso, e por isso foi necessário efetuar perícia para dirimir as dúvidas surgidas em razão da falta de clareza em relação a um dos dados: o número do quadrante.

---

[122] Conforme resumiu o advogado da Pepsi 2 e 3 da resposta e folhas 17 e 18 dos autos. Processo nº 08197012548, Autor: Adão Sidinei de Oliveira, Réu: Pepsi Cola Engarrafadora Ltda., 4ª Vara Cível da Comarca de Canoas. Sentença prolatada pela Pretora Patrícia Silveira de Araújo em 25 de maio de 1999. Processo nº 70000106337 julgado em segundo grau pela 14ª Câmara Cível. Participaram do julgamento os Desembargadores Aymore Roque Pottes de Mello, Carlos Alberto Alvaro de Oliveira e Rui Portanova, em 24 de abril de 2000.

[123] Essas informações foram divulgadas amplamente nos postos de venda de refrigerantes como: supermercados, postos de gasolina, bares, via material impresso escrito conforme o que consta nos autos, além da divulgação por rádios e emissoras de televisão.

[124] Conforme aponta a sentença "são perceptíveis os caracteres 'gol de Jardel' R$ 5... e C2G, os demais totalmente alterados". (Anexo 1).

Dentre as informações constantes na tampinha, o chamado código de segurança estava em perfeitas condições de identificação e leitura. O intitulado código de segurança é uma informação que tem por objetivo servir de prova inequívoca[125] da existência do vencedor, um código que a ré afirmou existir registro em separado, no cartório de títulos e documentos, para conferir certeza, segurança e credibilidade ao concurso, tendo sido merecedor de ampla divulgação durante a campanha publicitária,[126] e que esta informação poderia ser acessada em caso de dúvida.

Alegaram as advogadas do autor, Helena Beatriz Lauxen e Lorena Succo, que a Pepsi, neste caso, deixou de fazer o que deveria ser feito, pois permitiu a circulação de tampinhas com impressão que sabia, previamente, seriam apagadas e não tomou nenhuma iniciativa.[127] Neste caso, está-se diante da incitação ao consumo sem o devido cuidado por parte do fornecedor, que sabia ou deveria saber que o procedimento por ele escolhido deveria ser seguro; se não o foi, ele responde, como adverte Cláudia Lima Marques:

> Certo é que o Código de Defesa do Consumidor introduz no ordenamento jurídico brasileiro uma série de novos deveres para o fornecedor que se utiliza (patrocina) da publicidade no mercado, como método comercial e de incitação ao consumo. O principal destes deveres é de *"veracidade especial"*; a publicidade comunica, logo é forma de informação, mas também é livre para não trazer

---

[125] Prova inequívoca ou código de segurança, como chamou o réu durante a campanha publicitária, teria sido a prova necessária para tornar inequívoco o fato e resolveria de maneira indiscutível o feito.

[126] A campanha publicitária é reconhecida pelo CDC como oferta lançada ao grande público, por isso integra as relações jurídicas de consumo, não só individuais dos aderentes à campanha como produz efeitos para toda a comunidade atingida direta ou indiretamente, e é por esta razão que vários são os legitimados para preventivamente tutelar os direitos ameaçados de lesão.

[127] Essa informação pode ser verificada, conforme pode-se apreender da matéria jornalística elaborada por Ayr Aliski e divulgada em 26 de junho de 1997 no caderno de Economia do Jornal Zero Hora e juntado aos autos do processo. Conta o jornalista o seguinte conflito: "O mecânico Adão Rodrigues de Souza, de 59 anos, está disposto a ir até o fim em sua briga para se tornar dono de um Porsche 911 Carrera. Adão foi premiado com a tampinha TG-24, que daria direito ao veículo na promoção Beba Pepsi Ganhe Carro Todo o Dia. O problema é que o número 2 está borrado e a empresa se nega a entregar o carro "A tampinha apresentada contém características de adulteração, o que, por si só, coloca em dúvida a legitimidade da pretensão do consumidor", alega em carta enviada a Zero Hora José Talarico, diretor jurídico da Pepsi-Cola Brasil. "Tenho certeza do que tenho na mão', rebate Souza". A promoção Beba Pepsi Ganhe Carro Todo o Dia é anterior a Pepsi gol, todavia o problema enfrentado é o mesmo, o fato de a ré se negar ao pagamento do prêmio frente à afirmação de que a tinta impressa na tampinha descoloriu, logo a ré já tinha conhecimento que este método não era eficiente para dar clareza, certeza e credibilidade como meio a ser repetido e utilizado em uma nova campanha publicitária, pois geradora de dúvidas, incerteza e incredulidade.

nenhuma informação precisa ou mesmo nenhum sentido, para ilusão publicitária, mas se trouxer alguma informação, seja sobre o preço, sobre qualidade ou quantidade, sobre os riscos e segurança ou sobre características e utilidades do produto e do serviço, esta informação deve ser *verdadeira* (art. 36, § 1º e 38 do CDC). Introduziu, igualmente, o dever de identificação da publicidade como tal, de forma a garantir ao consumidor a ciência de que não se trata de informação imparcial, mas de informação finalística para o consumo de determinado produto ou serviço e o dever de conduta leal publicitária, proibindo o que considerou conduta abusiva (art. 37) ou enganosa (art. 37) e assegurando direito conexo a estes deveres (art. 6º, V, também do CDC).[128]

O vencedor, para receber o prêmio, deveria encontrar na tampinha todos os pré-requisitos exigíveis para tanto, ou seja, jogador/número do quadrante por extenso/valor do prêmio. As informações que os consumidores concorrentes deveriam procurar foram divulgadas em horário nobre em emissora de televisão. Além das informações exigíveis para premiação no concurso, todas as tampinhas continham (ou deveriam conter) o chamado código de segurança, que serve para garantir maior certeza e seriedade ao concurso.

Alegou o advogado da Pepsi que este código é guardado fora do domínio do promotor da campanha e registrado no Cartório de Registros. A seriedade do processo de divulgação estava todo ele contido na certeza e na segurança da existência da prova documental irrefutável registrada num local distante, fechado, sob a guarda e fiscalização de um terceiro do qual não caberia manipulação, alteração ou extermínio que conferiria, indubitavelmente, a certeza de quantos são os premia-

---

[128] Ver MARQUES, *Vinculação...*, p. 10-11. Os artigos mencionados na citação acima são reproduzidos na ordem de apresentação: "Art. 36. A publicidade deve ser veiculada de tal forma que o consumidor, fácil e imediatamente, a identifique como tal. Parágrafo único. O fornecedor, na publicidade de seus produtos ou serviços, manterá, em seu poder, para informação dos legítimos interessados, os dados fáticos, técnicos e científicos que dão sustentação à mensagem. – Art. 37. É proibida toda a publicidade enganosa ou abusiva. § 1º É enganosa qualquer modalidade de informação ou comunicação de caráter publicitário, inteira ou parcialmente falsa, ou, por qualquer outro modo, mesmo por omissão, capaz de induzir em erro o consumidor a respeito da natureza, características, qualidade, quantidade, propriedades, origem, preço e quaisquer outros dados sobre produtos e serviços. § 2º. É abusiva, dentre outras, a publicidade discriminatória de qualquer natureza, a que incite à violência, explore o medo ou a superstição, se aproveite da deficiência de julgamento e experiência da criança, desrespeite valores ambientais, ou que seja capaz de induzir o consumidor a se comportar de forma prejudicial ou perigosa à sua saúde ou segurança. § 3º Para efeitos deste código, a publicidade é enganosa por omissão quando deixar de informar sobre dado essencial ao produto ou serviço. Art. 38. O ônus da prova da veracidade e correção da informação ou comunicação publicitária cabe a quem as patrocina., e Art. 6º São direitos básicos do consumidor. (...) V – A modificação das cláusulas contratuais que estabeleçam prestações desproporcionais ou sua revisão de fatos supervenientes que as tornem excessivamente onerosas."

dos e quais são as tampinhas mágicas que transformaram a vida dos afortunados. O advogado de Pepsi, Danilo Wanderley Barrios, relatou que:

> Consabido, além de ser um princípio organizacional, qualquer concurso ou promoção, seja da espécie que foi é pautado por um regulamento contendo disposições clara e específicas que devem ser plenamente obedecidas, quer em atendimento a legislação que rege a matéria, quer em defesa dos próprio consumidores. Não podia ser diferente com relação à promoção desenvolvida pela Ré e, nesta condição a tampinha apresentada pelo Demandante para reclamar o alegado prêmio que diz ter direito, também ficou sujeita aos preceitos indispensáveis do evento, destacando-se, *verbis*: "Não terão validade as tampinhas que não preencherem as condições básicas da promoção (nome do jogador, o número do quadrante correto ou goleiro que defende, valor da apólice expresso em reais e o código de segurança) e que impossibilitarem a verificação de sua autenticidade e validade, uma vez que será impresso em cada uma das tampinhas um código de segurança".[129]

No caso sob estudo, da Pepsi Cola, o que se verifica é que a marca lançou sua imagem para uma grande parte do território nacional, no período compreendido de 07.10.96 a 29.11.96 e posteriormente estendido até 13.12.96, na emissora de TV que conta com a maior audiência e no horário mais disputado, ou seja, 20h. Com esta divulgação de sua marca, certamente, a empresa investiu muito para elaborar uma campanha publicitária que contagiasse o público, por isso aproveitou o momento e, utilizando-se da paixão do brasileiro pelo futebol, cativou e seduziu os consumidores na promessa de premiar os afortunados que encontrassem tampinhas premiadas. A campanha publicitária continha características de estar inserida na cultura popular brasileira, valorizando os jogadores da terra e, de seriedade, uma vez que as informações foram registradas em Cartório.

Para o grande público deixou disponíveis informações necessárias para participar do jogo, divulgando que, ao ser adquirido um único produto, poder-se-ia ser contemplado com um prêmio de até cem mil reais. Certamente as pessoas consumiram mais neste período de campanha publicitária, e esta produziu uma reversão desejada pela empresa no que toca a uma forma mais simpática de se relacionar com os consumidores, atendendo significativamente ao objetivo, que não se limitou à venda do produto em si, mas à preocupação com a ampliação

---

[129] Segundo manifestação escrita do advogado da Pepsi, folha 18 dos autos e 3 da resposta.

do conhecimento da marca e sua alteração no *ranking*[130] da disputa do mercado consumidor.

Evidentemente, todos os objetivos da Pepsi Cola foram atendidos; resta saber se os efetivos premiados receberam seus prêmios, quantos foram e quais seus nomes e endereços. Enfim, qual a fiscalização que este tipo de campanha publicitária recebe por parte do poder público, que não permite o jogo. Assim como nas campanhas eleitorais[131] há o controle dos custos publicitários, visto que está diante de interesses públicos, aqui também caberia saber qual teria sido o investimento da empresa para contratar uma campanha desse gênero, qual o custo em material publicitário e qual o valor dedicado para a premiação. Muitas são as perguntas possíveis de serem feitas no estudo deste processo, todavia poucas são as respostas para todos esses questionamentos.

Poder-se-ia pensar no fato de um consumidor encontrar uma tampinha premiada após o encerramento do prazo para a entrega dos prêmios, mas dentro do período de validade do produto adquirido para consumo; neste caso, o prêmio deve ser pago contando o prazo de validade do produto ou o prazo mais favorável ao consumidor, pois estamos diante de uma relação de consumo que tende a proteger o consumidor da maneira mais ampla. Pode-se ponderar o fato de que a campanha publicitária deve observar que os consumidores adquirem bens para serem utilizados dentro de um período conforme as informações contidas no rótulo ou na embalagem que os identificam como adequados para o consumo. Isto quer dizer que o bem adquirido não necessita ser consumido imediatamente após a compra, mas que o prazo a preservar a segurança e a saúde do consumidor é o prazo de validade, também da campanha publicitária.

Portanto, não se pode imaginar que numa campanha publicitária deste porte os organizadores descuidem deste detalhe, que é importante e faz parte de todo o laço,[132] que envolve fornecedores de bens e

---

[130] A expressão *ranking* aqui está sendo utilizada no sentido do fornecedor de bens e serviços poder buscar aferir e obter a melhor posição no mercado.

[131] A legislação eleitoral que tem sofrido constantes alterações com vistas a deixar cada vez mais visualizáveis os critérios e os custos envolvidos para a formação do Legislativo e do Executivo no Estado Democrático de Direito. Por sua vez, a iniciativa privada, quando desencadeia suas promoções, não deixa de criar expectativas e de fazer promessas de conceder prêmios aos participantes afortunados, todavia a opinião pública não tem conhecimento da fiscalização de tais empreendimentos.

[132] A expressão laço é utilizada por Claudia Lima MARQUES, que assim descreve a obrigação: "a obrigação é na sua essência um 'vínculo', um liame ou *laço*, como está na origem do próprio

serviços e os contratantes, assim como aqueles que não consumiram os produtos, mas de maneira indireta criaram uma expectativa de conhecerem os vencedores. A lesão de um consumidor importa na lesão a toda a comunidade que o envolve, vez que segurança e harmonia social são valores jurídicos indispensáveis para a construção de uma sociedade sólida e confiante no conjunto que a compõe.

Durante a investigação da verdade, foi efetuada perícia, que inicialmente foi objeto de resistência da ré, que alegava não ser ela necessária, além das partes discutiram a respeito da entrega do documento que a ré afirmou estar guardado em Cartório. Os caracteres do chamado código de segurança estão em perfeitas condições de identificação e leitura. O intitulado código de segurança é uma informação que tem por objetivo servir de prova inequívoca,[133] um código que a ré afirmou existir durante a campanha publicitária e que esta informação estaria registrada em Cartório com a finalidade de conferir certeza e credibilidade ao concurso, passível de ser acessado em caso de dúvida. Alegaram as advogadas do autor que a ré, Pepsi, neste caso deixou de fazer o que deveria ser feito, pois deixou circular tampinhas com impressão que sabia previamente seriam apagadas e não tomou nenhuma iniciativa.

O documento que contém a integralidade das tampinhas premiadas registrado em Cartório não foi anexado pela ré. Foram abertas duas oportunidades para que este documento fosse juntado aos autos e esclarecesse os fatos e formar a convicção inequívoca do julgador: inicialmente em primeiro grau e posteriormente em segundo grau. Também não foi juntado um documento que comprovasse o nome de todos os vencedores e seus endereços, isso só fora feito de uma parcela, até porque não se sabe, inequivocamente, quantos foram e quais foram os premiados, já que só se saberia se o documento prometido durante a campanha publicitária estivesse contido nos autos do processo.[134]

---

termo. Desta afirmação simples e básica podemos retirar conseqüências importantes. A simples identificação da existência de um 'vínculo' ligando (por atuação própria ou por determinação legal) dois sujeitos na sociedade, pode assim indicar, se este vínculo é juridicamente relevante, a existência de obrigações (deveres na sua essência) para estes sujeitos". Grifei. MARQUES, *Vinculação...*, p. 9.

[133] Conforme referido nota 124.

[134] A promessa efetuada no momento da oferta ao grande público comporta desdobramentos jurídicos importantes, pois no caso concreto sob estudo o que se verifica é que há dever de cumprimento de todas as informações veiculadas desde o primeiro momento da campanha publicitária, porque se está diante da responsabilidade pré-contratual, produtora de efeitos se a

Não fora juntado esse documento sob uma variedade de razões alegadas pela ré, razões estas que foram se alteraterando ao longo e no curso do processo: mero silêncio, sigilo empresarial, perda do documento da empresa encarregada pela campanha publicitária. Foi feita prova pericial. Aos quesitos inicialmente formulados ao perito foram acrescentados outros, com o objetivo de esclarecer o conteúdo dos caracteres impressos na tampinha. Parcela da tinta impressa na tampinha havia descolorido não se sabendo ao certo qual número estava impresso. Havia dúvida: poderia ser o número 8 ou número 9.

Não esclarece o perito a respeito de como os caracteres se apagaram da tampinha, também não foi perguntado pela autora, a ré, ou mesmo a julgadora de primeiro grau. Teria sido importante para auxiliar o esclarecimento dos fatos como e por que parcela da tinta fixada na tampinha perdeu-se, e se isto é comum de ocorrer, uma vez que nos próprios autos do processo sob investigação o advogado da Pepsi se remete a vários outros processos que versam sobre objeto bastante semelhante. Não foi questionado ao perito se algum objeto teria sido atritado para descaracterizar o conteúdo da impressão ou se o método é impróprio para o fim ao qual se destina. Não se tem conhecimento se houve ou não o atrito e se ele tivesse ocorrido qual o objeto que teria causado a perda parcial da impressão, ou se em razão da escolha da impressão ser inadequada esta acaba por desconfigurar os caracteres com o mero decorrer do tempo.

Certamente uma perícia poderia identificar resíduos do material atritado e, em não havendo qualquer atrito, explicar o agente desencadeador do apagar-se de parcela da impressão. A resposta a esta pergunta teria sido esclarecedora, pois poder-se-ia estar diante de diversas variáveis tais como: a umidade, a temperatura corporal, o gás do refrigerante, a pressão, ou até mesmo um objeto metálico. Poder-se-ia com base técnica e científica ter chegado à conclusão de que a tinta utilizada para fazer a impressão não é a mais adequada e, à semelhança do que ocorre com a impressão utilizada no *fax*, esta, com o mero decurso

---

obrigação não foi cumprida. Comparar com o julgamento citado no caso em que foi réu a empresa CICA e autor os agricultores que receberam as sementes para plantar tomates, julgado pela 5ª Câmara Cível do Tribunal de Justiça do Estado do Rio Grande do Sul, onde questões semelhantes como o fato da história que antecede a contratação gera direitos aos que aderem e não são os proponentes da negociação, fazendo nascer obrigação que se não for cumprida gera dever de indenizar.

do tempo, vai apagando-se.[135] Encerrada a instrução, a julgadora decidiu conforme se pode ver a seguir.

2.1.3.2. Ponderações a partir da decisão de Primeiro Grau

Em primeiro grau, a decisão não foi favorável ao autor da demanda, o Sr. Adão, sob a seguinte argumentação:

Objetiva, a parte autora, o pagamento de um prêmio na quantia de R$ 50.000,00, importância que entende ser devida, em razão de ser possuidor de uma tampa de refrigerante Pepsi Cola premiada. Correspondente ao prêmio do dia 04.10.96 - Gol de Jardel "8" Quadrante oito, adquirida por ocasião de Campanha Pepsi Gol levada a efeito pela requerida. A requerida tecendo considerações sobre as regras do concurso, refere que o autor não faz *jus* à premiação, porquanto deixou de preencher os requisitos exigíveis, ou seja, referiu que a tampinha que lhe foi apresentada contém incorreções gráficas, não correspondendo ao código de segurança. A demanda improcede. Com efeito, a requerida realizou campanha promocional visando a completar com prêmios os consumidores que possuíssem para a premiação, quais sejam: nome do jogador que bateria a penalidade; número do quadrante ou o nome do jogador que bateria a penalidade; número do quadrante ou o nome do goleiro, se a penalidade fosse defendida, o valor do Prêmio; o código de segurança próprio. A prova pericial efetuada, cujas conclusões são acolhidas pelo Juízo, por se tratar de laudo técnico, adequadamente elaborado e bem fundamentado, com a utilização de critério técnico e comparativo com os demais materiais utilizados, elucidou a divergência travada pelas partes. Em suas conclusões, o DR. Perito refere, *in verbis*: (...) nas inscrição contidas na tampa examinada são perceptíveis os caracteres "gol de Jardel", R$5... e C2G, os demais estão totalmente alterados (...). As ausências de ... responsável pela impossibilidade de leitura da maioria dos dados originalmente impressos, decorrem de processo subtrativo, provavelmente raspagem. As inscrições da tampa em exame não confirmam a inscrição premiada na forma porposta pela promoção Pepsi Gol. Os resultados dos estudos técnicos indicam que o algarismo originalmente impresso na tampa dubitada era um "9", conforme

---

[135] Em outro processo, nº 37098, da 3ª Vara de Sapucaia do Sul, em que são partes Adão Rodrigues de Souza e a PEPSICO & CIA, distribuído em 09 de julho de 1998, ainda pendente de julgamento, pode se ler folhas 188 dos autos a resposta do perito criminalístico Luiz Martins da Silva a pergunta do réu: "Informe o Sr. Perito, após a análise da tampa premiada apresentada pelo autor, se a impressão nela contida oferece segurança ao consumidor." Resposta: "Não, pode suscitar dúvidas." Percebe-se nesta situação a repetição do problema experimentado pelo processo sob estudo. Verifica-se que a escolha da impressão na tampinha não é técnica confiável, e desta forma, havendo dúvida em relação aos números impressos, e por consequência havendo possibilidade de consumidor ser o vencedor do prêmio merece que o julgador interprete de maneira mais favorável, pois foi o fornecedor que escolheu método de impressão que não lhe conferiu segurança e tinha conhecimento, pois tem se constado como demandado habitual. As informações aqui referidas foram alcançadas gentilmente pela advogada do autor, Denise Gomes Siqueira, ver nota 126 acima que descreve o caso concreto.

ilustrações (...)". Ora, não tendo o consumidor preenchido os requisitos exigíveis para auferir o prêmio e, assim sendo, não logrando demonstrar os fatos constitutivos de seu direito art. 333, I, do CPC, improcedente a pretensão esboçada na inicial. Face ao Exposto. Julgo improcedente a ação.[136]

A relação jurídica que envolve o autor da ação e o réu, por evidente, trata-se de demanda envolvendo relação de consumo em que o autor, ao adquirir um refrigerante durante a promoção que tinha por objetivo ampliar o público de consumidores, por um lado, e, por outro lado, com a finalidade de participar da chance[137] de ser premiado com uma das tampinhas, foi o objetivo que uniu o fornecedor de bens e o consumidor deste bem posto no mercado.

Dado que a situação envolve uma típica relação de consumo, as regras a serem verificadas da potencialidade de sua aplicabilidade não são as regras gerais do CPC, mas as contidas no polissistema do CDC. O eixo que deu sustentação à decisão de primeiro grau foi alicerçado sob a codificação processual e sequer foi levantada a hipótese de se estar diante de uma relação de consumo que parte de outros pressupostos e princípios para a proteção e tutela das relações, já que envolve partes tão diferentes em conhecimento e preparo.

---

[136] Para maiores esclarecimentos, a íntegra da decisão pode ser consultada no Anexo 1 deste estudo. O artigo citado na decisão de primeiro grau foi o Art. 333, I, do CPC, *in verbis:* "O ônus da prova incumbe: I. Ao autor, quanto ao fato constitutivo do seu direito;" Entre o *caput* e o inciso I, há a seguinte advertência: "*Vide arts. 6º, VIII, 38 e 51, VI, da Lei n. 8078, de 11 de setembro de 1990 (Código de Defesa do Consumidor).*" O art. 6º: " São direitos básicos do consumidor: (...) VIII: a facilitação da defesa de seus direitos, inclusive com a inversão do ônus da prova, a seu favor, no processo civil, quando, a critério do juiz, for verossímil a alegação ou quando for ele hipossuficiente, segundo as regras ordinárias de experiências;"; art. 38: " O ônus da prova da veracidade e correção é enganosa por omissão quando deixar de informar sobre dado essencial do produto ou serviço."; art. 51: "São nulas de pleno direito, entre outras, as cláusulas contratuais relativas ao fornecimento de produtos e serviços que: (...) VI. Estabeleçam inversão do ônus da prova em prejuízo do consumidor".

[137] A expressão *chance* utilizada no sentido de ter oportunidade e não se trata do instituto da perda da chance compreendida na "esfera da certeza do dano, visando a indenização do dano causado quando a vítima vê frustrada, por ato de terceiro, uma expectativa séria e provável, no sentido de obter um benefício ou de evitar uma perda que a ameaça." Ver mais detidamente a dissertação de mestrado de Sérgio SEVERO, publicada sob o título *Os danos extrapatrimoniais.* São Paulo: Editora Saraiva, 1996, p. 11 e ss. No caso concreto estudado em que os consumidores adquiriram refrigerante é fácil saber quais são as obrigações principais, por certo, não se trata apenas da aquisição do refrigerante, mas quem sabe para o consumidor o mais importante seja a chance de se tornar de uma hora para outra o grande vencedor do concurso, ou no mínimo ter a sorte de receber um dos prêmios.

2.1.3.3. *Ponderações a partir dos novos argumentos trazidos na sustentação oral*

No momento da sustentação oral, o advogado da Pepsi argumentou que o documento que alegou existir desde sua primeira manifestação nos autos não foi juntado aos autos porque não fazia parte de sua responsabilidade, mas da empresa que fez a campanha publicitária. Argumento afastado pelo Presidente da sessão, Des. Rui Portanova, que mencionou o Código de Defesa do Consumidor para conferir responsabilidade a Pepsi, no que foi acompanhado pelo Des. Revisor Carlos Alberto Alvaro de Oliveira, e pelo Des. Vogal Aymoré Roque Pottes de Mello.[138]

Seguiu-se a sustentação oral do advogado da Pepsi no sentido de que o documento não foi juntado, porque o mesmo fora perdido. Fez o advogado um paralelo com o testamento cerrado e disse que o documento teria sido elaborado em Cartório, momento em que foi cerrado, colocado-se sob ele vários selos e ficando sob a guarda da empresa responsável pela campanha publicitária. Este argumento foi levantado pela primeira vez, apenas na sustentação oral. Por isso, o Des. Presidente da sessão conferiu oportunidade para o advogado do senhor Adão, o autor-apelante, para que o mesmo se manifestasse. Insistiu o advogado do autor na mesma linha de argumentação desenvolvida quando da sustentação oral e que foi o fio condutor desde a petição inicial, qual seja, a responsabilidade é e sempre foi da Pepsi em trazer o documento que desde antes do início da campanha publicitária prometeu, unilateralmente, e afirmou ser prova de certeza e seriedade de todo o processo publicitário.

No caso concreto, a ré, em seu regulamento, fazendo declaração unilateral de vontade, fez constar que as tampinhas que apresentassem rasuras não seriam contempladas. Interessante que no caso concreto, como se pode ler do laudo, a tampinha estava rasurada, ou seja, não estava tão nítida a ponto de causar certeza a respeito de ser ou não a merecedora do prêmio. A solução mais adequada pode não ser a proferida pela decisão de primeiro grau, que julgou improcedente a demanda proposta por Adão.

Ao contrário, confrontando-se os elementos de direito material com os elementos trazidos ao autos, no que toca ao direito processual

---

[138] No que diz respeito à responsabilidade, esta será enfrentada em momento próprio ao se dedicar a responsabilidade pré-contratual.

e o ônus da prova, todos os caminhos levam sempre à mesma interpretação, qual seja, a responsabilidade da Pepsi Cola. Sublinhe-se que toda a cláusula de exclusão da responsabilidade é abusiva,[139] isto é, nula. Trata-se de cláusula abusiva, pois foi elaborada por declaração unilateral de vontade da Pepsi Cola e esta não pode eximir-se de uma obrigação que tem com seus consumidores. A Pepsi tem obrigação de pôr no mercado produtos em plenas condições de uso, isto implica dizer, por óbvio, que a tampinha faz parte do produto, e se esta não desempenha a integralidade do papel a ela própria imposto pela ré, esta é a única responsável pelo produto.

Saliente-se que é a própria Pespi Cola que, comprovadamente, fabrica as tampinhas, ou escolhe quem as fornece, logo a rasura existente nesta tampa, constantes dos autos, deve-se à responsabilidade, única e exclusivamente, da ré. Assim, para dar-se validade à cláusula inserta no regulamento, ter-se-ia uma conjugação de fatores que favoreceriam sempre a uma só das partes, a Pepsi, e nunca a outra parte, o consumidor.[140]

Evidentemente que uma campanha publicitária que promete um prêmio a um grupo de vencedores deve resguardar-se contra eventuais abusos de que os próprios consumidores podem ser agentes causadores, como, por exemplo, alterar o conteúdo gráfico da tampinha gerando, indevidamente, uma confusão, apagando parte do conteúdo impresso ou incluindo informações inexistentes no original. Todas estas posturas previsíveis devem ser computadas e são de responsabilidade do agente promotor e beneficiado pelo evento publicitário.

A qualidade da mercadoria utilizada e a postura preventiva para evitar tal prejuízo são de responsabilidade da Pepsi, e se esta escolheu meios impróprios para resguardar-se da plena confiança no processo publicitário o ônus probatório é só seu, e, se não comprovar, deve ser considerado que o meio utilizado é que não era próprio, e, por isso, cabe na dúvida por ela própria causada o dever de indenizar o prejudicado. Sequer se poderia pensar em causa de exoneração da responsabilidade. Como se sabe, as causas de exoneração da responsabilidade

---

[139] Neste estudo esta reservado capítulo próprio para reflexão das cláusulas abusivas.

[140] Em relação à maneira como se confere uma maior amplitude e carga probatória ao fornecedor de bens e serviços, o CDC está fazendo uma escolha diferente das efetuadas pelos códigos processuais e esta alteração de padrão de interpretação no que toca à prova ainda não tem sido objeto de apreensão por parte da comunidade jurídica que afaste injustificadamente esta nova concepção.

civil objetiva são mais limitadas, no caso concreto, pois este deve ser compreendido sob a ótica do código de defesa do consumidor.[141] No caso sob estudo, o dever de apresentar material impresso na tampinha de qualidade, a tal ponto que os códigos não se perdessem com facilidade, ou se frente à alteração proposital fosse possível a fácil identificação, na mera verificação a olho nu, ou na aferição feita por profissional qualificado.

No caso concreto, talvez tivesse sido melhor se fosse marcado na tampinha em alto relevo, por certo, dificultaria o borrão, o apagar-se com o tempo, conferindo-se à campanha publicitária maior credibilidade e, por conseqüência, maior segurança para as partes. Neste processo, pode-se afirmar que se em outros processos publicitários similares já foram criadas situações de litígio,[142] a ré já tinha conhecimento da inaptidão da impressão na tampinha. Por esta razão, deveria *omitir-se* de processo de impressão já demonstrado inepto e substituir por meio de marcação mais confiável. A esta conclusão é possível de se chegar devido ao exame dos autos, pois, como afirmou a ré, há vários processos similares em que a Pepsi figurou como ré. Ultrapassado este momento, os Desembargadores decidiram o litígio de acordo com a mentalidade contida no CDC, conforme pode ser verificado a seguir.

2.1.3.4. Ponderações a partir da decisão do Segundo Grau

Em segundo grau, os desembargadores decidiram pela procedência da demanda por decisão unânime. Não havendo mais recurso, o Tribunal de Justiça do Estado do Rio Grande do Sul julgou o caso concreto em que o consumidor-autor ajuizou ação ordinária contra a ré, tendo como objetivo receber o prêmio de R$ 50.000,00 (cinqüenta

---

[141] A exoneração da responsabilidade civil regida pelo Código de Defesa do Consumidor é bem mais restrita do que a disciplinada pelo Código Civil e pelo Projeto de Código Civil. Para maiores esclarecimentos, ver a dissertação de mestrado de Paulo de Tarso Vieira SANSEVERINO, publicada sob o título Os pressupostos da responsabilidade civil por acidentes de consumo e a defesa do fornecedor, defendida em 2000, na UFRGS, publicado sob o título *Responsabilidade civil no código do consumidor e a defesa do fornecedor*, São Paulo: Editora Saraiva, 2002.

[142] As situações de litígio são mencionadas pelo próprio réu e apelante, mas em pesquisa realizada podemos verificar que a Pepsi Cola tem sido demandada com muita freqüência caracterizando-se como ré de maneira habitual neste tipo de processo, o que por si só enseja olhar com olhos mais atentos não apenas esta empresa, mas este método de divulgar produtos, marcas e controlar de maneira mais efetiva com vistas à proteção dos direitos individuais e prevenir futuras lesões. Cabe referir que a lesão de direito individual, se não suficientemente atendida, não leva apenas à cristalização de uma injustiça na esfera do direito individual, mas por conseqüência a uma indevida prestação jurídica que atinge uma esfera mais ampliada de direitos.

mil reais), justo porque o eixo que deu sustentação aos votos dos Desembargadores foi fundado nas normas contidas no CDC. Ressalte-se o voto do Des. Relator Rui Portanova, que se debruçou sobre as razões seguintes:

> A solução do presente processo do ponto de vista probatório deve ser enfrentada por meio de dois aspectos: uma probabilidade e uma presunção. Desde logo, anuncio que para o meu convencimento, entre a probabilidade e a presunção não exsurgem certezas, mas dúvidas. E a dúvida favorece ao autor/apelante. A probabilidade de que falo é aquela que aparece na complementação do laudo a partir das fls. 192. Um dos elementos indicativos do prêmio (quadrante 9 ou 8), pelo que aparece na resposta do perito, provavelmente afastaria a premiação. Como se vê na fl. 226 é mais provável que na tampinha estivesse escrito número "9" e não número "8" premiado. Mas isso é uma probabilidade. Além do mais, a tampinha tem um outro elemento de identificação do prêmio. Este outro elemento está absolutamente claro na tampa e reveste-se da possibilidade de dar certeza ao juiz. Trata-se do número de série C2G, cuja referência estaria registrada em Cartório (como diz a declaração unilateral da Pepsi na formulação do regulamento cuja cópia aparece nas fls. 8 e 29) como tampinha premiada ou não. Esta é uma prova suficiente para possibilitar toda a certeza sobre o destino do presente processo, a qual é plenamente possível de vir para apreciamento, mas que, enfim, não veio ao grampo dos autos. Ora, pelo princípio do ônus da prova nos termos do Código do Consumidor, a Pepsi deveria trazer tal certidão. A Pepsi teve todas as possibilidades para tanto. Inclusive, inusitadamente, a prova foi autorizada neste segundo grau. A inércia da Pepsi, aliada à certeza que poderia advir de um documento registrado em Cartório gera a dúvida. E a dúvida, repita-se favorece ao consumidor-autor. Os obstáculos que a Pepsi alegou na primeira instância (fls. 137), dada vênia, não foram adequadamente enfrentados no âmbito jurisdicional de primeiro grau. Ao primeiro, tratando-se de registro público, independe quem seja que fez registrar tal lista. Ao depois, já tendo encerrada a promoção, hoje, já não se corre risco de futura e eventual fraude. Por fim, não se fazia necessário que o registrado apresentasse todos os números contemplados. Bastava certificar, com a fé que porta, se o número de série da tampinha objeto de discussão está entre os contemplados ou não. Na verdade, vieram para os autos relações que não oferecem a necessária certeza. Veio a relação (fls. 143) de atletas e quadrantes não premiados, em que aparece no número 207 que o gol do jogador Jardel no quadrante nove, com o Código de Segurança C2G não foi premiado. Também veio relação (fls. 166/167) das tampinhas ganhadoras com "seus respectivos códigos de segurança", em que não se constata como premiada a tampinha em questão. Contudo, nenhum dos documentos é aquele que foi registrado em Cartório como refere o folheto constante nas fls. 8 e 29 dos autos. Argumenta a empresa, após esgotamento do prazo dado à juntada do documento neste grau de jurisdição, que a promotora do evento é a PEPSICO & CIA. e que essa não entregou-lhe os documentos, alegando que os mesmos foram extraviados quando de mudança ocorrida em

1998. Essa justificativa não pode ser aceita. A tarefa de entregar a relação é da empresa parte deste processo. Além de tudo, o documento não está com a promotora do evento, mas registrado em cartório (como diz a declaração unilateral da Pepsi na formulação do regulamento cuja cópia aparece nas fls. 8 e 29). Ou seja, em primeiro lugar não há como aquela empresa extraviar algo que não está em seu poder. Em segundo lugar, o registro é público e compete à Pepsi trazê-lo aos autos. Ademais, a alegação, de uma forma ou de outra, centra-se na obrigatoriedade que seria oriunda de fato de terceiro. Aqui, de novo, aplica-se o Código de Defesa do Consumidor, que diz "os fornecedores de produtos de consumo duráveis respondem solidariamente" (artigo 18). A solidariedade também está presente no artigo 19 do CDC, assim como no parágrafo único do artigo 7º que dispõe que "havendo mais de um autor a ofensa, todos responderão solidariamente pela reparação dos danos". Aproveitando-se da inércia probatória da empresa, o apelante pediu a procedência da ação, invocando o princípio da inversão do ônus da prova em favor do consumidor. Como a Pepsi não fez a prova que lhe competia, pretende que se presuma contra a ré. Bem, como não se conseguiu resolver esta causa com a certeza consubstanciada pela certidão requerida, cabe utilizar o sistema de presunções. O CPC trata da exibição de documento ou coisa nos artigos 355 a 363. O juiz pode ordenar que a parte exiba um determinado documento, desde que o faça de forma individualizada, indicando sua finalidade e as circunstâncias que comprovem a posse do documento. Isto foi feito. Pediu-se que a empresa trouxesse a certidão que contém a relação de tampinha premiadas, com a finalidade de comparar o número de série da tampinha trazida aos autos com aqueles registrados em cartório. A existência do documento é provada com o documento de fls.8 e 29. Não trazendo aos autos o documento aplica-se o disposto no artigo 359 do CPC, ou seja, admitir-se-ão como verdadeiros os fatos que por meio do documento, a outra parte pretendia provar. O autor da ação pretendia com esta prova fundamental provar que o número de série C2G está contido na relação registrada em cartório, e que o portador dessa tampinha tem o direito de receber da Pepsi R$ 50.000,00. Assim, provado está que a tampinha cujo número de série é C2G está registrada em Cartório como sendo a tampinha premiada com as inscrições "Gol do Jardel" e "Quadrante 8", fazendo jus ao prêmio da promoção de cinqüenta mil reais.[143]

Com fundamento nas razões acima, o voto do Desembargador Relator foi no sentido de dar provimento ao primeiro apelo e negar provimento ao segundo, para condenar a Pepsi Cola Engarrafadora Ltda. a indenizar o autor da ação, Sr. Adão Sidnei de Oliveira, em R$ 50.000,00, corrigidos monetariamente pelo IGP-M desde a data de 11.10.1996, incidindo os juros de mora desde a citação. Acompanhou o Desembargador Revisor Aymoré Roque Pottes de Mello fundamentando seu voto em robustos argumentos lógicos e jurídicos. O Desembargador Carlos

---

[143] Conforme se lê da decisão que compõe o Anexo 2 deste estudo.

Alberto Alvaro de Oliveira teceu seu voto no que toca ao mérito fundado nas seguintes ponderações:

Na divulgação da campanha publicitária está dito, com todas as letras que o código de segurança foi registrado em cartório (f. 29). O documento veio aos autos com a própria contestação da demandada, que o qualifica como "folheto informativo, distribuído aos consumidores nos supermercados, armazéns, pontos de venda, lancherias, atacadistas, distribuidores etc. e, também, inserido no gargalo das embalagens descartáveis" (f. 29). Ora, a publicidade, o *marketing*, em que o consumidor sempre desempenha um papel meramente passivo e receptivo, caracteriza claramente uma equação de poder (e de riscos). Por isso é perfeitamente compreensível, constituindo mesmo exigência de justiça social, que o anunciante seja responsabilizado pelo que disse ou deixou de dizer (cf., a respeito, Antônio Herman de Vasconcelos e Benjamin, *Código Brasileiro de Defesa do Consumidor*, comentado pelos autores do anteprojeto, 6.ed., Rio de Janeiro, Forense Universitária, 1999, p.130). E exatamente nesse sentido estatui o art. 30 do CDC: "toda informação ou publicidade, suficientemente precisa, veiculada por qualquer forma ou meio de comunicação, com relação a produtos e serviços oferecidos ou apresentados, obriga o fornecedor que a fizer veicular ou dela se utilizar e integra o contrato que vier a ser celebrado." Pois bem. Para que serve o código de segurança, que se divulgou estar registrado em cartório? A resposta é óbvia, para dar segurança à promotora do evento e especialmente ao consumidor. No regulamento do certame, aliás, está dito que o código de segurança tem a finalidade de proteger os próprios consumidores contra possíveis fraudes (f. 27). É preciso ressaltar, nestas alturas, que a perícia realizada comprovou, de modo a não deixar dúvida ou entredúvida, não ter sido rasurado o código de segurança, como se verifica de f. 201 e 202. Assim, respondendo ao quesito terceiro, formulado pelo autor (f. 201), esclarece o experto que "são legíveis na tampa questionada os seguintes caracteres: 'Gol do Jardel...R$ 5...' e, no local correspondente ao código de segurança, 'C2G'." Com maior ênfase, essa conclusão é corroborada na resposta ao quesito primeiro da ré (f. 202), nestes termos: "São perceptíveis, na tampa contestada, os caracteres 'Gol do Jardel..., R$5...e C2G', que guardam semelhanças de volume e forma com aqueles correspondentes das tampas-paradigma. Os demais estão totalmente alterados, por supressão de entintamento." Desde 9 de outubro de 1997, por determinação do MM. Juízo de 1º grau, depois reiterada nesta instância, a demandada foi intimada, sob as penas da lei, a exibir a certidão correspondente ao código de segurança. Todavia, resistiu como pode e de todas maneiras, em conduta que, a meu ver, chega às raias da má fé, alegando necessidade de sigilo e que os documentos estariam em poder da Pepsico, argumentando em momento posterior com seu extravio. Nenhuma das alegações resiste ao menor espírito crítico. Não é possível invocar-se sigilo se é de segurança que se trata e segurança do próprio consumidor, para o qual, segundo o regulamento do concurso, foi exatamente instituído o código de segurança. Nem se há de falar em extravio de documentos ou posse de terceiros, porquanto registrados em cartório, tendo assim *ex hypothesis* adquirido caráter público, elemento a impossibilitar como é óbvio a perda alegada. Aliás, ao contrário do sustentado pela apelada, não há nos autos prova de que tais documentos, registrados em cartório, tenham sido devolvidos à Pepsico. Se a própria parte não se interessa em trazer aos autos a prova que se encontra em cartório, determinação judicial da qual foi intimada, obra a seu próprio risco e deve arcar com as conseqüências daí decorrentes. Uma delas está prevista no art. 359, I, do CPC: ao decidir o pedido, o juiz admitirá como verdadeiros os fatos que, por meio do documento, a parte pretendia provar se o requerido não efetuar a exibição, nem justificar adequadamente a recusa.[144]

Para este estudo, a busca da verdade não se restringiu à investigação do ponto de vista processual da produção da prova,[145] mas também dos novos pressupostos materiais sobre os quais o novo direito das obrigações se alicerça, no exame do caso concreto na ação que tramitou no Tribunal de Justiça do Estado do Rio Grande do Sul, em que foram partes Adão Sidnei de Oliveira e Pepsi Cola Engarrafadora Ltda., julgada no dia 27 de abril de 2000, por unanimidade. Compreendendo-se adequada a decisão a estes novos princípios e pressupostos que têm em mente proteger as relações de consumo, pode-se fazer ponderações com vistas a engrossar as razões acima reproduzidas.

No que se refere à exigência desse documento guardado e registrado em cartório, verifica-se dos autos, em virtude de manifestação do advogado do réu, que se trata de uma exigência legal para toda a campanha publicitária deste gênero e faz parte da responsabilidade da Pepsi, duplamente, em virtude de lei e por força do contrato. O descumprimento da obrigação acarretará a pretensão da parte prejudicada de ser indenizada, podendo também resultar na caducidade do direito. Neste caso também aplicável, pois se de conhecimento da Pepsi que os caracteres impressos facilmente se apagavam com o tempo, esta deveria ter alertado e orientado os consumidores para que este evento não ocorresse e, assim, não pusesse em risco a efetivação do direito. Tal atitude não ocorreu e, também, por esta razão, não se pode responsabilizar o consumidor, e sim o fornecedor do produto.[146]

Esse inadimplemento consiste no comportamento do devedor que *faz o que não deveria fazer*, ou melhor, quando tinha o dever de omitir-se, agiu e, por esta prática inadequada, cria obstáculo ao cum-

---

[144] Conforme se pode ler no Anexo 2 deste estudo.
[145] No que toca ao estudo mais detido do ônus da prova, este recebe no trabalho capítulo próprio.
[146] Ver mais detidamente o capítulo que trata do princípio da boa-fé objetiva.

primento.[147] A Pepsi neste caso deixou de fazer o que deveria ser feito, pois deixou circular tampinhas com impressão que sabia, previamente, seria apagada e não tomou nenhuma iniciativa para substituí-las e melhorar o processo já verificado como defeituoso.

No caso sob estudo, cabe dizer que a responsabilidade pelos esclarecimentos[148] de como o consumidor deve proceder para fazer a

---

[147] A obrigação pode ser descumprida de três maneiras, conforme a doutrina clássica, são elas: a inexecução voluntária, o cumprimento tardio e o cumprimento defeituoso. A violação negativa do crédito causada pelo devedor ocorre quando ele não faz ou não age como deveria, ou não cumpre pontualmente, ou faz defeituosamente. Outras circunstâncias desencadeiam conseqüências similares a *violação negativa*, as quais não surgem nem da impossibilidade da prestação, nem do atraso no seu cumprimento, mas de um ataque positivo do direito de crédito. ENNECCERUS e LEHAMANN. *Tratado de Derecho Civil*. Derecho de Obligaciones. Tradução de Blás Péres Gonzáles e José Alguer. Barcelona: Bosch, 1954, p. 291-282. v.1. O estudo sobre *Sie positive Vertragsverletzungen* de Hermann Stab foi publicado em 1094 e ampliou o conceito de inadimplemento, porque dos três modos conhecidos pela doutrina clássica incorporou um *positivo*, o qual denominou *violação positiva do contrato*. Este inadimplemento consiste no comportamento do devedor que *faz o que não deveria fazer*, ou melhor, quando tinha o dever de omitir-se, agiu e, por esta prática inadequada, cria obstáculo ao cumprimento. Hermann Stab refere-se, a título de exemplo, a *omissão independente* com a obrigação de abster-se de vender certos produtos em um determinado local ou de não vender a menos de um certo preço mínimo. Defende o autor que por analogia ao parágrafo 286 do BGB (El deudor ha de indemnizar al acreedor el daño ocasionado por la mor. Si a consecuencia de la mora la prestación, puede exigir indemnización de denòs a causa de no cumplimiento. Se aplican oportunamente las disposiciones existentes en los parágrafos 346 a 356 para el derecho de resolución convencional.) que atribui direito de indenização ao credor quando o devedor viola culposamente um direito de crédito, de modo que confere ao credor igual direito quando o devedor *omite* culposamente uma prestação positiva. ENNECCERUS e LEHARMANN, p. 283, afirmam, ainda que a elaboração da *infração contratual positiva* surge como categoria jurídica por obra dos tribunais, mesmo que não prevista como uma das causas de inexecução do contrato no BGB, ainda que seus contornos tenham sido mal delineados e objeto de críticas (ENNECCERUS e LEHARMANN, p. 281 e segs.). A obra de Stab foi importante para o reconhecimento do princípio da boa-fé objetiva como fonte autônoma de direitos e obrigações, inicialmente ele explorou uma lacuna do BGB no que se refere às perturbações prestacionais. A criação deste autor reuniu figuras de identidade discutíveis como a *quebra positiva do contrato*, os casos de *cumprimento defeituoso da prestação*, a *violação de deveres secundários* e os de *inadimplemento antecipado*. Ver, entre nós, Anelise BECKER, Inadimplemento antecipado do contrato. *Revista de Direito do Consumidor*, São Paulo, n.12, p. 68 e segs., out./dez. 1994.; ver a pioneira Vera Maria Jacob FRADERA, Quebra positiva do contrato. *Ajuris*, Porto Alegre, n.44, 1988, e a dissertação de mestrado de Jorge Cesa Ferreira da SILVA.

[148] No que concerne ao deveres de esclarecimento, observe-se que a obrigação pode acarretar créditos múltiplos. Neste caso ela será complexa, havendo várias prestações principais, ou, quando uma delas domine em termos finais, existirá uma principal e várias outras. Existem também os deveres chamados secundários derivados de uma cláusula contratual, da lei ou da boa-fé objetiva. Esses deveres interessam à exata satisfação dos interesses globais envolvidos nas relações obrigacionais complexas, e referem-se à pessoa e ao patrimônio da contraparte. Abrangem toda a relação jurídica, e podem ser examinados durante a relação jurídica e até após o adimplemento da obrigação principal. Estes deveres consistem em indicações, atos de proteção, o dever de afastar danos, atos de vigilância, de guarda, de cooperação, de assistência e outros mais. São exemplos: o *dever de esclarecimento*, dirige-se ao outro participante da relação jurídica, e

verificação se a tampinha que possui é ou não a premiada, faz parte da responsabilidade do fornecedor.[149] Se o fornecedor não alertar como deve proceder o consumidor, aquele não poderá eximir-se da responsabilidade que lhe cabia, ou seja, esclarecer como deveria o consumidor verificar as informações constantes do fundo da tampinha, dizendo expressamente que o invólucro plástico transparente não poderia ser retirado.[150] Não tendo sido feito este esclarecimento ao consumidor, isto não pode ser exigido pelo fornecedor, nem como dever principal,[151] sequer como dever secundário.[152] Não se pode compreender a

tem por objetivo tornar clara certa circunstância de que a parte tenha conhecimento imperfeito, ou errado, ou que ignore totalmente; os deveres de cooperação e auxílio; deveres independentes são aqueles que nascem com a obrigação principal, mas são detentores de vida própria, e por isso permanecem mesmo após o término da obrigação principal, podendo ser acionados independente da obrigação principal; os deveres dependentes consistem naqueles pertencentes à obrigação principal e o seu descumprimento atingirá inclusive o do dever principal.

[149] O Código de Defesa do Consumidor reservou os artigos 12 e 14 para tratar da responsabilidade objetiva do fornecedor, entendendo-se aqui no sentido *lato*, para englobar todos aqueles passíveis de responsabilização nos termos legais, independente da existência de culpa. Compreendendo-se que esta responsabilidade não trabalha como o extremo do risco integral, porque admite prova da negativa da autoria, da inexistência do fato e da culpa exclusiva do lesado ou de terceiro. No CDC a responsabilidade civil objetiva é a regra geral para as relações de consumo, sendo aplicável tanto aos defeitos dos produtos quanto aos dos serviços. Frente à sociedade de economia massificada, a disciplina dos vícios redibitórios se mostrava insuficiente. Não é suficiente que o fornecedor demonstre ter agido de modo diligente que ele não estará livre de ser responsabilizado, porque o seu dever é colocar no mercado produtos isentos de vícios que atendam às necessidades dos consumidores. Ruy Rosado de AGUIAR JÚNIOR, sob este enfoque, expressou-se assim: "Já não há regra de responsabilidade pelo fato, não se diz que o fornecedor responderá independente de culpa, mas se impõe a responsabilidade pelo fornecimento do produto ou serviço viciado, o que vem a dar no mesmo. O fornecedor responde pelo vício, ainda que oculto ou desconhecido dele, à semelhança da regra sobre o vício redibitório". AGUIAR JÚNIOR, Aspectos..., p. 172.

[150] No que toca à retirada do invólucro, a informação exigível por parte do fornecedor de bens, neste caso, mesmo que em razão de campanha publicitária, para ser considerada como adequada, deveria ser levada ao conhecimento do público potencialmente consumidor quando do lançamento da campanha e não restrita a uma informação escrita em letras minúsculas.

[151] Ao se referir ao dever principal, quer-se considerar aquele que faz desencadear a relação jurídica, contudo não quer dizer que exista um único dever principal, pode haver vários.

[152] Ensina Clóvis do COUTO E SILVA: "os deveres secundários comportam tratamento que abranjam toda a relação jurídica. Assim, podem ser examinados durante o curso ou o desenvolvimento da relação jurídica e, em certos casos, posteriormente ao adimplemento da obrigação principal. Consistem em indicações, atos de vigilância, da guarda, de cooperação, de assistência." COUTO E SILVA, *A obrigação*..., p. 31. A idéia de dever secundário no direito alemão é assim circunscrita: "Obrigação secundária é uma obrigação subsidiária existente ao lado de uma obrigação principal. No direito das obrigações, a obrigação secundária pode ser uma obrigação de prestação secundária ou obrigação de conduta. As obrigações secundárias não se deixam circunscrever exaustivamente, porém dependem em alto grau das circunstâncias do respectivo caso concreto. Elas são em geral obrigações de confiança, proteção, custódia ou obrigações de esclarecimento e informação." Tradução do Prof. Dr. Luís Afonso HECK de Dr. Gerhard KÖBLER und Dr. Heidrun Pohl DEUTSCH – *Deutches Rechtswörterbuch*, München, 1991. Jorge Cesa

questão como isenção da responsabilidade do fornecedor, porquanto o defeito ou o vício na tampinha é daquele que a produziu e de maneira alguma pode ser considerado como de responsabilidade do consumidor. Neste sentido julgou o Rel. Min. Ruy Rosado de Aguiar Júnior em 2 de maio de 2002, *in verbis*:

> A Turma não conheceu do recurso de empresa de refrigerante que se recusou a pagar prêmio de consurso instituído por ela, ao argumento de que a impresssão dos números das chapinhas do refrigerante eram de baixa qualidade, e, sendo defeituosos, dificultavam a leitura da numeração vencedora. Explicitou a Turma que a promoção feita com intuito de aumentar as vendas, estimulando o interesse do consumidor, insere-se na atividade comercial da empresa, logo é uma relação de consumo. Sendo assim, se a empresa auferiu benefícios com a campanha publicitária, não pode se esquivar do pagamento do prêmio, pois atitudes como essa o CDC não permite. Outrossim não procede a alegação da empresa de que, na espécie, incidiria a regra do art. 17, § 2º, do Dec. n. 70.951/1972, porque esse dispositivo isenta a responsabilidade da fornecedora somente quando o defeito ou vício tiver sido comprovadamente produzido pelo consumidor. Precedente citado: Resp 302.174-RJ 15/10/2001. Resp 396.943-RJ, Rel. Min. Ruy Rosado, julgado em 2/5/2002.[153]

Há também o dever de conservação, que se não for bem observado, pode causar o perecimento do bem ou do direito. O bem ou o direito, se não forem bem conservados, podem perecer, e quanto aos cuidados necessários para a preservação do bem e do direito são de responsabilidade do fornecedor de bens e serviços, visto que ao consumidor não se exige que domine a técnica de bem manter todos os bens que adquire, ainda mais quando não são, expressamente, esclarecidos.

No caso concreto, para que o consumidor conserve devidamente o bem, vale referir, a tampinha, é necessário que a ele seja informado

---

Ferreira da SILVA faz a seguinte leitura: "essa primeira distinção entre deveres primários e secundários – que já tem a virtude de facilitar a compreensão de algumas relações obrigacionais de difícil classificação – inclui apenas os chamados deveres de prestação, não incidindo sobre todo o conjunto de deveres, também decorrentes do fato jurígeno obrigacional, que se vinculam a outras fontes normativas, explificativamente o princípio da boa-fé, por meio de seu vetor confiança. Estes deveres até aqui não contemplados são os chamados *deveres laterais* de conduta. A designação desses deveres como 'laterais' decorre da tradução da palavra alemã *nebenpflichten*, formada pelo substantivo *Pflich*, dever, e pela preposição *neben*, designativa de ao lado de, junto a, lateral. Em algumas situações, a preposição *neben* porta o significado contraposto ao de 'principal', devendo ser traduzida por 'secundário' ou 'acessório'. É o que ocorre com a expressão *Nebensatz* (oração secundária ou acessória), em contraposição a *Hauptsatz* (oração principal). No que toca aos deveres aqui chamados de *laterais*, encontramos, tanto na doutrina alemã como na que a traduz para o português, uma enorme diversidade designativa. Ver SILVA, J.C.F., p. 73.
[153] Resp 396.943-RJ, Rel. Min. Ruy Rosado, julgado em 2/5/2002.

como deve proceder. Se este esclarecimento[154] não foi feito, também não poderá ser exigido. Existem também os deveres de lealdade, custódia, previdência, segurança, aviso, informação, notificação, cooperação e proteção dentre outros, pois os deveres das partes não são exaustivos, em cada caso concreto é possível identificar um novo dever ainda não nitidamente conhecido.

Os deveres fundados na boa-fé objetiva são de responsabilidade do credor e do devedor, como os especiais de notificar ou informar sobre algo do seu interesse para conservação de bens jurídicos. Tais deveres abrangem toda a relação jurídica e podem ser examinados durante a relação jurídica e até após o adimplemento da obrigação principal. Estes deveres consistem em indicações, atos de proteção, dever de afastar danos, atos de vigilância, de guarda, de cooperação, de assistência e outros mais.

Esses mesmos ainda podem ser independentes. São dependentes quando pertencentes à obrigação principal, de forma que o descumprimento daqueles acarreta o inadimplemento desta. Todavia, os deveres independentes são autônomos, pois apesar de nascerem com a obrigação principal, podem ultrapassar o término desta, além de poderem ser acionados independentemente dela. Contêm fim próprio, distinto do da obrigação principal. Em resumo, os deveres independentes nascem com a obrigação principal, mas são detentores de vida própria e por isso permanecem mesmo após o término da obrigação principal, podendo ser acionados independente da obrigação principal. Neste caso concreto, em estudo, está-se diante de uma investigação da tutela e de proteção de um dever independente.

Dever independente que surgiu na esfera da responsabilidade *pré-contratual*[155] e tem influência direta e decisiva sobre o princípio do

---

[154] O dever de indicação e de esclarecimento consiste no dever de informar circunstância da qual se tem conhecimento. Não é ato volitivo, mas cognitivo, e portanto tem caráter declaratório, e não constitutivo, e por não trazer alteração ao mundo fático, a indicação independe da capacidade do agente. Estes deveres dirigem-se ao outro participante da relação jurídica, e tem por objetivo tornar clara certa circunstância de que a parte tenha conhecimento imperfeito, ou errado, ou ignore totalmente.

[155] A responsabilidade pré-contratual reporta-se à questão fundamental de atender a um dever geral de diligência, que antecede à fase da execução do contrato, tal dever motivado na confiança deve presidir o tráfico jurídico para que as relações econômico-sociais possam se desenvolver com normalidade. Esta concepção, que acabou sendo recepcionada nos códigos modernos, é pacificamente acolhida no Direito brasileiro por meio da cláusula geral contida no art. 159 do CCB. Neste mesmo sentido já referiu-se PONTES DE MIRANDA: "O fundamento está em que todos têm o dever de verdade, todos, nos negócios jurídicos, hão de comunicar o que sabiam ou

ônus e da apreciação da prova. A informação da existência do regulamento publicado em cartório é uma informação que, divulgada durante a campanha publicitária, vincula e por isso obriga o fornecedor. No momento da divulgação da campanha publicitária é assegurada pela Pepsi a existência de um regulamento que confere segurança, garantia e lisura ao concurso, uma vez que estava registrado em cartório um documento indicando as tampinhas premiadas.

Comporta repetir o pensamento de Benjamin para enfrentar o caso concreto sob estudo, quando diz "o que se anuncia é a própria empresa, não um produto seu e seus resultados são alcançados a longo prazo". Nesta promoção, por evidente, estava-se anunciando muito mais a marca Pepsi Cola do que o refrigerante. Assim como relacionar jogadores de futebol, ídolos do esporte, com a possibilidade de a população se relacionar com estes ídolos por um concurso e, possivelmente, com a possibilidade de ganhar um prêmio é algo de resultados a longo prazo. Mais do que simplesmente ingerir o refrigerante. Nesta campanha publicitária não havia referência ao sabor, ao gosto, ao prazer em se consumir o produto, mas apenas divulgar a marca[156] Pepsi.

---

deveriam saber, ao ser concluído o contrato. (...) *Culpa* in *contrahendo* é toda a infração do dever de atenção que se há de esperar de quem vai concluir contrato, ou de quem levou alguém a concluí-lo. O uso do tráfico jurídico cria tal dever, que pode ser o dever de verdade, o dever de diligência no exame do objeto ou dos elementos para o suporte fático, exatidão no modo de exprimir-se, quer em punctações, anúncios, minutas ou informes". PONTES DE MIRANDA, *Tratado de Direito Privado*. Rio de Janeiro: Borsoi, 1954, p. 321-322. t. 38.

[156] Conforme descreve Elisabeth FEKETE, A Proteção ao Consumidor como Instrumento de Aperfeiçoamento da Integração Econômica no MERCOSUL com especial relevo para seu relacionamento com o direito das marcas e da concorrência desleal. *Revista Direito do Consumidor*, São Paulo, v.20, p. 120-121, 1996, marca significa: Na concepção de Gabriel F. Leonardos, a repressão à concorrência desleal e ao uso indevido de marcas constitui um princípio da política nacional de relações de consumo, aludindo que, como se sabe, os princípios são as pedras fundamentais sobre as quais são erigidos os demais institutos jurídicos que visam a assegurar a sua implementação. O autor, constatando que a correlação entre as marcas e a proteção ao consumidor é objeto de inúmeros estudos em todo o mundo, dentre os quais destaca-se a monumental obra 'Marca e Consumidor-Fundações das Marcas na Economia de Mercado'(*Marke und Verbraucher der Marke in der Marktwirtschaft*), da lavra das pesquisadoras do Instituto Max-Planck para o Direito da Concorrência, em Munique, Dras. Frauke Henning-Bodewing e Anete Kur, destaca, dessa obra, uma das conclusões a que chegaram as autoras: 'a marca é um instrumento de *marketing*, utilizada por seu titular para a individualização de seus produtos, bem como para a transmissão de mensagens publicitárias. Os destinatários de tais medidas são os consumidores. Eles devem ser informados sobre a oferta de produtos, ou seja, ser influenciados em seu próprio benefício. Ademais, eles devem estar em condições de reconhecer o produto desejado. Nesse sentido, a marca é um elemento de ajuda à orientação dos consumidores, bem como uma transmissora de informações utilizada em seu processo de decisão'".

Volta-se a Benjamin e ver-se-á que: "Em certas ocasiões, especialmente quando a empresa enfrenta problemas de imagem, uma campanha de publicidade institucional pode ser a solução para alterar a forma como o público a enxerga", afirma o autor, segundo o qual, nestes casos, inexiste "a preocupação com a venda do produto em si", pois a "preocupação é com a marca". Por evidente, a disputa do mercado restrito e quase exclusivo de dois refrigerantes *cola* apresenta oscilações, quase sempre desfavorável à Pepsi, pois tem como concorrente uma das maiores empresas do mundo.

A publicidade desenvolvida pela Pepsi atingiu todos os seus objetivos, quais sejam, ampliar o conhecimento de sua marca e de seu produto no mercado, ganhando novos consumidores. O produto passa a ser desejado também em virtude da ânsia de as pessoas serem sorteadas e em razão da empatia que o processo publicitário desencadeia. Nesses processos publicitários as empresas deveriam meditar inclusive a respeito da lisura e clareza do processo publicitário e tornarem de conhecimento público e inequívoco os ganhadores. No caso concreto, era dever da Pepsi trazer aos autos a prova dos ganhadores, e dar conhecimento ao público que participou da campanha publicitária.

Poderia ser que a responsabilidade pré-contratual que a Pepsi Cola assumiu quando da divulgação da campanha publicitária de registrar em cartório um documento que constasse o rol discriminado das tampinhas vencedoras não tenha sido produzida. Neste caso, a demanda que a Pepsi tem contra quem deveria ter efetuado o registro e não o fez é um outro processo em que esta seria a autora, e o réu, o inadimplente contratual, mas isto não exclui a sua responsabilidade.

Decorrente da real impossibilidade de se cotejar os dados trazidos pelo autor com a tampinha e o documento que fora anunciado pela Pepsi Cola, unilateralmente por ampla divulgação, e em virtude de isso não ser permitido a quem decide o litígio fazer um juízo de correspondência entre a tampinha constante dos autos e o documento, não trazido aos autos, no qual deveriam constar as tampinhas premiadas com os seus respectivos códigos de segurança.

Houve nessa situação o descumprimento de uma obrigação de acordo com o regulamento a que a própria Pepsi se impôs: estamos diante da responsabilidade pré-negocial que seria, em tese, passível de questionamento não apenas por um potencial ganhador de um prêmio, como de todos que foram iludidos pela campanha publicitária e promocional da Pepsi Cola, frente ao compromisso não cumprido de informar por certidão, registrada em cartório, os vencedores e os devidos códigos de segurança.[157]

A Pepsi Cola deveria trazer aos autos o documento registrado em cartório e que em razão de não ter trazido fica a dúvida; duas são as razões do porquê de a Pepsi Cola não ter trazido o documento. Uma delas o fato de este documento não existir. A outra razão, o fato de este documento comprovar o direito do autor. Haveria a possibilidade de uma terceira hipótese? Sim, do ponto de vista diletante e lógico, qual seja, a existência deste documento e a comprovação de que o autor não era merecedor do prêmio.

Todavia, se este documento existisse, certamente, ele teria sido trazido aos autos no momento da primeira manifestação do réu. Isto não ocorreu nem em primeiro grau, nem em segundo grau quando lhe foi, inusitadamente, aberto prazo para em 30 dias trazer este documento,[158] que infelizmente não veio ao conhecimento. Nas duas primeiras hipóteses o ônus é da Pepsi, e a omissão deste ônus probatório acarreta conseqüências jurídicas com as quais deverá arcar no que toca à inter-

---

[157] No que se refere ao estudo da responsabilidade pré-contratual e seus efeitos, estes já foram enfrentados na parcela deste estudo que se reservou ao direito material.

[158] Ver, neste sentido, a dissertação de mestrado de Sérgio Luís Wetzel de MATTOS, que aponta e sintetiza as legislações contemporâneas que têm por objetivo ampliar os poderes instrutórios do juiz. De sua pesquisa, pode-se ler que: "Nas legislações processuais contemporâneas, é possível constatar nítida tendência à ampliação dos poderes instrutórios do juiz. Multiplicam-se, na Europa, os exemplos. A *ZPO* alemã faculta ao juiz, de ofício, interrogar as partes, ordenar a realização de prova pericial e documental e requerer informações e documentos dos órgãos publicos e servir-se da inspeção judicial (§§ 139; 141; 143; 144; 272, *b* ., II, 1, 2, e 5; 287, I; e 448). O *Codice di Procedura Civile* italiano confere ao juiz , por exemplo, o poder de dispor, oficiosamente, a consulta técnica (art. 61), o interrogatório das partes (art. 117, combinado com o art. 116, II), a inspeção de pessoas ou coisas (art. 118), o juramento supletório da parte (art. 240), a oitiva de testemunhas (arts. 257 e 3120, bem como o de solicitar, sempre *ex officio*, documento e informações à Administração Pública (art. 213), de conformidade com a norma constante do art. 155, I, do mesmo diploma legal, cujo teor é o seguinte: "Disponibilità delle prove. – salvi casi previsti dalla legge, il giudice deve pore a fondamento della decisione le prove proposte dalla parti o dal pubblico ministero". Em França, reza o art. 10 do Code de Procédure Civile, de 1975: "Le juge a le pouvoir d'ordoner d'office toutes les mesures d'instruction légalement admissibles". De igual sorte, o Código de Processo Civil português, de 1961, que estatui, art. 264º, n. 3: "O juiz tem o poder de realizar ou ordenar oficiosamente as diligências que considere necessárias para o apuramento da verdade, quanto aos fatos de que lhe é lícito conhecer.'(...)" Ver com mais riqueza a obra de MATTOS, Sérgio. Luís. Wetzel. *Da iniciativa probatória do juiz no processo civil*, Rio de Janeiro: Editora Forense, 2001, p. 2, 3 e seguintes. Na perspectiva histórica, Carlos Alberto Alvaro de Oliveira, em sua tese de doutorado, lembra que foi o projeto do *Code de Procédure Civile* do cantão de Genebra, sancionado em 29 de setembro de 1819, que retirou o juiz da posição passiva na investigação dos fatos da causa com vistas a estimular a apuração da verdade. Carlos Alberto Alvaro de OLIVEIRA, *Do formalismo no processo civil*, São Paulo: Saraiva, 1997, p. 149.

pretação do comportamento da parte e na responsabilidade em face da não-entrega.[159]

Neste processo, verifica-se que a prova não é conclusiva e por haver dúvida o julgamento se alicerça sob a escolha e o exercício de sopesar o conjunto da prova contida nos autos.[160] Apresenta-se também a formação de ao menos duas certezas possíveis e prováveis, a escolha entre as possibilidades constrói a justiça do caso concreto, dado que se compreende que a escolha feita é a melhor, ou a mais razoável opção, ponderando-se os fatos e, o direito aplicável à situação. No caso concreto sob estudo, foi feita uma escolha pela pretora julgadora de

---

[159] O dever de dizer a verdade no processo possui um conteúdo que ainda não guarda unanimidade entre a doutrina. O artigo 14 do Código de Processo Civil Brasileiro, ("Compete às partes e aos seus procuradores: I) expor os fatos em juízo conforme a verdade; II) proceder com lealdade e boa-fé; III) não formular pretensões, nem alegar defesa, ciente de que são destituídas de fundamento; IV) não produz provas, nem praticar atos inúteis ou desnecessários à declaração ou defesa de direito", estabelece os deveres das partes e de seus procuradores de expor os fatos conforme a verdade. Darci Guimarães Ribeiro sublinha que as sociedades modernas e o Estado, em geral, apresentam-se empenhados no sentido de o processo ser eficaz, reto, prestigiado e útil ao seu elevado desígnio, não sendo possível que as partes se sirvam dele faltando ao dever de verdade e agindo com deslealdade e empregando artifícios fraudulentos. Preocupam-se as leis processuais em alicerçar o comportamento das partes envolvidas com o processo sobre os princípios da boa-fé e da lealdade. As partes têm a responsabilidade derivada da liberdade de dizer a verdade e agir com lealdade em juízo, que se altera conforme o valor que cada sistema jurídico empresta à sua conduta, podendo gerar uma obrigação, um dever, ou um ônus. Ver, neste sentido, RIBEIRO, Darci Guimarães. *Provas atípicas*. Porto Alegre: Livraria do Advogado, 1998, p. 120-121. A compreensão da obrigação, do dever ou do ônus da parte de dizer a verdade e agir com lealdade em juízo vai depender mais da estrutura técnica que a lei adotar, em cada caso, para o comportamento processual da parte em juízo, do que da nomenclatura adotada pelo legislador.

[160] Atento para o limite imposto à licitude da prova, Rui PORTANOVA compreende existir harmonia entre o princípio da livre admissibilidade da prova e o comportamento da parte. Referindo-se assim: "Por causa dessa forma de liberdade da admissibilidade dos meios de prova, a doutrina e a jurisprudência acolhem a conduta da parte como fonte de convicção do juiz. Com efeito, o comportamento dos litigantes contribui no convencimento judicial quanto aos fundamentos do direito da parte e da credibilidade dos outros meios de prova".PORTANOVA, Rui. Princípios do Processo Civil. 1997, p. 211. Na esfera jurídica, o comportamento das partes exerce grande influência, tanto nas questões de fato quanto nas questões de direito. Isolde FAVARETTO, comentando Gorla, refere: Acrescenta ainda que é uma ilusão acreditar que o juiz perceba, ou deduza o fato a provar segundo o material conveniente trazido pelas partes aos autos. Acredita ele que algo mais envolve o convencimento do juiz para sua decisão, fortalecendo a idéia de que o clima criado em torno do julgador onde convive de impressões motivadas pelo comportamento das partes, fazem com que isso influa em suas sentenças, mormente se for um juiz experiente. Na verdade, a matéria ainda não está consubstanciada em códigos, por não ter um *amadurecimento* na cultura legislativa. Não obstante, a aplicabilidade da matéria na área judiciária já é uma realidade, para não dizer que sempre existiu, principalmente no se levar em consideração o fato da observância pelos julgadores, através da sua percepção ou dedução, da atmosfera criada pelas partes através de sua conduta no processo. FAVARETTO, Isolde. *Comportamento processual das partes*: como meio de prova. Cidade: Livraria Editora Acadêmica, 1993, p. 22.

primeiro grau e outra escolha pelos desembargadores, as duas possíveis; mas neste mesmo caso concreto julgou-se sem ter o conhecimento da verdade,[161] pois esta em si e por si não foi trazida aos autos pelo réu, não se sabendo ao certo o porquê. Decidir é, necessariamente, escolher.

A percepção dos fatos atenta para os valores jurídicos que cada demanda comporta. A apreciação da prova denota quais dos valores em jogo que estão contidos no ordenamento jurídico são objeto de escolha do julgador. O valor do silêncio[162] e o reiterado atraso e negativa de entrega de documento essencial para desvelar a verdade dentro de um caso concreto deve ser objeto de atenta análise. No caso sob

---

[161] Danilo KINIJNIK faz uma advertência significativa ao referir-se à verdade no que toca ao processo atentando para o ponto de vista que retrata a discordância em haver a chamada verdade judiciária ou verdade processual, posto que apontaria para a existência de duas verdades e conclui não ser isso possível. Relembra o autor ter sido essa discussão enfrentada por Calamandrei ao realizar uma comparação entre o juiz e o historiador. Segundo KINIJNIK, o processualista italiano "procurou aproximar a atividade do juiz à do historiador, sob o fundamento de que tanto o objeto, quanto os objetivos de um e outro, seriam idênticos, destacando, porém, algumas diferenças sensíveis, como a menor liberdade de um e outro, seriam idênticos, destacando, porém, algumas diferenças sensíveis, como a menor liberdade do juiz, referida ao dever de imparcialidade, os limites processuais impostos ao primeiro e não ao segundo, o relativo poder de disposição das partes inexistente no contexto do histórico. Todavia, conclui que a indagação do juiz é sempre, em si, um juízo histórico, fazendo ambos – juiz e historiador – o uso de probabilidades e juízos de verossimilhança".KINIJNIK, Danilo. Os *standards* do convencimento judicial: paradigmas para o seu possível controle, *Revista Forense*, v. 97, n. 353, p. 15-52, jan. fev. 2001, p. 16. No mesmo sentido, Isolde FAVARETTO, que dedicou um de seus estudos para discorrer sobre os efeitos do comportamento processual das partes como meio de prova, concluiu: "a *atipicidade* reporta-se não ao meio ou à fonte de prova, mas à fonte onde ela é obtida pelo juiz utilizando de instrumentos diversos daqueles dos meios instrutórios ou em geral, probatórios e que, por isso, por lei, aqueles instrumentos não tem função probatória, como é o caso do comportamento processual a parte, em cujo âmbito, as partes não são chamadas a provar, mas a dizer e agir para a própria defesa". FAVARETTO, p. 24.

[162] "O silêncio, entretanto, é diferente, pois carrega no bojo uma abstenção. O que resta é saber, em cada caso, se há ou não um valor jurídico nessa abstenção por completo, o que depende, uma vez que uma previsão legal pode atribuir, de fato, um valor jurídico ao silêncio, pois, a rigor, quem silencia para o direito nada diz de juridicamente relevante, a não ser que a lei atribua a essa abstenção um valor jurídico". Conforme Luiz Edson FACHIN, *Teoria*..., p. 113. Abrindo para o horizonte da filosofia pode-se escutar assim o som do silêncio: "O pensamento do ser no tempo das realizações é inseparável das falas e das línguas da linguagem como o respectivo silêncio. E se dão muitas falas. A fala da técnica, a fala da ciência, a fala da convivência, a fala da fé, a fala da arte. Pois a fala do pensamento é escutar. Escutando, o pensamento fala. A escuta é a dimensão mais profunda e o modo mais simples de falar. O barulho do silêncio constitui a forma originária de dizer. No silêncio, o sentido do ser chega a um dizer sem discurso nem fala, sem origem nem termo, sem espessura nem gravidade, mas que sempre se faz sentir, tanto na presença como na ausência de qualquer realização ou coisa. Aqui o discurso simplesmente se cala por não ter o que falar e, neste calar-se, tudo chega a vibrar e viver na originalidade de sua primeira vez. É tempo originário do sentido." Ver, neste sentido, Emmanuel Carneiro LEÃO na apresentação feita a obra *Ser e Tempo*, de Martin HEIDEGGER, para o público leitor brasileiro (p. 15).

estudo, verifica-se que com uma variada forma de argumentos a Pepsi Cola não trouxe o documento que tornaria clara e inequívoca a posição do autor como ganhador ou não do prêmio.

Esse documento não veio aos autos, e a pergunta que paira sob esta questão é, sem sombra de dúvida, a real razão pela qual este documento não é trazido aos autos. Um dos argumentos foi que isto poria em risco o segredo da empresa, prejudicando-a durante a promoção da campanha publicitária. A fim de afastar este argumento, a advogada do autor, em criativa sugestão, solicitou que este documento fosse entregue apenas em cartório na presença do julgador e dos advogados, demostrando interesse inequívoco na busca da verdade.

Há aqui uma omissão; não se pode saber se dolosa ou culposa, mas sem dúvida uma omissão. O silêncio pode ser interpretado sob vários aspectos, assim vejamos: como concordância ou reconhecimento de uma situação de fato ou de direito, como forma de defesa e com o objetivo de ocultar prova ou documento que revele o direito da outra parte. O direito se posiciona ante as omissões e ante o silêncio. Não importa aqui se esta omissão foi causada por intenção deliberada ou meramente culposa, pois nos dois casos a Pepsi responde, e por se tratar de relação de consumo, mesmo que tenha alegado a responsabilidade por ato ou fato de terceiro,[163] e depois, se for o caso, que ingresse com uma ação de regresso para se ressarcir de quem deu causa ao dano sofrido.

Nessa situação a ré, Pepsi Cola, não pode alegar que redigiu contra ela própria uma cláusula da qual não teve ou não teria condições de atender, uma vez que fora ela própria que, unilateralmente, obrigou-se. A responsabilidade por culpa ou subjetiva também está disposta por exceção no Código de Defesa do Consumidor, todavia, as ressalvas, não podem proteger o réu.

O artigo 14, §§ 4º ou 3º, do CDC[164] refere-se à responsabilidade subjetiva quando o causador do dano é profissional liberal e deve ser

---

[163] O fornecedor de bens e serviços responde por ato de terceiros, conforme artigo 18 do CDC. As excludentes da responsabilidade regida pelo CDC são mais restritas, como já referido anteriormente e que se enfrentará em capítulo próprio.

[164] Art. 14: O fornecedor de serviços responde, independentemente da existência de culpa, pela reparação dos danos causados aos consumidores por defeitos relativos à prestação dos serviços, bem como por informações insuficientes ou inadequadas sobre sua fruição. 3º O fornecedor de serviços só não será responsabilizado quando provar: I – que, tendo prestado o serviço, o defeito inexiste, II – a culpa exclusiva do consumidor ou de terceiros, e 4º A responsabilidade pessoal dos profissionais liberais será apurada mediante a verificação de culpa."

perquerido se este agiu com culpa. Não cabe também a alegação de a responsabilidade ser do engarrafador, ou do promotor da empresa publicitária, como enfrentou o voto do relator e como refere expressamente o artigo 18 do CDC.[165]

No caso concreto, a omissão parte do fornecedor de bens que deixa de trazer aos autos prova essencial ao deslinde da demanda. Prova esta que, em virtude de a relação ser protegida pelo Código de Defesa do Consumidor, é de sua responsabilidade. Responsabilidade esta que não pode ser afastada nos moldes da responsabilidade subjetiva regulada pela cláusula geral do art. 159 do Código Civil de 1916 vigente à época do julgamento, mas sim, responsabilidade objetiva, isto é, não se perquire se a culpa faz parte do risco da atividade, não havendo as excludentes admissíveis pela responsabilidade com base na culpa.

Com vistas a aproximar-se da *igualdade substancial*[166] na perspectiva das relações de consumo e objetivando previnir e coibir abusos, compreendem Cláudio Bonatto e Paulo Valério Dal Pai Moraes: "O consumidor, no mundo moderno, foi obrigado a estar submisso aos fornecedores de produtos ou de serviços, como única forma de satisfazer suas necessidades básicas. "(...) "Esta situação de desequilíbrio, todavia, é prejudical para o convívio harmônico como um todo, pois fere o fundamento maior da dignidade da pessoa humana, motivo pelo qual surgiu o CDC, como forma de igualar integrantes da relação de consumo".[167]

A compreensão acurada do caso concreto se ilumina como exame da vulnerabilidade do sujeito numa sociedade de massa que se descuida da pessoa humana vista em sua plenitude, em sua dignidade.

---

[165] Art. 18 do CDC: "Os fornecedores de produtos de consumo duráveis ou não duráveis respondem solidariamente pelos vícios de qualidade que os tornem impróprios ou inadequados ao consumo a que se destinam ou lhes diminuam o valor, assim como por aqueles decorrentes da disparidade, com as indicações constantes do recipiente, da embalagem, rotulagem ou mensagem publicitária, respeitadas as variações decorrentes de sua natureza, podendo o consumidor exigir a substituição das partes viciadas".

[166] Expressão adotada por Luiz Edson FACHIN ao referir-se ao princípio constitucional da igualdade não se limita à sua dimensão formal. FACHIN, Luiz Edson, *Sobre o projeto ...*, p. 146.

[167] Ver, neste sentido, o pensamento construído em conjunto por Cláudio BONATTO e Paulo Valério Dal Pai MORAES, *Questões controvertidas no Código de Defesa do Consumidor*. Porto Alegre: Livraria do Advogado, 1988, p. 31. O consumidor se torna excessivamente vulnerável porque imagina que a sua carência possa ser preenchida por um objeto. Paulo Valério Dal Pai Moraes trabalha a questão do desejo dos consumidores serem percebidos como seres diferenciados. Ver a seguir no corpo do trabalho.

2.2. Sociedade de massa e o indivíduo despreparado

Na sociedade de massa várias são as concepções a respeito da dignidade da pessoa humana que podem ser representadas pelas mais diversas leituras de seus autores e seus peculiares enfrentamentos, elaboradas, principalmente, durante as discussões que as elevaram ao reconhecimento constitucional deste princípio.[168]

2.2.1. Surgimento da pessoa como sujeito de direitos e a sua dignidade[169]

Inicialmente, faz-se necessário circunscrever o momento histórico em que a pessoa humana nasce como sujeito de direitos para, passo seguinte, compreender o conteúdo e o significado atual da noção de dignidade da pessoa humana. A pessoa humana só se compreende na sua inteireza quando visualizada em sua plenitude, na sua dignidade. Na antiguidade clássica, a idéia de dignidade da pessoa humana relacionava-se com a posição social ocupada pelo indivíduo e o seu grau de reconhecimento pelos demais membros da comunidade; por esta razão, naquele momento histórico foi possível falar em quantificação e modulação da dignidade, compreendendo-se inclusive admitir a existência de pessoas mais dignas do que outras.[170]

O surgimento da discussão a respeito do direito subjetivo só tem razão de existir quando se tem o reconhecimento político, social e jurídico da pessoa humana como sujeitos de direitos a serem protegidos e tutelados nas relações com o Estado e entre os particulares. Anteriormente ao reconhecimento de todas as pessoas como seres de direitos e obrigações sequer poderia ser conferida a expressão "dignidade da

---

[168] No essencial, sigo a obra de Ingo Wolfgang SARLET para enfrentar as várias concepções da dignidade da pessoa humana e direitos fundamentais na Constituição Brasileira de 1988. Ver, para maiores esclarecimentos, SARLET, Ingo. *Dignidade da pessoa humana e direitos fundamentais na Constituição Brasileira de 1988.* Porto Alegre: Livraria do Advogado, 2001.

[169] No que toca ao aspecto da investigação histórica, sigo o pensamento de Michel VILLEY fundado nas palestras desenvolvidas pelo autor na Universidade de Valparaíso, posteriormente publicadas sob o título, *Estudios en torno a la nocion de derecho subjetivo.* Tradução de Alejandro Guzmán Brito e outros. Chile: Ediciones Universitarias de Valparaiso, 1976.

[170] Ver, nesse sentido, Podlech, in *Alternativ Kommentar*, v. 1, p. 275. Citado por Ingo Wolfgang Sarlet, p. 30.

pessoa humana" uma compreensão que pudesse abranger a todos, pois algumas pessoas ainda estavam na seara de serem consideradas objetos de direitos de outros. Não se restringe esta compreensão a um passado muito distante quando nem todos eram considerados cidadãos, mas existem momentos ainda próximos no tempo como no caso dos índios, dos negros e das mulheres, que tinham sua capacidade restringida, e ainda em algumas sociedades contemporâneas são gravados de uma série de injustificáveis e inadmissíveis restrições.

A importância do pensamento de Michel Villey a respeito dos direitos subjetivos e sua crítica aos direitos humanos não são de todos conhecidas e, em certo modo de ser, são muito propícias para que se tenha em mente a realização dos direitos fundamentais e da dignidade da pessoa humana. Compreender esta discussão, que se travou na história, implica compreender melhor a evolução do que inicialmente se chamou de direitos humanos e quais as razões jurídicas que levaram a uma transmutação não apenas na esfera semântica, como também na expectativa política, social e jurídica da efetividade da proteção dos direitos lesados ou ameaçados de lesão. Sujeito de direitos e deveres são, na compreensão de Michel Villey, conforme descreve Alejandro Guzmán Brito:

> En efecto, según Villey, la noción de derecho subjetivo tenía que nacer como tal, entre aquellos filósofos que a fines de la Edad Media y en la Epoca Moderna han emprendido una lucha contra la filosofía aristotélico-tomista; contra esa filosofía objetivista y realista, la escuela nominalista y la moderna oponen un mundo de individuos aislados entre sí, que sólo se interconexionan por el nombre común pero no por esencias o naturalezas comunes. Al orden del derecho natural clásico, al carácter natural de la Sociedad de que aquél partía, los modernos oponen el estado presocial, también natural, pero en donde lo natural deja de ser precisamente la Sociedad y pasa a ser el individuo con sus plenas libertades y poderes. Porque hay que hacer notar que la doctrina del derecho subjetivo nace y se desarrolla también como una doctrina del derecho natural; sólo que si en la concepción antigua el derecho natural era lo justo objetivo, de modo que misión del derecho positivo era la determinación de la parte justa de cada cual, en la doutrina del derecho subjetivo lo natural son precisamente los derechos subjetivos: el hombre, y sus derechos aislado y en contra de todos los demás hombres, constituirá un estado natural; y aunque a dicho estado se ha superpuesto un pacto social, las exigencias del individuo siguen siendo la fuente de los derechos subjetivos, que deben ser analizadas por el jurista y el legislador con el fin de determinar los derechos de cada cual. De acuerdo con este modo de pensar, el dominio, p. ej., ya no será más la parte justa de cosas repartidas entre todos, sino que el poder mismo que se ejerce sobre las cosas en propio provecho.[171]

---

[171] Nesse sentido, ver BRITO, apresentação da obra VILLEY, *Estudios*..., p. 17-18.

A essência do pensamento de Michel Villey consiste em advogar a tese de que o direito antigo não conheceu a idéia de direito subjetivo e que esta tem origem moderna.[172] Na busca da origem dos direitos subjetivos, Michel Villey realiza toda uma investigação histórica e filosófica, perpassando o pensamento romano e o ambiente espiritual e individualista cristão, para dizer que as pessoas com necessidade de defender-se e salvaguardar-se diante da catástrofe do poder público apenas na desordem da Alta Idade Média podem encontrar o conjunto de elementos que teriam sido propícios para o nascimento da noção de direito subjetivo.[173]

Defende Michel Villey que pelo fato de o direito romano não conter a acepção subjetiva de Direito, não se deve concluir sua total inexistência, mas sim de supor que esta acepção teria um lugar, muito secundário, e que ela não se afirma com suficiente nitidez. Comenta a exposição teórica do *Corpus juris* que o leitor pode extrair os sentidos sempre na esteira do direito objetivo.[174]

Refere Villey que essa idéia segue sendo exposta no tratado de Santo Tomás, IIa. IIac. Q. 57 a. 1 ad 1: "Hoc nomen primo impositum est ad significandam ipsam rem justam; postea autem derivatum est ad artem qua cognoscitur quid sit justum; et ulterius ad significandum locum in quo jus redditur ..., et ulterius dicitur etiam jus quod redditur ab eo ad cujus officium pertinet justitiam facere licet etiam id quod decernit sit iniquum".[175] Dante continua na mesma trilha da concepção objetiva: *"jus est realis et personalis hominis ad hominen proportio"*.[176]

Michel Villey adverte para que se afastem as traduções simplistas de *Ius* que foram lidas conforme o interesse do intérprete que pretendeu conferir a este vocábulo um significado que os romanos não haviam

---

[172] Conforme afirma Alejandro Guzmán BRITO resume o pensamento de Michel Villey, *Estudios* ..., p. 18.
[173] Ver BRITO in VILLEY, *Estudios* ..., p. 19.
[174] Ver VILLEY, *Estudios* ..., p. 35.
[175] "O vocábulo Direito originalmente se empregou para significar a própria coisa justa. Mais tarde derivou até denominar a Arte com que se distingue o que é justo; depois, até designar o lugar de onde se administra o Direito..., finalmente também se chama Direito a sentença dada por aquele a cujo ministério pertence administrar a justiça, todavia – quando o que se resolva resulte inócuo". Ver, nesse sentido, a citação feita por Michel VILLEY, *Estudios*..., p. 35, cuja tradução livre se reservou a nota de rodapé.
[176] "Direito é a proporção real e pessoal de um homem sobre outro" Ver, neste sentido, a citação feita por Michel VILLEY, *Estudios*..., p. 35, cuja tradução livre se reservou a nota de rodapé.

ainda imaginado. Por esta razão, Villey busca encontrar a primeira afirmação que pretende conferir de fato os contornos desta nova forma de compreender o direito do seu ponto de vista subjetivo, vale referir, da pessoa sujeito de direitos, detentora de faculdades e escolhas (e deveres), e não mais a concepção objetiva em que os papéis sociais estavam previamente delimitados e estratificados frente a variáveis muito pouco alteráveis.

O mundo que se faz nascer dos direitos subjetivos cria faculdades, possibilidades antes ainda desconhecidas ou garimpadas apenas por exceção, e não como regra formal de considerar todos iguais, mesmo que esta igualdade compreenda uma afirmação meramente retórica. Em virtude da pesquisa realizada por Michel Villey, o autor acredita ter encontrado a primeira afirmação textual deste novo conceito nos escritos de Guillermo de Occam, *in verbis*:

> redactados con ocasión de la querella de la pobreza que también enfrentó a la orden franciscana y al Papado (una querella realmente singular, como que se trataba nada menos que de rechazar el título de propietario por parte de cada uno de los contendientes). De él, la noción pasó a los filósofos neotomistas, como Suárez o De Soto; entre los juristas, aparece tímidamente en Grotius, pero con gran empuje en Pufendorf o Gassendi. Hobbes construye todo su sistema sobre esta noción.[177]

A compreensão e a delimitação do conceito de *direitos fundamentais* foram sendo construídas na realidade social com o surgimento do mundo moderno nos séculos XV e XVI, trata-se de conceito histórico, por isso foi sendo costurado em conjunto com a realidade e submetido a esses elementos que concorrem para a sua percepção pelo Direito Positivo. Adverte Ingo Wolfgang Sarlet que:

> Mesmo durante o medioevo – de acordo com a lição de Klaus Stern – a concepção de inspiração cristã e estóica seguiu sendo sustentada, destacando-se Tomás de Aquino, o qual chegou a referir expressamente o termo "dignitas humana", secundado, já em plena Renascença e no limiar da Idade Moderna, pelo humanista italiano Pico della Mirandola, que, partindo da racionalidade como qualidade que lhe possibilita construir de forma livre e independente sua própria existência e seu próprio destino.[178]

---

[177] Ver BRITO, in VILLEY, *Estudios...*, p. 19.
[178] Ver, nesse sentido, SARLET, p. 31.

O reconhecimento dos *direitos fundamentais*[179] clássicos tem como referência histórica a Declaração de Direitos do Povo de Virgínia, de 20.06.1776, a Declaração de Independência dos Treze Estados Unidos da América, de 04.07.1776, e a Declaração dos Direitos do Homem e do Cidadão, francesa, de 1789; compuseram também esse momento as Declarações inglesas *(petition of Rights*, de 1628, *Act of Habeas Corpus*, de 1679, e *Bill of Rights*, de 1689). Conforme José Felipe Ledur, o reconhecimento destes direitos já havia sido anteriormente praticado. Mas refere o autor "muito antes de os direitos fundamentais terem sido reconhecidos nas mencionadas Declarações, estavam eles presentes na cultura de sociedades ocidentais e não-ocidentais, desde a antigüidade, embora sem o caráter de generalidade que passaram a ter, ao serem positivados nas Declarações de direitos citadas".[180]

A edificação e consolidação dos direitos civis, a afirmação da autonomia individual e de um espaço livre da interferência do Estado, assim como no aspecto político que se determinou o surgimento concomitante ao do Estado moderno,[181] no século XVIII, e dos direitos fundamentais clássicos. Com o surgimento do Estado, mesmo que da perspectiva meramente formal, a substancial alteração que se faz é compreender que surge o indivíduo como senhor de direitos, pois o indivíduo deixa de ser súdito para ser cidadão e objetiva-se a relação entre o cidadão e o Estado, construindo-se um vínculo político-jurídico entre ambos, o qual determina que aquele assuma a soberania. Como sintetiza Ledur: "No estabelecimento de direitos e deveres entre o indivíduo e o Estado está a origem do Estado moderno".[182]

---

[179] É usual encontrar a terminologia que emprega a expressão *direitos humanos* vinculada à proteção dos direitos das pessoas; a opção pela designação *direitos fundamentais* se deve ao fato de serem direitos positivados. Embora não integre as preocupações específicas do presente texto, a tese recolhe e apreende as diversas possibilidades teóricas e práticas ligadas aos direitos humanos, neles reconhecendo, quer à luz da teoria crítica, quer sob o influxo da *praxis* de militância em favor de sua proteção, uma premissa fundamental no desenho social, histórico e jurídico da sociedade brasileira e da América Latina, abertura, plural e multicultural.

[180] Ver, nesse sentido, a obra de José Felipe LEDUR, *A realização do direito ao trabalho*. Porto Alegre: Sérgio Antonio Fabris, 1998, p. 27-28.

[181] Historiadores contemporâneos referem que o aparecimento do Estado seria a passagem da fase selvagem para a civilidade. Esta compreensão se funda na doutrina jusnaturalista, em especial na obra de Hobbes, que considerava o estado de natureza como antecedente do estado civil. Existem outras teorias que têm por objetivo explicar o surgimento do Estado, entre elas a marxista, que compreende que o Estado nasce a partir da dominação exercida pela classe que é proprietária sobre os que dela são excluídos.

[182] Ver LEDUR, p. 30.

Construído e imposto, por força das pressões de variadas ordens, ao soberano absolutista o respeito ao direito à vida, à liberdade e à garantia da propriedade. Circunscrevem-se aos direitos fundamentais clássicos os identificados como sendo os "direitos de liberdade", por expressarem a idéia de um espaço privado vital não sujeito à violação pelo Estado. Sublinha Ledur que "esse espaço é expressão da idéia de autonomia do indivíduo diante do Estado. A autonomia tem uma contrapartida, ou seja, a pessoa passa a ter responsabilidade pela preservação e aprimoramento da sua esfera existencial. Assim, além de estar vedada a violação estatal do espaço vital da pessoa, a possibilidade da subsistência do paternalismo nas relações entre o indivíduo e o Estado é eliminada".[183]

Contudo, como as relações jurídicas se travam entre pessoas desiguais, o Estado deve atuar de maneira a proteger, tutelar e prover as necessidades com vistas sempre a reequilibrar as relações no plano concreto dos fatos que se desenvolvem no cotidiano. Para que, de fato, isso possa se realizar, o CDC tomou posição firme também na esfera ambiental, prevendo no artigo 4º que a política Nacional de Relações de Consumo terá por objetivo, em primeiro lugar, o "... atendimento das necessidades dos consumidor...", e por esta razão a fundamental necessidade de proteção ao meio ambiente, a fim de que possa ser respeitada a sua "... dignidade, saúde, segurança, proteção dos seus interesses econômicos, a melhoria da sua qualidade de vida...". Seguindo a mesma trilha já apontada, torna claro Alcides Tomassetti ao desenvolver a sua idéia:

> Para efeitos de comunicação rápida, pode ser definido o Estado-Promotor ou Estado-Providência como a modalidade de organização Estatal que se constitui e se revela, no plano jurídico, mediante a atribuição de direitos (em sentido subjetivo) sociais e econômicos múltiplos (direitos positivos a prestações ou ações), que têm por sujeito passivo o próprio Estado (lembre-se o art. 5º da Constituição de 1988). 'Promover' – dentro da linguagem comum e também na terminologia tecnojurídica – é mais do que 'defender' e mais do que 'proteger' o consumidor.[184]

Compreendendo-se a relevância de se construir no plano concreto das relações interpessoais, sociais e jurídicas, pode-se perceber que a nova forma de legislar inclui princípios de matriz ética, significativos

---

[183] Ver LEDUR, p. 30-31.
[184] TOMASSETTI, Alcides. A configuração constitucional e o modelo normativo do CDC. *Revista de Direito do Consumidor*, São Paulo, v.14, p. 28 e segs., maio/jun. 1995.

como se pode verificar no artigo 4°, inciso III, do CDC, ao prescrever a necessária compatibilidade da proteção do consumidor com o desenvolvimento econômico e tecnológico "... de modo a viabilizar os princípios nos quais se funda a ordem econômica (art. 170 da Constituição Federal)", bem como no inciso seguinte a preocupação do legislador com o princípio da defesa do meio ambiente. No que toca à dignidade e à proteção da vida, saúde, segurança contra os riscos provocados por práticas no fornecimento de produtos e serviços considerados perigosos ou nocivos (art. 6°, inciso I, do CDC) engloba também a saúde e sua integridade física e psíquica. Comporta, atualmente, na ordem jurídica brasileira, perceber a amplitude da dignidade da pessoa humana, conforme a seguir.

2.2.2. Dignidade da pessoa humana para a ordem jurídica brasileira

A importância que a sociedade confere à dignidade da pessoa humana nas relações pessoais, privadas e de maneira mais ampla com o macrossistema da cultura social e jurídica, enfrentando a sua repercussão concreta e efetiva, está imbricada com a potencialidade que se atribui à capacitação de quem compõe, em última análise, a sociedade. Desta forma, quanto mais protegida a dignidade da pessoa humana, mais desenvolvida, culturalmente, a sociedade e mais próxima de uma realização efetiva das possibilidades de seus formadores. Uma sociedade que não perquire, não discute e não confere possibilidades para uma ampliada discussão social e jurídica da importância da pessoa em sua plenitude, e, por assim dizer, integral na perspectiva física e psíquica, deixa de cumprir o seu principal papel: o desenvolvimento integral da pessoa. Razão pela qual se faz indispensável partir do ponto de vista da obra desenvolvida pelo pensamento do filósofo alemão Immanuel Kant, que compreende que só aos seres racionais foi conferida a faculdade de se guiar por princípios. Refere o autor:

> tudo na natureza age segundo leis. Só um ser racional tem a capacidade de agir *segundo a representação* das leis, isso é, segundo princípios, ou; só ele tem uma vontade. Como para derivar as acções das leis é necessária a *razão* a vontade não é outra coisa senão razão prática. Se a razão determina infalivelmente a vontade, as acções de um tal ser, que são conhecidas como objectiva-

mente necessárias, são também subjectivamente necessárias, isso é, a vontade é a faculdade de escolher só aquilo que a razão, independentemente da inclinação, reconhece como praticamente necessário, quer dizer, como bom.[185]

Na perspectiva de Immanuel Kant, ao longo de sua obra, pode ser esclarecida a amplitude do papel do ser por meio do seu ato de vontade apontando os seus contornos:

a vontade é uma espécie de causalidade dos seres vivos, enquanto racionais, e a *liberdade* seria a propriedade desta causalidade, pela qual ela pode ser eficiente, independentemente de causas estranhas que a *determinem*; assim como necessidade natural é a propriedade da causalidade de todos os seres irracionais de serem determinados à atividade pela influência de causas estranhas.[186]

Compreender a dignidade da pessoa humana envolve uma séria discussão no campo das idéias na esfera jurídica constitucional e no campo de todas as relações na esfera do direito infraconstitucional inclusive, além de outras repercussões do pleno desenvolvimento da pessoa na perspectiva física, emocional, intelectual, psíquica e afetiva, porém este estudo não tem esta dimensão e permite-se deixar de enfrentá-la.

Todavia, cabe ponderar que a Lei nº 10.406, fruto do projeto coordenado por Miguel Reale, poderia ter avançado nesta matéria; provavelmente a melhor opção seria o emprego de uma cláusula geral do direito de personalidade, como procedeu relativamente a um dos seus aspectos, qual seja, o direito ao resguardo da vida privada. Conforme Judith Martins-Costa descreve:

Poderia assim criar uma ponte com o princípio constitucional da dignidade da pessoa e com os direitos constitucionais sociais, também atinentes às dimensões da personalidade, sendo indiscutível que a atual ênfase numa esfera de valores existenciais da pessoa deve-se, entre outros fatores, à compreensão do papel desempenhado pelos princípios constitucionais no Direito Civil. Estes, para além de constituírem normas jurídicas atuantes nas relações de direito Público, têm incidência especial em todo o ordenamento e, nesta perspectiva, também no direito Civil, disciplina das relações jurídicas travadas entre os particulares entre si.[187]

---

[185] Ver KANT, Immanuel. *Fundamentação da metafísica dos costumes*. Tradução de Paulo Quintela. Lisboa: Edições 70, 1995, p. 47.

[186] Ver KANT, p. 93.

[187] Ver MARTINS-COSTA, J. *O projeto de Código Civil Brasileiro*: em busca da "ética da situação", estudo originalmente elaborado para integrar volume acerca da codificação nas Américas, a ser publicado na Revista Jurídica de La Universidad Interamericana de Puerto Rico, inédito, p. 14. No mesmo sentido, consulte-se Pietro PERLINGIERI, *Il Diritto civile nella legalità constituzionale*. Nápoles: Edizione Scientifiche Italiane, 1991, Joaquim Arce FLORES-

A Lei nº 10.406, de 10.01.2002, cuidou da indenização em razão da indevida utilização da imagem,[188] porém perdeu a oportunidade para proteger, também na perspectiva preventiva. Refere Martins-Costa: "Uma efetiva tutela da imagem é absolutamente necessária num tempo em que a indústria do *marketing* conduz à decisão de valores do pudor pessoal e da intimidade, em que o totalitarismo das empresas de comunicação tudo transforma em matéria de sua ganância".[189] Nesta situação, uma cláusula geral de proteção à imagem, juntamente com a norma do art. 21, e outra relativa ao direito geral de personalidade por certo encenariam maior flexibilidade e permeabilidade conferidas às relações civis e aos valores constitucionais fundamentais.[190] Conforme Miguel Reale denominou de "valor-fonte" do ordenamento, a pessoa humana, considerada em sua dignidade, mas projetando para a fácil construção e o desenvolvimento jurisprudencial de novas hipóteses que não se restringem ao reconhecimento dos tradicionais atributos, como a honra, o nome, a imagem, a intimidade e a vida privada, mas tem alargada possibilidade de contínua expansão.[191]

VALDEZ, *El Derecho Civil Constitucional*. Madrid: Civitas, 1986; Konrad HESSE, *Derecho Constitucional y Derecho Privado*. Madrid: Civitas, 1985. Na literatura brasileira, Maria Celina Bodin de MORAES, A caminho do Direito Civil-Constitucional. *Revista Direito, Estado e Sociedade*, Rio de Janeiro, 1991, p. 59, Teresa NEGREIROS, *Fundamentos para uma interpretação constitucional do princípio da boa-fé*. Rio de Janeiro: Renovar, e Luís Afonso HECK, Direitos fundamentais e sua influência no Direito Civil. *Revista da Faculdade de Direito da UFRGS*, Porto Alegre, v.16, 1999, p. 111.

[188] No artigo 20, que guarda a seguinte redação: "Salvo se autorizadas, ou se necessárias à administração da justiça ou à manutenção da ordem pública, a divulgação de escritos, a transmissão da palavra, ou a publicação, a exposição da imagem de uma pessoa poderão ser proibidas, a seu requerimento e sem prejuízo da indenização que couber, se lhe atingirem a honra, a boa fama ou a respeitabilidade, ou se se destinarem a fins comerciais. Parágrafo único. Em se tratando de morto ou de ausente, são partes legítimas para requerer essa proteção o cônjuge, os ascendentes ou os descendentes".

[189] MARTINS-COSTA, *O projeto...*, p. 15.

[190] Conforme se enfrentará com mais detalhes no capítulo seguinte, a Constituição Federal brasileira, no inciso III do artigo 1º, conferiu a dignidade da pessoa humana entre os valores fundamentais da República, tratando, no art. 5º, dos direitos fundamentais individuais, como os de proteção da vida, da saúde, da honra, da imagem, da vida privada e da intimidade das pessoas. O artigo 21 da Lei 10.406, de 10.01.2002, prescreve: "A vida privada da pessoa *natural* é inviolável, e o juiz, a requerimento do interessado, adotará, as providências necessárias para impedir ou fazer cessar ato contrário a esta norma".

[191] Judith MARTINS-COSTA comenta que para Miguel Reale "O valor da pessoa humana como 'valor fonte de todos os valores' ou 'valor fonte do ordenamento' tem sido objeto de atenção de REALE desde os seus primeiros escritos filosóficos, ainda na década de 1940, do século passado, sendo versado já em *Fundamentos do Direito*. (1.ed., 1940, 3.ed., São Paulo: Revista dos Tribunais, 1998). Porém é em *Pluralismo e liberdade*. (Rio de Janeiro: Expressão e Cultura, 1998. – 2.ed., 1.ed. 1963) que assentará com todas as letras que o 'problema central da axiologia

Na elaboração da Lei nº 10.406, de 10.01.2002, percebe-se uma inédita proteção à tutela da vida da pessoa natural e uma ampliação via cláusula geral das atribuições do juiz que adotará as medidas e providências que julgar necessárias para impedir ou fazer cessar ato contrário à inviolabilidade dos direitos da pessoa natural.[192] Com esta possibilidade se enfrentará a seguir a dignidade humana atingida na sua auto-estima por técnicas novas de captar consumidores.

2.2.3. Dignidade da pessoa humana afrontada por técnicas de captar consumidores

Na perspectiva de popularizar bens e serviços, os fornecedores lançam mão de uma linguagem diversificada, por vezes agressiva, que fere a auto-estima dos consumidores e em outros momentos lúdica, disfarçada e dissimulada. Ferir a auto estima ou tratar o consumidor sem os devidos cuidados que a pessoa humana merece, como a dignidade, infelizmente, tem sido a tônica da maior parte dos mecanismos de divulgação de produtos ou serviços, que imaginam ser o ícone da beleza, da perfeição e do sucesso a repetição de alguns modelos, o padrão a ser buscado a qualquer preço por todos. A perda da individualidade e das características pessoais tem sido, por vezes, a marca.

A ânsia de consumir um determinado bem contribui, definitivamente, para alcançar objetivos impossíveis para uma pessoa normal, comum, pois apenas os escolhidos que fazem parte de um pequeno grupo podem ascender ou permanecer em um reduto destinado aos *melhores*. Inclusive a idéia de pagar, várias vezes, o preço de uma mercadoria de qualidade similar e que atende à mesma finalidade passa a ser mais um requisito para o protótipo de *maioral-idiota*.[193]

A idéia de ganho fácil e imediato é outra maneira de contagiar o grande público. Compre um bem, brinque e concorra a um prêmio mil vezes maior do que o valor desembolsado para adquiri-lo e assim

---

jurídica, vista em função da experiência histórica, é o relativo ao valor da pessoa humana', ali produzindo, notadamente no Capítulo V, notáveis ensaios". MARTINS-COSTA, *O projeto...*, p. 15.

[192] Conforme acima referido, nota 190, o conteúdo do art. 21 da Lei nº 10.406, de 10.01.2002.

[193] Não se trata aqui de pessoas que buscam qualidade e produtos personalizados em suas peculiaridades, mas tão-somente produtos que transmitem uma idéia de grupo restrito de consumidores.

realize todos os seus desejos, porque a sociedade em que vivemos é dura demais e por meio dos mecanismos já conhecidos você estará sempre à margem dos bens e serviços que só os seres especiais merecem. A correção deste desarranjo só é possível ser desfeita pela sorte, pela mão oculta do destino, da qual o abençoado só poderá desfrutar se tomar uma atitude positiva, qual seja, consumir. Dar oportunidade ao seu destino, e atingir o sucesso não pelo mérito, mas pelo atalho: a sorte.

Não se trata apenas de ver a pessoa do consumidor como um incapaz,[194] mas como um débil que participa do circo que o envolve, tornando-o palhaço que compra a caneta do sucesso, o carro do ano, a bolsa da moda, o cigarro do machão, o perfume da sedutora, o apartamento no prédio com nome estrangeiro. A sociedade banaliza, a cultura branca torna tudo uniforme. A diversidade cultural, que é a riqueza do nosso país, passa a ser desprezada. Não se explora o singular, a cultura do diferente, pois esta parece pôr em risco o padrão branco de sucesso. Todas as etnias passam a ter os mesmos objetivos de consumo, e para realizar os desejos uniformes e construir o reino do céus na terra[195] só há uma forma: uma loteria, um prêmio mágico. Conforme Paulo Valério Dal Pai Moraes:

> Até mesmo no mais singelo gesto de consumo, ao adquirir o carro do ano, o vestido singular, em tudo o ser humano procura evidenciar-se como único e diferente dos demais, induzindo tais evidências à conclusão óbvia de que a desigualdade reside em nosso seio. ... Somente no dia em que o ser humano reconhecer que possui duas grandes pedras brutas no seu templo interior, a tendência à desigualdade e à iliberdade, que precisam ser desbastadas para que se tornem elementos com forma e brilho, é que, talvez, comecemos a trilhar o real caminho do desenvolvimento integral e humanizado.[196]

---

[194] A expressão *incapaz* não está vinculada ao termo jurídico capacidade para prática de atos jurídicos, mas no sentido de ser atormentado por uma série de apelos que tem o objetivo de incentivar o consumo que faz com que a pessoa perca a noção dos seus valores e não consiga atribuir valores econômicos aos bens que é induzido a acreditar que são indispensáveis em seu cotidiano.

[195] *Construir o reino dos céus na terra* é uma expressão muito utilizada no país que detém uma cultura religiosa muito arraigada ao cristianismo e à idéia da vida eterna e um reino que se espera exista após a morte. Pode também ser interpretada de maneira irônica, pois ruindo e criticando esta concepção de vida, utiliza a mesma linha de raciocínio para pretender criar este prêmio aqui e agora. Também, constitui um pensamento por si só vago e digno de contorno e densificação personalizada.

[196] MORAES, Paulo Valério Dal Pai. *Princípio da vulnerabilidade no contrato, na publicidade e nas demais práticas comerciais*. Porto Alegre: Síntese, 1999, p. 57-58.

É o uso desse interior bruto, que muitas vezes não chega a ser desvelado conscientemente por muitas pessoas, que faz o jogo iniciar onde o fornecedor finge jogar e o consumidor desavisado joga só, sem um par, e entra no circo montado onde o seu desejo interior de ser um ser singular e diferente se evapora. O consumidor cria a expectativa da realização de um sonho se tiver sorte no jogo. O fornecedor atinge seu objetivo de ampliar os consumidores, não há álea, só lucro, pois a campanha publicitária amplia os horizontes da marca, do produto, do consumo, e o público consumidor joga um jogo de cartas marcadas.

Neste misterioso jogo de consumo todos parecem ter os mesmos objetivos de consumo homens, mulheres, brancos, negros, índios, crianças, jovens e idosos. Cria-se um padrão de sucesso que a pessoa só atingirá se adquirir determinados bens de consumo e fruir de determinados serviços. O padrão de bem-estar e de felicidade é vendido em pílulas por um grupo de informações que chegam por todos os veículos de comunicação. A busca do bem-estar e da felicidade passa sempre pelo verbo *comprar*. As palavras *aconchego* e *compartilhar* vêm ligadas e associadas sempre a um adquirir necessário. A relação que os seres humanos desenvolvem com os objetos é muito peculiar, e esse fenômeno decorre da chamada "aprendizagem associativa". Dichter explica assim:

> qualquer objeto possuído funciona de certa forma como uma extensão do nosso poder pessoal. Serve portanto para nos fazer sentir mais fortes, compensando até certo ponto o sentimento de inferioridade que temos diante do mundo que nos ameaça... Agarramo-nos a eles como se fossem expressões tangíveis de nossa coragem, pois ajudam a nos fazer sentir que a base da nossa existência é algo mais do que o estreito andaime da nossa interioridade nua. Quando você vê uma criança agarrar-se a um pedaço de pano ou a uma boneca com toda força você pode começar a entender o poder da posse.[197]

A sociedade atual inova, rapidamente, em técnicas nas mais diversas áreas tecnológicas, e esse avanço ou mera alteração de técnica só é passível de chegar ao conhecimento do grande público consumidor mediante uma série de técnicas diferentes de divulgação. Os serviços e produtos passam a ser oferecidos das mais diversas maneiras. Preocupado com isso, o Código de Defesa do Consumidor inovou e até

---

[197] Ver Dichter citado por Sal RANDAZZO na obra *A criação de mitos na publicidade, como os publicitários usam o poder do mito e do simbolismo para criar marcas de sucesso*. Rio de Janeiro: Rocco, 1997, p. 40.

retomou institutos conhecidos pela história do direito, como a *culpa in contrahendo*,[198] o princípio da boa-fé e a tutela da confiança, o passo seguinte neste estudo.

---

[198] A respeito da *culpa in contrahendo* mais adiante será melhor delineada. Contudo destaca-se o ensinamento de Francesco BENATTI, na perspectiva histórica: "Na verdade, no período romano clássico apenas era punido o *dolus in contrahendo* mediante a *actio doli*. Admitiu-se também a hipótese de que nos *judicia bonae fidei* fosse concedida, a quem tivesse sofrido um dano por causa de uma conduta desleal nas negociações, a *actio ex contratu*, mas tal opinião ficou isolada (...)." Acrescenta o autor que: "A tutela concedida pelo direito romano à parte prejudicada durante as negociações pela atividade incorreta da outra era limitada e fragmentária. É que não se estendia aos casos expressamente considerados nas fontes, isto é, além da hipótese de conduta, dolosa ou culposa, dirigida, quer a ocultar os vícios, quer a exagerar as qualidades da coisa vendida, locada, emprestada, empenhada, etc. Essa tutela não sofreu ampliação alguma no direito comum, pois naquele tempo não se sentiu necessidade de mais completa proteção dos contraentes. Começou, pelo contrário, a mostrar-se inadequada quando a intensificação do comércio e das trocas exigiu dos sujeitos uma maior lealdade e honestidade nas suas relações. O mérito de ser realçado esta exigência foi de JHERING, o primeiro escritor que enfrentou, em extensão e profundidade, o problema da responsabilidade nas negociações e na formação do contrato" BENATTI, F. *A responsabilidade pré-contratual*. Coimbra: Livraria Almedina, 1970, p. 10 e 12, respectivamente.

3. Princípio da boa-fé e tutela da confiança

Clóvis do Couto e Silva foi o pioneiro entre nós ao divulgar a importância do estudo da aplicação objetiva do princípio da boa-fé e assegura que o primeiro jurista a mencioná-la foi Emilio Betti.[199] Em uma visão sintética e prospectiva, Couto e Silva formula um pedido assim:

> O princípio possui, na atualidade, grande relevância não faltando quem afirme haver transformado o conceito de sistema e a própria teoria tradicional das fontes dos direitos subjetivos e dos deveres. Por isso, quase todos os escritores que escrevem sobre o Direito das obrigações costumam dele ocupar-se, muito embora no direito Brasileiro não haja, praticamente estudos a respeitos. O intervencionismo estatal e os contratos de adesão têm merecido a preferência dos juristas que escreveram a respeito da teoria geral das obrigações. Parece importante chamar novamente a atenção, como já fiz anteriormente em estudo dedicado à teoria geral das obrigações.[200]

Pedido aceito por vários de seus alunos; destaque-se a seguir a síntese feita por Ruy Rosado de Aguiar Júnior:

> O Prof. Clóvis do Couto e Silva constumava dizer que a utilização da cláusula geral de boa-fé no direito Brasileiro correspondia à sua Quarta recepção. A primeira teria ocorrido com a acolhida do Direito Romano, através das ordenações; a Segunda, deveu-se à influência do Direito Francês, a partir do Código de Napoleão; a terceira, à aceitação do prestígio do Direito Alemão, principal-

---

[199] Afirma Clóvis do COUTO e SILVA: "Efetivamente no seu magnífico curso proferido na Faculdade de Direito da Universidade Federal do Rio Grande do Sul, em 1958, salientava Betti a existência dos deveres de cooperação do devedor, resultantes da aplicação do princípio da ciência do direito atual, v. *Emilio Betti e la Scienza Giuridica del Novecento, nos Quaderni Fiorentini per la Storia del Pensiero Giuridico Moderno*, dirigidos por Paolo Grossi, vol. 7, Milano, 1978". COUTO e SILVA, O princípio da boa fé no Direito..., p. 43.

[200] COUTO e SILVA, *O princípio da boa fé no Direito...*, p. 44. O testamento deixado pelo Professor Clóvis do Couto e Silva parece ter surtido efeito, uma vez que vários estudos dedicaram-se à aplicação objetiva do princípio da boa-fé, assim como mereceu a recepção desde o antigo Projeto de Código Civil brasileiro, atualmente, Lei nº 10.406, de 10.01.2002.

mente através da doutrina da Escola de Recife e da presença marcante de Pontes de Miranda; e a Quarta, com a adoção de um método de raciocínio próprio da *Common law*.[201]

Por se tratar de um princípio, a boa-fé merece uma pluralidade de estudos sob uma diversidade de enfoques. Neste estudo, ela perpassa todo o trabalho, mas foi reservado um momento para destacar sua aplicabilidade nos fatos que ocorrem no cotidiano. Comporta apreender a boa-fé na sua perspectiva subjetiva e objetiva conforme a seguir se busca compreender.

3.1. Boa-fé subjetiva[202]

A boa-fé subjetiva já está suficientemente incorporada na legislação brasileira e na cultura jurídica nacional. A boa-fé subjetiva, como o próprio nome induz, refere-se ao sujeito do ponto de vista da sua consciência ou ignorância a uma qualidade referente a ele próprio, num estado psíquico de conhecimento ou desconhecimento, de conformidade a uma expectativa jurídica a ela atribuível da qual ele deva agir ou omitir-se, do questionar-se em determinados momento da intenção ou falta de intenção na prática de um determinado ato, ou dada situação. Como refere Vera Regina Loureiro Winter:

> Na boa-fé subjetiva ou boa-fé crença ocorre um estado de ignorância sobre características das situação jurídica apresentada capaz de conduzir à lesão de direitos de outrem, ou seja, uma pessoa acredita ser titular de um direito que na realidade não tem, pois só existe na aparência que gera um estado de confiança subjetiva, permitindo ao titular alimentar expectativas que crê legítimas.[203]

Judith Martins-Costa, pensando a respeito da transformação perceptível da boa-fé romana e canônica vista na esfera subjetiva e concernente a prescrição aquisitiva, adverte:

> torna-se estado de ciência individual, requerendo não apenas a mera ignorância, como no direito romano, mas *a consciência íntima e subjetiva da ausência de pecado*, isto é, de se estar agindo corretamente, de não se estar lesando regra

---

[201] Ver AGUIAR JÚNIOR, *A boa-fé...*, p. 20.

[202] A boa-fé subjetiva "compreendida como um estado subjetivo tem sido objeto de inumeráveis estudos", no direito brasileiro sua importância manifestou-se particularmente no direito das coisas. COUTO e SILVA, *O princípio da boa fé no Direito...*, p. 43.

[203] Ver WINTER, Vera Regina Loureiro. A boa-fé no direito privado público; breve estudo comparativo e suas aplicações práticas. *Síntese Trabalhista*, Porto Alegre, v. 9, n. 104, fev. 1998.

jurídica ou direito de outrem, como ocorre, aliás, também no casamento putativo, outra matéria em que as codificações da segunda e da terceira sistemática receberam forte influxo do direito canônico.[204]

Contudo, o estudo da boa-fé subjetiva, praticamente, não mereceu maiores desenvolvimentos por parte dos juristas brasileiros frente a sua linguagem direta e positivada em vários continentes da codificação, aprimorando e delineando o seu conteúdo para ser diretamente aplicado sem a necessidade de muitas manobras intelectuais. O Código Civil brasileiro de 1916, em diversos preceitos, refere-se à boa-fé subjetiva, são eles por exemplo: arts. 109, 112, 221, 490, 510, 516, 550, 551, 619, 1072 e 1507.[205]

---

[204] MARTINS-COSTA, A boa-fé..., p. 131.

[205] "Art. 109. A ação, nos casos dos arts. 106 e 107, poderá ser intentada contra o devedor insolvente, a pessoa que com ele celebrou a estipulação considerada fraudulenta, ou terceiros adquirentes que hajam procedido de má-fé. (art. 161, da Lei 10.406/2002: "A ação, nos casos dos arts. 158 e 159, poderá ser intentada contra o devedor insolvente, a pessoa que com ele celebrou a estipulação considerada fraudulenta, ou terceiros adquirentes que hajam procedido de má-fé."); art. 112. Presumem-se, porém, de boa-fé e valem os negócios ordinários indispensáveis à manutenção de estabelecimento mercantil, agrícola, ou industrial do devedor.(art. 164, da Lei 10.406/2002: "Presumem-se, porém, de boa-fé e valem os negócios ordinários indispensáveis à manutenção de estabelecimento mercantil, rural, ou industrial, ou à subsistência do devedor e da sua família."); art. 221 Embora anulável, ou mesmo nulo, se contraído de boa-fé por ambos os cônjuges, o casamento, em relação a estes como aos filhos, produz todos os efeitos civis até o dia da sentença anulatória. (art. 1561, §1º da Lei 10.406/2002: " Embora anulável ou mesmo nulo, se contraído de boa-fé por ambos os cônjuges, o casamento, em relação a estes como aos filhos, produz todos os efeitos até o dia da sentença anulatória.) art. 490. É de boa-fé a posse, se o possuidor ignorar o vício, ou o obstáculo que lhe impede a aquisição da coisa, ou do direito possuído. Parágrafo único. O possuidor com justo título tem por si a presunção de boa-fé, salvo prova em contrário, ou quando a lei expressamente não admite esta presunção. (art. 1201, da Lei 10.406/2002: É de boa fé a posse, se o possuidor ignora o vício, ou o obstáculo que impede a aquisição da coisa."); art. 510 O possuidor de boa-fé tem direito, enquanto ela durar, aos frutos percebidos.(art. 1214, da Lei 10.406/2002: O possuidor de boa-fé tem direito, enquanto ela durar, aos frutos percebidos."); art. 516. O possuidor de boa-fé tem direito à indenização das benfeitorias necessárias e úteis, bem como, quanto às voluptuárias, se lhe não forem pagas, a levantá-las, quando o puder sem detrimento da coisa. Pelo valor das benfeitorias necessárias e úteis, poderá exercer o direito de retenção. (art. 1.219, da Lei 10.406/2002: O possuidor de boa-fé tem direito à indenização das benfeitorias necessárias e úteis, bem como, quanto às voluptuárias, se não lhe forem pagas, a levantá-las, quando o puder sem detrimento da coisa, e poderá exercer o direito de retenção pelo valor das benfeitorias necessárias e úteis."); art. 550. Aquele que, por 20 (vinte) anos, sem interrupção, nem oposição, possuir como seu um imóvel, adquirir-lhe-á o domínio, independentemente de título e boa-fé que, em tal caso, se presume, podendo requerer ao juiz que assim o declare por sentença, a qual lhe servirá de título para transcrição no Registro de Imóveis. (art. 1.238, da Lei 10.406/2002: Aquele que, por quinze anos, sem interrupção, nem oposição, possuir como seu um imóvel, adquire-lhe a propriedade, independentemente de título e boa-fé; podendo requerer o juiz que assim o declare por sentença, a qual servirá de título para o registro no Cartório de Registro de Imóveis"); art. 551. Adquire também o domínio do imóvel aquele que, por 10 (dez) anos entre presentes, ou 15 (quinze) entre ausentes, o possuir como seu, contínua e incontestadamente, com justo título e boa-fé. (Art. 1.242, da Lei 10.406/2002: "Adquire também a propriedade do imóvel aquele que, contínua e incontestadamente, com justo

A perspectiva da publicidade como forma de agregar o maior número de consumidores faz desencadear o interesse em enfrentar mais detidamente a boa-fé objetiva, o próximo passo.

3.2. Boa-fé objetiva

Identificar a existência de um princípio e sua forma de aplicabilidade é uma tarefa árdua, por isso não se pretende descobrir o momento de seu nascimento e suas características precisas ao longo e em cada período, mas delinear em suas características, mais marcantes, o papel que desempenhou para a formação da cultura jurídica.

3.3. Boa-fé no Direito Romano

Por se estar acostumado a pensar o direito conforme ele se apresenta nos dias de hoje, ou seja, em pleno movimento e em constante transformação, em que os veículos de comunicação são os mais variados e atingem rapidamente uma gama enorme de pessoas, fazendo com que se pense que sempre foi assim. Todavia, este fenômeno é recente, e para pensar o direito romano e quaisquer de seus princípios faz-se indispensável remeter a alguns símbolos que podem nos aproximar da cultura e da forma de se estruturar o pensamento romano.

A idéia de um mosaico ou de uma colcha de retalhos pode ajudar a reconstruir o ambiente múltiplo no qual os romanos foram edificando suas conquistas, inclusive no campo do direito. Ao se tomar o mosaico, percebe-se que o todo só pode ser visto com precisão à medida que se

---

título e boa-fé, o possuir por dez anos."); art. 619. Se a posse da coisa móvel se prolongar por 5 (cinco) anos, produzirá usucapião independentemente de título de boa-fé. (Art. 1.261, da Lei 10.406/2002: Se a posse da coisa móvel se prolongar por 5 (cinco) anos, produzirá usucapião, independentemente de título ou boa-fé."); art. 1.072. O devedor pode opor tanto ao cessionário como ao cedente as exceções que lhe competirem no momento em que tiver conhecimento da cessão; mas, não pode opor ao cessionário de boa-fé a simulação do cedente.(art. 294, da Lei 10.406/2002: O devedor pode opor ao cessionário as exceções que lhe competirem, bem como as que, no momento em que veio a ter conhecimento da cessão, tinha contra o cedente.") (; art. 1.507. Ao portador de boa-fé, o subscritor, ou o emissor não poderá opor outra defesa, além da que assente em nulidade interna do título, ou em direito pessoal ao emissor, ou subscritor, contra o portador. (art. 906, da Lei 10.406/2002: "O devedor só poderá opor ao portador exceção fundada em direito pessoal ou em nulidade de sua obrigação.")".

toma distância da obra e que cada uma de suas peças não pode ser compreendida se vista isoladamente. O todo só tem razão de ser visto, como todo, e não por pedaços somados. O respeito ao todo que está formado também deve levar em consideração a ausência, e assim o mosaico não se trata de um objeto estático, mas uma grande forma de instigar o pensamento. Tomando a colcha de retalhos, ela só tem razão de existir se todos os pedaços unidos forem percebidos em conjunto em virtude da função que exercem para algo ou alguém.

Os romanos transformavam de maneira contínua o direito, mas sem intervenções bruscas. As fórmulas, os formulários e as práticas que os romanos julgavam inconvenientes eram levados ao desuso e com freqüência colocava-se ao lado do proceder antigo. Ao pensar o direito romano devem ser considerados o todo, as partes e a função de ambos. Para visualizar-se o direito romano, prudência e cautela são os elementos indispensáveis e o constante objetivo de se policiar as generalizações que não são características do modo de pensar dos romanos, além de atentar ao fato de que a interpretação do direito romano pressupõe todo um conhecimento preliminar, para que não se confira a uma pedra do mosaico a característica do todo e que um retalho da colcha não possa ser de maneira equívoca compreendido como a colcha inteira.

Alicerçados na conservação das instituições, conforme as ponderações acima, os romanos tinham a convicção de o direito cumprir a sua função quando representava a constante e perpétua vontade de fazer justiça;[206] este esforço não surge por obra da mente de um legislador, mas exige um esforço contínuo.[207] Em virtude de esta obra constituir-se num trabalho contínuo e que se altera ao longo do tempo e em virtude das circunstâncias, merece destaque o papel da boa-fé.

O princípio da *bonae fidei* remonta ao direito romano. Descreve Di Pietro que:

---

[206] Destaca ULPIANO (D. 1, 1, 10): *"Iustitia est constans et perpetua voluntas ius suum cuique tribuendi"*. (Justicia es la constante y perpétua vonluntad de dar à cada uno su derecho.) *Cuerpo Del Derecho Civil Romano: Instituta – Digesto*. Tradução de Ildefonso L. García del Corral. Valladolid: Editorial Lex Nova, [1988], Edição bilíngüe latim/espanhol, 6. t., T. 1, p. 199.

[207] No que toca ao princípio da tradição no Direito romano, ver SCHULZ, *Principios...*, p. 107 e segs. Conforme JHERING: "Toda la actividad del pueblo romano se encaminó durante siglos enteros hácia los intereses prácticos del presnte; tenian, á decir verdade, un profundo respeto por la tradicion; lo que vivia conservaba vigor y fuerza hasta la edade más avanzada, pero cuando desparecia 'enteramente'no tardaba en caer en el olvido, ..." JHERING, R. Von. *El espiritu del derecho romano en las diversas fases de su desarrollo*. 5.ed. Tradução de Enrique Príncipe y Satorres. Madrid: Casa Editorial Billy-Bailliere, 4. t, t. 1, p. 110-111.

Bonae fidei iudicia. Es un procedimento ante el juez, pero de tal modo que por concesión del pretor se le concede la libre potestad de estimar lo que se debe restrituír, sin darle una limitación cuantitativa determinada, sino estableciendo que lo precise conforme a lo que indica la buena fe (*ex bono et aequo*): Gayo 4.61; Inst., 4.6.39. Ello ocurre en los casos siguintes: en el dela compraventa, la *locatio conductio*, la *negotiotum gestio*, el mandato, la *fiducia*, la sociedad, la tutela y las cuestiones de dote – *rei uxoriae*- (Gayo, 4.62; Inst., 4.6.18).[208]

Por ser um procedimento destinado ao juiz e por ele não precisar ficar restrito a uma fórmula é que se pode perceber a importância que o princípio da *bonae fidei iudicia* obteve na construção do direito romano via produção jurisprudencial. Di Pietro sintetizou em três pontos a aplicabilidade da *bonae fidei iudicia*, como se pode ver:

1. El iudicium, si bien está respaldado en una fórmula, no es considerado una fórmula, es decir, no son términos. El iudex debido a la complejidad que pueden tener estos casos, debe examinar el negocio en sí, pudiendo condenar en más o en menos de lo que reclama el actor, efectuando en su caso compensaciones (Gayo, 4.63; Inst., 4.6.30). 2. Están referidos a algunos supuestos (caso de la compraventa y demás contratos consensuales) que no provienen estrictamente del *ius civile*, pero que estaban fundamentados en la buena fe. Al ser reconocidos por el derecho civil, la cláusula *ex bono et aequo* permitía dispensar al juez manos libres para interpretar las cláusulas del negocio, lo cual hubiera resultado muy complicado de atender en una fórmula corriente. 3. Justiniano agrega a la lista de *bonae fidei iudicia* de Gayo, la del comodato, la prenda, las acciones divisorias *communi dividundo* y *familiae erciscundae*, así como la *actio prescriptis verbis*, la *actio ex permutatione* y *heredis petitio* (Inst. 4.6.28). A su vez, los otros juicios que no son *bonae fidei iudicia*, los cuales en la época clásica no tenían ninguna denominación genérica, serán llamados por Justiniano *stricti iuris* (Inst. 4.6.28).[209]

---

[208] DI PIETRO, Alfredo. *Derecho Privado Romano*. Buenos Aires: Ediciones Depalma, 1996, p. 67. Grifos do autor. Judith MARTINS–COSTA conclui: "Parece ser, com efeito, um paradoxo o fato de, nos negócios mais relevantes do ponto de vista da prática cotidiana, como a compra e venda, a locação e o contrato de sociedade, e também o mandato, ser o direito romano marcado por traço polarmente oposto ao seu essencial formalismo. A experiência romana antiga define-se essencialmente pelo formalismo porque é ainda 'primitiva', isto é, fundada no mundo mágico, ou semimágico da forma. Como justificar o ingresso, neste mundo, de tão relevante grupo de negócios despidos do formalismo? Indica Frezza que a resposta a esta pergunta não será encontrada em Roma, mas na experiência jurídica da *koiné* mercantil mediterrânea: a validade jurídica dos negócios jurídicos bilaterais aí realizados era reconhecida antes mesmo de lhes ser conferida tutela pelos tribunais romanos. E era reconhecida tal validade porque 'a trama de interesses concretos, em cujo contexto estes negócios se inseriam, implica uma tensão de forças econômicas suficientemente fortes para encontrar em si mesmas a proteção da qual tinham necessidade'." MARTINS-COSTA, *A boa-fé...*, p. 115-116.

[209] DI PIETRO, p. 67-68. Na mesma esteira as observações de Almiro do Couto e Silva conforme MARTINS-COSTA, *A boa-fé...*, p. 111. "A *bona fides* está presente também na fidúcia (*fiducia cum amico* e *fiducia cum creditore*), que constituem os modelos de hoje chamados negócios fiduciários, verificando-se ainda na tutela e no contrato de sociedade cuja semente parece estar

Fritz Schult sintetiza o pensamento romano no que se relaciona com a fidelidade a palavra proferida assim: "La fides se define en la antigüedad como ser de palabra, tener palabra: fit quod dicitur. Aunque sea ésta una de las habituales definiciones etimológicas a base de juegos verbales, y aunque el contenido de la palabra esté con ello lejos de ser agotado, el significado esencial, sin embargo, está recogido. Fides, que de ahora en delante traduciremos como 'fidelidad, es la sujeción a la palabra dada, el sentirse ligado a la propia declaración'".[210]

No que concerne à diluição da *bona fides* no sistema jurídico romano, Menezes Cordeiro destaca:

> A *bona fides* romana constitui, através dos *iudicia* a que ligou o seu nome, uma peça importante do que hoje se diz Direito das obrigações. Ela acaba, porém, por surgir nas fontes, com um significado diverso, em Direitos Reais. Assim sucede no instituto da *usucapio*, de que a *bona fides* designava um dos requisitos: o da ignorância, por parte do possuidor-adquirente, do vício ocorrido no negócio transmissivo do direito real, a constituir pela usucapião. Esta afirmação sucinta carece de três precisões, postas pela historiografia moderna: o Direito romano, que nunca definiu, com tal generalidade, a *bona fides*-ignorância, limitou-se, no seu período clássico, a indicar grandes grupos de situações possessórias típicas *bonae fidei*, onde avultava, como denominador comum, o aludido estado psicológico; a *bona fides*, nesta acepção, era um puro estado de espírito, caracterizado pelo desconhecimento, sem componentes éticos, da ocorrência de vício, o que traduz na prática, a não exigência de excusabilidade do erro, excepto em situações marginais; a *bona fides*, finalmente, não projectava, aqui, quaisquer normas jurídicas, sendo apenas um elemento fáctico extrajurídico.[211]

na comunhão que se estabelecia entre os herdeiros no direito arcaico. Consoante Almiro do Couto e Silva, as ações relacionadas com estes institutos entrarão, depois, na classe dos *bonae fidei iudicia*, as quais eram consideradas como *actiones civiles*, e não como *actiones honorarie*, como seria de esperar, se elas tivessem sido todas nascidas no *ius gentium* e na *iurisdicio* do *praetor peregrinus*, particularidade que implica reconhecer à *fides* a mesma força das leis".

[210] Ver SCHULZ, *Principios...*, p. 243. Este aspecto se faz importante no estudo do ponto que antecedeu e contou o caso concreto, e o ponto seguinte que trata da responsabilidade pré-contratual.

[211] Conforme se lê em MENEZES CORDEIRO, p. 106-107. Relembra Juan IGLESIAS quando aponta as fontes do Direito romano que: "El espíritu romano se define, entre otras cosas dignas de relieve, por prestar atención decidida y constante al entresijo de situaciones reales que erigen a la vida misma en el eje rector de cuando roza con lo humano. Quien logra adentrarse en el espíritu de roma, está en situación de captar los "secretos"de su derecho, porque éste es manifestación de aquél. Importa, pues, zambullirse en la entraña del primero, para captar en el espíritu del Derecho, en su oculta encarnadura, la razón de tantas sinrazones que lo son sólo en apariencia. Secas maneras de técnica jurídica apartan la indagación de algo tan necesario como es el descubrimiento de lo que agita al Derecho en sus propios sótanos, donde vienen a comunicación las varias fuerzas culturales que le serven de apoyo y espoleo. La 'lectura histórica', referida a cualquier campo, y ninguno con fronteras acotadas, exige prestar cuidadosa atención a los "datos", pero a sabiendas de que éstos no descubren, por sí solos, la pura realidad". IGLESIAS, J. *Las fuentes del Derecho romano*. Madrid: Cuadernos Cívitas, 1989, p. 13.

Interpretar o Direito romano e a expressão da boa-fé comporta apreciar os fatos sobre os quais meditavam as pessoas naquela época, os autores de um relato, de um poema, de uma inscrição, e quais os problemas e interesses os moviam, assim como, quais as questões que envolviam os sacerdotes, os pensadores, os artistas, enfim as pessoas, a coletividade e sob quais questões sequer dedicavam-se a refletir. No período que se segue, a interpretação deve seguir esta capacidade de estar atenta a uma percepção dos fatos da vida que são levados em consideração, assim como os que não há maior empenho das mentes. O momento que merecerá dedicação é o período medieval, que se visualizará sob o enfoque canônico, que não é o único, mas que se resolveu destacar.

3.4. Boa-fé como ausência de pecado

O medioevo consistiu-se em um período em que as relações pautavam-se entre pessoas desiguais que compunham seus interesses conforme papéis sociais, previamente, estabelecidos e delineados antecipadamente pela sociedade, assim como a sociedade romana; mas, enquanto os romanos se alicerçavam, fundamentalmente, sob a família e a pessoa do *pater,* o mundo medieval se fundava nos grupos, nas associações.

Ao enfrentar a boa-fé, no direito canônico percebe-se que considerando-se que a pessoa ao prometer deve cumprir a palavra dada, sob pena de incorrer em pecado – a mentira, e que com o tempo o preceito moral torna-se também jurídico ao admitir que todo acordo obriga e que todo formalismo é supérfluo. Adverte Judith Martins-Costa:

> o velho adágio de Ulpiano subverte-se, entendendo-se que, se *solus consensus obligat, ex nudo pacto oritur actio.* Agir em boa-fé, no âmbito obrigacional, significa, pois, respeitar fielmente o pactuado, cumprir punctualmente a palavra dada, sob pena de agir em má-fé, *rectius,* em pedado. No âmbito do direito canônico a boa-fé estava, pois, referenciada ao pecado, e este é um ponto pleno de significados. É que enquanto o direito romano, considerando a *dimensão técnica* da boa-fé, prometeu a sua bipartição – consoante aplicada às obrigações ou à posse –, o direito canônico operou a sua *unificação conceptual* sob o signo da referência ao pecado, o que equivale a dizer da ausência de pecado, situando-a em uma *dimensão ética* e *axiológica* compatível com o sentido geral do direito canônico. Não aparece, portanto, a boa fé com um sentido técnico preciso, como ocorrera no direito romano.[212]

---
[212] MARTINS-COSTA, *A boa-fé...*, p. 130 e segs.

Menezes Cordeiro traça um paralelo e verifica as semelhanças visíveis na boa-fé romana e canônica referindo que: "Falta, no direito canónico, tal como no romano, uma definição geral de boa fé. Ausente das fontes ela não foi, também, objeto de indagações especiais na doutrina canonística",[213] mas isto não significa sua inexistência, pois o autor faz referência ao emprego retórico da boa-fé no direito canônico e traça a diferença da compreensão de *aequitas* no entendimento romano e canônico:

> A concomitância verificada no emprego retórico da *bona fides* e no reconhecimento oficial do Cristianismo não pode ser ignorada. A *aequitas*, por seu turno, segundo afirmações divulgadas, teria recebido as novas ideias cristãs, designadamente a *humanitas*, a *pietas*, a *caritas* e a *benignitas*, bem como a *misericordia*. O essencial deste influxo pode ser sintetizado com a definição de S. CIPRIANO: *aequitas est iutitia dulcore misericordia temperata*, o que, numa contraposição à velha *aequitas*, que informava a actividade pretoriana, redunda no seguinte: enquanto para os romanos a *aequitas*, indentifica com a *iustitia*, permitia, antes do momento da aplicação, aperfeiçoar o Direito, a *aequitas* canónica – com os valores diversos, acima referido, nela integrados – pretendia, na aplicação, temperar os rigores da lei. Não se pode, no entanto, proceder à aproximação sumária entre a *aequitas* cristã e a, aristotélica, apesar do paralelismo patente: a *aequitas* da Igreja não visava o afastamento de normas por razão de conveniência, mas antes evitar que, da aplicação rigorosa da lei, pudesse resultar *periculun animae*. A interferência de uma forma nova de pensar é clara.[214]

Menezes Cordeiro destaca que a leitura canônica da boa-fé promoveu amputações e simplificações que ainda hoje têm importância, referindo-se assim:

> Focadas as inovações introduzidas na boa fé pelo direito canónico, há que chamar a atenção para outro aspecto, despercebido da doutrina: a ocorrência de amputações e simplificações. Contrariando alguns autores, tentou acima demonstrar-se que a boa fé não desempenhou, no direito canónico, qualquer papel específico no domínio dos acordos meramente consensuais; tão pouco isso sucederia na área das obrigações imperfeitas. Pode mesmo avançar-se que, o Direito canónico, exceptuando menções de tipo retórico, a boa fé desapareceria, na prática, do direito das obrigações, donde é originária. A razão, muito simples, foi, aliás, prenunciada pelo Direito romano vulgar: a decadência do processo bipartido clássico e a generalização da mensagem contida no *oporter ex fide bona* transformaram a referência, ressuscitada por IUSTINIANUS, no *Corpus Iuris Civilis*, aos *bonae fidei iudicia*, numa categoria vazia de qualquer conteúdo substancial. Ditado pela necessidade da prática social cristã ao longo da História, o

---

[213] Conforme MENEZES-CORDEIRO, p. 148.
[214] Nesse sentido, ver MENEZES CORDEIRO, p. 150.

Direito canónico não podia ser sensibilizado por um instituto sem sentido material. A boa fé nas obrigações, ligada aos *bonae fidei iudicia*, caiu, discretamente, em esquecimento.[215]

Ultrapassado o momento em que o alicerce preponderante da estrutura de poder era fundado na família, mundo romano, ou os grupos de interesses, mundo medieval, criam-se as condições para o surgimento da figura do sujeito de direitos, a pessoa humana frente aos reflexos sentidos pelo mundo cristão que prega a igualdade. Por isso, só a partir do momento em que se constrói a abstração jurídica da figura humana, sujeito de direitos, é que vai haver a possibilidade da abstração da construção da idéia do Estado como o conhecemos hoje. Alicerçado na estrutura do Estado, figura nova e incipiente, e centrado também numa abstração inovadora, o indivíduo, existirão condições sociais e fáticas possíveis para o pleno desenvolvimento da figura do sujeito de direitos e do momento da codificação destes direitos. O próximo passo deste estudo enfrentará este período em seu apogeu, bem como em seu declínio, na perspectiva da boa-fé.

3.5. Boa-fé na codificação e no polissistema do Código de Defesa do Consumidor

Clóvis Beviláqua talvez não tenha se apercebido, segundo Miguel Reale, o momento histórico que o Brasil enfrentava e quem sabe, por isso, nos legou um código marcadamente individualista, patriarcal, inserido numa sociedade pré-industrial, de uma *civilização* e de uma cultura já ultrapassada. O Código Civil brasileiro de 1916 refletiu os princípios da sociedade da época, qual seja, a autonomia privada compreendida como fonte soberana dos laços obrigacionais. Este Código não conferiu um único artigo expresso que consagrasse o princípio da boa-fé objetiva como regra geral, mas apenas o art. 1443[216] no que toca ao contrato de seguro. Diferente do Código Comercial de 1850, que

---

[215] Nesse sentido, ver MENEZES CORDEIRO, p. 160-161.
[216] Art. 1443 do CCB de 1916: " O segurado e o segurador são obrigados a guardar no contrato a mais estrita *boa-fé* e veracidade, assim a respeito do objeto, como das circunstâncias e declarações a ele concernentes." [Sem grifo no original] Correspondente ao atual art. 765, da Lei nº 10.406, de 10.01.2002: "O segurado e o segurador são obrigados a guardar na conclusão e na execução do contrato, a mais estrita boa-fé e veracidade, tanto a respeito do objeto como das circunstâncias e declarações a ele concernentes."

dedicou no art. 131, I,[217] previsão expressa, mas, infelizmente, pouca importância lhe foi conferida pela doutrina e pela jurisprudência. Neste sentido, Ruy Rosado de Aguiar Júnior referiu que: "permaneceu letra morta por falta de inspiração da doutrina e nenhuma aplicação pelos tribunais".[218]

Conforme Clóvis do Couto e Silva, o princípio da boa-fé objetiva, mesmo não positivado pelo *legislador* do Código Civil Brasileiro de 1916, poderia ter sido aplicado, porquanto constitui o resultado de necessidades éticas essenciais, sem as quais inexiste qualquer sistema jurídico, ainda que sua utilização fosse dificultada em razão da lacuna legal, que permitissem servir de referência para que os juízes pudessem basear suas decisões.[219]

Algumas leis especiais trazem a noção de boa-fé objetiva para atender a um grupo determinado de hipóteses. A Lei nº 10.406, de 10.01.2002, o antigo projeto de Código Civil coordenado por Miguel Reale, reservou espaço legislativo para a boa-fé objetiva, como o art. 113,[220] que enfrenta o momento da interpretação dos negócios jurídicos conforme o local de sua celebração, o artigo 187,[221] a seguir estudado no ítem que desenvolve a teoria do abuso da posição jurídica (Capítulo 3.7), assim como o art. 422.[222]

O Código de Defesa do Consumidor, ao tratar da boa-fé objetiva, conferiu repercussão concreta no ordenamento jurídico contemporâneo brasileiro, ampliando o limite da mera enunciação do princípio no art. 4º, III,[223]

---

[217] Art. 131, I , do CCom. "Sendo necessário interpretar as cláusulas do contrato, a interpretação, além das regras sobreditas, será regulada sobre as seguintes bases: 1. A inteligência simples e adequada, que for mais conforme à boa-fé, e ao verdadeiro espírito e natureza do contrato, deverá sempre prevalecer à rigorosa e restrita significação das palavras."
[218] AGUIAR JÚNIOR, A boa-fé..., p. 21.
[219] COUTO E SILVA, O princípio da boa fé no Direito..., p. 61-62.
[220] Art. 113 da Lei nº 10.406, de 10.01.2002: "Os negócios jurídicos devem ser interpretados conforme à boa-fé e os usos do lugar de sua celebração."
[221] Art. 187. Também comete ato ilícito o titular de um direito que, ao exercê-lo, excede manifestamente os limites imposto pelo seu fim econômico ou social, pela boa fé ou pelos bons costumes.
[222] Art. 422. Os contratantes são obrigados a guardar, assim na conclusão do contrato, como em sua execução, os princípios de probidade e boa-fé.
[223] Art. 4º do CDC: "A Política Nacional das Relações de Consumo tem por objetivo o atendimento das necessidades dos consumidores, o respeito à sua dignidade, saúde e segurança, a proteção de seus interesses econômicos, a melhoria da sua qualidade de vida, bem como a transparência e harmonia das relações de consumo, atendidos os seguintes princípios: (...) III. harmonização dos interesses dos participantes das relações de consumo e compatibilização da proteção do consumidor com a necessidade de desenvolvimento econômico e tecnológico, de modo a viabilizar os princípios nos quais se funda a ordem econômica (art. 170 da Constituição Federal), sempre com base na boa-fé e equilíbrio nas relações entre consumidores e fornecedores;"

(cláusula geral da boa-fé), para também controlar o abuso contratual no art. 51, IV,[224] tipificando várias hipóteses legais de deveres que, se não tivessem sido previstos na lei, seriam incluídos no âmbito de concreção da boa-fé objetiva, além de conferir proteção na fase pré-contratual.

Resultado de uma nova maneira de legislar que inclui nas codificações princípios e cláusulas gerais, e com o objetivo de facilitar a atividade *jurisdicional*, vários dos deveres decorrentes da boa-fé objetiva mereceram previsão legal específica no Código de Defesa do Consumidor, possibilitando que a fundamentação das decisões judiciais se apoiasse diretamente na lei. O preceito legal que remete para a boa-fé não produz por si só um critério de decisão, mas permite ao intérprete construí-lo, fundado nos princípios constitucionais constantes nas leis infraconstitucionais.

O art. 4º do CDC é exemplo disso, pois ele possui caráter, nitidamente, protetor do *consumidor*, comportando, entretanto, também o princípio da harmonização de interesses conflitantes, de maneira que a necessidade de proteção deve ser ponderada com o desenvolvimento econômico e tecnológico. A boa-fé objetiva atua aqui como princípio orientador da interpretação, e não como cláusula geral para a definição de normas de conduta, servindo, inclusive, como critério auxiliar para a *viabilização* do art. 170 da Constituição Federal brasileira[225] e os demais princípios constitucionais relacionados à ordem econômica.

A obrigação é um processo em direção sempre a sua finalidade de realização dos atos necessários à sua extinção. Modernamente, existe um conceito de obrigação em oposição ao tradicional, à concepção clássica da obrigação a qual considerava credor e devedor como indivíduos situados em posição claramente antagônica. A relação obrigacional passa a ser considerada como uma ordem de cooperação entre as partes para a satisfação dos interesses do credor, mantendo-se a necessária preservação dos interesses do devedor. Esta nova concepção, ou seja, a ordem de cooperação, existente entre as partes para satisfazer os interesses do credor, preservando os interesses do devedor, muda o enfoque em face de também ter o credor a obrigação de

---

[224] Art. 51, do CDC: "São nulas de pleno direito, entre outras, as cláusulas contratuais relativas ao fornecimento de produtos e serviços que: (...) IV. Estabeleçam obrigações consideradas iníquas, abusivas, que coloquem o consumidor em desvantagem exagerada, ou sejam incompatíveis com a boa-fé ou a eqüidade;"

[225] Art. 170 da CF: "A ordem econômica, fundada na valorização do trabalho humano e na livre iniciativa, tem por fim assegurar a todos existência digna, conforme os ditames da justiça social, observados os seguinte princípios: (...)"

adimplir deveres decorrentes da *aplicação* da boa-fé objetiva, fundados na criação de deveres concretos de conduta tanto para o *devedor* quanto para o *credor*.

Atualmente, os direitos não se confinam a um dos pólos da relação, mas estendem-se ao outro pólo, como os deveres correspondentes, de maneira que não mais se pode definir a *relação jurídica*, linearmente, como a soma de obrigações e direitos, vez que é uma totalidade, sendo maior que os deveres principais que a envolvem.[226]

Concebida a relação obrigacional como uma ordem de cooperação, além do dever principal do *pagamento* do preço, o devedor tem a obrigação de agir de acordo com a boa-fé objetiva durante a execução do contrato, pois responde pela manutenção, pelo cuidado e pela conservação do bem adquirido, não podendo eximir-se ou transferir ao credor riscos por deveres que são seus.

A boa-fé objetiva proíbe que se cometam *abusos*[227] com prestações jurídicas formais ou aparentemente fundadas, também visa à proteção do devedor contra exigências impertinentes que colidem com o direito e a eqüidade, e com o direito ou a eqüidade. Funda-se na *exceptio doli generalis* do direito romano, em face da qual podia-se evitar que fossem exigidas de modo não-eqüitativo as prestações. A boa-fé objetiva protege também o credor todas as vezes que o devedor assume uma conduta que viola a boa-fé objetiva, como no caso em que as prestações são adimplidas fora do tempo.

A *exceptio doli generalis* não autorizava o magistrado a aplicá-la de ofício, mas a boa-fé objetiva prevista no § 242 do BGB[228] autoriza o juiz a aplicá-la de ofício,[229] assim como art. 51, *caput* e seus incisos, do CDC. A boa-fé objetiva pode apresentar-se numa diversidade de circunstâncias como na ampliação do dever de prestação, se comparado ao conteúdo fixado no contrato ou na lei. Em uma prestação *positiva*,[230]

---

[226] Para melhores esclarecimentos da compreensão da relação obrigacional como um processo, ver COUTO E SILVA, *A obrigação* ...; ver, no mesmo sentido, o autor português MOTA PINTO, *Cessão de contrato*. São Paulo: Saraiva, 1985, p. 238 e segs.

[227] O termo *abuso* na perspectiva jurídica será enfrentado a seguir.

[228] Parágrafo 242 do BGB: "Treu und Glauben als Gestaltungskriterium des Schuldverhältnisses – Der Schuldner ist verpflichtet, die Leistung so zu bewirken, wie Treud und Glauben mit Rücksicht auf die Verkehrssitte es erfordern." [boa-fé como critério de realização da relação obrigacional – O devedor está obrigado a realizar a prestação como exige a boa-fé aliada à atenção aos usos do tráfico.]"

[229] De acordo com ENNECCERUS e LEHMANN, p. 19.

[230] A doutrina alemã tornou clássica como exemplos de medidas positivas que devem ser igualmente adotadas, as seguintes: alimentar, passear com o animal, atendê-lo, medicar quando

devendo-se atentar para a execução da atividade que o credor procura imediatamente e a entrega da coisa devida. A mesma situação ocorre quando estamos frente a uma obrigação negativa, no caso de uma servidão de passagem em que o vizinho permite a outro a utilização de um caminho dentro de sua propriedade para que a via pública possa ser atingida, estando obrigado, conforme a boa-fé objetiva, a adotar medidas de caráter *positivo* que permitam o exercício do direito de passagem, deixando o acesso aberto durante o intervalo de tempo necessário.[231]

Esse princípio comporta simultaneamente a defesa do consumidor e serve também como base para *orientar* a interpretação integradora da ordem econômica, abraçando assim interesses antagônicos, podendo até prevalecer interesses contrários ao consumidor, ainda que sobre ele pese sacrifício, autorizado desde que o interesse social determine.[232]

A boa-fé objetiva compreende, também, a interpretação integradora das cláusulas contratuais e o reconhecimento dos deveres decor-

---

necessário e atendendo no momento, procriação. Evidentemente, também existe o dever de o devedor omitir tudo aquilo que puder frustrar ou pôr em perigo a satisfação da obrigação. Como, por exemplo, fazer o animal trabalhar em excesso.

[231] Ver ENNECCERUS e LEHMANN, p. 1920.

[232] Segundo AGUIAR JÚNIOR, A boa-fé..., p. 21-22, em que o autor exemplifica com os contratos de adesão de consórcios para aquisição de bens, que possui cláusula limitativa da devolução das parcelas devidamente corrigidas só após findo o plano, frustrando o interesse imediato do consumidor que se retira do grupo, pelo fato de o interesse social ser mais forte e residir na conservação do consórcio como meio útil para a economia, estimulando a indústria e a comercialização. Refere o autor que: "O princípio da boa-fé está mencionado no texto do art. 4º, III, como critério auxiliar para a viabilização dos ditames constitucionais sobre a ordem econômica (art. 170 da CF). Isso traz à tona aspecto nem sempre considerado na boa-fé, consistente na sua vinculação com os princípios socioeconômicos que presidem o ordenamento jurídico nacional, atuando operativamente no âmbito da economia do contrato. Isso quer dizer que a boa-fé não serve tão-só para defesa do débil, mas também atua como fundamento para orientar interpretação garantidora da ordem econômica, compatibilizando interesses contraditórios, onde eventualmente poderá prevalecer o interesse contrário ao do consumidor, ainda que a sacrifício deste, se o interesse social prevalente assim determinar. Considerando dois parâmetros de avaliação: a natureza da operação econômica pretendida e o custo social decorrente desta operação, a solução recomendada pela boa-fé poderá não ser favorável ao consumidor. Assim, por exemplo, nos contratos de adesão de consórcio para aquisição de bens, a cláusula que limita a devolução do numerário (devidamente corrigido) somente para o final do plano deve ser preservada, apesar de não satisfazer ao interesse do consorciado em obter a imediata restituição do que pagou, porquanto o interesse social mais forte reside na conservação dos consórcios como um instrumento útil para a economia de mercado, facilitando a comercialização, finalidade esta que não deve ser desviada ou dificultada com o interesse imediatista do consumidor individual que se retira do grupo". Com todo o respeito que merece o pensamento do Professor Ruy Rosado de Aguiar Júnior, não me parece ser esta a melhor interpretação, cabendo ao meu juízo a devolução liminar e imediata conforme a interpretação também possível e fundada no art. 51, incisos II, IV, IX e XI do CDC. Até porque o consorciado que se retira abre espaço no grupo para que outro ingresse em seu lugar, assim, o mínimo que se poderia esperar é que tão logo a equação e o equilíbrio financeiro se realize o consorciado-retirante deveria ser ressarcido.

rentes diretamente da boa-fé objetiva, independente da vontade manifestada pelas partes, para serem observados antes, durante a fase de formação e no cumprimento da obrigação, após a execução, como também nas obrigações decorrentes da lei.

Os contratantes têm um objetivo nítido, e é este que caracteriza a obrigação principal. Não obstante, existem direitos que nascem da concreção da boa-fé objetiva, que ganham cada vez maior importância. O dever de *esclarecimento* é um deles, a partir do qual a parte contratante deve prestar informações a respeito do bem alienado, como, por exemplo, sua capacidade e seu limite. Incide o princípio da boa-fé objetiva sobre o vínculo obrigacional permitindo ao juiz o controle do conteúdo do contrato e do comportamento dos participantes da relação.[233] Há distinção entre as cláusulas gerais e os princípios, pois estes não se equiparam, ainda que na maior parte dos casos as cláusulas gerais contenham os princípios em seu enunciado, ou possibilitem a sua formulação.[234]

Compreender a obrigação como uma ordem de cooperação e como um processo significa frisar os *aspectos* dinâmicos que o conceito de dever revela, entendendo-se a relação obrigacional como algo que se forma e se desenvolve objetivando o adimplemento e a satisfação dos interesses do credor e que no transcurso do tempo,[235] sofre alteração, sem perder a sua identidade de base."[236]

O século XIX ficou marcado pela visão individualista, na qual a vontade individual imperava. Na esfera jurídica, a noção de negócio jurídico[237] e a da autonomia privada[238] serviram como contornos de uma

---

[233] Segundo AGUIAR JÚNIOR, *Extinção...*, p. 146.

[234] Para melhor compreensão, ver Judith MARTINS-COSTA. *Sistema e cláusula...*, p. 388 e segs.

[235] François OST sublinha: "'Revelador' do direito. O tempo faz nomeadamente surgir o lugar central da confiança (boa-fé, lealdade) na raiz de todos os compromissos jurídicos, da mesma forma que a pertinência da concepção institucional do direito – um direito concebido mais como processo de 'ajustamento' contínuo do que sucessão irregular de actos jurídicos instantâneos." OST, François. Abertura. In: ——. *O tempo do direito*. Lisboa: Instituto Piaget, 1999, p. 9-21. Titulo original: *Le temps du droit*.

[236] Ver LARENZ, Karl. *Derecho de obligaciones*. Madri: Revista de Derecho Privado, 1958, p. 37 e segs. t.1.

[237] A noção de negócio jurídico enfrentou transformações até se chegar ao conceito criado pela pandectística alemã do século XIX, fundada nas soluções conferidas pelos juristas romanos para os casos concretos, em matéria de contratos e testamentos, conforme conclui José Carlos MOREIRA ALVES. *Direito Romano*. 9.ed. Rio de Janeiro: Forense, 1995, p. 151 e segs. v.1 e Joan MIQUEL *Derecho Privado Romano*. Madrid: Marcial Pons, 1992, p. 131 e segs.

[238] MOTA PINTO, *Teoria...*, p. 89, conceitua autonomia privada como "o poder reconhecido aos particulares de auto-regulamentação dos seus interesses, de autogoverno da sua esfera jurídica", compreendida esta como "o conjunto das relações jurídicas de que uma pessoa é titular".

liberdade quase ilimitada. Nesse mesmo século o Estado Liberal permitiu que fosse definido o conceito de negócio jurídico sob o alicerce de uma concepção de ampla liberdade individual. Por esta razão oportuna as ponderações que seguem no que concerne ao negócio jurídico.

3.6. Ponderações no que toca ao negócio jurídico e sua relevância para este estudo

Emilio Betti critica a concepção que confunde a vontade com sua declaração e reflete sobre a possibilidade de a declaração não corresponder à vontade, e manifesta seu pensamento a respeito de qual delas deve prevalecer em caso de divergência, assim: "com o negócio, o indivíduo não se limita a declarar que quer alguma coisa, mas declara, para os outros, o objeto do seu querer: e deve ser um regulamento vinculativo, o que ele estabelece no seu interesse, para as relações com os outros".[239]

Para Betti, negócio jurídico é: "o ato pelo qual o indivíduo regula, por si só, os seus interesses, nas relações com os outros (ato de autonomia privada): ato ao qual o direito liga os efeitos mais conformes à função econômico-social que lhe caracteriza o tipo (típica nesse sentido).". Advertindo, ainda, o autor que "o instituto do negócio jurídico não consagra a faculdade de 'querer' no vácuo, como apraz afirmar a certo individualismo, ainda não estirpado da hodierna dogmática".[240]

Emilio Betti nega que a vontade se comporte como a base principal do negócio jurídico, mas não negou que o particular declare ou faça o que queira. Betti qualifica a vontade retirando-a do pântano do subjetivismo, pois para ser vontade declarada ela deveria ser conhecida pelos outros – *recognoscibilidade* –, e não apenas um elemento psíquico interno do sujeito. A vontade tem que ser reconhecível, por declaração ou comportamento, no mundo social, com o que "passa a ser um fato social, suscetível de interpretação e de valoração, por parte dos consociados".[241]

---

[239] BETTI, Emílio. *Teoria geral do negócio jurídico*. Coimbra: Coimbra Editora, 1969, p. 112-113. t.1.
[240] Idem, p. 107-108.
[241] Idem, p. 109. Na mesma linha de pensamento, destaca COUTO e SILVA: "Ainda hoje se discute o papel da vontade na formação autônoma, isto é, sem necessidade de lei, de direitos subjetivos, como se verifica do estudo de Natalino Irti (...). Este jurista sustenta que a vontade é uma força originária, independente do ordenamento jurídico; é fonte primária de direitos

Pontes de Miranda, ao versar sobre o negócio jurídico, acrescentou que a manifestação de vontade no negócio tem de ser consciente, não havendo negócio jurídico mesmo que haja exteriorização da vontade, inconsciente. Referiu o autor: "é suporte fático do negócio jurídico assim a declaração de vontade como o ato volitivo (adeclarativo) desde que a vontade, que ali se 'declara' e aqui se 'indicia', seja a de negociar (= concluir negócio jurídico)".[242]

Compreende-se negócio jurídico como a declaração de vontade sobre a qual incide uma norma jurídica, que a transforma em negócio jurídico, pois sem a incidência da norma, a vontade declarada não chegaria a ingressar no mundo jurídico. Destaca-se ainda que é o sistema jurídico visto em suas normas e princípios que fixa a eficácia do negócio jurídico, e não a vontade, como pretendiam os cultores do Estado Liberal. Sublinha Mota Pinto:

> pode definir-se a declaração de vontade negocial como o comportamento que, exteriormente observado, cria a aparência de exteriorização de um certo conteúdo de vontade negocial, caracterizando, depois, a vontade negocial como a intenção de realizar certos efeitos práticos, com ânimo de que sejam juridicamente tutelados e vinculantes. Dá-se assim um conceito objetivista de declaração negocial, e fazendo-se consistir a sua nota essencial, não num elemento interior – uma vontade real, efetiva, psicológica –, mas num elemento exterior – o comportamento declarativo.[243]

A vontade sobre a qual incidiu a norma, o fato jurídico, produz sempre um efeito, qual seja, o de criar uma situação jurídica básica, a partir da qual são irradiados os outros efeitos do fato jurídico, os efeitos jurídicos específicos. Esses efeitos podem estar limitados a uma esfera jurídica (situação jurídica simples ou uni-subjetiva), ou abranger mais de uma esfera subjetiva (situação jurídica complexa, ou intersubjetiva), estabelecendo-se um relacionamento intersubjetivo, que é o

---

subjetivos e deveres, o que não nos parece exato". COUTO e SILVA, *O princípio da boa fé no Direito...*, p. 44. Anelise BECKER sintetiza o pensamento de Emilio Betti assim: "Segundo Emilio Betti, o preceito da autonomia privada a que o negócio dá vida *não é propriamente um preceito jurídico*, mas *um preceito que tem relevância jurídica*. O negócio não é 'fonte de normas', mas sim auto-regulamento de interesses que se opera na vida social por espontânea iniciativa dos mesmos sujeitos que são seus gestores: trata-se de atividade preceptiva que a ordem jurídica estatal toma sob sua proteção, acolhendo os preceitos em sua órbita mediante recepção. E, em virtude do reconhecimento jurídico, os atos de autonomia privada tornam-se instrumentos colocados pelo Direito à disposição dos indivíduos para dar vida e desenvolvimento as relações jurídicas entre eles". BECKER, Anelise. Teoria geral da lesão nos contratos. São Paulo: Saraiva, 2000, p. 48.

242 PONTES DE MIRANDA, J. C. *Tratado de Direito Privado*: parte geral. 3.ed. Rio de Janeiro: Borsoi, 1971, p. 7. t. 3.

243 MOTA PINTO, *Teoria...*, p. 416.

que ocorre com mais freqüência. Essa situação perfectibiliza-se em momentos necessários e espelha uma situação jurídica complexa unilateral, por exemplo, a oferta. A situação jurídica exige intersubjetividade, porém a eficácia se restringe a apenas uma esfera jurídica. O destinatário da oferta não tem qualquer ligação com ela, mas se aceitá-la obriga o proponente e a sua proposta – há obrigação.[244]

O destinatário é detentor de um direto formativo, vale dizer: "espécie de direito subjetivo, cujo conteúdo é o poder de formar relações jurídicas concretas, mediante ato unilateral do titular, nos casos reconhecidos na lei",[245] que, combinado à vinculação do proponente à

---

[244] No que se refere aos efeitos da responsabilidade pré-negocial, o próximo capítulo será reservado para um estudo mais cuidadoso, inclusive com indicativos de jurisprudência do TJRS e do STF. Contudo, merece ser enfrentada aqui a situação em que determinado consumidor ingressou com ação ordinária com pedido de tutela antecipada contra seu prestador de serviço de conexão à rede INTERNET, que não cumpriu a oferta contida em sua publicidade e unilateralmente decidiu denunciar o contrato, que o consumidor vinha cumprindo pontualmente. A atitude da fornecedora foi conseqüência dos reiterados pedidos do consumidor de melhorar, vale grifar, em razão da desconformidade do serviço ofertado para o serviço prestado. Ruy Rosado de AGUIAR JÚNIOR ensina: "A *denúncia* é a denominação que se dá ao exercício do direito formativo-extintivo de desfazimento das obrigações duradouras, contra a sua renovação ou continuação, independente do inadimplemento da outra, nos casos permitidos na lei ou no contrato". Ver AGUIAR JÚNIOR, *Extinção...*, p. 70. Neste caso concreto, estamos diante de uma obrigação duradoura onde "o dever de prestação permanece sem modificação do seu conteúdo". Como descreve Clóvis do COUTO E SILVA, *A obrigação como processo*, p. 211. Por se estar diante de uma obrigação duradoura e frente a uma relação de consumo, devem ser observadas as normas contidas nos arts. 30, 35, inciso I, 38, 39, inciso I e X, do CDC, que negam ao fornecedor de produtos ou serviço o uso de práticas abusivas e a denúncia imotivada. (Art. 30. Toda informação ou publicidade, suficientemente precisa, veiculada por qualquer forma ou meio de comunicação com relação a produtos e serviços oferecidos ou apresentados, obriga o fornecedor que a fizer veicular ou dela se utilizar e integra o contrato que vier a ser celebrado.; art. 35. Se o fornecedor de produtos ou serviços recusar cumprimento à oferta, apresentação ou publicidade, o consumidor poderá, alternativamente e à sua escolha: I. Exigir o cumprimento forçado, nos termos da oferta, apresentação ou publicidade; art. 38. O ônus da prova da veracidade e correção da informação ou comunicação publicitária cabe a quem as patrocina.; art. 39 é vedado ao fornecedor de produtos ou serviços, dentre outras práticas abusivas: II. Recusar atendimento às demandas dos consumidores, na exata medida de suas disponibilidades de estoque, e, ainda, de conformidade com os usos e costumes; IX. Recusar a venda de bens ou a prestação de serviços, diretamente a quem se disponha a adquiri-los mediante pronto pagamento, ressalvados os casos de intermediação regulados em leis especiais;).

[245] Ver AGUIAR JÚNIOR, *Extinção...*, p. 25. Existem várias espécies de direitos formativos. Ruy Rosado de Aguiar Júnior sintetiza em classes assim: *direito formativo gerador* ou *constitutivo*, de aquisição de direito, por ato positivo ou negativo do titular, como o do destinatário, ao aceitar a oferta, o de opção e o de ratificação; *direito formativo modificativo*, que consiste no direito de modificar a relação jurídica existente, sem se eliminar a sua identidade, como o de interpretar para construir o devedor em mora, o direito de escolha, nas obrigações alternativas, *direito formativo extintivo*, que tende a desfazer a eficácia jurídica já produzida ou a própria relação jurídica, como a resolução dos contratos bilaterais por incumprimento, a resilição daqueles de execução continuada, o pedido de separação judicial ou de divórcio; o direito de pedir a decretação da anulação do ato ou de declaração de sua nulidade." AGUIAR JÚNIOR, *Extinção...*, p. 26.

sua proposta, determina a intersubjetividade da situação jurídica. Na situação multilateral, a relação jurídica abrange duas esferas jurídicas e exige a intersubjetividade de sujeitos, com direitos e deveres correspondentes.

Marco Bernardes de Mello destaca os princípios que regem as relações jurídicas:

> a) princípio da intersubjetividade, o qual implica somente haver relação jurídica entre, pelo menos, dois sujeitos de direito; b) princípio da correspectividade de direitos e deveres e das outras categorias eficaciais que podem integrar seu conteúdo, segundo o qual a todo direito corresponde um dever e, reciprocamente, a todo dever corresponde um direito; c) o princípio da essencialidade do objeto, em decorrência do qual o objeto é indispensável à configuração da relação jurídica.[246]

Entendendo-se a vontade não como fonte de efeitos jurídicos,[247] mas compreendendo que somente a norma que ao incidir sobre a declaração da vontade pode determinar os efeitos que o negócio jurídico irá produzir, limitando-os de duas formas. Na primeira forma, o sistema jurídico estabelece, exaustivamente, a eficácia oriunda da situação jurídica, os sujeitos só detêm o poder de escolher praticar ou não o ato. Na segunda é o que ocorre nos negócios jurídicos em geral, em que o sistema normativo não estabelece regras de forma tão restrita da autonomia privada. A eficácia jurídica não é determinada pela vontade, mas pelas normas, que podem conceder às pessoas um maior poder de escolha da categoria jurídica.

O sistema jurídico tende a limitar a manifestação de vontade de duas formas: a) permitindo-a ou proibindo-a, ou seja, exigindo que, para que seja vontade negocial capaz de entrar na esfera jurídica como negócio jurídico, tenha de ser reconhecida pelo ordenamento, e b) limitando o seu conteúdo, assim, só haverá auto-regramento quando a norma jurídica permitir. A manifestação de vontade é proporcional ao grau de regramento por parte do ordenamento jurídico que estabelece efeitos decorrentes do negócio jurídico, quer dizer, quanto mais exaustivo for o regramento, menor a manifestação da vontade.

---

[246] Assim refere Marcos Bernardes de MELLO, *Teoria do fato jurídico*. 4.ed. São Paulo:Saraiva, 1994, p. 145.

[247] Ensina Marcos Bernardes de MELLO que a vontade não é fonte, assim: "a) nem das categorias jurídicas, porque, apenas, as escolhe e as preenche, compondo-lhes os suportes fáticos; b) nem, tampouco, dos efeitos jurídicos correspondentes, porque, também, somente lhe cabe escolhê-los, quando permitido, e tudo isso dentro dos limites traçados pelo sistema jurídico". MELLO, p. 150.

Observa-se que há casos de determinação absoluta da norma jurídica, no caso de regime de bens, obrigatório no casamento, há casos de determinação relativa e indeterminada. Compreendendo-se nos casos de indeterminação a base do direito das obrigações em virtude das espécies negociais poderem ser criadas a qualquer momento, sem maiores complicações. São exemplos os contrato os de *leasing, factoring, shopping center*. Isto não quer significar que estes contratos surgidos não recebem controle e limites, pois eles estão, como qualquer negócio jurídico, subordinados às normas jurídicas e aos princípios gerais de direito.

Colhe-se, a propósito, em Pontes de Miranda, que um terceiro limite que se poderia impor à manifestação de vontade é o respeito ao princípio da incolumidade das esferas jurídicas, isto é, só há livre manifestação de vontade desde que esta não prejudique interesses de outros indivíduos e não atinja a outras esferas jurídicas.[248]

Verificou-se que a sociedade pós-industrial exigiu uma transformação, e as novas tecnologias causaram reflexos nas relações negociais frente à criação de novas formas de contratação. Os contratos paritários cederam lugar para os contratos de adesão e aos submetidos a condições gerais, dando margem às desigualdades nas relações de consumo e ao aparecimento de cláusulas abusivas.

Carlos Alberto da Mota Pinto, ao descrever as peculiaridades que envolvem cada contrato e ao referir-se aos contratos de adesão, menciona que a interpretação nos casos de dúvida deve pender a favor de quem não estipulou as cláusulas, assim: Nos contratos de adesão costuma propugnar-se o princípio de que na dúvida deve interpretar-se "contra *stipulatorem*", isto é, contra o emitente das condições gerais pré-ordenadas para uma multiplicidade de contratos individuais.[249]

O legislador contemporâneo atento ao desequilíbrio das cláusulas, previamente, redigidas pelos fornecedores de bens e serviços resolveu

---

[248] Ver PONTES DE MIRANDA, *Tratado de Direito Privado*, p. 137: "Onde e quando o negócio jurídico atinge a esfera jurídica de outrem, bilateraliza-se ele, para que não se quebre o princípio de incolumidade das esferas jurídicas".

[249] Comenta o autor português sob o ponto de vista de outros direitos europeus assim: "Neste sentido há uma norma expressa no Código Civil Italiano. No Münchener Kommentar ao BGB afirma SÄCKER que não se trata de uma regra de interpretação, mas de uma partilha de riscos comparável às regras sobre a repartição do ônus da prova, que determina a cargo de quem fica a falta de êxito dos esforços interpretativos". Sobre esta regra interpretativa e, em geral, a problemática dos *Standard* contratos de adesão, conforme MOTA PINTO, Contratos de adesão. Uma manifestação jurídica da moderna vida econômica. *Revista Forense*, Rio de Janeiro, v.257, p. 38.

enumerar no artigo 51,[250] CDC, algumas cláusulas abusivas sancionando-as com a "nulidade de pleno direito" quando estas fizessem parte de uma contratação.

Deixou claro o legislador que aquele rol de cláusulas não era exaustivo, e com o decurso do tempo outras hipóteses, inclusive novas hipóteses, já foram acrescentadas. No que se refere ao estudo das cláusulas abusivas, este tem relação muito próxima ao estudo da teoria do "abuso do direito",[251] ou do "uso de um direito de forma ou maneira abusiva".[252] O abuso de direito comporta um estudo em separado ao

---

[250] "Art. 51. São nulas de pleno direito, entre outras, as cláusulas contratuais relativas ao fornecimento de produtos e serviços que: I – impossibilitem, exonerem ou atenuem a responsabilidade do fornecedor por vícios de qualquer natureza dos produtos e serviços ou impliquem renúncia ou disposição de direitos. Nas relações de consumo entre o fornecedor e o consumidor-pessoa jurídica, a indenização poderá ser limitada, em situações justificáveis; II – subtraiam ao consumidor a opção de reembolso da quantia já paga, nos casos previstos neste Código; III – transfiram responsabilidade a terceiros; estabeleçam obrigações consideradas iníquas, abusivas, que coloquem o consumidor em desvantagem exagerada, ou sejam incompatíveis com a boa-fé ou a eqüidade; V – (vetado); VI – estabeleçam inversão do ônus da prova em prejuízo do consumidor; VII – determinem utilização compulsória de arbitragem; VIII – imponham representante para concluir ou realizar outro negócio jurídico pelo consumidor; IX – deixem ao fornecedor a opção de concluir ou não o contrato, embora obrigando o consumidor; X – permitam ao fornecedor, direta ou indiretamente, variação do preço de maneira unilateral; XI – autorizem o fornecedor a cancelar o contrato unilateralmente, sem que igual direito seja conferido ao consumidor; XII – obriguem o consumidor a ressarcir os custos de cobrança de sua obrigação, sem que igual direito lhe seja conferido contra o fornecedor; XIII – autorizem o fornecedor a modificar unilateralmente o conteúdo ou a qualidade do contrato, após sua celebração; XIV – infrinjam ou possibilitem a violação de normas ambientais; XV – estejam em desacordo com o sistema de proteção ao consumidor; XVI – possibilitem a renúncia do direito de indenização por benfeitorias necessárias. § 1º Presume-se exagerada, entre outros casos, a vantagem que: I – ofende os princípios fundamentais do sistema jurídico a que pertence; II – restringe direitos ou obrigações fundamentais inerentes à natureza do contrato, de tal modo a ameaçar seu objeto ou o equilíbrio contratual; III – se mostra excessivamente onerosa para o consumidor, considerando-se a natureza e conteúdo do contrato, o interesse das partes e outras circunstâncias peculiares ao caso. § 2º a nulidade de uma cláusula contratual abusiva não invalida o contrato, exceto quando de sua ausência, apesar dos esforços de integração, decorrer ônus excessivo a qualquer das partes. § 3º (vetado) § 4º É facultado a qualquer consumidor ou entidade que o represente requerer ao Ministério Público que ajuíze a competente ação para ser declarada a nulidade de cláusula contratual que contrarie o disposto neste Código ou de qualquer forma não assegure o justo equilíbrio entre direitos e obrigações das partes".

[251] A teoria do *abuso do direito* comporta uma investigação mais detida do ponto de vista histórico, tem se visto uma impropriedade no uso da expressão como se ela não contivesse todo um eco jurídico detentor de origens desde o direito romano, perpassando por todo o fluir histórico e jurídico, ao qual não se vai debruçar neste estudo. No entanto, cabe sublinhar a discussão que a expressão comporta, pois ou se está diante do direito ou não se está, por isso *abuso de direito* corresponde um termo que abarca uma contradição em si, mas resolveu-se continuar a usar esta locução em virtude desta estar consagrada juridicamente.

[252] A expressão *uso de um direito de forma ou maneira abusiva* foi proposta com o objetivo de substituir a terminologia *abuso de direito* frente às críticas relatadas acima, mas aquelas críticas também podem se repetir a esta expressão, pois se há abuso no uso de um direito, não há direito.

estudo da boa-fé, por esta razão na esfera jurídica nacional se fará uma reflexão.

3.7. Teoria do abuso da posição jurídica

Compreende-se que os poderes do titular de um direito subjetivo estão condicionados pela sua respectiva função, que simultaneamente se alarga no arco destes direitos que não são atribuídos apenas ao interesse de outrem, ou no interesse social (direito-função). A distinção entre direitos subjetivos do tipo tradicional e os poderes funcionais passou a ser lugar comum na ciência jurídica moderna. A antiga subjetividade está em crise, em relação aos direitos de crédito, pois foi deflagrada a doutrina do abuso de direito, ou melhor, do uso do direito numa direção ilegítima.[253]

Segundo Mário Júlio de Almeida Costa, as *normas* jurídicas, por serem gerais e abstratas, disciplinam relações-tipo e por isso atendem ao comum dos casos. Não raro, acontece que o preceito legal pode ser adequado para a maior parte das situações comuns, mas inadequado para uma ou algumas hipóteses determinadas.[254]

O uso abusivo de um direito ocorrerá quando um certo direito, em si mesmo reconhecido como válido, for exercido de forma que ofenda o sentimento predominante da justiça na comunidade social. Utilizado o direito de maneira abusiva, há duas sanções possíveis: 1) A ordem jurídica não reconhece direito àquele que o exerceu abusivamente, e 2) Condena o titular do direito exercido abusivamente a indenizar ao prejudicado as perdas e danos, com base em fato ilícito extracontratual. Constata-se que, apenas no segundo caso, existe a figura dogmática e autônoma do abuso de direito, uma vez que há mera *falta de direito* no primeiro caso.

Existem dois enfoques para versar o *abuso de direito*: o subjetivo e o objetivo. A teoria subjetiva considera a vontade de o titular do direito ter agido com o propósito exclusivo de prejudicar o *lesado* – ato emulativo. A teoria objetiva averigua o alcance objetivo da condu-

---

[253] Ver ALMEIDA COSTA, Mário Júlio de. *Direito das obrigações.* Coimbra: Almedina, 1979, p. 56-57.
[254] Idem, p. 58.

ta, com base no critério da consciência pública, despreocupando-se com a intenção do agente. Esta verificação se dá quando há um contraste nítido entre o fim próprio do direito e a sua atuação no caso concreto. A maior parte dos autores prefere o caminho do meio, adotando os elementos contidos nestas duas teorias.

Mário Júlio de Almeida Costa registra que o exercício de um direito deve atentar para o seu fim social e econômico; ultrapassados estes limites, o exercício do direito será abusivo.[255] A referência ao abuso da posição jurídica do credor tem em vista a noção de exercício inadmissível e abusivo do direito, seu exercício inútil ou imoderado, o comportamento contraditório – *venire contra factum proprium* –, a alegação inadmissível de nulidade formal – a *suppressio* –, e a aquisição jurídica desleal. A teoria dos atos próprios ou a proibição de *venire contra factum proprium* se fundamenta na proteção de uma parte contra outra que pretenda exercer uma posição, na relação jurídica, oposta ao comportamento já assumido.

Depois de ter criado uma expectativa, diante da conduta seguramente indicativa que determinado comportamento previsível e futuro ocorreria, uma parte frustra a expectativa e atinge os princípios de lealdade e confiança, havendo assim a ruptura da boa-fé em razão da surpresa e do prejuízo causado à outra parte.[256]

Ruy Rosado de Aguiar Júnior lembra que, quando um direito não é exercido durante um lapso de tempo, pelo credor, causando a impossibilidade do exercício por *contrariar* a boa-fé, se está diante da *suppressio*.[257] Todos os dispositivos que procuram salvaguardar a posição de uma das partes, em um negócio jurídico, podem ser por ela mesma utilizados em abuso contra a outra parte. Normalmente, entende-se que ao devedor cabe exclusivamente a obrigação pelo pagamento. Todavia, o credor também tem obrigações com vista a auxiliar o cumprimento da obrigação. Há também obrigações que, se não cumpridas, podem causar prejuízos para a outra parte do negócio.

A teoria do uso abusivo de um direito foi amplamente reconhecida no Código de Defesa do Consumidor, que enumera no art. 51 e seus incisos uma série de cláusulas as quais são consideradas nulas se forem introduzidas num contrato. Há também o reconhecimento em uma série

---

[255] Ver ALMEIDA COSTA, *Direito...*, p. 58-59 e 64.
[256] Segundo AGUIAR JÚNIOR, *Extinção...*, p. 248-249.
[257] Idem, p. 249.

de outros artigos, a título de exemplos: art. 49 do CDC, que trata da possibilidade de refletir a respeito da contratação aceita sem a devida reflexão.

A cláusula de não indenizar consiste na estipulação prévia por declaração unilateral, ou não, em que a parte obrigada perante a outra afasta a sua responsabilidade mediante acordo em cláusula expressa no pacto. Estas cláusulas, em regra, nas relações de consumo, são consideradas abusivas e por isso podem ser declaradas nulas pelo Judiciário, e estão sob a mira atenta do legislador do CDC, art. 51 e seus incisos. Inclusive a comunidade jurídica e o legislador têm estado tão atentos às práticas abusivas que desde a entrada em vigor tem aumentado o número de cláusulas identificadas como abusivas.

Para as situações jurídicas regidas pelo Código Civil brasileiro de 1916 são causas de exoneração da responsabilidade as previstas no art. 160, I e II,[258] excetuando-se as situações que recebem a tutela específica estabelecida pela sistemática do Código de Defesa do Consumidor.

Merece neste estudo uma reflexão no que se refere à alteração legislativa e sua recepção por parte do Código Civil de 1916, assim como a Lei nº 10.406, de 10.01.2002, hoje, o Código Civil do Brasil, que segundo os mesmos passos do Código Civil de Portugal, art. 334[259] que comporta a expressão ambígua para alguns "a lei não ampara o abuso de direito".

Carlos Fernández Sessarego, em momento anterior à entrada em vigor do novo Código, fez referência ao projeto de Código Civil bra-

---

[258] Art. 160, I, II e parágrafo único do CCB: "Não constituem atos ilícitos: I- os praticados em legítima defesa ou no exercício regular de um direito reconhecido; II- a deterioração ou destruição de coisa alheia, a fim de remover perigo iminente (arts. 1519 e 1520); Parágrafo único. Neste último caso, o ato será legítimo, somente quando as circunstâncias o tornarem absolutamente necessários, não excedendo os limites do indispensável para a remoção do perigo." As excludentes da responsabilidade civil são as mesmas estabelecidas pela sistemática do direito penal. O art. 160 do CCB é uma norma que pré-exclui a juridicidade, isto é, se o agente agir em legítima defesa ou em estado de necessidade, ou ainda, no exercício regular de um direito, e vier a causar dano a outrem, este ato não será considerado ilícito, porque a regra do artigo diz que o suporte fático é insuficiente. A regra incide sobre o fato, não para trazê-lo para o mundo jurídico, mas para afastá-lo. A legítima defesa exige uma agressão injusta e uma defesa proporcional ao ataque; caberá ao juiz apreciar a presença ou não dessas excludentes. Também cabe ao juiz apreciar a regularidade ou a normalidade do exercício do direito. Havendo excesso, haverá ilícito. (Art. 188, I e II da Lei n. 10406, de 10.01.2002: "Não constituem atos ilícitos: I. Os praticados em legítima defesa ou no exercício regular de um direito reconhecido; II. A deterioração ou destruição da coisa alheia, ou a lesão a pessoa, a fim de remover perigo iminente".

[259] Art. 334 É ilegítimo o exercício de um direito, quando seu titular excede manifestamente os limites impostos pela boa fé, pelos bons costumes ou pela finalidade social ou econômica do direito.

sileiro, art. 187, atualmente inserido na Lei nº 10.406, de 10.01.2002.[260] Comemorou o autor a recepção do instituto assim:

> El referido proyeto, de acuerdo con la nueva tendencia que se abre camino en la doctrina jurídica contemporánea, considera, sin más, que el acto abusivo participa de la naturaleza del acto ilícito. La declaración es tajante, por lo que supera definitivamente la corriente de pensamiento, de cuño individualista que, de acuerdo con la tradición, persiste en situarlo dentro del ámbito de la licitud. En este sentido, de aprobarse el mencionado Proyecto por el Senado, se convertiría en el primer código Civil latinoamericano que, en la huella del art. 334 del Cód. Civil de Portugal, deja atrás la expresión, ambigua para algunos, de que "la ley no ampara el abuso de derecho". El proyectado art. 187 no recoge el critério subjetivista, que aún continúa presente en los recientes códigos Civiles de Bolivia de 1976 y del Paraguay de 1987. En efecto, no se alude dentro de su texto a la intención de dañar da parte del titular del derecho. Sólo se contemplan criterios objetivos, referidos a la conducta intersubjetiva del agente, como son los relacionados con la moral, bajo la expresión "buenas costumbres", a la buena fe y al destino o finalidad socio-económica propia de cada derecho.[261]

Por haver uma relação próxima contida na expressão *abuso de direito* ou *uso de um direito de forma ou maneira abusiva* e a redação contida no artigo 51 do CDC, a discussão desta teoria do *abuso de direito* merece atenção especial, uma vez que as tão bem recebidas e chamadas cláusulas abusivas nada mais são do que a evolução deste instituto. Todavia as cláusulas abusivas são um passo a frente, posto que não se questiona a intenção, basta que a cláusula faça parte de um contrato que é suficiente para que seja culminada pela nulidade, que pode ser declarada de ofício pelo juiz. Numa sociedade que exclui e diante da vulnerabilidade do consumidor, foi necessária uma intervenção capaz de romper com as mais variadas formas inadequadas de contratar, com vistas a recompor o equilíbrio ameaçado e na proteção das relações contratuais, em geral, e das relações de consumo, no particular.

Sessarego destaca ainda que o instituto do *abuso de direito* na esfera das relações jurídicas brasileiras pode ser visualizado também no art. 5º da Lei de Introdução ao Código Civil[262] e no art. 3º do Código

---

[260] Art. 187. Também comete ato ilícito o titular de um direito que, ao exercê-lo, excede manifestamente os limites imposto pelo seu fim econômico ou social, pela boa fé ou pelos bons costumes.

[261] Nesse sentido, ver Carlos Fernández SESSAREGO, *Abuso del derecho*. Buenos Aires: Editorial Astrea de Alfredo y Ricardo Depalma, 1992, p. 274-275.

[262] Art. 5º Na aplicação da lei, o juiz atenderá aos fins sociais a que ela se dirige e às exigências do bem comum.

Processual Civil.[263] [264]No direito brasileiro, em face das pressões econômico-comerciais internacionais e objetivando disciplinar, proteger, limitar a concorrência desleal existente entre os fornecedores de bens e serviços, resolveu o legislador regular as relações de consumo para que os fornecedores chegassem ao mercado em igualdades de disputa. Talvez, por isso a legislação protetiva do consumidor possa ter sido elaborada sem tantos obstáculos e num lapso de tempo pequeno, se comparado com o Código Civil brasileiro de 1916 e a Lei nº 10.406, de 10.01.2002. A expectativa de ferir um direito pode iniciar-se com o compromisso que, antecipadamente, se sabe não poder honrar, por esta razão o direito pode ser violado antes mesmo de formar-se o vínculo contratual, aconforme se enfrentará a seguir.

3.8. Responsabilidade pré-negocial[265] e a ligação com o princípio da boa-fé objetiva

Compreender a responsabilidade que envolve a fase pré-negocial[266] e a sua importância para o negócio jurídico que não foi celebra-

---

[263] Art. 3º "Para propor ou contestar ação é necessário ter interesse e legitimidade".
[264] Ver SESSAREGO, p. 274.
[265] Segundo MARTINS-COSTA: "A expressão *culpa in contrahendo* é ainda a mais utilizada, o que se deve, certamente, ao peso da sua origem. Modernamente, contudo, a doutrina tem preferido as designações 'responsabilidade pré-contratual' o 'responsabilidade pré-negocial', uma vez que esta figura não se limita aos fatos lesivos apenas culposos, podendo exigir-se o dolo, averiguando-se, ainda, casos de responsabilidade objetiva, quando devida a fato alheio. Entre as denominações 'responsabilidade pré-contratual' e 'responsabilidade-negocial', por sua vez, a doutrina mais rigorosa dá preferência à última, uma vez que o problema ultrapassa o domínio dos contratos, podendo abranger os negócios jurídicos unilaterais e os atos-fatos (ou 'atos existenciais')". Entre nós, ver MARTINS-COSTA, *A boa-fé...*, p. 472, e também, "A incidência do princípio da boa-fé no período pré-negocial: reflexões em torno de uma notícia jornalística". *Revista de Direito do Consumidor* 4/141-165, São Paulo,1993. Neste sentido já referiu ALMEIDA COSTA, M. J. *Responsabilidade civil pela ruptura das negociações preparatórias de um contrato*. Coimbra: Coimbra, 1984, p. 32.
[266] Adverte Judith MARTINS-COSTA: "É importante, também, atentar à fase formativa, porque os fatos indutores da responsabilidade pré-negocial estão situados justamente na fase que *antecede a celebração* do contrato." Deixa claro a autora: "o campo operativo da responsabilidade pré-negocial – ou pré-contratual – não é o mesmo dos chamados pré-contratos, ou contratos preliminares, e isto por uma razão muito simples: o inadimplemento de pré-contrato resulta em *responsabilidade contratual*, porque aquele constitui contrato que contém *obrigação de fazer* (contrair o contrato definitivo), sendo esta a obrigação descumprida. A questão se resolve, portanto, nos estritos lindes da culpa contratual, podendo o prejudicado promover a execução forçada da obrigação (CPC, art. 566, I), postulando a substituição, pelo juiz, da declaração de vontade do inadimplente (CPC, art. 639), cabendo, em qualquer caso, perdas e danos (CPC, art.

do, ou que não foi cumprido perfeitamente, consiste em verificar as circunstâncias que permeiam toda a fase das tratativas[267] e da frustração das expectativas no transcurso do processo de criação das obrigações.[268]

Durante as negociações, as partes acertam os termos e as condições do negócio, para procurar um ponto de equilíbrio entre as respectivas posições de interesses e, depois, para atingir a formulação de um regulamento contratual que as satisfaça. Atingido o ponto de equilíbrio, com a comunhão dos interesses, as negociações conduzem à conclusão do contrato. Pode ocorrer que as negociações falhem, e o negócio não se realize, não havendo conclusão do contrato. Há também a possibilidade de o contrato não representar negociações verdadeiras e próprias, de uma construção livre e paritária dentre os contraentes sobre cada uma das cláusulas, mas fruto da imposição unilateral, de um contrato de adesão, em que uma das partes se limita a aceitá-lo, sem discutir e até mesmo sem conhecer todo o seu conteúdo. Independente de as partes chegarem ou não à conclusão do contrato, elas têm o dever de no decorrer das negociações se comportar de maneira honesta e leal, conforme os ditames da boa-fé.

Mário Júlio de Almeida Costa realça o dever de lealdade, durante as tratativas, e a conseqüente responsabilidade da parte que suscita na outra parte a justa expectativa da celebração de um certo negócio e desiste de consumar a avença. Entendeu o autor que:

durante as fases anteriores à celebração do contrato – quer dizer, na fase negociatória e na fase decisória – o comportamento dos contraentes terá de pautar-se pelos cânones da lealdade e da probidade. De modo mais concreto: apontam-se aos negociadores certos deveres recíprocos, como, por exemplo, o

---

638, parágrafo único)". Conclui que o espaço da responsabilidade pré-negocial: "é o do 'ainda-não-contrato', o da inexistência, ainda, de vinculação contratual, mas pode haver – se reunidas certas condições – *vinculação obrigacional*. Para delimitá-lo é necessário ter presentes as categorias jurídicas da proposta e da aceitação." Ver MARTINS-COSTA, *A boa-fé...*, p. 483, 480 e 481, respectivamente.

267 As negociações preliminares eram praticadas desde os tempos mais antigos, em Roma, sob a denominação de *tractatus*, mas não foram estudadas pelos jurisconsultos romanos. Ver, neste sentido, CHAVES, A. *Responsabilidade pré-contratual*. Rio de Janeiro: Forense, 1959, p. 55 e ROPPO, Enzo. *O contrato*. Coimbra: Almedina, 1988, p. 105.

268 A frustração de um pacto não traz prejuízos apenas às partes envolvidas no pacto, mas desencadeia um efeito reflexo de ponteciálidade que todas as tratativas, as negociações preliminares possam ser igualmente frustradas sem qualquer notícia ou justificativa e sem a devida apuração da responsabilidade daquele que fez desencadear uma série de atitudes e práticas, em que o tempo e o custo podem ser verificáveis e apurados como prejuízos efetivos, além da frustração da expectativa legitimamente frustrada.

de comunicar outra parte a causa de invalidade do negócio e, ao lado de tais deveres, ainda, em determinados casos, o de contratar ou prosseguir as negociações iniciadas com vista à celebração de um acto jurídico. Através da responsabilidade pré-contratual tutela-se directamente a fundada confiança de cada uma das partes em que a outra conduza as negociações segundo, a boa-fé; e, por conseguinte, as expectativas legítimas que a mesma lhe crie, não só quanto à validade e eficácia do negócio, mas também quanto à sua futura celebração. Convirá salientar, porém, que o alicerce teleológico desta disciplina ultrapassa a mera consideração dos interesses particulares em causa. Avulta, com especial evidência, a preocupação de defesa dos valores sociais da segurança e da facilidade do comércio jurídico.[269]

Pontes de Miranda, em pensamento que teve primazia entre os autores brasileiros, conclui que a fonte dos deveres pré-contratuais reside na tutela da confiança, descrevendo assim:

> O que em verdade se passa é que todos os homens têm de portar-se com honestidade e lealdade, conforme os usos do tráfego, pois daí, *resultam relações jurídicas de confiança*, e não só *relações morais*. O contrato não se elabora a súbitas, de modo que só importe a conclusão, e a conclusão mesma supõe que cada figurante conheça o que se vai receber ou o que vai dar. Quem se dirige a outrem ou invita outrem a oferecer, ou expõe ao público, capta a confiança indispensável aos tratos preliminares e à conclusão do contrato.[270]

Clóvis do Couto e Silva relembra que Pontes de Miranda não menciona, expressamente, a boa-fé, mas sem dúvida reporta-se a ela; vejamos as palavras de Pontes de Miranda:[271]

> o fundamento está em que *todos têm o dever de verdade*, todos, nos negócios jurídicos, hão de comunicar o que sabiam ou deveriam saber, ao ser concluído o contrato (...) *Culpa in contrahendo* é toda a infração do dever de atenção que se há de esperar de quem vai concluir contrato, ou de quem levou alguém a concluí-lo. O uso do tráfico jurídico cria tal dever, que pode ser o dever de verdade, o dever de diligência no exame do objeto ou dos elementos para o suporte fático, exatidão no modo de exprimir-se, quer em punctações, anúncios, minutas ou informes.[272]

---

[269] ALMEIDA COSTA, *Direito...*, p. 201-202.
[270] Ver PONTES DE MIRANDA, *Tratado de Direito Civil*, p. 321. Não menciona expressamente o princípio da boa-fé objetiva. "Contudo a tangencia, ao tratar do que hoje sabe-se constituir a sua conseqüência: é que situa a fonte da relação jurídica estabelecida entre os que entram em negociações nos deveres de *verdade*, ou *esclarecimento*, *atenção* (aos interesses alheios) de *comunicação*, de *explicitação* e de *conservação*, os quais, por sua vez, 'nascem da necessidade da confiança, no tráfico'". MARTINS-COSTA, *A boa-fé...*, p. 507-508.
[271] Ver COUTO e SILVA, *A obrigação...*, p. 89.
[272] PONTES DE MIRANDA, *Tratado de Direito Civil*, p. 320-321.

No que toca à ligação entre responsabilidade pré-negocial e a fonte geradora das obrigações contratuais e extracontratuais, Couto e Silva identifica uma fonte unitária: o *contato social*. Esta idéia pode ser lida em diversos momentos diferentes da obra do autor desde 1967, no livro *A obrigação como processo*,[273] até o estudo apresentado na Universidade de Paris. Seu pensamento pode ser lido assim:

> La notion d'acte volontaire se rapporte à une classification qui a pour but démontrer l'influence, majeure ou mineure, de la volonté dans les actes juridiques. Le contract social, comme terminus technicus, signifie que tous les effets juridiques supposent une certaine situation des parties dans la vie en société. Il est, alors, nécessaire pour établir la notion d'un modèle le plus général des faits producteurs de devoirs et de droits. La diff'rence entre les actes illicites et licites se manifeste dans la formation de ceux-ci, parce que la volonté joue un rôle fondamental. Mais elleest moindre quand il ságit de la lésion à des devoirs résultants du contrat "stricto sensu" ou du contact social ("noeminem laedere").[274]

Jhering se lançou como percusor[275] entre os doutrinadores ao reconhecer a culpa *in contrahendo*, e a sua percepção só foi possível porque seu olhar estava atento às experiências romanas e aos conflitos de seu cotidiano. Judith sintetiza a importância e atualidade da preocupação de Jhering:

---

[273] COUTO e SILVA, *A obrigação*..., p. 88 e segs.

[274] Clóvis do COUTO E SILVA já estabelecia uma relação da responsabilidade pré-contratual com a categoria do contato social na obra *A obrigação como* processo, quando destacou a opinião de WIESE, o primeiro a sistematizar a categoria do *contato social*, como elemento da teoria do processo social. Na perspectiva da linguagem jurídica não faz muito que este termo foi introduzido para explicar os deveres que cabem aos que se propõem a realizar um contrato, vale referir, para caracterizar a responsabilidade pré-negocial, conforme COUTO e SILVA já havia se referido no livro *A obrigação como processo*, p. 88 e segs. O autor retornou ao tema no curso apresentado na Facultè de Droit et Sciences Politiques de S.t. Maur (Paris XIII), sobre os *Principes fondamentaux de la responsabilite civile en droit brasilien et compare*, p. 3 e seguintes. COUTO E SILVA, referiu-se assim: "A noção de ato voluntário relaciona-se a uma classificação que tem por fim demonstrar a influência, maior ou menor, da vontade nos atos jurídicos. O contato social, como *terminus technicus*, significa que todos os efeitos jurídicos supõem uma certa situação das partes na vida em sociedade. Então, ele é necessário para estabelecer a noção de um modelo mais geral dos fatos produtores de direitos e deveres. A diferença *entre* os atos ilícitos e lícitos manifesta-se na formação destes últimos, porque a vontade tem um papel fundamental. Mas ela é menor quando se trata da lesão aos deveres resultantes do contato *stricto sensu* ou do contato social (*noeminem laede*)". (Tradução livre)

[275] "A teoria da *culpa in contrahendo* foi formulada originariamente pelo jurista Tedesco JHERING. Referindo a injustiça e o caráter insatisfatório ou desconsolador (*Trostlosigkeit*) da teoria da vontade, recomenda, como correctivo, a indenização, num artigo sobre a *culpa in contrahendo* (CFR. 'Culpa in contrahendo oder Schadenersatz bei nichtigen oder nicht zur Perfektion gelangten Verträgen' in *Jahrbücher für Dogmatik*, vol.IV)." Conforme MOTA PINTO, *Teoria*..., p. 468.

> A atual doutrina da *culpa in contrahendo* está em verdadeiro processo de expansão e revisão teórica, a cada momento sendo formuladas novas hipóteses, novos "casos" que estariam recobertos pelo seu manto. Toda ela, porém, segue as trilhas abertas no famoso ensaio de Jhering, o qual, debruçado sobre o direito romano e as soluções conferidas à teoria do erro essencial, examinou uma questão fundamental, a saber: se um sujeito deu causa à nulidade de um contrato, deve ou não ressarcir o dano que a outra parte sofreu por haver confiado na validade do mesmo? A doutrina não dava resposta a esta questão. Ou o assunto era ignorado, ou os raros autores que a versavam respondiam negativamente, uma vez que, não tendo sido aperfeiçoado o contrato, não seria o caso de aplicar os princípios da culpa contratual, estando fora de questão recorrer à culpa aquiliana por não se configurarem os seus pressupostos. Por igual, não caberia a *actio doli*, uma vez que nem sempre o *dolus* era manifesto. Ora, "a iniqüidade e a insuficiência prática de um tal resultado", concluiu Jhering, "salvam aos olhos". Ao interesse teórico aliou-se uma questão pessoal – a encomenda de charutos, feita por Jhering a um amigo –, de modo a provocar a reflexão do jurista na busca de uma solução para o problema.[276]

O pensamento do autor parte do intitulado "caso dos charutos", que diz respeito a um pedido que Jhering fez a um amigo para encomendar um quarto de uma caixa de charutos, e o amigo encomendou quatro caixas. No momento da entrega das quatros caixas Jhering não as aceitou, motivo pelo qual o fornecedor dos charutos reclamou as despesas decorrentes do envio da mercadoria. A resposta de Jhering ao fornecedor foi a seguinte:

> Seria preciso, à força de submissão ao direito romano, ter sufocado toda a impulsão do sentimento jurídico sadio, para se contentar em dizer que, ausente o consentimento sobre a qualidade da mercadoria, o contrato não alcançara a perfeição, que portanto a ação contratual não seria absolutamente possível, e que, de outra parte, as condições da *atio legis Aquiliae* não estavam presentes. Quem não percebe que é preciso aqui uma ação de perdas e danos?[277]

Frente a esse fato, Jhering observou que há uma divergência entre a vontade interna e a declaração, desprezados quaisquer outros requisitos. Fundado nesta reflexão, Jhering desenvolveu a teoria da *culpa in contrahendo*, que determinava a obrigação do declarante de indenizar quando o negócio findasse anulado em razão da desconformidade entre a vontade e a declaração. Segundo esta teoria, a indenização é cabível e visa a resguardar o chamado *interesse contratual negativo*, ou *interesse da confiança*, repondo o lesado, com a invalidade, na

---
[276] MARTINS-COSTA, *A boa-fé...*, p. 487-488.
[277] Ibidem.

situação em que estaria se não tivesse chegado a concluir o negócio. A reparação do *interesse* positivo ou *interesse no cumprimento* que tem por objetivo repor as coisas na situação correspondente ao *cumprimento de um contrato válido*, não é cabível.[278]

Aperfeiçoando a teoria formulada por Jhering, foi desenvolvida a *teoria da responsabilidade*, que considerava válido o negócio sempre que em caso de dolo ou culpa divergisse a vontade, da declaração, mas estivesse de boa-fé a contraparte. Esta teoria confere maior importância à proteção da confiança por compreender insuficiente a tutela da teoria da *culpa in contrahendo*, argumentando ser legítimo que um declarante fique responsável pela aparência exterior de sua vontade, presumindo-se que tivesse querido esse sentido aparente. Conforme Carlos Alberto da Mota Pinto:

> Esta responsabilidade pré-contratual tanto vale no caso de rotura de negociações, como no de o contrato se concluir e vir a ser nulo ou ineficaz. O dano a ser ressarcido pela responsabilidade pré-contratual é o chamado dano da confiança, resultante de lesão do interesse contratual negativo. Quer dizer: deve colocar-se o lesado na situação em que estaria, se não tem chegado a depositar uma confiança, afinal frustrada, na celebração dum contrato válido e eficaz. Coisa diversa seria a reparação do interesse contratual positivo, que consistiria em colocar as coisas na situação correspondente ao cumprimento de um contrato válido.[279]

Segundo Mota Pinto, a teoria da culpa *in contrahendo* tem como fundamento a teoria da vontade, mas incorpora a obrigação de indenizar a cargo do declarante, uma vez anulado o negócio, com base na divergência, entre a vontade e a declaração, se houve dolo ou culpa, e houve boa-fé por parte do declaratário;

> a indenização tem como objetivo cobrir o chamado interesse contratual negativo ou interesse da confiança, isto é, visa repor o declaratário, lesado com a invalidade, na situação em que estaria se não tivesse chegado a concluir o negócio. De acordo com esta teoria o que se pretende não é reparar o interesse contratual positivo ou interesse no cumprimento, que consiste em repor as coisas na situação correspondente ao cumprimento de um contrato válido.[280]

A teoria da responsabilidade funda-se na mesma idéia da teoria anterior, com a diferença de, em caso de dolo, o negócio ser válido;

---

[278] Essa teoria, proposta por JHERING, referiu-se à injustiça e à insatisfatoriedade da teoria da vontade no artigo *"Culpa in contrahendo* oder Schadenersatz bei nichtigen oder nicht zur Perfektion gelangten Verträgen, Jahrbücher für Dogmatik, v. IV, como menciona Carlos Alberto da MOTA PINTO, *Teoria*..., p. 468.

[279] Idem, p. 443-444.

[280] Idem, p. 468.

confere-se mais atenção ao argumento da necessidade de proteger a confiança, por se considerar insuficiente a tutela concedida pela teoria da *culpa in contrahendo*. Assim inicia-se o pensamento de ser legítimo que um declarante responda pela aparência exterior da sua vontade, como se tivesse querido esse sentido aparente, fundado na teoria da declaração que confere relevo ao que foi exteriormente manifestado. Comporta verificar diversas modalidades, segundo resume Mota Pinto:

> 1) A modalidade primitiva e externa, característica dos direitos formalistas, onde se consagra uma adesão rígida à expressão literal – se a forma ritual foi observada, produzem-se certos efeitos, mesmo que não tenham sido queridos. 2) As modalidades modernas e atenuadas, em particular a *doutrina da confiança (Vertrauenstheorie)* – a divergência entre a vontade real e o sentido objetivo da declaração, isto é, o que um declaratário razoável lhe atribuiria, só produz a invalidade do negócio, se for conhecida ou cognoscível do declaratário.[281]

Mota Pinto conclui o seu pensamento a respeito do problema da divergência entre a vontade e a declaração, assim:

> pode proclamar-se a opção pelas modernas modalidades da doutrina da declaração, mais precisamente pela *teoria da confiança*, com a limitação atrás referida (correspondente à doutrina da aparência eficaz). É a solução mais justa e mais conforme aos interesses gerais do tráfico. Há que dar relevo predominante, se declarante e declaratário não são passíveis de juízo de censura, ao pensamento de proteção da confiança e aos interesses do tráfico.[282]

No mesmo advogou Luiz Edson Fachin, em sua dissertação de Mestrado, intitulada *Negócio jurídico e ato jurídico em sentido estrito: diferenças e semelhanças sob uma tipificação exemplificativa no direito civil brasileiro*:

> Como se vê, a supremacia da vontade e a ligação entre esta e a declaração, faz do negocio jurídico um *ato* uno, porque, a rigor, somente tem relevância a vontade interna. Isso evidencia a prevalência do elemento interno (vontade interna ou real) sobre o externo (vontade declarada). Em muito não difere desta teoria a concepção da culpa *in contrahendo*. Essa culpa se caracteriza pela celebração culposa de um negócio nulo ou anulável. Declarada a nulidade ou anulado o negócio, caso a divergência tenha decorrido de culpa ou dolo do declarante, este ficará sujeito a indenizar o declaratário, caso não tenham sido verificados outros vícios por parte do declaratário. A indenização se justifica diante do denominado interesse negativo do contrato ou interesse da confiança".[283]

---

[281] Conforme MOTA PINTO, *Teoria...*, p. 269.
[282] Idem, p. 470-471.
[283] FACHIN, Luiz Edson, *Negócio Jurídico e ato jurídico em sentido estrito: diferenças e semelhanças sob uma tipificação exemplificativa no direito civil brasileiro*, p. 22.

Com esta reflexão, pode perceber a importância da tutela da confiança. Segundo Mário Júlio Almeida Costa, a responsabilidade civil pré-negocial comporta dois elementos nucleares: a ruptura injustificada e a confiança legítima fraudada. Consiste confiança legítima a expectativa da parte interessada de que a negociação seja conduzida com probidade e seriedade de propósito. A aferição da quebra da legítima confiança ou expectativa exige uma análise concreta fundada nos elementos do caso.[284]

Na perspectiva de ampliar a tutela da confiança nas questões levadas a juízo, inclusive na esfera probatória, Luiz Edson Fachin conclui:

> Defende-se a idéia segundo a qual, fundada na relevância jurídica da confiança, a obrigação de indenizar independe da prova magistral da existência de vínculo contratual formal, desde que suficientemente evidenciada a violação do interesse negativo. Circunstâncias podem indicar a ausência de observância, por parte de quem rompe negociações, das regras de boa-fé, quer na condução das entabulações, quer na ruptura de eventual vínculo. Sendo aferível a culpa "in contrahendo", permite-se impor a quem assim age a obrigação de indenizar a outra parte, com base na melhor doutrina, em precedentes jurisprudenciais, nos princípios gerais do direito e em dispositivos legais que textualmente consagram essa proteção jurídica. A valorização da confiança corresponde a dar primazia à pessoa que está criando vínculos jurídicos, e propicia verificar que desencadeando esse processo, e chegada à conclusão de um contrato pode ser exteriorizada através de diversos modos, não sendo exigível, necessariamente, a formulação escrita, bastando o consentimento por atos e mesmo omissões juridicamente relevantes, pois o próprio silêncio pode apresentar valor jurídico quando a parte privar-se do dever de falar. Fatos e presunções podem ser aptos a sustentar a presença da tutela da confiança negocial ou mesmo da confiança na conclusão de um contrato dedutível por comportamento. Isso está atestado, inequivocamente, na passagem da inaugural para a fase do vínculo obrigacional. Nada obstante, a corrente da ruptura das negociações preliminares não afasta, qualquer que seja a conclusão, quer seja aquiliana, quer contratual, a obrigação de indenizar a parte lesada, como reconhecem os tribunais pátrios e a opinião autorizada da doutrina nacional.[285]

---

[284] ALMEIDA-COSTA, *Responsabilidade...*, p. 62.

[285] FACHIN, *O "aggiornamento" do direito civil brasileiro e a confiança negocial* [Repensando Fundamentos do Direito Civil Brasileiro Contemporâneo], RENOVAR, 1998, p. 117 e 118. No mesmo artigo, p. 132 e 133, descreve o autor: "No direito brasileiro, a jurisprudência já cuidou de ocorrência semelhante, posto em julgamento pelo Tribunal de Justiça de São Paulo, na apelação 20.655 (Revista dos Tribunais 151), para reconhecer que 'a violação de pacto de contrahendo' sujeita a parte infratora ao pagamento de perdas e danos, inclusive a verba para honorários de advogado". Trata-se de concessionária do direito de pesquisa de carvão mineral em jazidas existentes em determinadas terras, o qual interrompeu negociações que trazia em

No estudo de decisões recentes, pode-se verificar um indicativo de construção do direito brasileiro muito interessante, por via da jurisprudência, por exemplo, com o julgamento realizado na 5ª Câmara Cível do Tribunal de Justiça do Estado do Rio Grande do Sul. A situação consistia no fato de o autor, agricultor que cultivava tomates no interior do Estado do Rio Grande do Sul, município de Canguçu, receber sementes que lhe eram entregues pela Companhia Industrial de Conservas Alimentícias-CICA, que na época da colheita adquiria a produção para fins de industrialização.[286]

Em primeiro grau, a Pretora de Canguçu julgou a ação procedente sob o argumento da *prática reinterada do fornecimento* por parte da empresa das sementes para o cultivo dos tomates e a sua conseqüente aquisição no final da safra.[287]

Presidiu o julgamento o Relator, Desembargador Ruy Rosado de Aguiar Júnior, que ao relatar o *leading case* que decidiu o problema envolvendo os agricultores que plantavam tomates e a Companhia Industrial de Conservas Alimentícias-CICA, o julgador salientou a habilidade que detêm as demandadas em deslocar questões de responsabilidade civil para esfera processual e da discussão do ônus da prova.[288] Desenvolve assim o Relator o comportamento das partes:

> Observo, finalmente, que a ré manteve duplo comportamento no exercício da sua defesa. De início, centrou suas alegações na inexistência de qualquer com-

---

andamento com determinada pessoa jurídica com vistas à exploração daquelas jazidas. E o concessionário assim o fez para tratar com um grupo de relevo financeiro, sendo que as confabulações prosseguiram até a confecção de um esboço do compromisso, projetando a constituição de uma pessoa jurídica específica para tal fim. Entretanto, mais tarde, os integrantes daquela nova pessoa jurídica em organização manifestaram desinteresse no negócio e que não estavam obrigados com o concessionário. O Tribunal deu a devida atenção ao processo e em especial à carta remetida ao concessionário, para convencer-se que já havia ajuste, "acordo de vontades já perfeitamente definido ao cabo de repetidas confabulações entre os interessados", e por isso adveio a condenação em perdas e danos. Conduta negocial, boa fé e confiança caminham juntas."

[286] Ap. Civ. 591028295, Canguçu, TJRGS, 5ª Câm. Civ., rel. Des. Ruy Rosado de Aguiar Jr., julgado em 06.06.1991, por maioria, publicado in *RJTJRGS 154/378*. EMENTA: "Contrato. Tratativas. *Culpa in contrahendo*. Responsabilidade civil. Responsabilidade da empresa alimentícia, industrializadora de tomates, que distribui sementes, no tempo do plantio, e então manifesta a intenção de adquirir o produto, mas depois resolve, por sua conveniência, não mais industrializá-los naquele ano, assim causando o prejuízo do agricultor, que sofre a frustração da expectativa da venda da safra, uma vez que o produto ficou sem possibilidade de colocação. Provimento, em parte, do apelo, para reduzir a indenização à metade da produção, pois uma parte da colheita foi absorvida por empresa congênere, às instâncias da ré. Voto vencido, julgando improcedente a ação".

[287] Informação contida no voto do Relator Des. Ruy Rosado de AGUIAR JÚNIOR referido supra.

[288] No que toca ao ônus da prova, este será objeto de estudo a seguir.

promisso formal com os produtores para aquisição da safra; já agora, no recurso, insiste na falta de prova quanto à entrega efetiva das sementes ao produtor e na quantidade do produto vendido. Essa conduta processual não é inédita. Num sistema jurídico onde é comum a impunidade e a irresponsabilidade, – tais os desvãos concedidos àqueles que deles se podem beneficiar, – a primeira reação é a negativa da existência do princípio que imponha o dever de reparar o dano; quando o princípio da responsabilidade não pode ser afastado, passa-se para a questão probatória, e então são feitas cada vez maiores exigências, de forma a garantir a continuação da impunidade. Assim aconteceu, por exemplo, nos casos de responsabilidade de furto de veículos em estacionamentos de *shoppings* e supermercados: não podendo mais ser negada a responsabilidade do estabelecimento que dele se beneficia, passou-se à exigência de prova dificilmente atendível. Em boa hora, para obviar tais situações, a Lei 8.078/90 introduziu em nosso ordenamento a hipótese da inversão do ônus da prova, nas relações de consumo. No caso dos autos, a imposição de rigorosos requisitos probatórios quanto às formalidades das tratativas (prova de que recebeu a semente; prova da quantidade de semente recebida; prova de que plantou aquela semente; prova de compromisso formal de compra) e demonstração da quantia exata do produto colhido (prova do número de caixas, peso, data, etc) é maneira fácil de desviar a aplicação do princípio da responsabilidade civil, pois tais elementos jamais serão obtidos: os colonos não costumam documentar sua participação na relação singela de produção como se fossem executivos ou advogados a contratar serviços profissionais. Confiaram eles lealmente na palavra dada, na repetição do que acontecera em anos anteriores, certamente não tendo porque lembrar de requerer a produção da prova *ad perpetuam rei memoriam* tirar fotografias da plantação e da colheita, chamar o notário para documentar as declarações do intermediário. Por isso, a exigência da prova deve ser adequada às circunstâncias do negócio e às condições pessoais das partes, sob pena de ser inviabilizado o reconhecimento do direito em grande número de situações, especialmente daqueles que maior dificuldades têm, pela sua ignorância ou pobreza, para a defesa dos seus interesses.[289]

No que toca à apreciação da prova, pode-se perceber a seguinte manifestação de impaciência do julgador que em face da prática forense insurge-se a determinados comportamentos corriqueiros nas demandas, como se percebe a seguir:

> Isso é o bastante para caracterizar o reiterado comportamento da ré em direção ao contrato de aquisição da produção de tomates da safra 87/88, para o que fez pesquisa de campo, distribuiu gratuitamente as sementes e, no momento da colheita – por ter considerado inconveniente a movimentação da sua empresa

---

[289] Ruy Rosado de AGUIAR JÚNIOR, A.C. nº 591 028 295, p. 7-8. No que toca ao estudo do comportamento das partes no curso do processo, este ponto será mais desenvolvido na parte deste estudo que reserva o enfoque na perspectiva processual.

pela escassez de matéria-prima –, resolveu não mais adquirir o produto, conforme até ali para isso tudo estava preordenado.[290]

Observa-se também que a alteração freqüente de argumentos não passa despercebido pelo julgador, que pondera, cabendo portanto a repetição:

> Observo, finalmente, que a ré manteve duplo comportamento no exercício da sua defesa. De início, centrou as suas alegações na inexistência de qualquer compromisso formal com os produtores para a aquisição da safra; já agora, no recurso, insiste na falta de prova quanto à entrega efetiva das sementes ao produtor e na quantidade do produto vendido. Essa conduta processual não é inédita. Num sistema jurídico onde é comum a impunidade e a irresponsabilidade, tais os desvãos concedidos àqueles que deles se podem beneficiar, a primeira reação é a negativa da existência do princípio que imponha o dever de reparar o dano;quando o princípio da responsabilidade não pode ser afastado, passa-se à questão probatória, e então são feitas cada vez maiores exigências, de forma a garantir a continuação da impunidade. Assim aconteceu, por exemplo, nos casos de responsabilidade por furto de veículos em estacionamentos de *shoppings* e supermercados: não podendo mais ser negada a responsabilidade do estacionamento que dele se beneficia, passou-se à exigência de prova dificilmente atendível. Em boa hora, para obviar tais situações, a Lei 8.078/90 introduziu em nosso ordenamento a hipótese da inversão do ônus da prova, nas relações de consumo. No caso dos autos, a imposição de rigorosos requisitos probatórios quanto às formalidades das tratativas (prova de que recebeu a semente, prova da quantidade da semente recebida; prova de que plantou aquela semente; prova de compromisso formal de compra) e demonstração da quantia exata do produto colhido (prova do número de caixas, peso, data etc.) é maneira fácil de desviar a aplicação do princípio da responsabilidade civil, pois tais elementos jamais serão obtidos: os colonos não costumam documentar a sua participação singela de produção como se fossem executivos ou advogados a contratar serviços profissionais. Confiaram eles lealmente na palavra dada, na repetição do que acontecera em anos anteriores, certamente não tendo por que lembrar de requerer a produção de prova *ad perpetuam rei memoriam*, tirar fotografias da plantação e da colheita, chamar o notário para documentar as declarações do intermediário. Por isso, a exigência de prova deve ser adequada às circunstâncias do negócio e às condições pessoais das partes, sob pena de ser inviabilizado o reconhecimento do direito em grande número de situações, especialmente daqueles que maior dificuldade têm, pela sua ignorância ou pobreza, para defesa dos seus interesses.[291]

---

[290] Nessa jurisprudência se verifica que as negociações preliminares não entram na categoria de transações perfeitas e acabadas, são simples fatos. Segundo CHAVES, nessas condições será necessária a existência de um começo de prova por escrito, ou o depoimento de testemunhas para comprovar a efetividade dessas negociações. CHAVES, p. 148.

[291] Decisão referida nota 286.

A decisão de segundo grau foi construída mediante a concreção[292] do princípio da boa-fé objetiva fundada no "dever da pré-contratante de não fraudar as expectativas legitimamente criadas, pelos seus próprios atos". Descreveu o relator que os agricultores confiaram "lealmente na palavra dada, na repetição do que acontecera em anos anteriores".[293]

Outra jurisprudência que pode ser percebida em toda a sua capacidade de antecipar a legislação contida no Código de Defesa do Consumidor é a proferida pelo Ministro José Neri da Silveira, em julgamento proferido em 1988 perante o Supremo Tribunal Federal; a ementa resumiu a solução do conflito assim:

> Seguro de vida. Contrato de adesão. Seguro de vida sem exame médico. Propaganda. Os compromissos dos anúncios incorporam-se à convenção. Interpretação do contrato. Alegação de negativa de vigência dos arts. 1443 e 1444 do CCB. Súmula 279. Dissídio pretoriano não comprovado, nos termos da Súmula 291. Agravo regimental desprovido.[294]

---

[292] A jurisprudência criou e encontrou novas soluções para situações novas, de maneira que o direito privado de "fato vigente", em particular a teoria geral e o direito das obrigações, já não podia ser deduzido somente do texto legislado. Ver Frans WIEACKER. *História do Direito Privado*. Lisboa: Fundação Calouste, 1980. Tradução de A.M. Botelho Hespanha, p. 591. O princípio da boa-fé objetiva é responsável por ser guia de todo o ordenamento jurídico e permite ao juiz a elaboração da solução aplicável ao caso concreto e dar causa às conseqüências jurídicas do princípio decorrentes, num processo de *concreção*. A concreção consiste em ser um método que utiliza padrões, parâmetros identificáveis para a solução de casos concretos, permitindo um tipo de construção jurisprudencial fundado nos princípios gerais de direito e nos conceitos jurídicos indeterminados. Ver Karl ENGISH. *Introdução ao pensamento jurídico*. Lisboa: Fundação Calouste Gulbenkian, 1988, p. 233 e ss. O preenchimento do conteúdo normativo destes conceitos jurídicos indeterminados é feito no exame de cada caso, por meio de atos de valoração, sendo fundamental a tarefa do julgador que não pode se restringir à rígida subsunção, vez que se exige mais do que a mera aplicação da norma, numa concepção do sistema jurídico que permite uma abertura pela qual ingressam valores extrajurídicos. MENESES CORDEIRO, ao tratar da boa-fé no direito português, afirma inexistir um *conceito* unívoco, pois ela traduz um estágio jusculturai, manifesta uma ciência do Direito e exprime um modo de decidir próprio de uma dada ordem sociojurídica, sendo em vão uma definição do instituto, inclusive evitada pela *metodologia jurídica, pois tentativas desse gênero seriam ineptas em face* do alcance e riqueza da noção. Segue o autor dizendo que a lei nunca define a boa-fé objetiva, uma vez que a ela não comporta uma interpretação-aplicação clássica, de modo subsuntivo, sendo do domínio do direito jurisprudencial, pois o seu conteúdo advém da decisão do juiz, e não da lei, e sintetiza: "Embora jurídica, a boa-fé objetiva parece escapar à lei". MENEZES CORDEIRO, p. 18, 24 e 43.

[293] Conforme decisão em anexo.

[294] AI 88.416-RJ, 1ª T., rel. Min. José Néri da Silveira, unânime, agravante Sul América Companhia Nacional de Seguros, agravados Marilda Barbosa Gonçalves e outro, j. em 03.05.1988, publicado in RTJ 107/1.013. O artigo 1443 do Código Civil Brasileiro de 1916 já foi transcrito na nota 216 deste estudo. O art. 1444 do Código Civil Brasileiro de 1916: "Se o segurado não fizer declarações verdadeiras e completas, omitindo circunstâncias que possam influir na aceitação da proposta ou na taxa do prêmio, perderá o direito ao valor do seguro, e pagará o prêmio vencido." (Correspondente ao art. 766 da Lei nº 10.406, de 10.01.2002: "Se o

Percebe-se que o voto do Min. José Neri da Silveira do STF manteve-se em harmonia com o antigo projeto de Código Civil, na época, e hoje Lei n° 10.406, de 10 de janeiro de 2002, o novo código civil brasileiro. Compreender a importância da oferta e a publicidade ao público consiste no próximo passo do trabalho.

3.9. Oferta[295] e a publicidade ao público

Proteger o contrato significa conferir efetividade no momento de sua conclusão e do seu cumprimento, assim como a fiscalização, se as promessas, ofertas e os compromissos firmados são efetivamente cumpridos. A atenção permanente preventiva e judicial consiste em compreender a importância da nova teoria contratual, qual seja, que, quando o fornecedor de bens e serviços lança no mercado para o grande público bens ou serviços, ele é obrigado a dar o efetivo cumprimento à oferta.

Não há possibilidade de se dizer que um fornecedor de bens e serviços pode, lançando uma campanha publicitária, escolher a *posteriori* os clientes aos quais deseja seguir dar cumprimento ao pactuado. Não existe a possibilidade de excluir alguns consumidores e escolher outros os quais não se queira contratar ou dar continuidade à contratação. Imaginar a possibilidade de oferecer bens e serviços e depois, no curso do cumprimento da obrigação, alterar as regras do jogo para deixar de dar efetividade ao pactuado, sem razão jurídica justificada, não está respaldado pela sistemática do Código de Defesa do Consumidor.[296]

---

segurado, por si ou por seu representante, fizer declarações inexatas ou omitir circunstâncias que possam influir na aceitação da proposta ou na taxa do prêmio, perderá o direito à garantia, além de ficar obrigado ao prêmio vencido.")

[295] Proposta ou oferta e a aceitação constituem-se negócios jurídicos unilaterais receptícios. Ocorre que em determinadas vezes um momento temporal separa a oferta da aceitação, o que a doutrina denominou *fase formativa do contrato*. MARTINS-COSTA, A boa-fé..., p. 482.

[296] Tem sido comum a incapacidade dos fornecedores de serviços cumprirem suas obrigações de tal forma que restem os consumidores insatisfeitos frente ao cumprimento reiteradamente insuficiente ou defeituoso. Por vezes, as críticas reiteradas e justificadas dos consumidores recaem em um procedimento inusitado por parte de alguns fornecedores que denunciam o contrato enviando correspondência para o cancelamento dos serviços em 30 dias como se isso fosse possível. Não tem a faculdade o fornecedor de adimplir o pacto de contratos por prazo indeterminado apenas dos consumidores que não reclamam a falta ou falha dos serviços por eles insuficientemente prestados. Exemplos podem ser verificados em juízo de consumidores que adquirem o serviço de um determinado provedor que após reclamações não corrigidas acarretam a supressão injustificada do serviço que tem sido adimplido regularmente pelo consumidor.

A inovação do Código de Defesa do Consumidor consiste em dizer que o contrato pactuado deve ser cumprido, pois faz mais de dez anos que esta garantia via norma positiva foi esculpida no ordenamento jurídico, não reconhecê-la e afirmar que o contrato pode ser celebrado e descumprido é utilizar como referência o Código Civil de 1916 que demorou 60 anos, com interrupção de 4 anos, para entrar em vigor – vale referir data de meados de mil e oitocentos de uma mentalidade retrodatada a esta época já que a codificação reflete sempre uma realidade que antecede. O contrato formado surge para ser cumprido, e não para ser resolvido por perdas e danos, é lamentável que esta obviedade deva ser referida.

Essa mentalidade, ultrapassada no tempo e injustificada, retrata o conceito deformado de direito, que, ainda tem como alicerce um direito nucleado em uma mentalidade patrimonialista que justifica a seguinte afirmação: *quem contrata pode escolher cumprir ou não e em não cumprindo, posteriormente indeniza, se o prejudicado reclamar.*

Pleitear o cumprimento de uma obrigação é o mínimo que se espera de uma comunidade socialmente desenvolvida, ainda mais quando se exige o cumprimento de quem formulou previamente todas as cláusulas da contratação, redigidas de maneira unilateral, sem que se pudesse permitir ao consumidor qualquer interferência.

O Código de Defesa do Consumidor, no art. 30,[297] modifica e amplia, consideravelmente, a noção de oferta no direito brasileiro. Pela leitura direta desta norma, depreende-se que toda a informação, mesmo a publicidade, suficientemente precisa, constitui uma oferta, pois trata-se de uma proposta contratual e desta maneira obriga e vincula o fornecedor. Antonio Junqueira de Azevedo adverte que a oferta ao contrato obriga o proponente, conforme prevê o art. 1080 do CCB de 1916.[298] Pontes de Miranda advogou a idéia que a palavra *obriga* constante no art. 1081 do CCB de 1916 deve ser substituída por *vincula.*[299] Judith Martins-Costa compreende que o fundamento deste entendimento está na visão estrita do termo *obrigação*:

---

[297] "Art. 30: Toda informação ou publicidade, suficientemente precisa, veiculada por qualquer forma ou meio de comunicação com relação a produtos ou serviços ou apresentados, obriga o fornecedor que fizer veicular ou dela se utilizar e integra o contrato que vier a ser celebrado".

[298] AZEVEDO, Antonio Junqueira de. A boa fé na formação dos contratos. *Revista Direito do Consumidor,* São Paulo, v.3, p. 81, 1992.

[299] PONTES DE MIRANDA, *Tratado de Direito Civil,* § 4194, p. 48-49. t.38. No mesmo sentido, Alcides TOMASSETTI, *Revista Direito do Consumidor,* vol. 4, RT, 1994, p. 63. Art. 1.080. A

Na raiz desses entendimentos está a compreensão do significado estrito do termo "obrigação" – a relação entre duas ou mais pessoas de que decorre a uma delas, o devedor, *pode ser exigida* pela outra, o credor, *prestação*. Do que, nesta acepção, o termo "obrigação" não se confunde nem com a relação, nem com a dívida (relativa ao crédito ainda não exigível), mas se relaciona, polarmente, com a *pretensão* da parte credora. Por isso é que a oferta, nos termos do art. 1081, traz vinculação, mas ainda não traz obrigação, na medida em que ainda não há para o ofertante, antes da aceitação, *o dever de prestar – o dare, o facere* e o *non facere*. Este só nasce com a "colagem"entre os dois negócios jurídicos unilaterais, a oferta e a aceitação, porque só aí surge o negócio jurídico bilateral. Antes desse momento, nos termos do Código Civil, não há por parte do oblato – aquele a quem foi dirigida a oferta – pretensão a uma prestação por parte do aderente. Mas há, isso sim, *vinculação jurídica,* porque se criou *relação jurídica pessoal.* Há o *dever de manter a* oferta se esta foi irrevogável, mas não mantida a proposta, ofertante fica sujeito às perdas e danos – mas não à *execução específica,* como poderia ocorrer se, aceita, tivesse ocorrido a bilaterização.

Judith Martins-Costa defende, fundada no julgamento do STF em que foi Relator o Ministro José Neri da Silveira, que por obra desta decisão a jurisprudência ampliou o conceito de obrigações que resultam do tráfego de massa, em especial da oferta constante das mensagens publicitárias às quais se formam contratos por adesão. Assim, juntamente com a outra jurisprudência supracomentada do *caso Cica*, objeto do julgamento pelo Tribunal de Justiça do Estado do Rio Grande do Sul, pode-se perceber, nos julgamentos anteriores à entrada em vigor do CDC, a capacidade da jurisprudência de antecipar a legislação contida na legislação protetiva, conforme anteriormente mereceu ser reproduzida a ementa do julgamento proferido em 1988.

A noção ampliada de oferta importa dizer que qualquer informação ou publicidade veiculada que contiver, por exemplo, os elementos essenciais da compra e venda, *res* e *pretium*, será considerada como uma oferta que integrará o futuro contrato, faltando apenas a aceitação (*consensus*) do consumidor ou dos consumidores, em número indeterminado.

Compreende-se, então, o conceito de oferta a uma exigência e atenção à veracidade das informações que são transmitidas aos consu-

---

Proposta obriga o proponente, se o contrário não resultar dos termos dela, da natureza do negócio, ou das circunstâncias do caso. (Correspondente ao art. 427, da Lei 10406, de 10.01.2002: "A proposta de contrato obriga o proponente, se o contrário não resultar dos termos dela, da natureza do negócio, ou das circunstâncias do caso.") Art. 1081 Deixa de ser obrigatória a proposta. (Correspondente ao art. 428, da Lei nº 10.406 de 10.01.2002: Deixa de ser obrigatória a proposta.")

midores, atuando e incidindo o princípio da transparência inclusive na fase que antecede o fechamento do negócio. A publicidade com a roupagem do artigo 30 do CDC passa a ser fonte de obrigação para o fornecedor. Quando for suficientemente precisa, passa a ter efeitos jurídicos de uma oferta.

Aceita a proposta feita por meio de publicidade, o conteúdo desta passará a integrar o contrato firmado com o consumidor, como se fosse uma cláusula extra, não escrita, mas cujo cumprimento deverá ser exigido mesmo de maneira litigiosa junto ao Judiciário. As negociações preliminares tiveram suas dimensões ampliadas pelo CDC também pelo art. 48, reforçando a nova noção de conteúdo do contrato, disposta no art. 30. A redação do artigo 48[300] é clara, afirmando que as declarações de vontade, constantes de escritos particulares, recibos e pré-contratos relativos às relações de consumo, obrigam o fornecedor, ensejando inclusive execução específica prevista no CDC artigo 84 e §§.[301]

Todas as declarações de vontade constantes de escritos particulares, recibos e pré-contratos vincularão o fornecedor. Estas informações farão parte do contrato, e seu descumprimento ensejará a execução prevista no art. 84 do CDC, que se refere ao descumprimento da obrigação de fazer e que tem por objetivo obter "resultado prático equivalente ao do adimplemento" da obrigação.

O processo de uma campanha publicitária trabalha com atos e omissões, ambos devem ser avaliados judicialmente e destas condutas, comissivas ou omissivas, devem ser retiradas as conseqüências mais adequadas para cada caso concreto. O fornecedor não tem a faculdade

---

[300] "Art. 48. As declarações de vontade constantes de escritos particulares, recibos e pré-contratos relativos às relações de consumo vinculam o fornecedor ensejando inclusive execução específica, nos termos do art. 84 e §§".
[301] "Art. 84. Na ação que tenha por objeto o cumprimento da obrigação de fazer ou não fazer, o juiz concederá a tutela específica da obrigação ou determinará providências que assegurem o resultado prático equivalente ao do adimplemento. § 1º A conversão da obrigação em perdas e danos somente será admissível se por elas optar o autor ou se impossível a tutela específica ou a obtenção do resultado prático correspondente. § 2º A indenização por perdas e danos se fará sem prejuízo da multa (art. 287, do Código de Processo Civil). § 3º Sendo relevante o fundamento da demanda e havendo justificado receio de ineficácia do provimento final, é lícito ao juiz conceder a tutela liminarmente ou após justificação prévia, citado o réu. § 4º O juiz poderá, na hipótese do § 3º ou na sentença, impor multa diária ao réu, independente de pedido do autor, se for suficiente ou compatível com a obrigação, fixando prazo razoável para o cumprimento do preceito. § 5º Para a tutela específica ou para a obtenção do resultado prático equivalente, poderá o juiz determinar as medidas necessárias, tais como busca e apreensão, remoção de coisas e pessoas, desfazimento de obra, impedimento de atividade nociva, além de requisição de força policial".

de trazer este documento aos autos, ele tem o dever. Tradicionalmente, a oferta ou proposta era vista como forma interligada e a declaração inicial de vontade direcionada à realização de um contrato, na concepção do Código Civil. A formulação tradicional da oferta não atendia satisfatoriamente às necessidades do momento quanto às relações de consumo, caracterizada pela contratação em massa e pela utilização da publicidade por todos os veículos de comunicação.

O novo Código Civil brasileiro não alterou substancialmente o regime jurídico da força vinculante da oferta e da proposta.

A importância da publicidade no mundo contemporâneo é inegável e indiscutível, todavia cabe aos juristas direcionar um maior interesse na sua amplitude, no que toca a formar opinião e cultura. A publicidade por si só é um produto posto aos olhos e desejo de todos; é uma marca, um símbolo, por isso necessita de fiscalização para que os efeitos desta publicidade ocorram, dentro de limites harmônicos, levando em conta o interesse dos produtos e serviços postos à disposição do público e a formação de uma mentalidade coerente com toda uma multiplicidade de interesses contidos numa dada sociedade, num determinado momento histórico que se constrói dia a dia.

Outro é o ponto de vista de Menna Barreto ao referir que: "a criatividade publicitária nada tem a ver com arte, nesse sentido banal que hoje se dá à palavra, ela é pragmática e manipulativa." Conclui o autor que "todos nós que trabalhamos com idéias, práticas e comerciais, avaliadas unicamente em função de retornos econômicos, somos parte da cultura verdadeiramente triunfante de nosso século".[302] Segundo Cláudia Lima Marques, a publicidade pode ser entendida como "toda informação ou comunicação difundida com o fim direto ou indireto de promover junto aos consumidores a aquisição de um produto ou a utilização de um serviço, qualquer que seja o local ou meio de comunicação utilizado".[303] O jurista português Carlos Ferreira Almeida compreende a publicidade como "toda informação dirigida ao público com o objetivo de promover, direta ou indiretamente, uma atividade econômica".[304] O Código de Defesa do Consumidor optou

---

[302] MENNA BARRETO, Roberto. *Análise transacional da propaganda*. São Paulo: Summus, 1981, p. 31.

[303] MARQUES, Cláudia Lima. *Contratos no Código de Defesa do Consumidor*. 3.ed. São Paulo: RT, 1998, p. 138.

[304] ALMEIDA, Carlos Ferreira citado por BENJAMIN, Antônio Herman. O conceito jurídico de consumidor. *Revista dos Tribunais*, São Paulo, n.628, p. 194, fev. 1988.

por não adotar uma definição de publicidade, mas depreende-se da leitura do texto que uma série de artigos protegem as relações de consumo e, certamente, tais artigos integram o conceito de publicidade *toda informação* (art. 30) *veiculada por qualquer forma ou meio de comunicação* (arts. 30 e 36), por qualquer *fornecedor* (art. 3º), sobre quaisquer *produtos ou serviços* (art. 3º, § 1. e 2.).[305]

Em virtude de a publicidade promover junto aos consumidores a aquisição de bens e serviços, propiciar a atividade econômica e escoar sua produção, criar também, momentos de incerteza da garantia do adimplemento surgindo o enfrentamento da responsabilidade civil e a sua repercussão nas relações jurídicas de consumo.

3.10. Responsabilidade civil e sua repercussão nas relações de consumo

A responsabilidade civil nasce da obrigação que alguém tem de reparar um dano, seja patrimonial ou extrapatrimonial, podendo o ato ilícito e o lícito[306] desencadear a responsabilidade civil. Toda ação ou omissão humana, ou de bens vinculados, acarreta responsabilidade e desencadeia o dever de reparar o prejuízo causado. A responsabilidade pode nascer do descumprimento de uma obrigação contratual, em decorrência da lesão a um dever protegido por lei ou da violação a uma justa expectativa criada antes mesmo da contratação.

A natureza das obrigações mudou de enfoque – anteriormente centrado na pessoa e, atualmente, em uma relação jurídico-contatual ou extracontratual, em que o que interessa em sua substância é a

---

[305] Os artigos acima citados são as principais referências, tendo na oferta de algum produto ou serviço o seu pressuposto, porém existem outras formas de mensagem publicitárias como a publicidade institucional ou promocional, conforme o seu objetivo, assim como a publicidade e a propaganda, por exemplo. A publicidade institucional é aquela que não veicula oferta, mesmo que tenha uma mensagem de inegável caráter publicitário. Desta forma pode conter, também nela, abusividade e a violação ao art. 37, § 2º, do CDC. Mesmo as campanhas de utilidade pública promovidas por órgãos governamentais ou entidades privadas, onde não há um objetivo mercantilista imediato, podem-se identificar posturas abusivas. Angela STOFFEL exemplifica: "Como é o caso de uma campanha de combate à AIDS promovida pelo Governo Federal, que usou um nome próprio de pessoa de modo chulo, expondo ao ridículo os portadores do dito nome." Conforme o trabalho de conclusão de curso de STOFFEL, *A publicidade no Código de Defesa do Consumidor*. São Leopoldo, 1999.
[306] Para maiores esclarecimentos, ver CANOTILHO, José Joaquim Gomes. *O problema da responsabilidade do estado por actos lícitos*. Coimbra: Livraria Almedina, 1976.

prestação. O dever de cumprir a obrigação surge da lei, da declaração de vontade, de decisão judicial e dos deveres preliminares ao pacto que podem criar falsa expectativa, e, por isso, criar prejuízos.

A responsabilidade nasce do descumprimento do dever de adimplir uma obrigação, quando transcorrido o prazo estipulado, ou a obrigação foi cumprida mal ou parcialmente. A responsabilidade significa a qualidade ou condição de responder e a obrigação de reparar e satisfazer, por si ou por outro, tudo o que foi perdido em razão do dano sofrido ou o prejuízo que foi ocasionado. Em sentido amplo, a responsabilidade se consubstancia com uma capacidade em abstrato, ou seja, praticado o ato que o autor assuma as respectivas conseqüências. Sinteticamente, todos os homens são responsáveis pelos atos praticados com discernimento, intenção e liberdade.

Os pressupostos da responsabilidade civil sujetiva são: a conduta do agente, o dano e o nexo de causalidade. A conduta do causador do dano pode ser uma ação ou uma omissão. Em determinadas situações, questiona-se a existência de culpa, quando a conduta é falha e não se tem a intenção de prejudicar; noutras, o dolo que é a vontade deliberada, consciente, intencional de prejudicar e de causar dano.

A culpa pode apresentar-se de três formas: negligência, imprudência e a imperícia. Negligência é a conduta da pessoa que deixa de tomar todos os cuidados necessários, quando há omissão das precauções exigidas pelo dever a que o agente é obrigado. A imprudência manifesta-se na conduta desenvolvida sem cautela. A imperícia apresenta-se frente à falta de habilidade ou conhecimento técnico do profissional.

Inexiste um conceito legal de dano, mas é freqüente a afirmação de que não há responsabilidade sem dano.[307] Ainda que não exista um conceito legal de dano: "Poder-se-ia pensar que o conceito de dano não comportaria nenhuma dificuldade e que seria praticamente o mesmo na doutrina. Todavia, os códigos não o definem. O Código Civil Austríaco, ao contrário, no se artigo 1293, dispõe que: 'O dano é todo o prejuízo que alguém sofre em seu patrimônio, nos seus direitos ou na sua pessoa".[308]

---

[307] Ver inclusive comentando diversas codificações o artigo de Clóvis do COUTO e SILVA, O conceito de dano no direito brasileiro e comparado. *Revista dos Tribunais*, n. 667, p. 7-16, maio, 1991.
[308] COUTO e SILVA, *A obrigação...*, p. 69.

O dano deve ser direto e certo, atingindo um interesse legítimo que deva ser pessoal. Dano direto compreende o sofrido pela própria vítima em decorrência da relação de causa e efeito do evento danoso. O Código Civil Brasileiro de 1916, no art. 1060,[309] sublinha que o dado deve ser certo e este corresponde a ser real e efetivo, sendo inclusive necessárias sua demonstração e evidência, não se considerando, nesta situação, a indenização do dano hipotético ou eventual que não passa de uma expectativa. O Código Civil de 2002, no art. 403,[310] prevê semelhante proteção acrescentando apenas a resalva "sem prejuízo do dispositivo na lei processual".

Para as situações jurídicas regidas pelo Código Civil brasileiro de 1916, são causas de exoneração da responsabilidade as previstas no art. 160, I e II,[311] excetuando-se as situações que recebem a tutela estabelecida pela sistemática do Código de Defesa do Consumidor. O Código Civil de 2002 reservou pequena mas substancial alteração, acrescentando a expressão "ou lesão a pessoa", no artigo 188,[312] para versar sobre as excludentes.

O art. 169 do CCB de 1916 e o art. 198 do CCB de 2002 podem ser compreendidos como norma que pré-exclui a jurisdicidade, isto é, se o agente agir em legítima defesa ou em estado de necessidade, ou ainda, no exercício regular de um direito, e vier a causar dano a outrem, este ato não será considerado ilícito, porque a regra do artigo diz que o suporte fático é insuficiente. A regra incide sobre o fato, não para trazê-lo para o mundo jurídico, mas para afastá-lo. Segue o mesmo entendimento, o artigo 198, incisos I, II e III[313] do Código Civil de 2002,

---

[309] Art. 1060 CCB, 1916: "Ainda que a inexecução resulte de dolo do devedor, as perdas e danos só incluem os prejuízos efetivos e os lucros cessantes por efeito dela direto e imediato."

[310] Art. 403 CCB, 2002: "Ainda que a inexecução resulte de dolo do devedor, as perdas e danos só incluem os prejuízos efetivos e os lucros cessantes por efeito dela direto e imediato, sem prejuízo do disposto na lei processual."

[311] Art. 160, I e II , CCB, 1916: "Não constituem atos ilícitos: I – os praticados em legítima defesa ou no exercício regular de um direito reconhecido; II – a deterioração ou restruição da coisa alheia, a fim de remover perigo iminente (arts. 1519 e 1520). Parágrafo único – Neste último caso, o ato só será legítimo, somente quando as circunstâncias o tornarem absolutamente necessário, não excedendo os limites do indispensável para a remoção do perigo".

[312] Art. 188, CCB, 2002: "Não constituem atos ilícitos: I – os praticados em legítima defesa ou no exercício regular de um direito reconhecido; II – a deterioração ou destruição da coisa alheia, ou a lesão a pessoa, a fim de remover perigo iminente. Parágrafo único – No caso do inciso II, o ato será legítimo somente quando as circunstâncias o tornarem absolutamente necessário, não excedendo os limites do indispensável para a remoção do perigo".

[313] Art. 198, CCB, 2002: "Também não corre a prescrição I – contra incapazes de que trata o art. 3º.; II – contra os ausentes do País em serviço público da União, dos Estados ou dos Municípios; III – contra os que se acharem servindo nas Forças Armadas, em tempo de guerra."

corresponde à antiga previsão legal do artigo 169, incisos I, II e III,[314] do Código Civil de 1916.

A legítima defesa exige uma agressão injusta e uma defesa proporcional ao ataque caberá ao juiz apreciar a presença ou não dessas excludentes. Também cabe ao juiz apreciar a regularidade ou a normalidade do exercício do direito. Havendo excessos, haverá ilícito. Havendo o dano indireto, também caberá indenização. O dano indireto tem sido denominado pelos franceses dano por ricochete ou reflexo. Este consiste em atingir uma pessoa da família ou terceiro que está ligado à vítima, contudo a pessoa ligada à vítima também sofre um dano, que pode ser considerado, por outra perspectiva, como dano direto. Este dano pode atingir a esfera patrimonial e extrapatrimonial. Por dano atual entende-se aquele sofrido pela pessoa efetivamente, o que ela perdeu. E o prejuízo atual é a lesão a interesse de que a vítima dispõe no momento, podendo ser ele patrimonial ou extrapatrimonial. O dano futuro consiste no prejuízo que se vai sentir com o tempo, desde que sua realização seja potencial e previsível, conforme os fatos concretos já experimentados. Este dado pode ocorrer de duas maneiras: continuado ou futuro propriamente dito. O dano continuado ocorre quando suas conseqüências são estendidas no tempo, podendo desaparecer ou aumentar. O dano futuro, propriamente dito, tem sua ocorrência de forma autônoma, não deixando de ser um prejuízo prolongado, direto e provável de um estado de coisas atual e que é suscetível de uma avaliação imediata.

No direito brasileiro o princípio, da proteção de uma chance, passou a ser explicitamente mencionado em decisões jurisprudenciais recentes,[315] porém, mesmo sem menção específica, já era adotado no tocante à responsabilidade profissional.[316] Os danos, em relação aos seus efeitos, classificam-se em patrimoniais e extrapatrimoniais. O

---

[314] Art. 169, CCB, 1916: "Também não ocorre a prescrição: I – contra os incapazes de que trata o art. 5; II – contra os ausentes do Brasil em serviço público da União, dos Estados, ou dos Municípios; III – contra os que se acharem servindo na armada e no exército nacionais, em tempo de guerra".

[315] O TJRS, o Rel. Des. Ruy Rosado de AGUIAR JÚNIOR, RJTRS 149/459. Processo que versa sobre a responsabilidade civil do médico – Cirurgia seletiva para correção de miopia, resultado névoa no olho operado e hipermetropia. Responsabilidade reconhecida, apesar de não se tratar, no caso, de obrigação de resultado e de indenização por perda de uma chance.

[316] Para maiores esclarecimentos, a respeito da perda de uma chance, ver: COUTO e SILVA, *A obrigação...*, p. 55-58; SEVERO, Sérgio. *Os danos extrapatrimoniais*. São Paulo: Saraiva, 1996, p. 13; ORGAZ, Alfredo. *El daño resarcible*. Buenos Aires: Editorial Bibliografia Argentina, 1952, p. 59.

dano patrimonial vislumbra-se ao atingir diretamente o patrimônio da vítima, que incide sobre interesses de natureza material ou econômica, podendo ser reduzida a pecúnia de forma razoavelmente precisa.

Repercute o dano patrimonial sofrido direta ou indiretamente sobre o patrimônio da vítima, reduzindo-o de forma determinável, gerando uma menos-*valia*, a essa é que se busca, via reparação, de forma a compor o patrimônio em seu *status quo ante*, podendo ser reparado *in natura* ou pelo equivalente em pecúnia.

A violação de uma obrigação pode ainda apresentar-se em sentido técnico, quando importar em responsabilidade contratual ou como violação de um dever genérico de conduta, hipótese em que gera responsabilidade extracontratual. O dano patrimonial pode apresentar-se como atual ou futuro e manifestar-se pela perda de uma chance, assim como por ricochete, sendo transmissível *causa mortis*. A tutela da chance é muito relevante em matéria de responsabilidade civil. Com a proteção da chance objetiva-se a indenização do dano causado quando a vítima vê frustrada, por ato de terceiros, uma expectativa séria e provável, no sentido de obter uma vantagem esperada ou de evitar uma perda que a ameaça.

O Direito francês foi o primeiro a delinear a perda da chance, e a inicial referência foi feita por meio da decisão da Corte de Cassação de 17 de julho de 1889, que condenou a indenizar ao autor da ação, em razão de ato culposo de um funcionário do Ministério que o impediu de levar avante o processo e ganhá-lo.

No direito brasileiro, apenas após a entrada em vigor da Constituição Federal de 1988, art. 5º, V e X,[317] os danos extrapatrimoniais foram reconhecidos expressamente, de forma mais ampliada e ultrapassando os limites reservados pelo Código Civil Brasileiro de 1916, que restringia aos caso de injúria, calúnia, violência sexual, e para os casos não previstos utilizava-se o recurso conferido pelo art. 1553 do CCB,[318] de 1916, como cláusula geral,[319] combinado com o art. 159 do

---

[317] Art. 5º, V e X, da CF de 1988. "V – é assegurado o direito de resposta, proporcional ao agravo, além da indenização por dano material, moral ou à imagem; (...) X – são invioláveis a intimidade, a vida privada, a honra e a imagem das pessoas, assegurando o direito a indenização pelo dano material ou moral decorrente da sua violação;"

[318] Art. 1553 do CCB de 1916. "Nos casos não previstos neste Capítulo, se fixará por arbitramento a indenização."

[319] Para Karl ENGISH, Cláusula geral é uma técnica legislativa e sua virtude está na generalidade, sendo possível sujeitar um número mais amplo de situações de modo a permitir que se preencham as lacunas e com possibilidade de ajustamento a uma conseqüência jurídica. O exame de caso concreto está sempre exposto ao risco de dominar a matéria jurídica apenas fragmentária

CCB de 1916. De acordo com o novo Código Civil, não há correspondente ao artigo 1553; já o art. 159 do CCB de 1916 foi contemplado por dois artigos, 186 e 927, *caput,* no CCB de 2002.[320] Afirma Severo: "dano extrapatrimonial é a lesão de interesse sem expressão econômica, em contraposição ao dano patrimonial".[321]

O estudo do nexo de causalidade na esfera jurídica tem por objetivo estabelecer quando e em que condições um dano deve ser imputado em sentido objetivo à ação ou omissão de uma pessoa. De acordo com Alfredo Orgaz, trata-se da *imputatio facti*, e se responde a seguinte pergunta: "Deve ser considerado, este sujeito como autor do dano?"[322]

A culpabilidade se propõe a determinar, em sentido subjetivo, quando é e em que condições o dano deve ser imputado ao agente; circunscreve-se a *imputatio juris* cabendo responder à seguinte pergunta: "O autor do dano deve também ser considerado culpado, devendo ser responsabilizado?" Para Orgaz, a causalidade deve ser perquerida antes da culpabilidade: "desde que antes de resolver sobre se o dano se deveu a ação culpável de uma pessoa, a que estabeleceu se foi realmente sua ação a que produziu".[323]

A causa é uma condição que se for suprimida fará com que o evento não ocorra. A partir disso, vislumbram-se as dificuldades enfrentadas por diversas teorias que versam sobre a causa, vale referir: qual das condições é a que, efetivamente, contribuiu para o evento danoso, qual das condições pode ser considerada a causa sem a qual não ocorreria o fato. Todas as teorias a respeito da causa, em sentido jurídico, partem desta premissa. A linha divisória reside na condição por elas escolhidas para serem causa. A teoria da equivalência das condições considera que todas as condições, positivas ou negativas, concorrem para produzir o resultado, a tal ponto que, se uma destas

---

e provisoriamente. Por via desta técnica, o jurista é chamado para descobrir o Direito do caso concreto, não simplesmente por meio da interpretação e da subsunção, como por meio dos valores, permitindo-se assim a introdução de elementos tradicionalmente reconhecidos como extralegais no sistema jurídico, proporcionando-lhe uma abertura. Conforme citação nota 290.

[320] Art. 186 do CCB 2002: "Aquele que, por ação ou omissão voluntária, negligência ou imprudência, violar direito e causar a outrem, ainda que exclusivamente moral, comete ato ilícito." , art. 927 do CCB de 2002: "Aquele que, por ato ilícito (art. 186 e 187), causar dano a outrem, fica obrigado a repará-lo."

[321] SEVERO, p. 43.
[322] ORGAZ, p. 59.
[323] Ibidem.

condições for suprimida, não haverá o resultado. A crítica que é feita a esta teoria consiste na tutela ampliada da vítima, ao contrário de garantir a justiça, pois não vislumbra a possibilidade de se saber se o fato posterior interrompe, e, quando, interrompe o nexo de causalidade, liberando o primeiro devedor em relação ao segundo dano. A teoria da causalidade adequada foi recepcionada do direito francês e consiste em responder à seguinte pergunta: tal relação de causa e efeito existe sempre, em casos dessa natureza, ou existiu nesse caso, por força de circunstâncias especiais? O juízo de probabilidade ou previsibilidade é feito pelo juiz comparando no caso concreto qual teria sido a atitude de um homem médio. Hoje, esta teoria tem pouca aceitação, pois o que vem a ser o homem médio.

A teoria do dano direto ou imediato foi adotada pelo Código Civil brasileiro de 1916 e recepcionada no art. 1060, que buscou na doutrina de Pothier e de Dumoulin sua fundamentação; ela requer que exista entre a inexecução da obrigação e o dano uma relação de causa e efeito, direta e imediata. O dano deve ser conseqüência necessária da inexecução de obrigação. As expressões *direto* e *imediato* significam o nexo causal necessário. Não trilhou caminho diferente a nova codificação, conforme já referido supra.

Lê-se em Pothier que a contraposição do dano remoto (indireto) ao direito, para efeito de indenização, não quer, propriamente, excluir o dano remoto, mesmo porque, na fórmula que propõe como síntese de sua doutrina, o que ele exige é o nexo causal, necessário entre a inexecução e o dano, afastando-se aqueles que podem ter outras causas.

A interpretação mais apropriada cabível ao art. 1060 do CCB, correlacionando-se com o que lhe conferiu base jurídica o art. 1151 do Código de Napoleão, é a seguinte: "os danos indiretos ou remotos não se excluem, só por isso; em regra, não são indenizáveis, porque deixam de ser efeito necessário, pelo aparecimento de concausas. Supondo não existam estas, aqueles danos são indenizáveis".[324]

As excludentes da responsabilidade podem ser divididas em causas e cláusulas de isenção da responsabilidade. Na responsabilidade con-

---

[324] Para maiores esclarecimentos, ver ALVIM, Agostinho. *Da inexecução das obrigações e suas conseqüências*. 4.ed. São Paulo: Saraiva, 1972, p. 370 e ORGAZ, p. 53-93 sobre La Relación de Causalidad. Art. 1151: "Dans le cas même où l'inexécution de la convention résulte du dol du débiteur, les dommager et intérêts ne doivent comprendre, l'égard de la perte éprouvée par le créancier et du gain dont il a été privé, que ce qui est une suite immédiate et directe de l'inexécution de la convention."

tratual são admitidas sob atenta fiscalização, cláusulas de exclusão da responsabilidade. As causas de exoneração da responsabilidade podem ocorrer tanto na responsabilidade contratual como na extracontratual. A seguir, o trabalho atentará para os elementos da responsabilidade civil por danos causados ao consumidor por produtoso ou serviços defeituosos.

3.10.1. Responsabilidade pelo Vício do Produto ou Serviço

O Código de Defesa do Consumidor reservou os artigos 12 e 14 para tratar da responsabilidade objetiva do fornecedor, entendendo-se aqui no sentido *lato*, para englobar todos aqueles passíveis de responsabilização nos termos legais, independente da existência de culpa. A responsabilidade civil objetiva é a regra geral para as relações de consumo, sendo aplicável tanto aos defeitos dos produtos quanto aos dos serviços.

Em relação aos serviços, porém, é necessário verificar se este é prestado por uma empresa ou por profissional liberal, hipótese em que aplicará a responsabilidade subjetiva, que deve ser apurada mediante a comprovação de culpa do prestador de serviço, conforme o que se depreende da norma do § 4° do artigo 14 do CDC. Há possibilidade de o fornecedor fazer prova que venha eximi-lo da responsabilidade pelos eventos danosos causados por produtos e serviços, todavia, considera-se um grande avanço o fato de o legislador admitir a responsabilidade objetiva nas relações envolvendo consumidores. A questão relativa aos vícios dos produtos, hoje tratada no CDC nos artigos 18 e seguintes, teve até o advento do CDC sua disciplina jurídica fundada no Código Civil Brasileiro de 1916 nos artigos 1101 a 1106, e a codificação de 2002 reservou os artigos 441 a 446 para enfrentar as questões envolvendo os vícios redibitórios.[325]

---

[325] Art. 1101 do CCB de 1916: "A coisa recebida em virtude de contrato comutativo pode ser enjeitada por vícios ou defeitos ocultos, que a tornem imprópria ao uso a que é destinada ou lhe diminuam o valor. Parágrafo único – É aplicável a disposição deste artigo às doações gravadas de encargo." Correspondente ao art. 441 do CCB de 2002: "A coisa recebida em virtude de contrato comutativo pode ser enjeitada por vícios ou defeitos ocultos, que a tornem imprópria ao uso a que é destinada, ou lhe diminuam o valor. Parágrafo único. É aplicável a disposição deste artigo às doações onerosas." Art. 1102 do CCB de 1916: "Salvo cláusula expressa no contrato, a ignorância de tais vícios pelo alienante não o exime da responsabilidade (art. 1103)." Na codificação de 2002 não há artigo correspondente. Art. 1103 do CCB de 1916: "Se o alienante conhecia o vício, ou o defeito, restituirá o que recebeu com perdas e danos; se o não conhecia, tão-somente restituirá o valor recebido, mais as despesas do contrato." Correspondente ao Art. 443 do CCB de 2002: "Se o alienante conhecia o vício ou defeito da coisa, restituirá o que

Em face da sociedade de economia massificada, a disciplina dos vícios redibitórios se mostrava insuficiente. No que toca à responsabilidade por vícios dos produtos, a verificação da responsabilidade do fornecedor é controvertida, pois nem todos os estudos que versam sobre vícios no CDC enfrentam o tema.

Entendem Roberto Senise Lisboa, Alberto do Amaral Júnior, Marcelo Marco Bertoldi afirmando que, diante da omissão do legislador em mencionar que a responsabilidade do fornecedor será independente de culpa, na redação conferia ao tema dos vícios, está será subjetiva, mas em diferentes parâmetros do já conhecido no art. 159 do Código Civil Brasileiro de 1916 (correspondente aos artigos 186 e 927 do CCB de 2002). Adota este grupo de autores a teoria da responsabilidade presumida do fornecedor, no lugar da teoria do risco. Sob este prisma não cabe ao consumidor provar que houve culpa do fornecedor, porque há uma presunção absoluta de que o fornecedor agiu culposamente. Para obter-se a reparação do dano causado, basta prová-lo juntamente com o vício, e demonstrar que entre eles há nexo de causalidade.

Não é suficiente que o fornecedor demonstre ter agido de modo diligente e de acordo com o princípio da boa-fé, ele não estará livre de responsabilização, porque é seu dever colocar no mercado produtos isentos de vícios, que atendam às necessidades dos consumidores.

Vê-se em Roberto Senine Lisboa que é possível falar em responsabilidade objetiva mitigada, mesmo diante da omissão do legislador, sendo a aplicação prática desta regra confundida com a responsabilidade do art. 12 do CDC.[326] E sob este enfoque Ruy Rosado de Aguiar

---

recebeu com perdas e danos; se o não conhecia, tão-somente restituirá o valor recebido, mais as despesas do contrato." Art. 1104 do CCB de 1916: "A responsabilidade do alienante subsiste ainda que a coisa pereça em poder do alienatário, se perecer por vício oculto, já existente ao tempo da tradição." Corresponde ao Art. 444 do CCB de 2002: "A responsabilidade do alienante subsiste ainda que a coisa pereça em poder do alienatário, se perecer por vício oculto, já existente ao tempo da tradição." Art. 1105 do CCB de 1916: "Em vez de rejeitar a coisa, redibindo o contrato (art. 1101), pode o adquirente reclamar abatimento no preço (art. 178, § 2º e § 5º, IV)." Correspondente ao Art. 442 do CCB de 2002: "Em vez de rejeitar a coisa, redibindo o contrato (art. 441), pode o adquirente reclamar abatimento no preço." Art. 1106 do CCB de 1916: "Se a coisa foi vendida em hasta pública, não cabe a ação redibitória, nem a de pedir abatimento no preço." Na codificação de 2002 não há artigo correspondente. Os artigos 445 e 446 do CCB de 2002 dedicam-se aos prazos para a manifestação da parte em relação aos vícios.
[326] Art. 12 do CDC. "O fabricante, o produtor, o construtor, nacional ou estrangeiro, e o importador respondem, independentemente da existência da culpa, pela reparação dos danos causados aos consumidores por defeitos decorrentes de projeto, fabricação, construção, montagem, fórmulas, manipulação, apresentação ou acondicionamento de seus produtos, bem como por informações insuficientes ou inadequadas sobre sua utilização e riscos."

Júnior expressou-se assim: "Já não há regra de responsabilidade pelo fato, não se diz que o fornecedor responderá independente de culpa, mas se impõe a responsabilidade pelo fornecimento de produto ou serviço viciado, o que vem a dar no mesmo. O fornecedor responde pelo vício, ainda que oculto ou desconhecido dele, à semelhança da regra sobre o vício redibitório".[327]

Fica deste ponto de vista desincumbido o consumidor de provar a culpa do fornecedor. As constantes alterações nas técnicas de produção acarretam que, freqüentemente, o produto final apresentado para o mercado consumidor seja o resultado da colaboração de várias empresas. O longo caminho que muitas vezes o produto final passa até chegar ao consumidor foi objeto de atenção do legislador pátrio que estabeleceu a solidariedade passiva no Código de Defesa do Consumidor, nos arts. 18 *caput*, 19 *caput* e 25, §§ 1º e 2º.[328] Desta maneira, o consumidor ficou melhor protegido frente aos danos patrimoniais ou extrapatrimonias que lhe poderão ser causados. Em se tratando de vícios de qualidade, quantidade, ou desconformidade de informações, é garantido ao consumidor exigir de qualquer um dos formadores da cadeia de fornecimento a reparação pelo dano causado em seu patrimônio. Dificilmente, esta última hipótese será concretizada, eis que, na realidade, foi justamente a impossibilidade de o consumidor ter acesso a toda a cadeia de fornecedores e identificar o verdadeiro responsável pelo vício que fundamentou a escolha do legislador para esta forma de responsabilidade solidária.

---

[327] AGUIAR JR., *Aspectos*..., p. 172.
[328] Arts. 18, 19, 25 §§ 1º e 2º do CDC. "Art. 18. Os fornecedores de produtos de consumo duráveis ou não duráveis respondem solidariamente pelos vícios de qualidade ou quantidade que os tornem impróprios ou inadequados ao consumo a que se destinam ou lhes diminuam o valor, assim como por aqueles decorrentes da disparidade, com as indicações constantes do recipiente, da embalagem, rotulágem ou mensagem publicitária, respeitadas as variações decorrentes de sua natureza, podendo o consumidor exigir a substituição das partes viciadas (...). Art. 19. Os fornecedores respondem solidariamente pelos vícios de quantidade do produto sempre que, respeitadas as variações decorrentes da sua natureza, seu conteúdo líquido for inferior às indicações constantes do recipiente, da embalagem, rotulágem ou da mensagem publicitária, podendo o consumidor exigir, alternativamente e à sua escolha: I – o abatimento proporcional do preço; II – complementação do peso ou medida; III – a substituição do produto por outro da mesma espécie, marca ou modelo, sem os aludidos vícios; IV – a restituição imediata da quantia paga, monetariamente atualizada, sem prejuízo de eventuais perdas e danos (...). Art. 25. É vedada a estipulação contratual de cláusulas que impossibilite, exonere ou atenue a obrigação de indenizar prevista nesta e nas Seções anteriores. § 1º Havendo mais de um responsável pela causação do dano, todos responderão solidariamente pela reparação prevista nesta e nas Seções anteriores. § 2º Sendo o dano causado por componente ou peça incorporada ao produto ou serviço, são responsáveis solidários seu fabricante, construtor ou importador e o que realizou a incorporação."

O consumidor tem autonomia e poderá acionar qualquer um dos fornecedores, não sendo necessário identificar aquele que foi o real responsável pela perda que sofreu em virtude do vício, independentemente da forma de colaboração ocorrida no caso concreto.

Alberto do Amaral Júnior refere-se a três formas de colaboração: a integração vertical, que corresponde às situações em que determinado produto é formado por peças de fabricantes diversos; a integração horizontal, que se dá quando a montagem, determinada etapa da fabricação, ou até mesmo o controle da qualidade do bem, é confiada a empresa diversa da fornecedora oficial; e, por último, as questões decorrentes do uso de marca, principalmente, quando esta diferencia o produto exposto no mercado, mas a fabricação do mencionado produto é confiada a outra empresa que permanece anônima para os consumidores. Todos estes são responsáveis solidariamente de acordo com o art. 25, §§ 1º e 2º, do CDC.

Compreender "A relação obrigacional, visualizada como um todo e como um processo, não é uma relação jurídica simples, una, mas uma realidade múltipla ou complexa".[329] A relação obrigacional como um processo dinâmico[330] é possível precisamente na medida em que se constata surjam os deveres contratuais. Não se constituem desde o início em número e conteúdo determinados. Os deveres laterais podem nascer antes mesmo da contratação fundados no *contato social*,[331] ain-

---

[329] PEZZELLA, Maria Cristina Cereser. O princípio da boa-fé objetiva no direito privado alemão e brasileiro.*Estudos Jurídicos*, São Leopoldo, v. 30, n. 78, p. 57, 1997.

[330] Ver MOTA PINTO, *Cessão* ..., p. 310 e segs.

[331] A bibliografia que trata da categoria jurídica do *contato social* é muito restrita. A por mim consultada foi a seguinte: Harm Peter WESTERMANN. *Código Civil Alemão. Direito das obrigações. Parte geral.* Tradução de Armindo Edgar Laux. Porto Alegre: Sergio Fabris, 1983, p. 112. Ver principalmente Andréia Terre do AMARAL. *O contato social como fonte do negócio jurídico*. Trabalho apresentado em janeiro do 1994, na disciplina Teoria Geral do Direito Privado no mestrado em Direito da UFRGS, inédito, a partir da primeira página até a 24. Há autores com ponto de vista divergente, como Dieter SCHWAB, que, conforme Clóvis Couto e Silva, em que pese confira ênfase à noção de contato social, afirma que esta noção é inadequada à constituição de um sistema, já que os atos voluntários possuem particularidades que escapam a uma classificação unitária. Ver COUTO e SILVA em *Principes*..., p. 3 e segs. Couto e Silva discorda de Schwab, referindo-se assim: "A noção de ato voluntário relaciona-se a uma classificação que tem por fim demonstrar a influência, maior ou menor, da vontade nos atos jurídicos. O contato social, como *terminus technicus*, significa que todos os efeitos jurídicos supõem uma certa situação das partes na vida em sociedade. Então, ele é necessário para estabelecer a noção de um modelo mais geral dos fatos produtores de direitos e deveres. A diferença *entre* os atos ilícitos e lícitos manifesta-se na formação destes últimos, porque a vontade tem um papel fundamental. Mas ela é menor quando se trata da lesão aos deveres resultantes do contato *stricto sensu* ou do contato social". (Tradução da autora), p. 3. Ainda sobre o contato social, COUTO E SILVA já havia se referido no livro *A obrigação como processo*, p. 88 e segs. Ver também MARTINS-COSTA. A incidência do princípio da boa-fé no período pré-negocial: reflexões em torno de uma notícia jornalística. *Revista de Direito do Consumidor*, São Paulo, n.4, p. 141-165, 1993.

da que não expressamente previstos, durante a execução da *obrigação* e após, a chamada responsabilidade pós-contratual, além dos deveres ulteriores de fidelidade.[332] Os deveres laterais supõem uma obrigação existente, mas podem surgir antes da efetiva formação do contrato, podem também continuar existindo depois do adimplemento do dever de prestação principal.

O clássico conceito da relação obrigacional é insuficiente, e, segundo a nova orientação, ela não se esgota no dever de prestar e o correlato direito de exigir ou pretender a prestação. Compreende-se a relação obrigacional como uma situação globalizante-jurídico-creditícia, na qual, ao lado dos deveres de prestação, obrigações principais, existem *obrigações laterais – Nebenpflicheten*.[333] Na visualização abrangente da situação globalizante-jurídico-creditícia, apontam-se, ao lado dos deveres principais de prestação, os *deveres laterais*, os *potestativos*, as *sujeições*, os *ônus jurídicos*, as *expectativas*, por exemplo. Estes deveres não são menos importantes que os principais; pelo contrário, o que se deve registrar refere-se ao fato de que, mesmo não sendo previstos e imaginados, eles compõe a relação obrigacional e por isso devem ser cumpridos, pois em caso de inadimplemento podem inclusive gerar conseqüências de maior monta do que o descumprimento dos deveres principais, que foram os que fizeram a relação jurídica surgir.

Os elementos mencionados convergem em atenção a uma identidade de fim e constituem o conteúdo de uma relação de caráter unitário e funcional: a relação obrigacional complexa ou relação obrigacional em sentido amplo, também designada nos contratos de relação obrigacional. Para Mota Pinto, a obrigação deve ser entendida como "processo", e não como "sistema". O autor critica o recurso simultâneo às

---

[332] Conforme Carlos Alberto da MOTA PINTO. *Cessão...*, p. 233-268.

[333] "Nebenpflicht ist eine neben einer – Hauptflicht bestehende zweitrangige Pflicht. Im Schuldrecht kann die N. eine Nebenleistungspflicht oder eine Verhaltenspflicht sein. Die N. lassen sich nicht erschöpfend erfassen, sondern hängen start von den Umständen des jeweiligen Ein zelfalles ab. Sie sind meist Treuepflicht, Schutz – und Obhutspflicht oder Aufklärungs – und Mitteilungspflicht", *Dr. Gerhard köbler und Dr. Heidrun Pohl Deutsch-Deutches Rechtswörterbuch*, München, 1991 Obrigação secundária é uma obrigação subsidiária existente ao lado de uma obrigação secundária ou obrigação de prestação secundária ou obrigação de conduta. As obrigações secundárias não se deixam circunscrever exaustivamente, porém dependem em alto grau das circunstâncias do respectivo caso concreto. Elas são em geral obrigações de confiança, proteção, custódia ou obrigação de esclarecimento e informação (Tradução do Dr. Luís Afonso Heck) Referida anteriormente no artigo O princípio da boa-fé objetiva no direito privado alemão e brasileiro, p. 58 (PEZZELLA).

locuções "sistema" e "processo", referindo que a funcionalidade e a mobilidade resultam da idéia do sistema em movimento.[334]

A tarefa do legislador é sempre retrodatada, pois os fatos da vida antecedem à possibilidade de regulá-los com a mesma velocidade, nem mesmo se tem interesse jurídico numa regulação exaustiva, mas o Direito está sempre presente e pronto a atender a qualquer lesão ou ameaça de lesão ao direito. O legislador não pode prever todos os motivos, os interesses e situações reais que surgem envolvendo as circunstâncias da vida, que também ocorrem por meio de *desenvolvimentos* futuros, tanto da técnica como da existência social. O legislador se utiliza das cláusulas gerais, como as que contemplam o princípio da boa-fé objetiva, na busca da preservação da norma, já que a mantém mesmo com as alterações da vida, vez que atuam como *válvulas de escape* que permitem adaptação eqüitativa do direito aos fatos da vida.[335] Atento, o judiciário pode atuar conferindo maior densidade e eficácia jurídica às normas por força da jurisprudência, como se verificará a seguir.

---

[334] Ver MOTA PINTO, *Cessão...*, p. 310 e seguintes. Para compreender melhor a noção de *obrigação como um processo*, ver o pensamento que se tornou clássico entre nós de Clóvis Veríssimo do COUTO e SILVA referido em vários momentos de suas publicações verificáveis, por exemplo, na nota 33 e na nota 58.
[335] Ver Harm Peter WESTERMANN, p. 45.

4. Jurisprudência e eficácia jurídica

Colher a jurisprudência é um trabalho que se assemelha a uma busca que se faz em um mundo de fatos em que se escolhem alguns para discutir, dialogar, criticar e auxiliar na construção de caminhos que levem em conta o que de fato é importante, o mundo dos fatos, considerando-se os valores até o presente momento. A cultura de uma época se constrói numa constante interpretação e reinterpretação de suas normas que, ao serem elaboradas, guardam um pé no passado e outro no futuro, respeita as tradições que merecem ser mantidas, como aquelas que serão substituídas, lapidadas e aprimoradas em um mundo que se faz como um diálogo constante.

O papel desempenhado pela sociedade na construção do direito se faz de diversas maneiras diferentes e envolvendo os agentes nesse processo de sedimentação e aperfeiçoamento; não é obra exclusiva de um grupo iniciado pelos meios acadêmicos nos estudos jurídicos, e também não se cinde a estes interlocutores, mas os transcende. A obra se faz num processo constante em que os agentes são vários e dos mais diversos matizes. As ações culturais que atingem um grupo abrangente de pessoas, muitas vezes, tocam a todos pela emoção ou fazem despertar para um sentimento, que estava de certa forma anestesiado nas pessoas, e a partir deste despertar desencadeiam uma série de atitudes positivas.

O direito civil vigente, modelado segundo determinados princípios, *não está dotado de uma validade eterna e universal*, à semelhança do tão discutido *direito natural*. Nem sequer os seus princípios fundamentais se podem pretender, com segurança, válidos para todos os ordenamentos jurídicos e em todas as épocas. Quer os princípios conformadores do nosso actual "modelo" (1)[336] de direito civil,

---

[336] O autor deixou claro em nota de rodapé a sua compreensão a respeito a expressão modelo, assim: "Modelo no mesmo sentido em que a ciência econômica fala de modelo econômico e a mecânica ou a cibernética utilizam idêntica expressão nos seus domínios". Carlos Alberto da MOTA PINTO, *Teoria...*, p. 82.

quer as normas que os aceitam e desenvolvem, são elementos válidos numa dada circunstância espacial e temporal. É com esse sentidos que os expomos e caracterizamos. Trata-se de explicar, não uma suma do "direito natural", mas as opções e critérios valorativos de caráter jurídico que dão aqui e agora um certo sentido ao conteúdo do direito privado. Por outro lado, este quadro de princípios que fundamente e retrata sistematicamente o direito civil actual, *não brotou por espontânea geração* no solo da vida social de hoje. Trata-se de *um produto histórico*, em cuja gestação concorrem opções fundamentais sobre a organização económica e social e mesmo sobre a concepção do homem. Opções, cuja gestação, por sua vez, é determinada pelos dados sociológicos da sociedade em cada momento e em cada lugar.[337]

O impulso para a pesquisa não é fruto da razão, mas tem sua nascente na sensibilidade, na emoção, que é a mola propulsora das descobertas que têm por objetivo construir um mundo cada vez melhor, mas adequado em suas possibilidades e potencialidades para as espécies que habitam hoje a Terra, em atenção às conquistas já alcançadas e com vistas ao futuro que se vai construindo a todo instante.

A construção do futuro e da jurisprudência sensível aos fatos da vida se faz por obra de uma pluralidade de esforços como por exemplo o advogado, os representantes do ministério público e os representantes do judiciário, mas principalmente, por obra da coragem de quem quer ver reparado o direito lesado ou ameaçado de lesão.

4.1. Papel do Advogado, do Ministério Público e do Magistrado na construção da jurisprudência e do direito[338]

O advogado[339] é um dos grandes interlocutores sociais que atuam direto com a malha social e que buscam junto ao Judiciário construir

---

[337] Ver MOTA PINTO, *Teoria...*, p. 82.

[338] A respeito do aspecto dinâmico da *lacuna normativa*, interessante é a passagem da BverfGE 82,6(12): "A evolução real ou jurídica pode, contudo, deixar uma regulação até então clara e perfeita, incompleta, carente e, simultaneamente, susceptível de complementação. A admissão jurídico-constitucional à investigação e colmatagem de lacunas acha a sua justificação, entre outras coisas, no fato de que as leis estão submetidas a um processo de envelhecimento. Elas encontram-se em um ambiente de relações sociais e de concepções sociopolíticas, com cujas transformações o conteúdo normativo também pode mudar-se (comparar com BverfGE 34, 269[288]). À proporção que se formam lacunas legais em virtude de tais transformações, a lei perde a sua capacidade de manter pronta para todos os casos, a que a sua regulação aspira, uma solução justa. Os tribunais, em decorrência, estão autorizados e obrigados a examinar o que, sob as circunstâncias modificadas, é 'Direito' no sentido do art. 20, alínea 3, da Lei Fundamental" (BverfGE-*Bundesverfassungsgerichtsentscheidung* [Decisão do Tribunal Constitucional Fede-

o direito por meio da jurisprudência, preencher a inércia do Legislativo[340] e as omissões do Executivo[341] no que toca à produção concreta do direito. O juiz só pode construir o direito sob os ombros ao menos de um advogado, que suficientemente sensível perceba, juntamente com o seu cliente, identificar o conflito e mesmo que este ainda não tenha pronta resposta legal busque corajosamente o reconhecimento do direito. Não se pode descuidar do papel preventivo, cada vez mais importante que as áreas do conhecimento, também tem desempenhado na figura dos advogados militantes quer na esfera privada, quer na esfera pública, onde atuam como verdadeiros filtros com vistas a evitar que os litígios cheguem ao Judiciário.

Advogar caracteriza-se, também, pela função de catalisar e forçar a criação de jurisprudências para ampliar as margens do direito legislado e reconhecido. Ultrapassada a época em que advogar limitava-se às características de um mero ser retórico, sem conteúdo e que despiciendo de idéias próprias repetia as fórmulas construídas por juriscon-

---

ral]). HECK, Luís Afonso. *O Tribunal Constitucional Federal e o desenvolvimento dos princípios constitucionais*: contributo para uma compreensão da jurisdição alemã. Porto Alegre: Sergio Antonio Fabris, 1995, p. 186. No que toca à essência dinâmica do Direito, já me posicionei assim: "O Direito e a lei podem conter uma igualdade de conteúdo, mas podem também não conter, até porque não há necessidade ou interesse de todo o direito ser abarcado em leis. O Direito corresponde um estado jurídico-cultural de um povo, numa certa época em um dado momento histórico. Por sua vez a lei expressa em parte este estado jurídico-cultural de um povo, numa certa época em um dado momento histórico, e apenas em parte. Não raras vezes, a lei é apenas uma parcela do Direito que pode e deve ser descoberta pela doutrina e pela jurisprudência." Já me manifestei no artigo A boa fé objetiva no direito privado alemão e brasileiro (p. 65). O mesmo artigo também pode ser lido na revista *Direito do Consumidor*, São Paulo, n.23-24, p. 199-224, jul./dez. 1997.

339 Compreende-se o advogado de maneira *lata*, e não *stricto sensu*, todos aqueles que advogam causas na esfera pública ou privada, como, por exemplo, os procuradores do Estado, procuradores autárquicos, defensores públicos, advogados liberais, advogados empregados de empresas, advogados associados, advogados empregados, enfim todos aqueles que trabalham na defesa dos interesses das partes.

340 O Legislativo, em regra, e por característica atua sempre de maneira retrodatada disciplinando os conflitos já existentes na sociedade, mas descompassado no tempo. O conflito existe, e a resposta legislativa chega depois. É difícil que ele responda de maneira concomitante com uma antecipação. O processo de legitimação das atitudes e iniciativas legislativas necessita de uma prévia discussão e amadurecimento social. O fato de encarar que o Judiciário elabora e sistematiza o direito muito tempo depois de os conflitos estarem sendo sentidos pela sociedade não tem por objetivo restringir a sua importância, mas referir que a sua atuação se funda sob a construção abstrata da norma, e não na construção de normas e medidas prontas para servirem a casos concretos determinados.

341 As omissões do Executivo se devem a uma série de situações diversas desde a inépcia para administrar, podendo ser também uma momentânea inviabilidade material ou um descuidar de prioridades e conhecimento das responsabilidades administrativas.

sultos, como ocorreu em certo período, no direito romano. O advogado é por natureza um provocador, controlador e atento detetive que tudo ouve e vigia, mas que, pacientemente, realiza o que, por vezes, a sociedade ainda não está preparada para enfrentar: a construção de um direito efetivo. O mérito do advogado não está nos processos em que sua tese é vencedora, necessariamente, mas também naqueles em que questiona e demonstra a fragilidade na estrutura social, política e jurídica para responder aos conflitos individuais, sociais e coletivos. Atua aqui como um agente sinalizador da fragilidade da estrutura social para responder aos conflitos em que é chamado a atender. A resposta da demanda, mesmo que, importantíssima, no momento presente, para a construção do direito e sua efetiva realização, quando não reconhecida, passa a ser secundária, pois demonstra a capacidade de identificar o problema, ainda pendente de solução justa.

Advogar consiste num exercício constante e se caracteriza por uma atitude permanente de estudar para, de maneira corajosa e audaz, buscar a construção do direito, não se restringindo em repetir modelos anacrônicos e dissociados da nossa atual realidade social e do nosso sistema jurídico vigente. A cultura jurídica de um país se mede pela forma como ela resolve os seus conflitos; as fugas, os artifícios, muitas vezes utilizados demostram apenas a falta de uma cultura, fundada na tradição, de não se enfrentar o mérito das questões levadas a juízo. A construção da cidadania, da cultura de um país se mede pela construção do direito, também nos Tribunais, assim como fora deles. Significa dizer que o desenvolvimento de uma cultura, ainda incipiente, como a nossa de país do Cone Sul e continental, é aferível pela espécie de demandas levadas a juízo, assim como aquelas que são bem resolvidas, amigavelmente.

Atentar para a solução dos conflitos que não são levados a juízo não significa diminuir a importância do papel do Judiciário na nossa sociedade; ao contrário, significa um grau de cultura jurídica mais firme que pode ser formada por pessoas maiores, senhoras de si, e que cumprem aquilo a que se comprometem, buscando com auxílio de profissionais qualificados, intermediários distantes do subjetivismo típico das pessoas envolvidas no conflito.

Isso não significa deixar de atentar para um detalhe que não é insignificante, em que o controle da justiça deve estar sempre centrado e protegido pelo poder público. Trata-se de um bem e um serviço que devem estar sempre sob o olhar atento do interesse prevalentemente público, não sendo possível a sua transferência real ou dissimulada para a esfera particular. Segundo Alberoni: "Que o advogado defenda bem e se dedique a seu cliente. Mas se apenas defendesse bem não se impusesse nunca, jamais o problema do ser justo acabaria fora da moralidade".[342]

Todos os agentes do direito têm papel importante na construção da jurisprudência e do direito. A atuação do Ministério Público, o atendimento ao público, da população desatendida e desorganizada são atribuições, novas, desenvolvidas a partir da Lei da ação civil pública e pelas atribuições criadas pela Constituição de 1988, que recompôs atribuições já existentes a sua função. O trabalho realizado na proteção dos interesses individuais (por meio dos pareceres quando solicitado), na tutela do interesse prevalentemente público, na proteção dos chamados direitos transindividuais, individuais homogêneos, difusos e coletivos, o Ministério Público tem uma função tanto na esfera preventiva quanto judicial, descurar desta obrigação implica desconhecer o papel do novo Ministério Público.

O juiz só atua mediante provocação, seu trabalho produzirá maior repercussão na construção jurisprudêncial mediante a atuação da população consciente de seus direitos que atua, por intermédio de seus procuradores e do Ministério Público, na construção do direito porque são, fundamentalmente, eles que provocam a máquina estatal.[343] O Judiciário realiza a construção do direito que já existe, no mundo dos fatos, mas ainda não é reconhecido plenamente. Cabe ao juiz uma margem residual de apreciação do caso, o que não significa que desenvolva um processo arbitrário ou irracional, mas lógico e jurídico. É na tarefa do julgador que se materializam os valores que são encontráveis na sociedade.

Os valores são aferíveis no grande espectro social. Por exemplo: os constantes nos princípios consagrados na Constituição e nas leis, podendo, assim, encontrar uma direção previamente delineada pela sociedade e pelo legislador na sociedade; nos *movimentos sociais organizados* que lutam por uma maior representatividade dos excluídos na sociedade; assim como de toda a sociedade que de maneira organizada busca resguardar seus espaços de conquistas. Também ao jurista

---

[342] ALBERONI, p. 27.
[343] O juiz produz sua obra de arte nos limites lançados pelas razões de fato e de direito que chegam aos autos como numa tela, limitada pela sua moldura.

impede indagar-se sobre os princípios ou critérios valorativos em que as formulações *legislativas* se baseiam e que são próprias ao ordenamento jurídico, formular, e por vezes reformular, com vistas a desenvolver os limites do próprio direito. Sublinha Alberoni: "Que o juiz julgue mas não pense, por favor, que ao julgar possa esquecer a sua moralidade. Não basta dizer que se 'cumpriu o dever', é preciso, a cada vez, decidir se aquele dever é justo, se o que estamos fazendo é mesmo o bem. Todas as vezes a moral nos pede para sairmos fora de nós mesmos, do mundo, para olhar tudo de cima. E às vezes, por um instante, conseguimos".[344]

De acordo com o pensamento de Bion: "As concepções e os pensamentos evoluem de forma indissociada entre si. A correlação entre as concepções promove os *conceitos*; a relação entre os conceitos, estabelecendo as diferenças e tirando as conclusões entre o verdadeiro e o falso, forma a capacidade de *julgar*; e o enlace entre os juízos diferentes, em que o último deriva do primeiro, faculta a capacidade de *raciocinar*".[345] Por estes motivos e estas razões faz-se indispensável analisar, com os limites que a própria envergadura do tema comporta, a questão da compreensão da verdade e sua busca no caso concreto.

Aos profissionais do direito, assim como aos demais, não se limita ao mero raciocínio lógico e o dedutivo, mas também de ser sensível para poder, quando a necessidade exigir, saber intuir. Lançando mão de uma expressão jurídica, o *benefício da dúvida*, refere o médico, autor do artigo *A Gangorra*, Renato Trachtenberg, que:

> os relatos dos pacientes passam a receber uma escuta diferente da medicina e a ser considerados versões possíveis de verdades potenciais construídas e desconstruídas pelo caminho da cura. Conseqüência lógica ser o registro de uma outra realidade tão real e verdadeira como a que antes considerávamos única. Descoberta de um novo mundo em que o subjetivo se instaura no ser não mais como distorção da verdade, e sim como outra dimensão de verdade (...) As "mentiras" dos sonhos, atos falhos, transferências, lembranças encobridoras, novela familiar etc. Passam a ser a via privilegiada para o encontro de verdades que nos levarão a outras e mais outras verdades. Bion, através dos filósofos e de Freud, nos fala de uma verdade última, inalcançável para os sentidos, não conhecível, apenas intuível". Somente através de suas transformações poderemos ter algum tipo de acesso, sempre limitado, incerto e conjeturável. Cada nova verdade des-encontrada será mais uma vez questionada, des-saturada, para

---

[344] ALBERONI, p. 27. É como se só pudéssemos conhecer o percurso de um rio quando o observamos à distância.
[345] Segundo ZIMERMAN, p. 94.

nos dirigirmos sem preconceito, armados apenas com nossas pré-concepções, a esse im-pre-visível lugar do não-sabido. Dessa forma, fomos sendo empurrados para uma posição muito mais modesta, não mais donos, e sim "sem-terras" da verdade.[346]

Sem dúvida, no momento do julgamento e durante todo o processo o magistrado, tal qual o médico, está sensível a todas as variantes, que não se restringem a uma inquirição narrativa e enfadonha de perguntas abstratas e de conhecimento prévio dos advogados e membros do Ministério Público acostumados com o ambiente forense. Merece destaque a interpretação feita pelo mesmo autor acima citado do filme *O Processo do Desejo* (La Codanna, de Marco Bellocchio), e reproduzir o diálogo entre o juiz e personagem acusado de estupro, quando o acusado diz não ter havido "violência carnal":

Juiz: Por que o senhor diz que não houve violência carnal? Acusado: Porque Sandra teve orgasmo. Juiz: Como o senhor pode provar o orgasmo? Acusado: Não é demonstrável como uma lei científica, não se pode descrevê-lo. Quanto mais inconsciente, mais lindo. Fica só um vestígio no íntimo de quem o sente. Juiz (um pouco irritado): Renunciemos às teorias e interpretações. Voltemos aos fatos, ao relato. Podemos começar do início. Acusado: Mas não se descobrirá nada fazendo relatos. Juiz: Por quê? Acusado: Uma descrição rica de detalhes, ainda que exatos, se tornaria grotesca, falsa. Nesse diálogo incomensurável (no sentido de Kuhn), podemos observar alguém que se supõe sujeito-suposto-verdade, não por acaso um juiz, frente a alguém, não por acaso acusado e não por acaso um artista, que não detém a posse de uma verdade material, palpável, cheirável, olhável, palatável ou audível. Verdadismo e verdade silenciosa. O grito e o sussurro. No verdadismo, a sexualidade perversa (erotizada ou pornográfica) se expõe através do grito, em que a palavra em-si-nua ocupa o lugar do não dito que se in-si-nua no erotismo, no espaço imaginativo e criativo da fantasia (sussurro).[347]

A busca da verdade e o papel do magistrado transcendem a postura burocrática e vão além dos métodos repetidos de inquirição, mesmo nos processos mais corriqueiros, na história da humanidade, pois a postura de quem, estrategicamente, investiga a verdade requer uma presença de espírito e uma atenção de quem tem a capacidade de se colocar, mesmo que momentaneamente, no lugar das partes envolvidas na demanda. Capacidade de pôr-se ora no lugar de um, e ora no lugar

---

[346] Ver o artigo de Renato TRACHTENBERG, A gangorra. *Revista do CEP*, Porto Alegre, ano 7, n.7, set. 1998, p. 140.
[347] Ver TRACHTENBERG, p. 141-142. No que toca à verdade e à expressão *verdadismo*, mais detidamente se verá.

de outro, sentir o problema e simultaneamente tomar distância dele, uma tarefa difícil, mas necessária.

A atividade do magistrado, ao julgar, acaba por decidir o caso concreto, mas faz também desencadear outros julgamentos simplesmente porque a atividade dos juristas *lato sensu* e *stricto sensu* é apenas uma parte do todo, e não pode ser confundida com o todo. Ao se compreender a dimensão da parte e o quanto ela pode interferir nas outras partes não significa confundir e substituir uma parte significativa com a integralidade. Por esta razão, a dogmática crítica e seu principal articulador, o profissional do direito, comportam um papel significativo na sistematização e produção do conhecimento, o próximo passo deste estudo.

4.2. Papel do profissional do direito na produção do conhecimento

A atividade do profissional do direito pode estar vinculada a uma constante formação de elementos para o pensar jurídico que se mantém numa constante relação de investigação, estudo, pesquisa e inter-relação da vida na elaboração, realização e controle do cumprimento efetivo do direito. Trata-se de uma preocupação e uma responsabilidade que vai além da mera elaboração legislativa, ou da sua aplicabilidade no campo das ações do Executivo ou do Judiciário. Consiste em ser aos moldes de uma *poeira cósmica* que interpenetra pela ação do vento aos ares de todos os tempos e continentes, com vista a tornar realidade os direitos e a sua efetiva realização. Tornar real o direito que ainda não é compreendido como tal faz parte do papel deste profissional, que, por não ter compromisso com uma causa ou com uma instituição, passa a ser um ser mais livre para apontar situações inadequadas e que reclamam a construção de novos mecanismos ou instrumentos com vistas a proteger um maior número de situações que ainda não tenham sido devidamente compreendidas como dignas de tutela jurídica.

A tradição da história do direito nos serve também para apontar os mecanismos já utilizados com adequação e que podem ser reelaborados para serem utilizados nos momentos atuais, assim como fazer a tradição ser aprimorada num movimento helicoidal com saltos nos patamares a serem atingidos, num objetivo constante, em que a meta atingida acarrete o impulso para o próximo passo, a próxima etapa a ser alcançada, em um processo que tenha em mente uma civilização cada vez mais humana.

Atividade prática e teórica realiza-se por meio de livros, discursos e discussões via ações políticas, na esfera do ensino, da pesquisa e investigação que são objeto de preocupação de várias áreas do conhecimento, como a pintura, a música, as artes plásticas, a poesia, o cinema, o teatro, a antropologia, o jornalismo, a literatura, a filosofia, a sociologia, a psiquiatria, a medicina, a teologia, entre tantas outras profissões reconhecidas pela estrutura formal, social, econômica ou política do Estado, inclusive das profissões conhecidas como jurídicas.

O processo de educação consiste também em saber distinguir a diferença existente entre as palavras *educar* e *instruir*, uma distinção que não pode ser esquecida ou de maneira deliberada confundida. Dulce Mara Critelli, relembrando o pensamento de Martin Heidegger, refere:

> Instrução e educação são fenômenos que nada têm a ver um com o outro. Instruir é treinar, condicionar, informar, adestrar. Educar, por sua vez, vem do latim *ex-ducere*, que quer dizer "conduzir ou arrancar para fora", subentendemos, de uma condição de existência para outra. Se, em verdade, substituímos a educação pela instrução, é à segunda e não à primeira que nos temos remetido em nossas discussões; é com a instrução que nos temos preocupado. Tal situação acaba de dirimir, de uma vez por todas, a questão educacional que imaginávamos refletir. Além disso ela nos vem denunciar que nossa contemporaneidade não tem espaço para a educação, mas só para instrução. Sendo a instrução, desta feita, o fenômeno a ser pensado, aquilo que se evidenciava logo ao primeiro lançar de olhos no fenômeno educação – a ser saber, o sermos-uns-com-os-outros – já não mais se mostra e, de uma maneira muito particular, nem tem mais por que se presentificar. Aquilo que na instrução se manifesta como seu constitutivo básico são os processos, conteúdos, instrumentos, recursos, objetos e objetivos da instrução. As relações homem-homem, neste âmbito, não são mais a "oportunidade", mas os "subsídios" da concretização de tal tarefa.[348]

Percorrendo semelhante caminho ao desenvolvido por Bion na psicanálise[349] Heidegger, na perspectiva filosófica, e da acima lançada, traz à tona a idéia de constante mutação, assim visualizada por Critelli ao resumi-la:

> A aproximação à ontotogia heideggeriana dessa questão exige de nós um abrir-caminho à recuperação da "educação" mesma e enquanto tal. É o que estaremos

---

[348] Ver comentário de Dulce Mara CRITELLI. In: HEIDEGGER, Martin. *Todos nós ...ninguém – um enfoque fenomenológico do social.* São Paulo: Moraes, 1981, p. 63-64.
[349] Ver o desenvolvimento das idéias de BION na próxima parte desta tese, que trata das questões que envolvem o conhecimento, o pensamento e a busca da verdade.

> tentando a seguir. No primeiro momento em que nos referimos à educação, deparamos com aquilo que chamamos de primeira evidência oferecida por tal fenômeno – o fato de ser ele o lugar onde, com primazia, encontramos a relação homem-homem; o lugar no qual enxergávamos os homens-sendo-uns-com-os-outros. E compreendamos bem que a facticidade de serem os homens uns com os outros não é o decorrente da educação, mas, ao contrário, tal facticidade é aquilo que se apresenta como a "oportunidade" da educação, uma vez que ser-com-os-outros é caráter constitutivo do próprio homem (ser-aí).Tendo como fundamento o ser-com-os-outros, a educação constrói-se na "circumundaneidade" de que Heidegger nos fala, no existir cotidiano. No envolvimento com o mundo de que cuidamos, em nosso trabalho, é que os outros são por nós encontrados: nesse envolvimento cuidadoso com o mundo somos uns com os outros e, nele, a educação se dá. É nesse modo básico e habitual de ser que a educação encontra sua oportunidade. Ora, tal modo habitual de ser é aquele em que cada homem que dele participa não se apropria de seu "si mesmo" autenticamente. Quer dizer: o cotidiano ser-com-os-outros é o modo de ser com os outros, o modo do "ninguém", da inautenticidade, do "a gente". Assim, é no espaço da inautenticidade em que basicamente a educação se desdobra.[350]

Compreender o ser com os outros e o papel desempenhado pelo mundo que conduz merece ser lido pelas palavras de Critelli, ao sintetizar o pensamento de Heidegger:

> O ser-com-os-outros cotidiano é o lugar do "público", onde tudo é para todos indistintamente, onde somos como os outros são, fazemos aquilo que se faz, preocupamo-nos com o que "a gente" se preocupa, onde estamos familiarmente habituados ao "afastamento" de nossas próprias responsabilidades e de nosso próprio ser. Esse ser-com-os-outros cotidiano é, portanto, o lugar do nivelamento ou "uniformidade", onde tudo é de todos, onde estamos sempre à mercê do arbítrio do "a gente". Esse mundo habitual que é para todos, de todos e onde somos como todos, é o espaço que se configura como aquele que pertence à massificação e à mediocridade, ao qual acabamos, enfim, por pertencer e construir. Heidegger chama nossa atenção para o fato desse cotidiano mundo público, de afastamento e uniformidade, onde se desenvolvem a massificação e a mediocridade, ser insensível às diferenças entre as questões e ao "coração" destas; chama a atenção, mostrando que esse universo encarrega-se de interpretar o mundo e o homem, impondo e seduzindo o homem a tais interpretações, em função das quais há que se conduzir.

Aqui, chegamos a algo de particular interesse. O mundo circumundano, em suas características próprias, é um mundo que "conduz o homem em suas situações de existência", um mundo que, basicamente, se caracteriza pelo estar levando ou arrancando sempre cada ser-aí de uma condição de existência para outra. Esta ação é a que origina-

---
[350] CRITELLI, p. 64-65.

riamente reconhecemos como constitutiva da "educação". Tal agir, todavia, não implica que se arranque de uma situação de inautenticidade para outra de autenticidade. Exatamente o oposto, pois já tivemos a oportunidade de perceber, através do pensar de Heidegger, que esse universo público, esse universo do "a gente", só mantém o inautêntico. Quer dizer que, em seu movimento de conduzir ao homem, ele o faz sempre partindo de condições de existência impróprias para outras de impropriedade. Nestes termos, o universo do "agente" é um educador. As escolas, as igrejas, os meios de comunicação de massa, os núcleos de serviço social, os centros de tratamento psiquiátrico, etc., são aqueles organismos que o "a gente" reconhece como encarregados "públicos" daquilo a que chama educação em suas especificações. Assim que essas instituições se ocupassem da educação, e não da instrução, ainda assim elas basicamente incorrem no fazer persistir a inautenticidade. Todas elas são, como os meios de transporte, instituições "públicas", quer dizer, são sempre endereçadas a todos, o que equivale a serem endereçadas a "ninguém". Se é, pois, no cotidiano e público ser-com-os-outros (no inautêntico) que a educação encontra sua oportunidade para ser, isto quer significar que o educar encontra seu fundamento no inautêntico. Essas compreensões nos jogam num impasse um tanto quanto desalentador, pois subentendidamente, o que se espera da educação é exatamente o contrário. Tacitamente convivemos com a idéia de que cabe à educação (seja ela qual for) a responsabilidade da construção de um "mundo melhor" e de "homens mais livres" e, assim, nela depositamos todas as nossas esperanças e ideais. Com a exposição feita, tais ideais e esperanças parecem cair por terra. O desalento que podemos experimentar é, contudo, profícuo, se servir para nos libertar das mistificações que fazemos em torno da codificação humana e a aceitamos como ela é, em sua finitude e limitação, desobrigando-nos de tentar ser o que jamais seremos perfeitos e absolutos. Porém, em outra medida, esse desalento é impróprio e inadequado, pois geralmente e de imediato nos aparece em razão da confusão que fazemos entre apresentar um problema e resolvê-lo. Apresentar uma questão (que é o que fizemos) não é solucioná-la de pronto. A impropriedade de tal desalento, além do mais, advém do vício de nos preocuparmos sempre, com prioridade, sobre o "fazer" que se impõe a tal situação, um fazer que se torna inadequado, uma vez que a problematicidade da questão nem está clara de todo.[351]

---

[351] CRITELLI, p. 65-67. VAN GOGH, p. 25.

Repete-se aqui uma pluralidade de questões importantes destacando-se a importância da problemática e a dimensão diminuta do ser, que ao perguntar algo não tem claro que se pode compreender o todo. Para Heidegger, o espaço reservado para educação atinge a esfera pública onde os homens estão sendo uns com os outros e faz relembrar o homem enquanto possibilidade, assim:

> Negar à educação o seu caráter de publicidade é impossível. Contudo, devemos nos voltar a ela recuperando o que nela se mostra de mais fundamental. O educar é o espaço onde os homens estão sendo uns com os outros. Se a educação implica a relação homem-homem como relação básica, isto já nos está dizendo que se trata da relação dos homens entre si e não dos homens com outros entes que não são ser-aí também. Desta feita, a educação deve então ser pensada fundando-se na compreensão de como é o homem (ser-aí, *Dasein*). Não esqueçamos que o homem é um ente diferente dos demais, é sempre como "possibilidade". Os outros entes têm o caráter de ser em determinação, enquanto que o ser-aí tem o caráter de ser em possibilidade. Se a educação só fizesse abrir caminho à inautenticidade, seu endereçamento seria às coisas, aos objetos, e não aos homens. Se ao homem é dada a condição de ser em possibilidade, tanto a inautenticidade como a autenticidade como modos de ser lhe estão abertas. Ser no modo do "a gente" é apenas um dos modos, embora o mais básico, possíveis para o homem. No capítulo que apresentamos traduzido, Heidegger, ao mesmo tempo que apresenta a inautenticidade do modo de ser cotidiano, nos fala também da possibilidade da autenticidade, não como uma extirpação do "a gente", mas como uma modificação existencial de ser nele, apesar e a partir dele. A inautenticidade e a autenticidade se desdobram no modo pelo qual os homens se relacionam entre si, quer dizer, na solicitude. É, portanto, a partir da solicitude como um todo que a educação deve ser pensada, uma vez que, em última instância, é ela que se apresenta como a "oportunidade" de educação. Se estivermos atentos à solicitude, talvez encontremos a possibilidade de responder à problemática manifesta do fenômeno educação. O existir solícito é algo que acontece eqüiprimordialmente ao "ser-no-mundo", caráter fundamental do ser-aí. O homem absorve-se no mundo onde faz sua moradia, referindo-se e cuidando envolvidamente desse mundo. O envolvimento ou a absorção mundana que o homem experimenta tem a característica do próprio ser do homem – a temporalidade "aqui" do mundo, porque o próprio mundo descortina-se também como um "lá". O futuro, o por-vir, abre ao homem o seu estar-aqui. O homem descobre-se sendo aqui para ser lá.[352]

A educação significa que encerrar o caminho implica que o próprio caminho aqui se abra, assim como referiu Critelli: "Encerrar aqui nosso caminho é, portanto, apenas abrir a possibilidade do próprio

---

[352] Refere CRITELLI, p. 68 e 69.

caminho".[353] Assim, o processo educativo é uma constante, um passo adiante não implica chegar mais próximo do objetivo, pois o objetivo implica o desejo constante de construir um mundo melhor. A construção deste mundo depende das pessoas, da sociedade em organização e organizada desempenhado seus papéis, nosso próximo passo.

4.3. Papel do cidadão e da sociedade organizada na construção do Direito

O Estado foi criado por uma abstração humana para melhor disciplinar as relações interpessoais e as relações vinculadas ao Estado. Compreender a existência do cidadão consiste uma evolução do pensamento civilizatório, pois somente depois que se tem a compreensão da existência de um cidadão se pode falar em um ente abstrato chamado Estado, e que existem seres individuais em face dele. Se a obra da construção do Estado é criação humana, suas alterações também são o processo possível desta construção cotidiana. Os processos de construções da civilização se dão por inúmeros acontecimentos apropriados e dignos de interpretação.

No que toca à construção do direito não corre de maneira diferente e, desta forma, sua alteração não se restringe apenas as pessoas mais diretamente envolvidas e reconhecidas como atores responsáveis pela efetivação do direito, por exemplo, alguns dos acima mencionados, reconhecidos pela estrutura formal do direito. A construção do direito se realiza com a efetiva participação diária e constante de uma civilização que tem consciência de seu papel criativo que consiste no constante processo de fazer desenvolver uma civilização mais humana, e por isso não se curva às situações em que a violação dos direitos ocorre. A busca do direito é uma característica fundante e alicerçada na atitude das vítimas, que têm a consciência de serem vítimas e assim buscam o seu direito expondo-se a não vê-lo reconhecido pela precariedade temporária de instituições, muitas vezes, burocratizadas e que agem na esfera da não afetividade, da não preocupação com a busca da verdade, e assim atuando são cruéis.

Não existe sociedade justa sem cidadãos reais e conscientes do seu papel social, individual e coletivo, e o direito só se constrói na

---
[353] Ver CRITELLI, p. 72.

medida da ousadia e da coragem destes cidadãos, e não na razão direta da produção intelectual dos advogados (*lato sensu*), membros do ministério público, ou da magistratura. O direito se faz todos os dias pela cultura, em todas as suas formas de manifestação, como a música, a literatura, a arte, a pintura, a escultura, o cinema, o teatro, ou não se realiza todos os dias por todos estes veículos e muitos mais. Consiste num trabalho de artesão feito e refeito a todo o momento, em um modular de ações constantes e sincronizadas, numa ação que desperta reações regidas por uma música de fundo, ou um acordo velado que combina vários agentes atuando de maneira simbiótica

Tomando a música como referência, o direito se constrói na harmonia e no equilíbrio de uma grande sinfonia em que todos os sons e músicos são importantes, sem eles não há a música, se algum deles quiser ser mais ou melhor, haverá um desequilíbrio, uma desarmonia, tudo se faz importante, inclusive o silêncio revelador e necessário para meditar e sentir a saudade necessária do som do próximo movimento musical, uma surpresa, uma expectativa, uma manifestação da emoção. A emoção, sem dúvida, é a mola propulsora da atividade criativa, em todas as áreas do conhecimento, pois o conhecimento não se faz sem este interesse primordial, e, se assim não for, haverá sempre uma margem de dúvida de qual a sua verdadeira razão de existir.

Paulo Bonavides, na sua obra mais recente, *Teoria Constitucional da Democracia Participativa*, desenvolve a semente que já havia lançado no seu *Curso de Direito Constitucional* e, de maneira que faz mover as emoções mais verdadeiras, aponta para o futuro da construção do nosso Estado Democrático e Participativo de Direito, o dever de os entes sociais deixarem de ser meros espectadores para todos, em cada parcela, atuarem como protagonistas da sua história, possuidores de si mesmos e de sua nação, agindo com lealdade aos princípios e às instituições – por nós e nossos antepassados criadas para viver a soberania popular e participativa em moldes criados por nós mesmos a todo dia como uma batalha que se faz no cotidiano em atitudes concretas a todos os instantes – sem, desistir dos nossos papéis para construir uma sociedade mais efetiva que inclua de maneira harmônica os diferentes e respeite as singularidades.[354] Descreve assim o autor o papel do cidadão e das letras jurídicas:

---

[354] Palestra realizada pelo Professor Doutor Paulo Bonavides em Porto Alegre, organizada pela PGE-RS e pela Escola da OAB-RS, no segundo semestre de 2001.

> Já o princípio da soberania popular compendia as regras básicas de governo e de organização estrutural do ordenamento jurídico, sendo, ao mesmo passo, fonte de todo o poder que legítima a autoridade e se exerce nos limites consensuais do contrato social. Encarna o princípio do governo democrático e soberano, cujo sujeito e destinatário na concretude do sistema é o cidadão. (...) Em suma, o princípio da soberania popular é a carta de navegação da cidadania rumo às conquistas democráticas, tanto para esta como para as futuras gerações. (...) As letras jurídicas carecem, pois, de renovação e rumos. A teoria constitucional da democracia participativa segue a trilha renovadora que fará o povo senhor de seu futuro e de sua soberania, coisa que ele nunca foi nem será enquanto governarem em seu nome provando-o de governar-se por si mesmo.[355]

Todos e cada um dos acima citados são partes importantes no processo de construção da cultura e fundamentalmente da cultura jurídica e da humanidade, mas apenas e tão-somente partes, isto quer dizer, nenhum deles, individualmente, pode se sentir ou confundir-se com o todo, que é muito mais amplo que qualquer de suas partes. Compreender a dimensão da parte não é missão menos importante do que lutar para a construção de um todo mais amplo e mais iluminado. Perceber o quanto somos apenas uma parte do todo não nos retira a dimensão que contém um pouco do todo e de certa forma somos indispensáveis, especiais e seres singulares na construção efetiva de um mundo mais rico em suas reais possibilidades. O uso efetivo do talento de cada um faz com que se realize e concretize a união necessária das partes com o todo, mais ampla, mas que só se torna concreta e se realiza pela aptidão posta em prática. A experimentação de todos os talentos individuais forma um todo, em vias de constante expansão.

Pode parecer óbvio que cada pessoa contenha em si mesma um pouco do todo de sua cultura e simultaneamente desenvolva apenas uma parte, uma faceta deste todo, mas, muitas vezes, por questões chamadas de preservação do seu espaço de intervenção social, acaba por repetir alguns cacoetes sociais e, na tentativa de fazer com que suas idéias sejam bem recebidas, utilizam-se de argumentos de cátedra, de trono, de poltrona de experiência, para que este mecanismo por si só torne irrefutável qualquer argumentação em sentido contrário à sua forma de perceber o mundo. De algum modo, reproduz-se a idéia do escolhido, não mais por força do destino, dos deuses, da monarquia hereditária, mas do concurso público, da eleição, da sabedoria, pelo

---

[355] BONAVIDES, Paulo. *Teoria constitucional da democracia participativa*: por um Direito Constitucional de luta e resistência por uma nova hermenêutica por uma repolitização da legitimidade. São Paulo: Malheiros Editores, 2001, p. 10-14.

decurso do tempo que resultou em aptidões que estão além da mediocridade, quando muitas vezes sequer se pondera que nem todos escolhem as mesmas estradas para a construção de suas vidas e desenvolvimento de suas aptidões e nem as seguem de acordo com as mesmas regras.

Respeitar as escolhas individuais é incluir, não segregar. Comporta a compreensão da importância da parte para a construção do todo e não confundir a parte com o todo. A escolha de cada um é um universo amplo em expansão para aquele que escolheu, e não regra, desejo e vontade geral para os outros, que, por sua vez, fizeram outras escolhas e seguiram outros caminhos. Talvez por isso os romanos tenham dito serem vários os caminhos que levam a Roma, não necessariamente a Roma, espaço físico, mas o que dela pode ser possível pensar, intuir, idealizar, sonhar e interpretar, o próximo passo.

4.4. Interpretar uma capacidade a ser desenvolvida

Interpretar, pensar o significado das fontes do direito, sua importância e a sua aplicabilidade consiste num estudo que requer antes de mais nada saber qual a dimensão que se confere à relevância da interpretação do ponto de partida da doutrina e da jurisprudência. No pensamento de Carlos Alberto da Mota Pinto, a jurisprudência não é fonte de direito e, assim, justifica o autor:

> A *jurisprudência* está igualmente excluída do quadro das fontes de direito. Não significa isto que a missão do julgador seja uma aplicação mecânica duma ordenação que lhe é dada ou que, numa fórmula célebre, ele seja "uma boca que diz as palavras da lei". Cabe-lhe a importantíssima missão de, em face do caso concreto, dar vida à norma legal, precisando-a e concretizando-a. Esta "*concretização*" da lei implica uma explicitação das suas virtudes e um desenvolvimento e enriquecimento dela, embora integrada no quadro ou no sistema legal – um sistema aberto, é certo –, como o exigem o princípio da legalidade e o fundamento democrático da função legislativa.[356]

Essa maneira de pensar pode ser confrontada com o referencial proposto por Paulo Bonavides de uma nova hermenêutica. O autor, cheio de entusiasmo e com vistas a motivar as novas gerações, desenvolve assim seu pensamento:

---

[356] Ver Carlos Alberto da MOTA PINTO, *Teoria...*, p. 50-51.

Contrasta esse entendimento com a noção tópica, indutiva, eurística e criativa da Nova Hermenêutica, contemporânea, do direito, segundo a qual o juiz intérprete, ao estabelecer a norma, é legislador. Legisla entre as partes e o faz não propriamente sob a égide do legalismo puramente formal e rígido, mas do legalismo principiológico e material, onde o direito vivo, se a realidade e os princípios falarem mais alto, decreta sua prevalência sobre a regra oxidada do direito vigente de vestes formais.[357]

No campo jurídico, Juarez Freitas segue o desenvolvimento de suas idéias afirmando que: "uma operação que consiste em atribuir a melhor significação, dentre várias possíveis, aos princípios, às normas e aos valores jurídicos, hierarquizando-os num todo aberto, fixando-lhes o alcance e superando antinomias, a partir da conformação teleológica, tendo em vista solucionar os casos concretos.[358]

Lenio Streck, ao esclarecer, nas notas introdutórias da sua obra, que enfrenta a hermenêutica Jurídica e(m) Crise e refere trilhar os mesmos percursos de Eros Roberto Grau, visivelmente, expressa assim o seu pensar:

> Com Eros Roberto Grau, faço a distinção entre texto (jurídico) e norma (jurídica). Isto porque o texto, preceito ou enunciado normativo é alográfico. Não se completa com o sentido que lhe imprime o legislador. Somente estará completo quando o sentido que ele expressa é produzido pelo intérprete, como nova forma de expressão. Assim, o sentido expressado pelo texto já é algo novo, diferente do texto. É a norma. A interpretação do direito faz a conexão entre o aspecto geral do texto normativo e a sua aplicação particular: ou seja, opera sua inserção no mundo da vida. As normas resultam sempre da interpretação. E a ordem jurídica, em seu valor histórico concreto, é um conjunto de interpretações, ou seja um conjunto de normas. O conjunto das disposições (textos, enunciados) é uma ordem jurídica apenas potencialmente, é um conjunto de possibilidade, um conjunto de normas potenciais. O significado (ou seja, a norma) é o resultado da tarefa interpretativa.[359]

Para José Luis Bolzan de Morais, todo o arcabouço teórico que se tem desenvolvido, e próprio da sociedade contemporânea, exige a compreensão de que: "o fenômeno jurídico adquire uma transcendência que ultrapassa meras questões de natureza particularizada de indi-

---

[357] BONAVIDES, *Teoria...*, p. 22.

[358] Ver FREITAS, Juarez. Funcionalismo e estruturalismo: diálogo como o pensamento jurídico de Norberto Bobbio. *Revista da Ajuris*, Porto Alegre, n.53, 1991, p. 54. No que toca ao estudo da importância do estudo do caso concreto, confrontar com toda a argumentação anteriormente elaborada neste estudo.

[359] Ver STRECK, *Hermenêutica Jurídica e(m) Crise: uma exploração hermenêutica da construção do Direito*. Terceira edição, Porto Alegre: Livraria do Advogado, 2000, p. 18.

víduos isolados, neutralizáveis, pretensamente, pelo recurso a uma ciência formal e abstrata, passando a refletir a emergência de situações que envolvem pretensões disseminadas por grupos inteiros de pessoas, juridicamente reunidos – interesses coletivos – ou não – interesses difusos".[360]

Na perspectiva de Roberto Alexy, os princípios são mandatos de otimização, ao passo que as regras são normas que somente podem ser cumpridas ou não.[361] "Lo que hasta ahora se ha descrito, el nivel de la regla y el de los princípios, no proporciona un cuadro completo del sistema jurídico. Ni los princípios ni las reglas regulan por si mismos su aplicación. Ellos representan sólo el costado pasivo del sistema juridico. Si se quiere obtener un modelo completo, hay que agregar al costado pasivo uno activo, referido al procedimiento de la aplicación de las reglas y princípios".[362] No que toca à racionalidade do sistema, acrescenta o autor : "pueden identificarse cuatro postulados de racionalidad prática procedimental. Se exige (1) un grado sumo de claridad linguístico-conceptual, (2) un grado sumo de información empírica, (3) un grado sumo de universalidad, (4) un grado sumo de desprejuiciamiento".[363] No mesmo sentido, Alexy compreende que "... En un Estado constitucional democrático, los principios tienen si no exclusivamente sí en una buena parte su ubicación jurídico-positiva en la constitución".[364]

Em razão da experiência, no tribunal constitucional alemão, Konrad Hesse sintetiza a sua compreensão da importância do papel do intérprete e como isto se realiza dentro de um sistema normativo, de categorias teóricas que guardam entre si coerência:

> Interpretar es 'concretizar, para lo que es preciso', es decir, comprender la norma dentro de un sistema no sólo normativo sino también de categorias teóricas que la dan significado, que le prestan coherencia ... El intérprete, necesariamente, ha de contar con el bagaje teórico que le facilite la tarea de extraer del precepto jurídico su significado 'constitucionalmente adecuado' o de convertir en princípios jurídicos los valores enunciados por la norma o de establecer las conexiones

---

[360] Ver MORAIS, J. L. B. *Do direito social aos interesses transindividuais – o pluralismo jurídico de Georges Gurvitch*. Porto Alegre: Livraria do Advogado, 1996, p. 20.
[361] Ver ALEXY, *Teoria...*, p. 86-87.
[362] ALEXY, Robert. *El concepto y la validez del Derecho*. Barcelona: Editorial Gedisa-Estudios Alemanes, 1994, p. 173.
[363] Ver ALEXY, *El concepto...*, p. 173.
[364] Idem, p. 172.

pertinentes entre unos u otros principios que concurran en el caso concreto de aplicación.[365]

Esse raciocínio comporta uma série de expectativas positivas e faz remover uma perspectiva de um equilíbrio harmônico ante situações que têm sempre uma coerência entre normas abstratas e fatos da vida. Do ponto de vista de Juarez Freitas: "tem que tomar em consideração a abertura do sistema entendida esta, nos termos de Claus Wilhelm Canaris, como incompletude do conhecimento dito científico e, concomitantemente modificabilidade da própria ordem jurídica".[366] O autor torna evidente a vontade do escritor, seja ele doutrinador, legislador, seja magistrado que no seu ato de produção intelectual na esfera da produção do direito, em verdade, pretende com a sua atitude mais do que simplesmente praticar o seu ato, mas comunicar-se com o mundo, em última análise, conversar, dialogar:

> A faceta de instrumentalidade do Direito como um todos significa que o intérprete é concitado a dialogar com a vontade da lei objetivamente considerada, fazendo-o de modo não subserviente, pois é preciso descobrir os seus fins, expressos ou ocultos e, mais do que isso, descobrir os fins essenciais do sistema jurídico a serem concretizados através desta ou daquela norma. Assim, ao se interpretar e aplicar uma norma individual, não há como deixar de julgá-la também, sem que tal julgamento redunde num sociologismo usurpador de competências constitucionais e sem adentrar no mérito histórico e legislativo específico, quanto à conveniência ou oportunidade de seu surgimento. É que ao intérprete incumbe – convém frisar enfaticamente- dar sistematicidade à norma, vale dizer, colocá-la, formal e substancialmente, em harmonia com o sistema jurídico, concepcionado e pressuposto como garantidor da coexistência das liberdades e igualdades no presente vivo em que se dá a operação hermenêutica.[367]

Nesse mesmo sentido, Ernildo Stein afirma: "O direito não trabalha com objetos, não opera com normas objetifivadas, não se confronta com pessoas coaguladas em coisas, nem maneja a linguagem como instrumental rígido de retórica. O direito se sustenta na palavra plena, produz sentido, dialoga na sua aplicação, desde que a hermenêutica nos mostrou que 'somos um dialogo'".[368]

---

[365] HESSE, Konrad. *Escritos de Derecho Constitucional*. Madrid: Centro de Estudios Constitucionales, Maribel Artes Gráficas, 1983, p. 61.
[366] Ver FREITAS, J. *A interpretação sistemática do Direito*. São Paulo: Malheiros, 1995, p. 45.
[367] FREITAS, *Funcionalismo...*, p. 50.
[368] Ver a compreensão exposta por Ernildo Stein no prefácio escrito na obra *Hermenêutica jurídica e(m) crise – uma exploração hermenêutica da construção do direito*, de Lenio Luiz STRECK, p. 9.

Visa a superar a *crise de paradigma de dupla fase* antes sendo necessário um trabalho de interrogação sobre o discurso jurídico, utilizando a lei e o saber contra seus cultores, fazendo deles um lugar vazio, onde o sujeito necessariamente não seja (ou necessite ser) um transgressor, mas sim o protagonista que legitima a democracia".[369] Compreende Lenio Luiz Streck:

> Buscando apresentar um ferramental para a interpretação do Direito, releva notar que o fio condutor destas reflexões é o 'método' fenomenológico, visto, a partir de Heidegger, como 'interpretação ou hermenêutica universal', é dizer, como revisão crítica dos temas centrais transmitidos pela tradição filosófica através da linguagem, como destruição e revolvimento do chão lingüístico da metafísica ocidental, mediante o qual é possível descobrir um indisfarçável projeto de *analítica da linguagem, numa imediata proximidade com praxis humana, como existência e faticidade, onde a linguagem* – o sentido, a denotação – não é analisada num sistema fechado de referências, mas, sim, no plano da historicidade. Enquanto baseado no método hermenêutico-lingüístico, o texto procura *não se desligar da existência concreta*, nem da carga pré-ontológica que na existência já vem sempre antecipa.[370]

Destaca-se a importância da pré-compreensão no sentido delineado por Gadamer: "También quí se confirma que comprender significa primariamente entenderse en la cosa, y sólo secundariamente destacar y comprender la oponión del otro como tal. Por eso la primera de todas las condiciones hermenéuticas es la pre-comprensión que surge del tener que ver con el mismo asunto".[371]

A pré-compreensão e a própria compreensão compreendem um universo tão amplo e em constante movimento que a leitura deve-se dar, também, no que se refere ao silêncio e à sombra, pois a palavra e a luz não são o todo, mas apenas uma parcela dele e por isso não têm como revelar o todo.[372]

O ato de criação é tão importante quanto a capacidade de contemplar e apreender toda esta criação. Saber ler, ver e ouvir não deixa de ser uma arte ao alcance dos que conseguem ler, ver e viver, como disse Van Gogh ao seu irmão fazendo um paralelo entre a escrita e a pintura:

---

[369] Ver STRECK, p. 19.

[370] Ibidem. Neste sentido já se referiu neste estudo a respeito das diversas advertências feitas por Paolo Grossi.

[371] Ver GADAMER, p. 364 e segs.

[372] Nessa perspectiva já se referiu anteriormente a respeito da dificuldade de buscar a verdade e o quanto o silêncio é revelador, fundado no pensamento de Bion, Zimerman e Rezende. Inclusive sob uma outra ótica na perspectiva processual, novamente será enfrentado este tema.

E acredito que Kent, um personagem do King Lear de Shakespeare, é tão nobre e distinto quanto uma figura de Th. De Keyser, embora Kent e King Lear tenham supostamente vivido muito tempo antes. Isto para não dizer mais nada. Meus Deus, como é belo Shakespeare. Quem é misterioso como ele? Sua palavra e sua maneira de fazer equivalem a um pincel fremente de febre e emoção. Mas é preciso aprender a ler, como é preciso aprender a ver e aprender a viver.[373]

Comporta prestar atenção à interpretação feita por Heidegger no livro intitulado *Wolzwege*, no capítulo I, sobre "A origem da obra de arte", do quadro produzido por Van Gogh:

> Para tanto escolhemos uma conhecida pintura de Van Gogh, que pintou várias vezes calçado deste género. Mas o que é que já aí de especial para ver? Toda a gente sabe o que faz parte de um sapato. Se não são socos ou chanatos, há uma sola de couro e o cabedal de cobre, ajustados um ao outro por costuras e pregos. Um apetrecho deste tipo serve para calçar os pés. Consoante a serventia, se para o trabalho no campo, ou para dançar, assim diferem matéria e forma. Estas indicações adequadas apenas explicam o que já sabemos. O ser-apetrecho do apetrecho repousa na sua serventia. Mas o que se passa com esta? Aprendemos já porventura o carácter instrumental do apetrecho? Para o conseguirmos, não temos de procurar o apetrecho que tem serventia no seu serviço? A camponesa no campo traz os sapatos. Só aqui eles são o que são. E tanto mais autenticamente o são, quanto a camponesa durante a lida pensa neles, ou olha para eles ou até mesmo os sente. Ela está de pé e anda com eles. Eis como os sapatos servem realmente. Neste processo de uso do apetrecho, o carácter instrumental de apetrecho deve realmente vir ao nosso encontro. Enquanto, pelo contrário, tivermos presente um par de sapatos apenas em geral, ou olharmos no quadro os sapatos vazios e não usados que estão meramente aí, jamais apreenderemos o que é, na verdade, o carácter instrumental do apetrecho. A partir da pintura de Van Gogh não podemos sequer estabelecer onde se encontram estes sapatos. Em torno deste par de sapatos de camponês, não há nada em que se integrem, a que estão presos torrões de terra, ou do caminho do campo, algo que pudesse denunciar a sua utilização. Um par de sapatos de camponês e nada mais. E todavia... Na escura abertura do interior gastos dos sapatos, fita-nos a dificuldade e o cansaço dos passos do trabalhador. Na gravidade rude e sólida dos sapatos está retida a tenacidade do lento caminhar pelos sulcos que se entendem até longe, sempre iguais, pelo campo, sobre o qual sopra um vento agreste. No couro, está a humanidade e a fertilidade do solo. Sob as solas, insinua-se a solidão do caminho do campo, pela noite que cai. No apetrecho para calçar impera o apelo calado da terra, a sua muda oferta do trigo que amadurece e a sua inexplicável recusa na desolada improdutividade do campo no Inverno. Por este apetrecho passa o calado temor pela segurança do pão, a silenciosa alegria de vencer uma vez mais a miséria, a angústia do

---

[373] VAN GOGH, p. 27.

nascimento iminente e o tremor ante a ameaça da morte. Este apetrecho pertence à *terra* e está abrigado no *mundo* da camponesa. É a partir desta abrigada pertença que o próprio produto surge para o seu repousar-em-si-mesmo. Mas tudo isto o vemos possivelmente no apetrecho para calçar que está no quadro. Pelo contrário, a camponesa, traz pura e simplesmente os sapatos. Como se este simples trazer fosse assim tão simples. De cada vez que, já noite alta, a camponesa, com um cansaço forte, mas saudável, tira os sapatos e, de cada vez que, de madrugada, ainda escura, volta a lançar mão deles, ou de cada vez que, em diz de festa, passa por eles, tudo isto ela sabe sem considerar e observar. O ser-apetrecho do apetrecho reside, sem dúvida, na sua serventia. Mas esta, por sua vez, repousa na plenitude de um ser essencial do apetrecho. Denominamo-la a solidez (Verlässlichkeit). É Graças a ela que a camponesa por meio deste apetrecho é confiada ao apelo calado da terra; graças à solidez do apetrecho, está certa do seu mundo. Mundo e terra estão, para ela e para os que estão com ela, apenas aí: no apetrecho. Dizemos "apenas" e estamos errados, porque a solidez do apetrecho é que dá a este mundo tão simples uma estabilidade e assegura à terra a liberdade do seu afluxo constante.[374]

O ato de criação é uno. A criação de uma música, de uma peça, de um prato da culinária, de uma roupa, de um envolvimento político mais concreto, de um livro, de um filme e tantas outras manifestações culturais são o transpirar das mesmas angústias, sonhos e inquietações. Heidegger observa aquilo que não está presente: o ausente. Na concepção jurídica poderia se dizer o silêncio, o presente sensorial, serve para se perceber o ausente, o que não é dito, não é falado ou não é escrito, mas que faz parte e pode ser sentido, percebido e visto pelo intérprete. Assim agindo se poderia melhor ver, sentir, perceber e ler a verdade no que ela está escrita e no seu silêncio. Não fica limitada a interpretação de Heidegger, pois ele continua e sua voz merece ser atentamente ouvida com todos os sentidos para que se possa traçar um paralelo com o mundo jurídico, assim:

---

[374] HEIDEGGER, Wolzwege. *A origem da obra de arte.* Lisboa: Biblioteca de filosofia contemporânea edições 70, capítulo I, p. 24-26. Vincent VAN GOGH ao escrever ao seu irmão estimula-o para dedicar-se a pintura, e ao estimular o irmão Théo quatro anos mais novo que ele e que material e afetivamente o manteve, assim se mostra: "Se algo em seu íntimo lhe disser: 'você não é pintor', é então que você deve pintar, meu velho, e também esta voz se calará, mas somente desta maneira; aquele que ao sentir isto corre a seus amigos contar suas penas perde um pouco de sua energia um pouco do que tem de melhor em si. Só podemos ser seus amigos aqueles que também lutam contra isso, aqueles que pelo exemplo de sua própria atividade estimulam o que há de ativo em você mesmo. É preciso pôr-se ao trabalho com firmeza, com uma certa consciência do que o que se está fazendo está de acordo com a razão, como o camponês que guia seu arado, ou como nosso amigo que, no meu pequeno esboço, ara seu campo, e o ara sozinho. Se não temos cavalo, somos nosso próprio cavalo, é o que um monte de gente faz aqui", p. 44-45. A pessoa de Van GOGH é rica em emoções e um ser digno de reflexão, para maior compreensão da sua pessoa merecem leitura as cartas por ele escritas ao seu irmão Théo.

> A obra de arte fez saber o que o apetrecho de calçado na verdade é. Seria a pior das ilusões se quiséssemos pensar que foi a nossa descrição, enquanto actividade subjetiva, que tudo figurou assim, para depois o projectar no quadro. Se aqui alguma coisa é questionável é só esta, de na proximidade da obra experienciar-mos demasiado pouco e chegarmos à experiência de um modo por demaisiado pouco e chegarmos à experiência de um modo por de mais grosseiro e imediato. Mas, antes de tudo, a obra não serviu em absoluto, como à primeira vista poderia parecer, para uma melhor presentificação intuitiva daquilo que é um apetrecho. Antes sucede que só através da obra, e só nela, o ser-apetrecho do apetrecho vem expressamente à luz.[375]

Aponta Heidegger uma substancial ruptura da obra de arte antes e depois de Vincent Van Gogh:

> O que se passa aqui? Que é que está em obra na obra? A pintura de Van Gogh constitui a abertura do que o apetrecho, o par de sapatos da camponesa, na verdade é. Este ente emerge no desvelamente do seu ser. Ao desvelamento do ente chamavam os gregos αλ ηνεια. Nós dizemos verdade e pensamos bastante pouco com essa palavra. Na obra, se nela acontece uma abertura do ente, no que é e no modo como é, está em obra um acontecer da verdade. Na obra de arte, põe-se em obra a verdade do ente. "Pôr" significa aqui erigir. Um ente, um par de sapatos de camponês, acede na obra ao estar na clareira do seu ser. O ser do ente acede à permanência do seu brilho. A essência da arte seria então o pôr-se-em-obra da verdade do ente (das Sich-ins-Werk-Setzen der Wahrheit des Seienden). Até aqui, a arte tinha a ver com o Belo e a Beleza, e não com a verdade. As artes que produzem obras deste género, por oposição às artes de manufactura que fabricam apetrechos, são chamadas belas artes. Nas belas artes não é a arte que é bela, chama-se assim porque produzem o belo. A verdade, pelo contrário, pertence à lógica. A beleza esta reservada à estética. Ou será que com a proposição "a arte é o pôr-se-em-obra-da-verdade" se pretende reanimar de novo aquela idéia, em boa hora superada, segundo a qual a arte seria uma imitação e cópia do real? A reprodução do que está perante nós (*Vorhandenen*) requer, aliás, a conformidade como o ente, a adaptação a este; *adaequatio*, diz a Idade Média; μοιωσιζ, diz já Aristóteles. A conformidade como o ente vale, de há muito, como a essência da verdade. Mas será que o que queremos dizer é que o quadro de Van Gogh copia um par de sapatos de camponês que realmente está aí, e é uma obra porque consegue fazê-lo? De modo nenhum. Portanto, na obra, não é de uma reprodução do ente singular que de cada vez está aí presente, que se trata, mas sim da reprodução da essência geral das coisas. Mas onde está e como é essa essência geral das coisas. Mas onde está e como é essa essência geral, para que as obras de arte lhe possam ser conformes?[376]

---

[375] HEIDEGGER, *A origem...*, p. 27.
[376] Idem, p. 27-28.

As ciências crescem e conspiram em conjunto. Não há departamentos estanques no que toca à essência das coisas, independe de a fonte que se busca matar a sede ser das artes, da filosofia, da psiquiatria, do direito, o que se busca, busca-se em qualquer mente, indiferente das aptidões que elas tenham se dedicado a desenvolver, as questões que movem e atormentam são sempre as mesmas. Por isso, a busca do conhecimento, a construção do pensamento e a compreensão e a busca da verdade constituem o nosso próximo passo.

4.5. Conhecimento,[377] pensamento,[378] compreensão e busca da verdade

Conhecer, pensar, ter capacidade de compreender e buscar a verdade na história de nossa cultura e civilização tem-se demonstrado um processo recente e cíclico, atentando-se para o fato de que nem sempre a verdade foi um objeto de busca. Na perspectiva do litígio levado a conhecimento judicial e as maneiras de investigações, também contém

---

[377] Ver, para maiores esclarecimentos, o trabalho de LA PUENTE, Miguel de. Sobre a Palavra. Conceito "Conhecimento" para uso clínico. In: *Revista Brasil. Psicanal.*, v.26, n.3, 1992, p. 341-344. O autor demonstra a riqueza de significados da palavra *conhecimento* conforme sua etimologia derivada do termo latino *cognoscere*, o qual, por sua vez, é composto por três étimos: *co* (estar junto com) mais *g*, raiz do verbo *gignomai* (significa gerar) e mais *noscere*, que significa entender. Conforme o autor: "a palavra francesa *connaitre*, de *naitre*, *nascer*, enfatiza o significado gerador de *gignomai*, gerar ... O termo *gnosis* é um entendimento gerado. O contrário de Conhecimento é a Alucinose (*hallos + gnose*), sendo que *hallos* significa "outro", "falso", "não-real") ". Assim comenta ZIMERMAN, p. 115.

[378] Ernildo STEIN, sob os ombros de Heidegger, afirma que a ciência não pensa: "Heidegger enfoca a questão a partir da afirmação de que a ciência não pensa. Mas, o não-pensar (a ciência) é-lhe uma vantagem, que lhe assegura um acesso possível ao domínio dos objetos, que corresponde a seus modos de pesquisa. Ainda que a ciência não pense, contudo, ela nada pode sem o pensamento. 'A relação da ciência com o pensamento é, somente então, autêntica e fecunda, quando se tornou visível o abismo que separa as ciências e o pensamento e quando aparece que não se pode estender sobre ele nenhuma ponte. Não há ponte que conduza das ciências para o pensamento, a não ser o salto". Mas, o salto não nos revela apenas o outro lado, porém, uma região absolutamente nova. A região do pensamento nunca pode ser objeto de demonstração se significa: 'derivar proposições conforme a questão dada, a partir de premissas adequadas, através de cadeias de raciocínios'. Heidegger reduz, assim o pensamento em que se movimenta o homem moderno, ele distingue dois tipos de pensamento: o pensamento que calcula e o pensamento que medita: 'Existem dois tipos de pensamento; ambos, por sua vez e a seu modo, justificados e necessários: o pensamento que medita o sentido é o pensamento não-científico. É somente esse pensamento que pode buscar o sentido do ser. Portanto, se a fenomenologia visa ao desvelamento do sentido do ser, é desse pensamento que ela se alimentará." Ver a tese de doutoramento de Ernildo STEIN, publicada sob o título *Compreensão e finitude – Estrutura e movimento da interrogação Heideggeriana*, Ijuí: Editora UNIJUÍ, 2001, p. 177-178.

um movimento que se altera nos pontos de reflexão e inflexão em face dos pressupostos que se formam pela prática investigativa e a cultura jurídica construída e desconstruída ao longo do tempo. A dificuldade que se encerra na busca da verdade está embricada e indissociada de uma grande inquietação: se de fato a verdade existe, e se ela existe se há possibilidade de ser alcançada. A invergadura desta inquietação não cria o fantasma do desânimo ou da desistência da busca da verdade, por meios idôneos, mas faz nascer a todo e cada momento o interesse na busca de sua descoberta e faz nascer, também, a dimensão da *poeira cósmica* que por mais que visite todos os mundos tem insita a dimensão de sua diminuta estrutura para compreender o universo que é muito amplo para poder ser conhecido em sua integralidade.

A busca do conhecimento não se limita ao estudo movido pela razão, mas, ao contrário, comporta a ínsita vontade movida pelo desejo de desvelar os signos ainda nebulosos e responsáveis por uma certa inquietude. Consoante Bion, todos os novos conhecimentos são um reconhecimento de verdades e de fatos já preexistentes, sendo que, por meio dos símbolos,[379] permite-se ver o todo reconhecido nas suas partes fragmentadas e dispersas. Os símbolos possibilitam que a partir de um todo se venha a descobrir as partes.[380]

Rezende busca encontrar o significado de símbolo para Bion referindo-se assim: "Simbolizar para Bion é este processo que sendo

---

[379] REZENDE, Antonio Muniz de. *Bion e o futuro da psicanálise*. São Paulo: Papirus. 1993, p. 113 e 114. Rezende citando o significado encontrado no dicionário grego conferido para a palavra *symbolon*. Reproduz: "O símbolo era um objeto primitivamente uno que duas ou mais pessoas repartiam entre si no momento em que iam separar-se por um longo tempo. Cada uma guardava o seu fragmento como sinal da amizade ou da hospitalidade que uma reservava à outra. Quando, mais tarde, muito tempo depois, elas se reencontravam, cada uma se servia do seu fragmento para se fazer reconhecer e neste reconhecimento receber um nome novo que dava o direto de ocupar um lugar novo todo igualmente novo.", p. 53. O autor comenta o significado do termo em diversas oportunidades de sua obra, ver página 69, por exemplo. Todavia, é no comentário feito ao símbolo não reconhecido na tragédia de Édipo que se vai centrar o objeto de maior atenção. Descreve o autor: "Quando Édipo se encontra com Laio, este não reconhece o filho. O fragmento estava tão marcado que só o pastor, depois, pôde reconhecer as marcas no pé. O pai não reconheceu, a mãe não reconheceu, porque os vínculos não foram conservados", REZENDE, p. 70. Mais adiante se enfrentará com mais riquezas de detalhes a tragédia de Édipo.

[380] ZIMERMAN, p. 113. Rezende evoca a frase provavelmente vinda de Aristóteles e que Tomás de Aquino retomou assim: *"Nil in intellectu quod prius non fuerit in sensu"* (nada há no intelecto que primeiro não tenha estado nos sentidos). A essa posição chama-se de empirismo moderado e, na verdade, não há quem a negue. Desse ponto de vista, todos os filósofos, todos os teóricos, todos os clínicos são empiristas. Nada há na inteligência que primeiro não tenha estado nos sentidos". REZENDE, p. 78.

abstrato é ao mesmo tempo integrativo. Integra a pré-concepção com a sua realização numa concepção que pode ser nomeada".[381] Rezende, propondo refletir com calma sob o olhar de Bion, escolhe a seguinte passagem bastante densa que pretende chegar ao simbólico:

> No que se considera estado dinâmico, em que se abstraem seletivamente os elementos de realização, ou, mais formar a abstração ou generalização, ou, mais abstratamente ainda, o cálculo algébrico, dever-se-á considerar antes a união da pré-concepção com a realização para formar a concepção, e desse modo, a reformulação. A reformulação é a denominação da constelação total da pré-concepção e da concepção, para evitar que se perca a experiência pela dispersão ou desintegração de seus componentes.[382]

Na mesma obra, Rezende comenta o processo de simbolização e cita Bion: "é preciso nomear para que não se percam os diversos elementos integrantes da experiência". Rezende afirma: "O pensar é o outro lado da experiência". Bion, sob os ombros de Kant, elabora a seguinte frase: Conceito sem intuição, é cego; intuição sem conceito é vazia". Bion propõe que pensemos a experiência.

Bion se utiliza de três modelos, o científico-filosófico, o estético-artístico e o místico-religioso, e ao se utilizar destes modelos adverte que, logo após utilizá-los, os abandonará. Anota Rezende, "talvez seja a última palavra do processo abstrativo para Bion: a negação" e desta maneira "no interior do processo abstrativo, supõe que sejamos capazes de manter juntas a afirmação e a negação: o sim e o não." Desenvolve Rezende seu pensamento assim: "A psicanálise, no exercício do processo abstrativo e de simbolização, supõe a capacidade de afirmar e negar; e, por meio da negação, ir mais longe do que foi afirmado. A negatividade deixa o pensamento em aberto como um universo em expansão. (...) é possível pensar o infinito, mas não é possível conhecê-lo".[383]

Argumenta Zimerman, alimentado pelas idéias de Bion, que: "o pensamento, as emoções e o conhecimento são indissociados entre si,

---

[381] REZENDE, p. 36-37. Rezende cita Bion: "A simbolização no sentido forte é exatamente essa constelação total. Há símbolo quando há constelação total, conjunção da pré-concepção e da concepção, para evitar que se perca a experiência pela dispersão ou desintegração de seus componentes. Nesta concepção simbólica da abstração, nós temos a alusão à pré-concepção conotando a realização, portanto, à experiência. A pré-concepção que pode ser denominada abstratamente, de forma a integrar seus componentes. O processo conhecido como abstração relaciona-se com a notação no sentido que Freud mencionou ao falar de memória".
[382] REZENDE, p. 80.
[383] Idem, p. 37.

sendo que o pensamento precede ao conhecimento, porquanto, o indivíduo necessita pensar e criar o que não existe, ou o que ele não conhece".[384] O fator que faz desencadear o processo do conhecimento tem origem nas emoções, como desenvolve Zimerman que, ao interpretar a obra de Bion, assim se refere:

> A experiência da prática psicanalítica deixou claro para Bion que os pensamentos são indissociados das emoções e que, da mesma forma, é imprescindível que haja na mente uma função vinculadora que dê sentido e significados às experiências emocionais. Esse vínculo entre os pensamentos e as emoções – sempre presentes em qualquer relação humana – foi denominado por Bion como vínculo K (inicial de Knowledge), ou seja, o vínculo do Conhecimento.[385]

Conhecer está contido no pensar, por ser este mais amplo e aquele uma meta a ser perseguida. Conhecer é limitar e pensar é abrir. Pensar perturba. Rezende, ao comentar a expansão do universo mental, diz: "Não há como evitar essa perturbação e é ela que nos faz ser grandes. O paradoxo é esse: ao dizer: 'entendi', eu coloco o fenômeno dentro de meus limites. Kant chama nossa atenção sobre uma teoria do conhecimento caracterizada pela condição de possibilidade, isto é, pelos limites. Conhecer é limitar. Bion, ao contrário, chama a atenção para uma teoria do pensamento caracterizada pela abertura. Pensar é abrir. Pensar perturba".[386]

Nesta mesma estrada Jacinto Nelson de Miranda Coutinho advoga que:

> não é o "gozo", mas o verdadeiro "limite" que permite o desejo; e a necessária e enraizada razão de ser para todos seguirem adiante, lutando, sem qualquer

---

[384] ZIMERMAN, p. 89. Segundo Heidegger, nós pensamos o que merece ser pensado. Ora, o que merece ser pensado é o "grave", o que tem peso. Em português, usamos tanto a expressão *sopesar* como *ponderar*. Peso, em latim, é *pondus*. Ponderar é pensar as coisas que têm peso (...) recordar é diferente de memória. Na *me-*mória, temos o aspecto repetitivo; na re*cor*dação, temos *cor*, que é coração. Guardamos no coração as coisas que merecem ser pensadas". *Was Heissl Denken?* (O que significa pensar), p. 42.

[385] ZIMERMAN, p. 110.

[386] REZENDE, p. 25. Na mesma obra, Rezende refere que na perspectiva de Bion "pensar é ir além da realidade" (p. 51). Desenvolvendo o pensamento, REZENDE, p. 81, conclui: "Dissemos que a palavra análise deriva do verbo grego Iyo que significa desligar, separar, *des-con-juntar*, mediante a identificação dos elementos integrados. Mas o processo analítico completa-se no simbólico: o todo permite-nos descobrir as partes, e as partes descobrir o todo. Tanto o todo contém as partes, como as partes contêm o todo. É o que nos leva, em relação à noção de símbolo, a insistir tanto no processo abstrativo como no processo integrativo. Sem o quê a própria noção de símbolo já não seria pensada de maneira simbólica".

espaço para uma desistência, desautorizada desde sempre porque tão-só retórica, mas, antes, ideológica. É justamente porque há falta – e, portanto, impossibilidade *a priori* de um conhecimento Todo, de se ter "o" sentido –, que se há de seguir buscando a solução, a melhor solução possível, ou seja, "um" sentido, dentre os tantos possíveis. Por isto, dizer que somos incapazes de ter o domínio cognoscível dos resultados de todas as ações e, portanto, que não poderíamos prevê-los – assim como a ciência-, razão por que haveríamos de ter um racionalismo de caráter eficiente em seu sentido puramente empírico, como pretendeu Hayek, é ignorar a humildade com a qual nos apresentamos diante do desconhecido. De fato, ao revés de ser um ato de grandeza, (sei que não sei tudo!) é simplesmente um ato de simplesmente um ato de aparente esperteza, mas, no fundo, ao que parece, psicótico porque paranóico, desde que o naturalismo do mercado é tomado, ainda que imprevisível, como real possível e decisivo para apontar qual ordem natural espontânea deveria reger a sociedade porque mais eficiente. Há, por evidente, nesta miragem neoliberal, uma crença em uma verdade Toda, mercadológica, que não permite qualquer furo, quaquer falta. Sem ela, como parece elementar, não há representação da pulsão; sem esta, não há limite, não há desejo; sem desejo, há mero deslizar no imaginário, como diria LacaN.[387]

Friedrich Nietzsche no mesmo tom, tal qual uma música, já havia expressado o quanto pensar causa sofrimento e dor ao afirmar:

A nós, filósofos, não é dado distinguir entre corpo e alma, como faz o povo, e menos ainda diferenciar alma de espírito. Não somos batráquios pensantes, não somos aparelhos de objetivar e registrar, de entranhas congeladas – temos de continuamente parir nossos pensamentos em meio a nossa dor, dando-lhes maternalmente todo o sangue, coração, fogo, prazer, paixão, tormento, consciência, destino e fatalidade que há em nós. Viver – isso significa, para nós, transformar continuamente em luz e flama tudo o que somos, e também tudo o que nos atinge; não podemos agir de outro modo.[388]

Seguindo a trilha da incógnita Nietzsche referiu: "a dor pergunta sempre pela causa, enquanto o prazer tende a ficar consigo mesmo e não olhar para trás".[389] A incógnita é o melhor exemplo, a qual não pode ser conhecida, mas pode ser pensada. O conhecimento progride em função do pensamento, pois, segundo Bion, "a incógnita é desconhecida e, como tal, faz pensar e criar".[390] Compreender a verdade é

---

[387] COUTINHO, Jacinto Nelson de Miranda, Atualizando o discurso sobre direito e neoliberalismo no Brasil, *Revista de Estudos Criminais*: Instituto Transdiscipilinar de Estudos Criminais: Porto Alegre, p. 30 e 31.

[388] NIETZSCHE, F. *A Gaia ciência*, título original: Die fröbliche Wissenschaft. Tradução, notas e posfácio de Paulo César de Souza. São Paulo: Companhia das Letras, 2001. Ver o prólogo, p. 13.

[389] Idem, p. 64.

[390] ZIMERMAN, p. 111.

uma preocupação de quem busca o conhecimento e verifica uma simbiose existente entre eles e a liberdade. A procura e função do conhecer ou do saber consiste numa atividade pela qual o indivíduo permanece consciente da experiência emocional, dela retira uma aprendizagem, "e pode abstrair uma conceituação e formulação dessa experiência".[391] Zimerman vê, por meio dos olhos de Bion, o conhecimento, assim:

> Esse processo, advindo originalmente de uma pulsão epistemofílica ao conhecimento das verdades, realiza-se em diferentes planos, como a do indivíduo conhecer a si mesmo (a sua origem, o seu corpo, a sua identidade...); a dele conhecer aos outros e os seus vínculos com os grupos; a dos vínculos dos grupos entre si e deles com a sociedade, etc. Em todos os casos, há uma inter-relação entre o Conhecimento e a Verdade, e dessa com a Liberdade, de tal modo que o Conhecer (K) ou o Não Conhecer (-K) é equivalente ao "ser ou não ser" (como em Hamlet, de Shakespeare), ou seja, é um importante determinante do senso de identidade de um indivíduo nos planos individual, social e grupal.[392]

Repete-se Vincent Van Gogh que, em julho de 1880, ao escrever ao seu irmão, faz uma homenagem à obra de Shakespeare: "Meu Deus, como é belo Shakespeare. Quem é misterioso como ele? Sua palavra e sua maneira de fazer equivalem a um pincel fremente de febre e emoção. Mas é preciso aprender a ler, como é preciso aprender a ver e aprender a viver".[393] Provavelmente em virtude do mistério que desencadeia a obra escrita por Shakespeare como se fosse "um pincel fremente de febre e emoção" que desperta a dúvida "ser ou não ser" ou inclusive o "ser e não ser", pois esta é a questão.[394]

Por vezes as ciências humanas têm em reiteradas oportunidades se utilizado de lendas e mitos para por meio deles representar uma interseção entre o imaginário e o real, o concreto e o abstrato, e da mesma forma, entre o conhecer e o não conhecer as verdades origi-

---

[391] ZIMERMAN, p. 114.
[392] Ibidem. Willian SHAKESPEARE (1564-1616) nasceu e morreu em Stratford, Inglaterra. O poeta e dramaturgo que foi reconhecido em vida continua sendo lembrado por transportar o leitor para o convívio rico ao mundo de mistérios, e pensar que a verdade está sempre vinculada ao desejo de desvendar algum mistério. Obras do autor que se tornaram clássicas são *Hamlet, Rei Lear, Romeu e Julieta, A Megera Domada, Macbeth, Othelo, Sonhos de uma Noite de Verão, A Tempestade, Ricardo III, Julio César, Muito Barulho por Nada,* além de outras, estas foram as destacadas.
[393] Ver as *Cartas a Théo,* escritas por Vincente VAN GOGH, p. 27.
[394] Vincente VAN GOGH, p. 27.

nais.[395] A leitura de Bion da peça escrita por Sófocles, Édipo Rei, comporta uma interpretação singular em que o prisma incesto fica relegado a uma ótica periférica, e a pedra de toque passa a ser a arrogância, a curiosidade e a estupidez do investigador, assim compreende o autor:

> o crime central é a arrogância de Édipo ao jurar que desnudaria a verdade a qualquer preço. Esta mudança de ênfase coloca os seguintes elementos no centro da história: a esfinge, que formula o enigma e se destrói quando este é respondido; o cego Tirésisas que possuindo saber, lamenta a decisão do rei de sair em busca do mesmo; o oráculo que instiga essa busca que o poeta condena e, além destes, o rei que concluída a busca, sofre a cegueira e o exílio. É essa a história cujos elementos se distinguem em meio às ruínas da psique e em cuja direção apontam as alusões dispersas a curiosidade, arrogância e estupidez.[396]

A leitura de Bion comporta um conteúdo negativo: a curiosidade. Não só para a leitura da tragédia de Édipo, mas também para outras situações, a curiosidade não tem em si aquele conteúdo que, via de regra, se lhe atribui: a curiosidade, uma força motriz capaz de desvelar mistérios necessários para criar, inventar e fazer com que o universo desconhecido possa ser melhor utilizado e compreendido.[397] Na mesma perspectiva, Renato Trachtenberg traça o paralelo entre o pensamento dos autores como: Bion, Schopenhauer e Ferenczi, assim:

> Bion nos fala também da arrogância como um ataque à verdade no desejo de conquistá-la a qualquer preço e cita como exemplo uma versão possível do diálogo entre Édipo e Tirésias. Schopenhauer, por outro lado, reproduz o diálogo entre Édipo e Jocasta como representando a luta corajosa e insaciável pelo saber e o temor covarde de busca do conhecimento. Ferenczi o cita para exemplificar o conflito entre princípio do prazer (Jocasta) e princípio da realidade (Édipo). Seguindo a trilha de Bion, transformo os significados e sugiro um conflito entre verdadismo (Édipo) e verdade silenciosa (Jocasta).[398]

---

[395] A busca da verdade é um tema instigante pode-se falar em uma verdade, em várias, ou entender que sequer exista uma verdade. Nicola ABBAGNANO refere ser possível distinguir cinco conceitos fundamentais de verdade: a verdade como correspondência, como revelação, como conformidade a uma regra, como coerência e como utilidade. ABBAGNANO, Nicola. *Dicionário de filosofia*. Tradução e revisão de Alfredo Bosi e colaboradores. 2 ed. São Paulo: Mestre Jou, 1982. Tradução do original italiano: Dizionario di filosofia, p. 994-998.

[396] BION, W.R.. *Estudos psicanalíticos revisados*. Rio de Janeiro: Imago, 1967, p. 81. Compreendendo-se arrogância como o apropriar-se de; atribuir a si, vem de arrogar; estúpido como sujeito sem inteligência, rude, grosseiro e curioso como "cuidado zeloso", quem tem desejo de ver, saber, informar-se, desvendar. No próximo item se desenvolverá com mais detalhes a investigação da verdade na tragédia escrita por Sófocles.

[397] Ver, nesse sentido, frente ao interesse jurídico na busca da verdade e a ampla popularidade da tragédia escrita por Sófocles, *Édipo Rei*, decidi reservar o próximo capítulo para estudar alguns de seus diálogos com maior profundidade.

[398] Ver, nesse sentido, a leitura de Renato TRACHTENBER, p. 14.

Tomando de empréstimo o pensamento psicanalítico onde o paciente não percebe os fatos e os objetos acerca dos quais deve pensar para derivar o significado, ao contrário, ele percebe os fatos com o significado já implicitamente contido, concluiu Zimerman:

> É claro que o processo acima descrito se processa no plano do inconsciente e por isso, configura um processo de falsificação da verdade, a qual é diferente do conceito de mentira, por quanto nesta última predomina uma deliberação consciente, ou pré-consciente, de fazer uma distorção da verdade. Também é necessário fazer uma diferença entre a falsidade, ou a mentira, e a hipocrisia. Assim, o fato de um indivíduo ter ódio à não verdade, não é o mesmo que ter amor a verdade. A hipocrisia consiste em que o indivíduo faça uma superposição entre estes dois aspectos, como se eles fossem sinônimos.[399]

Nessa mesma trilha, refere Trachtenberg acompanhando o pensamento de Aristóteles que: "incluía entre as mentiras o ato de aumentar a verdade e o denominava jactância".[400] Compreender que a busca da verdade é um processo e atingi-la é algo improvável, não faz com que quem investiga a verdade procure desistir: ao contrário é o desejo e o afeto que o fazem mover e ir em busca da verdade. Tolerar o limite, e entender que quando se atinge o conhecimento de algo, este algo é só uma parte e não é o todo, faz parte da compressão do limite e permite a felicidade de festejar o que já pode ser compreendido. Viver com coerência na busca incessante do conhecimento não significa a procura insana e desarticulada da realidade e da dimensão do limite. Tolerar a ignorância é um exercício e não implica uma desistência da busca da verdade, mas a consciência da dificuldade em encontrá-la de maneira estável, imutável e segura, pois se trata de uma busca constante.

A busca da verdade não se circunscreve a um exercício sádico ou masoquista. Ela contém, e reverte em si, uma essência que não conjuga a busca da saber apenas por mero deleite, curiosidade, arrogância ou vaidade, pois estes impulsos, conforme o pensamento de Bion, não se coadunam com o desejo, a busca do saber e a tolerância ao desconhecido. A busca do saber é desencadeada por um impulso libertador que contagia e se reveste de euforia e vontade de falar simultaneamente com todos os interessados e fazer com que aqueles que não o são possam acordar e despertar para esse interesse neles contido, mas adormecido; é uma vontade louca de romper a inércia e demonstrar a função do saber para construir mais saber, mas não só para isso, mas

---
[399] Ver ZIMERMAN, p. 158.
[400] Compreendendo-se por jactância vaidade, ostentação, gabo.

para construir mais e melhor, e tudo isso só pode ter graça se for saboreado conjuntamente. Não há razão para o saber sem a magia do saborear, e este transcende a pessoa, é uma relação com o mundo do hoje, do ontem e do sempre, mas está vinculado a seu tempo, seu espaço e seu momento, e só frutifica se assim for recebido.

Trachtenberg resumiu o pensamento de Bion no que se refere ao sentimento de amor na busca da verdade:

> Bion, por sua vez, gostava de dizer que a verdade sem amor é crueldade (e o amor sem verdade, paixão). Nesse mesmo sentido, odiar a mentira não é o mesmo que amar a verdade. Essa diferença é fundamental para entendermos a distância que existe entre a curiosidade epistemofílica (desejo/busca do saber, como tolerância ao desconhecido, vínculo K) e a curiosidade voyeurista (posse do saber, intolerância ao desconhecido, vínculo – K).[401]

Trachtenberg segue demonstrando, no campo da análise, a diferença entre o amor à verdade e o ódio à não-verdade, assim como as *manifestações verdadistas*.[402]

> A verdade a qualquer preço, mesmo que seja com a morte, inverte a "função da verdade" que estabelecemos com os outros e com as outras partes de nossa própria mente. Acompanhada de ódio e ameaçada de morte, a verdade perde sua função vital e libertadora, diz Rezende. A tragédia no trabalho analítico, quando nos outorgamos esse poder de donos da verdade, se expressa através de formulações que trazem como espírito da "coisa" idéias do tipo "verdade nua e crua", "doa a quem doer", características desse aspecto de ódio à não-verdade. As manifestações verdadistas na psicanálise são as mais variadas e sutis. Vão desde as interpretações selvagens ou silvestres, quando se perde o contexto (setting), garantia e sustentação do sentido da verdade de nossos enunciados, até certas formas de psicanálise aplicada, passando por preocupações excessivas com diagnósticos nosológicos e, portanto, classificações de pessoas e certos grupos. (...) Vinculada ao anterior, mas merecendo um lugar especial no âmbito do verdadismo, é a questão da fanatização ou dogmatização dos referenciais teóricos com a exclusão, desvalorização ou difamação de outras verdades/ diferenças possíveis. Verdades totalizantes/ totalitárias, que confundem a parte com o todo, são mais freqüentes do que gostaríamos de reconhecer.[403]

O esquecimento pode compreender um aspecto positivo com vistas a um aperfeiçoamento e a um filtro que faça a mente psíquica deixar

---

[401] Ver, nesse sentido, a leitura de TRACHTENBERG, p. 14.

[402] Manifestações Verdadistas são manifestações feitas por pessoas que apenas manifestam verbalmente seu amor pela verdade, mas no íntimo odeiam a verdade ou a usam em informações como forma de agredir.

[403] Ver, neste sentido, a leitura de TRACHTENBERG, p. 143-144.

de lembrar atos e fatos que trazem recordações dolorosas no campo individual, mas também no campo do aprimoramento coletivo com vistas a esquecer métodos cruéis utilizados, como descreve Friedrich Nietzsche:

> Esquecer não é uma simples *vis inertiae* [força inercial], como crêem os superficiais, mas uma força inibidora ativa, positiva no mais rigoroso sentido, graças à qual o que é por nós experimentado, vivenciado, em nós acolhido, não penetra mais em nossa consciência, no estado de digestão (ao qual poderíamos chamar "assimilação psíquica"), do que todo o multiforme processo da nossa nutrição corporal ou "assimilação física". Fechar temporariamente as portas e janelas da consciência; permanecer imperturbado pelo barulho e a luta do nosso submundo de órgãos serviçais a cooperar e divergir; um pouco de sossego, um pouco de tabula rasa da consciência, para que novamente haja lugar para o novo, sobretudo para as funções e os funcionários mais nobres, para o reger, prever, predeterminar (pois nosso organismo é disposto hierarquicamente) – eis a utilidade do esquecimento, ativo, como disse, espécie de guardião da porta, de zelador da ordem psíquica, da paz, da etiqueta: com o que logos se vê que não poderia haver felicidade, jovialidade, esperança orgulho, presente, sem o esquecimento. O homem no qual esse aparelho inibidor é danificado e deixa de funcionar pode ser comparado (e não só comparado) a um dispéptico – de nada consegue "dar conta" ... Precisamente esse animal que necessita esquecer no qual o esquecer é uma força, uma forma de saúde forte, desenvolveu em si uma faculdade oposta, uma memória, com cujo auxílio o esquecimento é suspenso em determinados casos – nos casos em que se deve prometer: não sendo um simples não-mais-poder-livrar-se da impressão uma vez empenhada, da qual não conseguimos dar conta, mas sim um ativo não-mais-querer-livrar-se, um prosseguir-querendo já querido, uma verdadeira memória da vontade: de modo que entre o primitivo "quero", "farei", e a verdadeira descarga da vontade, seu ato, todo um mundo de novas e estranhas coisas, circunstâncias, mesmo atos de vontade, pode ser resolutamente interposto, sem que assim se rompa esta longa cadeia do querer. Mas quanta coisa isto não pressupõe! Para poder dispor de tal modo do futuro, o quanto não precisou o homem aprender a distinguir o acontecimento casual do necessário, a pensar de maneira causal, a ver e antecipar a coisa distante como sendo presente, a estabelecer com segurança o fim e os meios para o fim, a calcular, contratar, confiar – para isso, quanto não precisou antes tornar-se ele próprio confiável, constante, necessário, também para si, na sua própria representação, para poder enfim, como faz quem promete, responder por si como porvir![404]

---

[404] NIETZSCHE, F. *Genealogia da Moral: uma polêmica*. Tradução, notas e posfácio de Paulo César de Souza. São Paulo: Companhia das Letras, 1999. Título original: *Zur Genealogie der Moral*.

A memória é extremamente seletiva ela só esquece aquilo que escolhe esquecer, por isso o esquecimento é irmão do desejo[405] de esconder, até para si próprio, aquilo que não quer revelar. No prólogo de *A Gaia Ciência*, Friedrich Nietzsche abre horizontes assim:

> Algumas coisas sabemos agora bem demais, nós, sabedores: oh, como hoje aprendemos a bem esquecer, a bem não-saber, como artistas! E no tocante a nosso futuro: dificilmente nos acharão nas trilhas daqueles jovens egípcios que à noite tornam inseguros os templos, abraçam está tuas e querem expor à luz, desvelar, descobrir, tudo absolutamente que por boas razões é mantido oculto. Não, esse mau gosto, essa vontade de verdade, de "verdade a todo custo", esse desvario adolescente no amor à verdade – nos aborrece: para isso somos demasiadamente experimentados, sérios, alegre, escaldados, profundos...Já não cremos que a verdade continue verdade, quando se lhe tira o véu...Hoje é, para nós, uma questão de decoro não querer ver tudo nu, estar presente a tudo, compreender e "saber" tudo. "É verdade que Deus está em toda parte?", perguntou uma garotinha a sua mãe; "não acho isso decente" – um sinal para os filósofos!...Deveríamos respeitar mais o pudor com que a natureza se escondeu por trás de enigmas e de coloridas incertezas. Talvez a verdade seja uma mulher que tem razões para não deixar ver suas razões? Talvez o seu nome, para falar grego, seja Baubo?... Oh, esses gregos! Eles entendiam do viver! Para isto é necessário permanecer valentemente na superfície, na dobra, na pele, adorar a aparência, acreditar em formas, em tons, em palavras, em todo o Olimpo da aparência! Esses gregos eram superficiais – por profundidade! E não é precisamente a isso que retornamos, nós, temerários do espírito, que escalamos o mais elevado e perigos pico do pensamento atual e de lá olhamos em torno, nós, que de lá olhamos para baixo? Não somos precisamente nisso – gregos? Adoradores das formas, dos tons, das palavras? E precisamente por isso – artistas?[406]

Quem escreve descreve o que já aconteceu, o que por vezes não é passível de ser descrito, consiste numa linguagem de signos escolhidos para que melhor se possa representar um fato, acontecimento, sentimento, emoção, ou uma dada circunstância. Não é fácil a escolha

---

[405] A palavra *desejar* vem do latim *desiderare*, assim como a palavra *considerar* vem de *considerare*. Elas têm em comum *siderar* e diferem pelas partículas *de* e *con*. *Considerare* etimologicamente significa consultar os astros. *Desiderare* é desistir de consultar os astros. A tragédia escrita por Sófocles, *Édipo Rei*, é importante para a história do conhecimento de si próprio, porque Édipo ao consultar o oráculo de Delfos quis saber qual era o seu destino e assim mudou de postura, pois quem decidi o seu destino é a própria pessoa e não os astros. Para REZENDE, a essência do desejo "continua a mesma: não tenho. Mas posso tentar. A esperança surge exatamente como aquela que define as possibilidades do desejo. Na perspectiva de Bion, a memória do futuro é um sonho. Sonho de realizar no futuro um desejo que não realizei no passado. O meu desejo não é voltar ao passado para realizar um desejo frustrado, mas realizar no futuro um desejo possível". REZENDE, p. 162.
[406] Ver Friedrich NIETZSCHE, *A Gaia...*, p. 15.

dos signos, muito menos ordená-los; trata-se de uma operação associada a valores quer cronológicos, lógicos, quer reflexivos atuando conforme a memória permite serem lembrados. Atua a memória tal qual um filtro que lembra ou esquece o que lhe parece melhor de ser revelado ou escondido, talvez por isso se diga que a verdade é desvelada, revelada. A obra se realiza por força do desejo, mais do que a razão, na esfera do consciente e do inconsciente.

Refere Garcia-Roza: "O amor pela verdade é, pois desconfiado e inquiridor, sempre pronto a identificar os signos que denunciam a traição do dado".[407] Conclui o autor: "A verdade jamais é dada. A boa vontade, que acolhe o dado enquanto tal, abriga-se na quietude e na miopia da certeza. O dado não provoca a inteligência, aplaca-a".[408] A suposição inicial é a de que a busca da verdade não é uma atitude natural ao homem comum, entendendo-se por "homem comum" aquele que é guiado pelo bom-senso, mas sim que ela implica uma violência ao senso comum na medida em que este se apega à evidência do dado imediato. Heidegger diz: "O senso comum possui um olhar e uma escuta próprios, resistentes a tudo aquilo que o coloca em questão".[409] Para o senso comum, a verdade designa o verdadeiro, e o verdadeiro é o que se apresenta como real à evidência sensível.

A verdade surge então num duplo registro: no registro da *coisa*, na medida em que esta se apresenta como "verdadeira", como não-ilusória, e no registro da *linguagem*, como enunciação adequada à coisa. Trata-se aqui da verdade empírica do homem comum em seu cotidiano. Essa verdade não é buscada, ela se oferece docilmente ao nosso olhar e à nossa escuta sem nos violentar. A evidência é, neste caso, certeza objetivada.[410] Procurar a verdade é supor que ela não esteja dada em nossa experiência cotidiana, mas, para que esta suposição possa ser feita, é necessário que no seio mesmo dessa experiência algo insinue que não se esta de posse da verdade. Esse algo é da ordem do equívoco, do erro, da mentira, da dissimulação. É na dimensão do erro que a verdade faz sua emergência, ou melhor, a história da verdade é coextensa à história do erro.[411] A verdade não mais compreendida como

---

[407] Assim se referiu GARCIA-ROZA, Luiz Alfredo. *Palavra e verdade na filosofia antiga e na psicanálise*. 3.ed. Rio de Janeiro: Jorge Zahar, 1998, p. 9.
[408] Ibidem.
[409] Ver, para maiores esclarecimentos, HEIDEGGER, *Sobre a essência da verdade*. Tradução Ernildo Stein. São Paulo: Nova Cultural, 1996. (Coleção Os Pensadores)
[410] GARCIA-ROZA, p. 10.
[411] Ibidem.

certeza objetivada, mas como verdade filosófica, pode ser rastreada na noção de *alétheia*, na Grécia arcaica. Parmênides na passagem do século VI para o século V, antes de Cristo, fez incidir sob *alérheia* a verdade filosófica. Parmênides não nos fala ainda da verdade filosófica, mas do *desvelamento*, da condição por meio da qual o ser e o pensar farão sua apresentação recíproca.

A interpretação de Heidegger no que toca à obra de Parmênidas revela: "A questão da *alétheia*, a questão do desvelamento como tal, não é a questão da verdade". Dito de outra forma, a verdade não é entendida como adequação entre o pensamento e a coisa, mas como caminho pelo qual ser e pensar podem ocorrer.[412] Heidegger num artigo pergunta-se sobre a essência da verdade. O referencial por ele apropriado da filosofia medieval é: *Veritas est adaequatio rei et intellectus* (Verdade é a adequação do intelecto à coisa.) A verdade aqui é vista em termos de *concordância*: concordância entre uma coisa e o que dela previamente se presume, e entre o enunciado e a coisa. A concordância pode ser estabelecida entre duas coisas ou entre uma enunciação e uma coisa. Dois objetos podem ser comparados porque são da mesma natureza, mas como estabelecer a conveniência entre uma coisa e uma enunciação, já que a coisa é material e a enunciação é imaterial? Como pode uma enunciação, mantendo sua essência, adequar-se a algo diferente, a uma coisa? A proposta de Aristóteles consiste em estabelecer não a igualdade entre duas coisas desiguais, mas da natureza e da constância da *relação* entre a enunciação e a coisa. Algo análogo à concordância entre uma figura geométrica e a equação algébrica que a expressa.

A enunciação apresentativa exprime, naquilo que diz da coisa apresentada, aquilo que ela é, isto é, exprime-a tal qual é, assim como é".[413] Neste caso, apresentar significa o fato de deixar surgir a coisa, diante de nós, enquanto objeto. Segundo Garcia-Roza: "Essa relação se faz sob a forma de um encontro, no qual a coisa que se opõe a nós deve, ao mesmo tempo, manter aberta a possibilidade do encontro e permanecer como coisa em si mesma, na sua estabilidade. É no âmbito de uma abertura para a coisa que se funda a enunciação apresentativa; é por essa abertura que a coisa se torna suscetível de ser expressa. A enunciação não é, pois representação, mas expressão".[414]

---

[412] GARCIA-ROZA, p. 11.
[413] HEIDEGGER, *Sobre a essência...*
[414] GARCIA-ROZA, p. 13.

A indagação a respeito de onde a enunciação retira sua orientação para o objeto de modo a expressá-lo verdadeiramente, Heidegger responde que é a liberdade a abertura que articula a enunciação e o objeto. Conclui o autor: "A essência da verdade se desvelou como liberdade".[415] Parece, inicialmente, que se desloca o mistério da verdade para outro, a liberdade, além de inserir-se a discussão no âmbito da subjetividade. Não é esse o pensamento de Heidegger, pois refere Garcia-Roza: "A liberdade diz respeito a essa abertura para a coisa, revela-se como possibilidade de deixar ser o ente, sendo que esse *deixar* não significa indiferença ou omissão, mas entrega".[416] Para Heidegger: "Deixar-se significa o entregar-se ao ente (...) entregar-se ao aberto e à sua abertura, na qual todo o ente entra e permanece, e que cada ente traz, por assim dizer, consigo".[417]

O entregar-se ao ente não significa perder-se nele, mas colocar-se diante dele como *ta alétheia*, o desvelado (e também o verdadeiro). A liberdade é uma exposição ao ente na medida em que ele possui o caráter de desvelado. A verdade diz respeito a esse desvelamento (*alétheia*) do ente graças ao qual se realiza uma abertura, e não a uma proposição que um sujeito enuncia sobre um objeto. É essa abertura que dá fundamento ao homem.[418] Pois o que move as pessoas à procura da verdade, e as pessoas que buscam a verdade, são movidos por uma inquietude ante a realidade.

O percurso filosófico percorrido de Platão a Hegel foi ocupado com a busca da verdade e a tentativa da construção do discurso, da exata correspondência entre o pensamento e o ser. Uma crítica ao pensamento filosófico poderia argumentar que a verdade que o filósofo procura é uma verdade que ele, previamente, colocou lá. A filosofia tal qual a cartola do mágico significa retirar o coelho que previamente colocamos ali.[419]

Sem embargo, o discurso filosófico não nos oferece uma resposta já pronta que estaria à espera do filósofo para ser retirada da cartola e exibida ao público espectador, mas se constitui como um procedimento no caminho da verdade. Em filosofia, o objetivo é eliminar o erro e o

---
[415] HEIDEGGER, *Sobre a essência...*, p. 163.
[416] GARCIA-ROZA, p. 14.
[417] HEIDEGGER, *Sobre a essência...*, p. 160 e segs.
[418] GARCIA-ROZA, p. 14.
[419] Idem, p. 16.

equívoco pelo caminho da não-contradição. Mas essa eliminação, por mais que se faça, encaminha-nos apenas a verdades parciais, embora seu intuito seja a verdade plena.[420]

Para Santo Agostinho, "a busca da verdade nos encaminhará não em direção à coisas ou às palavras, mas em direção à nossa própria interioridade. A verdade, diz Agostinho, ou bem a possuímos ou não podemos adquiri-la".[421]

A verdade se insinua não a partir do caráter formalizado do discurso, mas quando este falha, quando é atropelado e violentado por um outro que provoca, no primeiro, lacunas, os não tão bem denominados *atos falhos*. Para Lacan, nossos atos falhos "são atos que são bem-sucedidos, nossas palavras que tropeçam são palavras que confessam. Eles, elas, revelam uma verdade de detrás".[422]

A pré-estréia da *verdade fisiológica* corresponde a uma *verdade poética* que foi a base sob a qual ou contra a qual se formou o pensamento filosófico grego.[423] O poeta mostra-se como um ser inspirado e portador de um Dom divino que o torna um indivíduo excepcional. Os poetas não se apresentam como ficcionistas, mas portadores de verdades reveladas.

Nietzsche, na obra *A gaia ciência*, descreve a origem da poesia e refere como pode ser possível justificar o predomínio, durante tanto tempo, desta forma de discurso que longe de tornar a comunicação mais inteligível reduziu-lhe a clareza.[424] Este mesmo autor, no prólogo

---

[420] GARCIA-ROZA, p. 17.
[421] Ibidem.
[422] LACAN, J. *O Seminário*. Rio de Janeiro: Jorge Zahar, 1986, p. 302. Livro 1.
[423] DETIENNE, M. *Les maîtres de vérité dans la Grèce archaîche*. Paris: Maspero, 1967. [Ed. bras.: *Os mestres da verdade na Grécia Arcaica*. Rio de Janeiro, Joerge Zahar, 1988.]
[424] NIETZSCHE, *A Gaia Ciência...*, p. 111. Significativa a passagem em que o autor assim se refere à pessoa de Shakespeare e a sua visão do papel do poeta: "*Em louvor de Shakespeare*. – A coisa mais bela que eu saberia dizer em louvou do *homem* Shakespeare é esta: acreditou em Brutus e não lançou o menor grão de suspeita sobre esse tipo de virtude! A ele dedicou sua melhor tragédia – que ainda hoje é conhecida pelo título errado –, a ele e à mais terrível quintessência de uma mora elevada. Independência da alma! – é disso que se trata ali! Nenhum sacrifício pode ser demasiado grande: é preciso ser capaz de sacrificar-lhe até o mais querido amigo, seja ele o homem mais esplêndido, ornamento do mundo, gênio sem igual – quando se ama a liberdade como sendo a liberdade: desse modo deve ter sentido Shakespeare! A altura em que ele coloca César é a maior honra que podia prestar a Brutus: apenas assim ele dá proporções enormes ao problema interior deste, bem como à força psíquica que era capaz de cortar *esse nó!* – E foi realmente a liberdade política que fez esse poeta simpatizar com Brutus – que o tornou cúmplice de Brutus? Ou a liberdade política foi apenas um símbolo para algo inexprimível? Achamo-nos talvez diante de um evento obscuro que permaneceu desconhecido, uma aventura

desse livro, confessa a sua preocupação com a verdade assim: "Eu espero ainda que um médico filosófico, no sentido excepcional do termo- alguém que persiga o problema da saúde geral de um povo, de uma época, de uma raça, da humanidade-, tenha futuramente a coragem de levar ao cúmulo a minha suspeita e de arriscar a seguinte afirmação: em todo o filosofar, até o momento, a questão não foi absolutamente a 'verdade', mas algo diferente, como saúde, futuro, poder, crescimento, vida ...".[425] Em outra oportunidade o autor registra assim a sua inconformidade:

> A palavra grega que designa o "sábio" prende-se etimologicamente a *sapio*, eu saboreio, *sapiens*, o degustador, *sisyphos*, o homem do gosto mais apurado; um apurado degustar e escolher, um significativo discernimento constitui, pois, segundo a consciência do povo, a arte própria do filósofo. (...) O filósofo busca fazer ressoar em si mesmo o clangor total do mundo e tirá-lo de si para expô-lo em conceitos; enquanto é contemplativo como o artista plástico, compassivo como o religioso, à espreita de fins e causalidades como o homem de ciência, enquanto se sente dilatar até a dimensão do macrocosmo, conserva a lucidez de se considerar friamente o reflexo do mundo, essa mesma lucidez que tem o poeta dramático quando se transforma em outros corpos, fala a partir deles e, contudo, sabe projetar essa transformação para o exterior, em versos escritos. O que o verso é aqui para o poeta é para o filósofo o pensar dialético: é deste que ele lança mão para fixar-se em seu enfeitiçamento, para petrificá-lo. E assim como, para o dramaturgo, palavra e verso são apenas o balbucio em uma língua estrangeira para dizer nela o que viveu e contemplou e que, diretamente só poderia anunciar pelos gestos e pela música, assim a expressão daquela profunda intuição filosófica pela dialética e pela reflexão científica é, decerto, por um lado, o único meio de comunicar o contemplado, mas um meio miserável, no fundo uma transposição metafórica, totalmente infiel, em uma esfera e língua diferentes.[426]

---

da própria alma do poeta, da qual ele só quis comparada à melancolia de um Brutus? – e talvez Shakespeare conheça esta, como aquela, por experiência própria! Talvez ele tivesse, como Brutus, sua hora escura e seu anjo mau! – Mas quaisquer que tenham sido as semelhanças e os laços secretos: ante o personagem e a virtude de Brutus, Shakespeare se prostou e se sentiu indigno e distante: – ele dá testemunho disso na tragédia. Duas vezes um poeta é apresentado nela, e nas duas vezes é vertido sobre ele um desprezo tão impaciente e definitivo, que isto soa como um grito – o grito do autodesprezo. Até mesmo Brutus perdeu a paciência quando surge o poeta, enfatuado, patético, impertinente como costumam ser os poetas, um ser que parece transbordar de possibilidade de grandeza, também de grandeza moral, mas que na filosofia dos altos e da vida raramente atinge sequer a integridade comum. "Se ele conhece o tempo, *eu conheço seus humores*- fora com o palhaço!"– grita Brutus. Traduza-se isso de volta na alma do poeta que o criou". NIETZSCHE, *A Gaia Ciência...*, p. 122-123.

[425] Idem, p. 12.

[426] Assim referiu-se NIETZSCHE, Friedrich. *Obras incompletas*. São Paulo: Nova Cultural, 1996, p. 255-256.

Comenta Nietzsche que, com a finalidade de preservar, o sentimento de poder tem seu custo referindo-se assim: "Quem sente que está 'de posse da verdade', a quantas posses não tem de renunciar, para salvaguardar esta sensação!"[427]

Conforme G. Dumezi, o poeta é nesta época um funcionário da soberania.[428] Na Grécia arcaica, o poeta cantava as teogonias e as cosmogonias, e, conforme Vernant, suas obras, mais do que relatos de gêneses, apresentavam-se como *mitos de soberania*. Registre-se também que no mundo arcaico não havia uma nítida separação entre a ordem humana e a ordem divina. Cabia ao rei a ordem social e a ordem cósmica, sendo responsável por fenômenos naturais, tais como as condições climáticas ou a fertilidade da terra. Por isso a função do poeta, com seu canto, era glorificar o soberano, colocando-o não apenas no ápice da hierarquia social, mas no começo da ordenação cósmica. Sendo o responsável único pela ordem, o soberano tornava-se o primeiro, tanto do ponto de vista temporal, como do ponto de vista do poder. O poeta era aquele que grifava essa distância. Com Homero e Hesíodo, a função da poesia altera-se, perdendo o caráter ritual e passando a ser escrita. A cultura grega era, fundamentalmente, oral, e a palavra não era dissociável do gesto e das condições de enunciação, como também não o era do sistema de representações religiosas. A palavra não barrava o real e nem se constituía como um desvio deste, mas era parte integrante do mundo natural e capaz de interagir com ele em termos causais. Daí ela ser marcada pela sua eficácia: "uma vez articulada, a palavra se converte em potência, força, ação".[429]

Detienne assinala que nessa sociedade as duas potências maiores eram o *elogio* e a *desaprovação*. O poeta era funcionário da comunidade de guerreiros, era à aristocracia que sua palavra servia, não ao povo. A palavra poética se estrutura dos opostos memória-esquecimento (*mnemosyne-Lethe*). A palavra do poeta eterniza o feito guerreiro; pela ausência da palavra sobrevém o silêncio e o esquecimento.

A busca da verdade do ponto de vista filosófico tem sido uma discussão ainda inacabada por parte dos pensadores ao longo da cultura da humanidade. A procura da verdade na perspectiva jurídica também tem sido objeto de preocupação entre os doutrinadores. Entende-se por

---

[427] NIETZSCHE, *A Gaia Ciência*..., p. 64.
[428] DUMEZIL, G. *Servius et la fortune*. Paris, 1943. Citado por DETIENNE.
[429] DETIENNE, p. 61.

verdade a qualidade em virtude da qual um procedimento cognoscitivo qualquer torna-se eficaz ou obtém êxito. Essa caracterização pode ser aplicada tanto às concepções segundo as quais o conhecimento é um processo mental quanto às que o consideram um processo lingüístico ou semiótico.

A escolha de palavras consiste num processo de eleição que muitas vezes traz consigo um ranço que o interlocutor não gostaria que viesse juntamente com a palavra ou esta se desgasta pelo uso banalizado do símbolo para qualquer momento e situação, que nem em concreto, nem em tese comportaria. Nada mais simbólico e mais revelador que a tragédia escrita por Sófocles para ilustrar a decodificação e a investigação da verdade, o próximo passo.

4.5.1. A tragédia escrita por Sófocles na visão de Foucauld e a investigação da verdade

Sófocles foi um intelectual que nasceu em 495 a.C. e morreu em 406 a.C. Em Atenas, consagrado em seu tempo, produziu cerca de 120 peças das quais restaram conservadas apenas sete, entre elas, Antígona, Ajax, Electra e Édipo Rei, esta última provavelmente a mais célebre de todas as tragédias. Lembrar uma das obras de Sófocles,[430] sem pretender repetir a peça, mas reproduzindo diálogos significativos que demonstram a forma de investigação descrita pelo escritor na busca feita por Édipo Rei, para descobrir a verdade do mal que assolava a cidade de Tebas, tem também valor significativo para o mundo do direito.

A tragédia de Édipo, escrita por Sófocles, na leitura de Michel Foucault, consiste em um determinado tipo de relação entre poder e saber, entre poder político e conhecimento, relação de que nossa civilização ainda não se liberou. Sublinha Foucault que esta tragédia é o primeiro testemunho das práticas judiciais gregas, trata-se de uma história que envolve algumas pessoas, um soberano e um povo que desconhecem uma certa verdade e que conseguem, por meio de uma série de técnicas, descobrir uma verdade que questiona a própria soberania do soberano. Portanto, esta tragédia é a história de uma investi-

---

[430] Ver na íntegra a própria tragédia escrita por SÓFOCLES. *Édipo Rei*. Traduzida por Paulo Neves. Porto Alegre, 1998. v.129. (Coleção L& PM Pocket)

gação da verdade que obedece exatamente às práticas gregas daquela época. Por esta razão, o primeiro problema que surge é saber em que consistia a investigação judicial da verdade na Grécia arcaica.

Conforme descreve Foucault, no desenrolar da leitura do texto de Sófocles, visualiza-se uma grande preocupação de Édipo em manter o poder, e que em todos os momentos de avanço e recuos para o conhecimento da verdade não se verifica a sua busca como uma forma de libertar, mas ao contrário, uma discussão que se faz a qualquer custo e para manter o poder. O autor não se preocupa em saber se existiu ou não o mito, a lenda de Édipo, afirmando tão-somente a sua preocupação em enfrentar as etapas da tragédia escrita no século IV ou V antes de Cristo, na Grécia, oportunidade em que se pode presenciar como era encaminhado um processo e como as partes envolvidas se comportavam para a busca da verdade.[431]

Na sociedade grega arcaica, a busca da verdade se realizava pela prática da prova da verdade, que não se estabelece judicialmente por meio de uma comprovação, um testemunho, uma indagação ou uma inquisição, mas sim por um jogo de prova. Este tipo de prova que foi característica na sociedade grega arcaica se repetirá na Alta Idade Média. A tragédia escrita por Sófocles comporta um interesse especial para o observador jurídico, porque nela se encontram um ou dois *restos* da prática de estabelecer a verdade por meio da prova.

Atormentado pela profecia de Delfos, de que iria matar o pai e desposar a mãe, Édipo tenta fugir de seu destino,[432] em vão. A tragédia permite várias leituras. Nas linhas previamente traçadas por Michel Foucault se enfrentará a preocupação de Édipo em manter o poder.[433] Édipo é Rei de Tebas quando o sacerdote o procura e suplica ajuda lembrando seu poder assim:

> Bastou-te ourora entrar nesta cidade de Cadmo para libertá-la do tributo que ela pagava então à terrível Cantadina. Nada tinha ouvido da boca de nenhum de

---

[431] Ver com maior riqueza de detalhes duas das cinco conferências elaboradas por Michel FOUCAULD realizadas na Universidade Católica do Rio de Janeiro em 1973, que foi publicada sob o título *La verdad y las formas jurídicas*. Rio de Janeiro: Gedisa Editorial, 1978.

[432] SÓFOCLES, p. 4.

[433] O título escolhido para a tragédia de SÓFOCLES por si só é revelador e interessante: Edipo y Edipo Rey, a palavra é de difícil tradução. Em efeito, a tradução não dá conta do significado exato. Édipo é o homem de poder, um homem que exerce certo poder. E é digno de ter em conta que o título da obra de Sófocles não seja Edipo, o incestuoso ou Edipo, assassino de seu pai, senão Edipo Rei. A realeza de Édipo significa a importância da temática do poder que se põe de relevo se recorremos ao curso da obra; durante toda a peça, o que esta em questão é essencialmente o poder de Edipo e é isto mesmo o que o faz sentir-se ameaçado. FOUCAULT, p. 49.

nós, não havias recebido nenhuma instrução: foi pela ajuda de um deus – todos dizem, todos pensam assim – que soubeste reerguer nossa fortuna. Pois bem! Ainda desta vez, poderoso Édipo, amado por todos aqui, a teus pés te imploramos. Descobre para nós um socorro. Que a voz de um deus te inspire ou que um mortal te instrua, não importa! Os homens experimentados são também aqueles cujos conselhos geralmente se coroam de sucesso. Sim, reabilita nossa cidade, ó tu, o melhor dos humanos! Sim protege a ti mesmo! Este país hoje te chama seu salvador, pelo ardor em servi-lo que mostraste anteriormente: que o teu reinado não fique com a triste lembrança de nos ter reabilitado para em seguida nos deixar cair. Reabilita esta cidade, definitivamente. Foi sob felizes auspícios que nos trouxeste outrora a salvação: o que foste, sê ainda. Pois, se deves reinar sob esta terra como reinas hoje, não é melhor que ela seja povoada que deserta? Uma fortaleza, um navio de nada servem, se não há mais homens para ocupá-los.[434]

A manifestação do Sacerdote acompanhada pelo coro formado por crianças defronte do palácio que, atônitas, contam a maldição que havia atingido Tebas, descrevendo assim: "A morte a golpeava nos germes onde se formavam os frutos do solo, a morte golpeava em seus rebanhos de bois, em suas mulheres, que não engendram mais a vida".[435] Perante esta suplica, Édipo responde que tem conhecimento do sofrimento, não o ignora, e descreve assim seu tormento:

Sei que vós sofreis; mas seja qual for vosso sofrimento, não há um de vós que sofra tanto quanto eu. Vossa dor só tem um objeto, é de cada um e ninguém mais. Quanto a mim, meu coração geme por Tebas e por ti e por mim ao mesmo tempo. Não despertais aqui um homem que dormia. Ao contrário, já derramei muitas lágrimas e muito fiz perambular meu pensamento ansioso. O único remédio que pude descobrir, tudo bem considerado, já providenciei sem demora. Enviei o filho de Meneceu, Creonte, meu cunhado, a Delfos ao templo de Apolo, a perguntar o que eu devia dizer ou fazer para salvar nossa cidade".[436]

Édipo quer saber de tudo, e quando Creonte retorna da consulta ao templo de Apolo, o cunhado pergunta ao Rei se ele quer conhecer a manifestação dos deuses dentro do palácio, e a resposta de Édipo é clara: "Fala diante de todos. O sofrimento deles me pesa mais que a preocupação com minha pessoa".[437] Em seguida, Creonte descreve que Apolo dá ordens expressas "de limpar a imundície que corrompe este país, e não deixá-la crescer até que se torne inextirpável".[438] A imun-

---

[434] Ver SÓFOCLES, p. 5-6.
[435] Idem, p. 4.
[436] Idem, p. 6.
[437] Idem, p. 8.
[438] Idem, p. 9.

dície consiste em expulsar os culpados, ou fazendo-os pagar pelo assassinato de Laio, que fora chefe antes de Édipo. Na consulta aos deuses não é dito quem é o culpado, mas Édipo se compromete a buscar a verdade e procurar desvelar o enigma, exilando os responsáveis, referindo-se assim:

> Pois bem, retomarei o caso em seu início e eu mesmo o esclarecerei. Apolo fez muito bem – como tu também o fizeste – em mostrar essa preocupação com o morto. É justo que ambos encontreis em mim um apoio. Encarrego-me ao mesmo tempo da causa de Tebas e do deus. E não é por amigos longínquos, é por mim que pretendo eliminar daqui esta imundície. Seja quem for o assassino, ele pode um dia querer golpear-me do mesmo modo. Defendendo Laio, é também a mim que sirvo. Levantai-vos portanto dos degraus, filhos, sem demora, e levai de volta esses ramos suplicantes. Um outro, no entanto, reunirá aqui o povo de Cadmo. Por ele estou pronto a fazer tudo, e, se o deus me assiste, certamente me verão triunfar – ou perecer.[439]

Édipo sai do palácio e se dirige ao coro do alto de sua entrada, dizendo que ouve as preces e ele próprio as responde que saibam escutar e acolher suas palavras e curvar-se ao flagelo e que assim receberão reconforto e o alívio esperado. Refere que fala diante do coro como homem alheio ao relato que acabou de ouvir, alheio ao próprio crime e sublinha que, sozinho, não poderia levar adiante a investigação, a menos que dispusesse de algum indício em razão de ser um dos últimos cidadãos inscritos nesta cidade. O apelo que faz se dirige a todos os tebanos.

> A todo aquele dentre vós que souber sob o braço de quem tombou Laio, o filho de Lábdaco, ordeno revelar-me tudo. Se ele teme por si mesmo, que se livre sem glória da culpa que lhe pesa: não sofrerá nenhuma violência e partirá daqui em plena segurança. Se ele sabe ser outro o assassino – ou mesmo um homem nascido noutra terra –, que não guarde o silêncio, eu lhe pagarei o preço de sua revelação, acrescido de minha gratidão. Mas se quiserdes permanecer mudos, se um de vós, temendo por um de seus ou por si mesmo, furtar-se a meu apelo, saberei nesse caso como pretendo agir. Seja quem for o culpado, proíbo a todos, neste país onde tenho o trono e o poder, que o recebem, que lhe falem, que o associem às preces e aos sacrifícios, que lhe dêem a menor gota de água lustral. Quero que todos, ao contrário, o lancem para fora de suas casas, como a imundície de nosso país: o oráculo de augusto, esquecidas de seus deuses.[440]

Édipo segue, descendo em direção ao coro, continua a dirigir-se a ele de maneira mais familiar, mas, aos poucos vai alterando e ampliando seu tom:

---
[439] SÓFOCLES, p. 12.
[440] Idem, p. 17 e 18.

Sim, ainda que não tivésseis recebido esse aviso dos deuses, não seria decente para vós tolerar semelhante mácula. O melhor dos reis havia desaparecido: cumpria levar as investigações a fundo. Vejo-me nesta hora de posse de seu leito, da mulher que ele já havia tornado mãe; filhos comuns seriam hoje mais um laço a nos ligar, se a infelicidade não houvesse golpeado sua raça; mas foi preciso que a sorte viesse se abater sobre sua cabeça! Sendo assim, eu é que lutarei por ele, como se ele tivesse sido meu pai. Nisso empregarei todos os meios, tamanho é o meu desejo de descobrir o autor desse crime, o assassino do filho de Ládbaco, do príncipe descendente de Polidoro, do velho Cadmo, do antigo Agenor! E, a todos que se recusarem a executar minhas ordens, peço aos deuses que não deixem a terra dar-lhes a colheita, não deixem nascer filhos de suas mulheres, mas que os façam parecer desse mal que nos atinge, ou de um outro pior ... Ao contrário, a todos vós, tebanos, que obedecerem à minha palavra, desejo que encontrem como auxílio e companheira a Justiça, e os deuses, para sempre![441]

Desconhecendo sua origem e nacionalidade, Édipo se dirige aos tebanos como se não fosse um deles e diz que lutará pela busca da verdade como se fosse o filho de Laio, sem ter conhecimento que é o próprio filho. Édipo lança uma série de ameaças e se dispõe a descobrir a verdade a qualquer preço, e pede a mesma atitude aos tebanos. Refere ser um dos últimos a ter recebido a condição de cidadão e por esta razão necessita da ajuda de todos. A investigação ocorre com a presença do coro, que representa uma investigação aberta à população, que participa desde o início até o desfecho da tragédia por vontade do próprio Édipo.

Édipo, consciente de não poder coagir os deuses a fazer o que não querem, recebe um segundo conselho de Corifeu: ouvir o mestre Tirésias possuidor do dom da clarividência. Tirésias é cego, vem guiado por duas crianças, sendo assim investigado por Édipo:

Tirésias, tu que percebes tudo, tanto o que se ensina quanto o que permanece interdito aos lábios humanos, tanto o que há no céu quanto o que há na terra, sabes, mesmo sendo cego, do flagelo que assola Tebas. Cremos que somente tu, senhor, poderás nos proteger e nos salvar contra ele. Com efeito, apolo – se nada soubeste por meus enviados –, Apolo consulta nos deu este conselho: há um único meio para nos livrarmos do flagelo; e descobrir os assassinos de Laio, para em seguida fazê-lo perecer ou exilá-los do país. Não nos recuses, pois, nem os conselhos que as aves inspiram, nem os sinais da ciência profética, e salva-te, a ti e a teu país, salva-me também, salva-nos de toda mácula que a morte nos pode infligir. Nossa vida está em tuas mãos. Para um homem, não há

---

[441] SÓFOCLES, p. 19.

mais nobre tarefa que ajudar os outros na medida de sua força e de seus recursos.[442]

A resposta de Tirésias é extremamente reveladora, pois demonstra que o inverso da verdade não se trata da mentira, mas a verdade é lembrada ou esquecida, e que, por vezes, a busca insana pelo saber de nada serve a quem a possui (não se trata de um amor pela verdade, mas um *verdadismo*[443]). Diz assim o mestre cego clarividente: "Ai de mim! Como é terrível saber, quando o saber de nada serve a quem o possui! Eu não ignorava, mas havia esquecido. Caso contrário, não teria vindo".[444]

Édipo pergunta por que tamanha perturbação ao pensamento de ter vindo, e Tirésias pede: "Vai, deixa-me voltar para casa: assim teremos menos dificuldade de suportar, eu a minha sina, tu a tua".[445] Édipo segue usando todos os artifícios para saber a verdade, e Tirésias diz: "Não quero afligir nem a ti nem a mim. Por que me forças inutilmente desse modo? De mim, nada saberás".[446] Censurado por Édipo, Tirésias antevê: "As infelicidades virão sozinhas: pouco importa que eu me cale e as queira te ocultar!".[447]

Édipo, indócil, acusa Tirésias como o responsável por tramar o crime e assim recebe a verdade daquele que a deixar escapar, contra a sua própria vontade, e dizendo: "fica sabendo que és tu o criminoso que mancha este país!"[448] Furioso, Édipo pede que Tirésias repita suas palavras, e este, sem medo, lembra que não queria falar e que foi forçado, mas sem receio continua a se manifestar assim: "Permaneço imune a teus ataques: em mim vive a força da verdade".[449] Ameaçado por Édipo, que pergunta se Tirésias imagina que pode dizer mais sem que isso lhe custe nada, confiante, Tirésias diz ainda: "Sim se a verdade conserva algum poder".[450] Completamente perplexo, Édipo pergunta quem teria inventado essa história, Creonte ou ele, e aqui mais uma vez se verifica o desejo do inquisidor de manter o poder, e o inquirido responde que é o próprio que se põe a perder.

---

[442] SÓFOCLES, p. 22.
[443] Verdadismo como compreendido acima.
[444] SÓFOCLES, p. 22.
[445] Idem, p. 23.
[446] Idem, p. 24.
[447] Idem, p. 24.
[448] Idem, p. 25.
[449] Idem, p. 25.
[450] Idem, p. 26 e 27.

Com o objetivo de manter seu poder e não ver o que Tirésias argumentava, Édipo põe em dúvida a sua relação de amizade com o leal Creonte e passa a criar uma fantasia de que há uma intriga montada, entre o clarividente e seu cunhado, com o intuito de lhe tirarem o poder adquirido por um golpe de sorte, quando descobriu o enigma da Cantadeira. Édipo, imaginando-se um estrangeiro, chega a Tebas e a salva da cadela que matava aqueles que não decifravam o seus enigmas. Édipo justifica o seu temor em relação à perda do poder assim:

> Ah! Riqueza, coroa, saber que ultrapassa todos os outros saberes, fazeis certamente a vida invejável; mas quantos ciúmes conservais contra ela dentro de vós! Se é verdade que, por esse poder que Tebas pôs em minhas mãos, sem que eu jamais o pleiteasse, Creonte, o leal Creonte, o amigo de sempre, busca hoje sorrateiramente enganar-me, expulsar-me daqui, e para tanto subornou esse falso profeta, esse grande instigador de intrigas, esse pérfido charlatão, cujos olhos estão abertos ao lucro, mas inteiramente fechados para sua arte. Pois, enfim, dize-me quando foste um adivinho de verdade? Porque, quando a ingóbil Cantadeira estava dentro de nossas muralhas, não fizeste a esses cidadãos a palavra que os teria salvo? E não era qualquer um que podia resolver o enigma: isso requeria a arte de um adivinho. Essa arte, tu não mostraste que a terias aprendido nem das aves nem de um deus! Entretanto, chego eu, Édipo, ignorante de tudo, e sou eu sozinho que lhe fecho a boca, sem nada conhecer dos presságios, por minha simples presença de espírito. E eis aí o homem que hoje pretendes expulsar de Tebas! Por certo já te imaginas de pé junto ao trono de Creonte! Essa expulsão poderia custar-te caro, a ti e àquele que armou a intriga. Se não me parecesses tão velho, receberias exatamente a lição por tua malícia.[451]

A tragédia de Sófocles vai desenrolando-se, e Édipo, com receio de perder seu poder, critica seu cunhado e o acusa de ter mutilado a resposta do Oráculo de Delfos e armado uma intriga. Creonte responde, sem restabelecer a verdade, valendo-se de testemunhas, e em juramento afirma que não conspirou contra Édipo e presta este juramento diante da irmã, Jocasta, que aceita o jogo e se responsabiliza pela sua regularidade. Creonte atua segundo a velha fórmula do litígio entre guerreiros. Pode-se verificar que se encontra em toda a obra de Sófocles este sistema de desafio e de prova.

Édipo, ao ter conhecimento de que a peste que assola Tebas era conseqüência de uma maldição dos deuses que recaiu como castigo pelo assassinato de Laio, responde dizendo que se compromete a enviar para o exílio o autor do crime, sem saber que se trata dele mesmo. Fica

---

[451] SÓFOCLES, p. 28-29.

assim comprometido com seu próprio juramento, como ocorria no litígio entre guerreiros arcaicos em que os adversários se incluíam, mutuamente, nos juramentos de promessas e maldição. Estes são resquícios da velha tradição que reaparecem, algumas vezes, ao longo da obra. Contudo, toda a tragédia de Édipo está alicerçada em um mecanismo diferente, que é o estabelecimento da verdade.

Acredita Foucault que este mecanismo de verdade obedece inicialmente a uma lei, uma espécie de pura forma que pode ser chamada lei das metades.[452] O desvelar da verdade chega ao final na peça de Édipo por metades que se ajustam e se acoplam. Édipo manda consultar o deus de Delfos, Apolo, este responde em duas partes. A primeira resposta afirma estar o país ameaçado por uma maldição (uma metade), mas não refere quem a causou (outra metade). A segunda resposta à pergunta feita ao deus refere ser a causa da peste um assassinato. Apolo responde quem foi assassinado, Laio, o rei (uma metade), mas se nega a dizer quem o cometeu (a outra metade).[453]

Como já referido, o enfrentamento de Édipo com Tirésias, jogo das metades, está completo: maldição, assassinato, quem foi morto, quem matou. Entretanto, tudo está posto de uma forma muito particular, como uma profecia. O clarividente lembra a Édipo que este prometeu que desterraria aquele que tivesse matado; e ordenou que cumprisse o seu voto e se desterrasse a si mesmo. O mesmo ocorre quando da manifestação de Apolo por este não dizer que há uma maldição, e é por isso que a cidade está assolada por uma peste. Apolo refere-se que para terminar a peste é preciso expiar a falta. É necessário, diz ele: "limpar a imundície que corrompe este país, e não deixá-la crescer até que se torne inextirpável".[454]

Tem-se toda a verdade, mas na forma profética, que é a característica de oráculo e do clarividente. Nesta verdade que é, de algum modo, completa e total, em que tudo foi dito, falta algo que é a dimensão de presente, a atualidade, a designação de alguém. Falta o testemunho do que realmente ocorreu. Curiosamente, toda esta velha historia é formulada pelo clarividente e o deus, no futuro.[455]

---

[452] FOUCAULT, p. 44.

[453] Édipo comenta que não se pode forçar a vontade dos deuses; será preciso apelar a alguma coisa, a alguém, pois falta a segunda metade: o nome do assassino. Esta figura a que se apela é a sombra mortal de Apolo, o clarividente Tirésias quem, como Apolo, é divino, o divino clarividente. Tirésias está muito próximo de Apolo, e como ele, recebe o nome de rei; FOUCAULT, p. 43.

[454] SÓFOCLES, p. 9.

[455] Ver a leitura da peça de Sófocles pelos olhos de FOUCAULT, p. 37 e segs.

Necessitam-se agora a testemunha presente e a testemunha do passado: A segunda metade desta prescrição e previsão, passado e presente, se dá no final da obra e também por um estranho jogo de metades. Em princípio, é necessário estabelecer quem matou Laio, o qual se obtém no decorrer da peça pelo acoplamento de duas testemunhas. O primeiro fornecido inadvertida e espontaneamente Jocasta ao dizer: "Ves bien. Edipo, que no has sido tú quien mató a Layo, contrariamente a lo que dice el adivino. La mejor prueba de esto es que Lavo fué muerto por varios hombres en la encrucijada de tres caminos".[456]

Édipo contestará a este testemunho de Jocasta com uma inquietude que já é quase uma certeza: "Matar a un hombre en la encrucijada de tres caminos es exactamente lo que yo hice; recuerdo que al llegar a Tebas dí muerte a alguien en un sitio parecido".[457] Assim, pelo jogo desta duas metades que se completam, a recordação de Jocasta e de Édipo, ter-se-á esta verdade quase completa, a do assassinato de Laio. E se diz que é quase completa porque falta ainda um pequeno fragmento: saber se foi morto por um ou por vários indivíduos, questão que, lamentavelmente, não se resolve na peça. Este é o único detalhe importante que não é bem resolvido na peça, pois não existe explicação em nenhum momento se foram várias ou apenas uma pessoa que cometeu o assassinato do rei Laio.

A título de abstração, poder-se-ia dizer que foi uma pessoa que desempenhou de maneira insólita muitos papéis no transcurso de sua vida, inclusive alguns em sobreposição, de filho e esposo, de pai e irmão, de estrangeiro e nativo de Tebas, de poderoso a miserável, tudo isto em uma só pessoa. Mas isto é apenas a metade da história de Édipo, pois Édipo não é unicamente aquele que matou o rei Laio, é também aquele que matou seu próprio pai e se casou com sua mãe. Esta segunda metade da história falta, inclusive depois de acoplamento dos testemunhos de Jocasta e Édipo. Falta precisamente o que é uma espécie de esperança, pois os deuses prediziam que Laio não haveria de morrer em mãos de um homem qualquer, senão de seu próprio filho. Portanto, enquanto não se provar que Édipo é filho de Laio, a previsão não está realizada. Esta segunda metade é necessária para que a prova possa estabelecer a totalidade da previsão, na última parte da obra, por

---
[456] FOUCAULT, p. 44.
[457] Idem, p. 44.

meio de acoplamento de dois testemunhos diferentes. Um será do escravo que vem de Corinto para anunciar a Édipo a morte de Políbio.

Édipo, que não chora a morte de seu pai, se alegra dizendo: "Ah, al menos no he sido yo quien lo mató, contrariamente a lo que dice a predicción!"[458] E o escravo replica: "Políbio no era teu padre".[459] Tem-se agora um novo elemento: Édipo não é filho de Políbio. Intervém por último o escravo, que tinha se escondido depois do drama. Trata-se de um pastor de ovelhas que havia guardado consigo a verdade e que é chamado para ser interrogado acerca do ocorrido. Diz o pastor: "En efecto, hace tiempo dí a este mensajero un niño que venía del palacio de Yocasta y que, según me dijeron, era su hijo".[460] Falta, pois, a última certeza, a que Jocasta não está presente para confirmar se foi ela quem entregou o filho ao escravo.

Não obstante, salvo por esta pequena dificuldade, o ciclo está agora completo. Sabe-se que Édipo era filho de Laio e Jocasta; que foi entregue a Políbio. Edipo, acreditando ser filho de Políbio, regressa a Tebas para escapar da profecia e para não matar seu próprio pai, que imaginava ser Políbio. Chegando a Tebas, Édipo desconhece que esta era sua pátria e que matou, na encruzilhada de três caminhos, o rei Laio, seu verdadeiro pai. O ciclo está fechado e só foi possível porque uma série de aproximações de metades foram se acoplando e se ajustando umas com as outras. É como se toda esta larga e complexa história do filho, que é, ao mesmo tempo, um exilado devido à profecia e um fugitivo da mesma profecia, tivesse sido partida em duas e imediatamente voltam a partir em duas cada uma de suas partes, e todos esses fragmentos repartidos em distintas mãos. Foi preciso que se reunissem o deus e sua profecia, Jocasta e Édipo, o escravo de Corinto e o de Citerón, para que todas estas metades e metades chegassem a ajustar-se umas às outras, a adaptar-se, acoplar-se e reconstituir o perfil total da história.

A peça de Sófocles é realmente impressionante, mais que uma forma retórica, é ao mesmo tempo religiosa e política, quase mágica do exercício do poder. Consiste na famosa técnica do símbolo grego. Um instrumento de poder, do exercício de poder, que permite a alguém que guarda um segredo ou um poder romper em duas partes um objeto

---
[458] FOUCAULT, p. 45.
[459] Ibidem
[460] Ibidem.

qualquer – de cerâmica, por exemplo – guardar uma delas e confiar a outra a alguém que deve checar a mensagem ou dar prova de sua autenticidade. A coincidência ou ajuste destas duas metades permitirá reconhecer a autenticidade da mensagem, isto é, a continuidade do poder que se exerce. O poder se manifesta, completa seu ciclo, e mantém sua unidade graças a este jogo de pequenos fragmentos separados uns dos outros, de um mesmo conjunto, um objeto único, cuja configuração geral é a forma manifesta do poder. A história de Édipo é a fragmentação desta obra, cuja possessão integral e reunificada autentifica a detenção do poder e as ordens dadas por ele. Os mensageiros que enviam e que devem regressar justificaram sua vinculação com o poder porque cada um deles possui um fragmento da peça que se combina perfeitamente com as demais. Os gregos chamam a esta técnica jurídica, política e religiosa: o símbolo.[461]

O primeiro jogo de metades que se ajustam é o de deus Apolo e o clarividente Tirésias: o nível da profecia ou dos deuses. Imediatamente, aparece uma segunda série de metades que se ajustam, formada por Édipo e Jocasta. Seus dois testemunhos se encontram no meio da peça: é o nível dos reis, os soberanos. Finalmente, o último par de testemunhos que intervêm, a última metade que completará a história não está constituída pelos deuses e tampouco pelos reis, mas sim pelos servidores e escravos. O escravo mais humilde de Políbio e, sobretudo, o mais oculto dos pastores que habitam no bosque enunciará a verdade última ao dar o último testemunho.

O resultado é curioso: o que se dizia em forma de profecia ao começo da obra reaparecerá na forma de testemunho na boca dos pastores. E assim como a obra passa dos deuses aos escravos, os mecanismos enunciativos da verdade ou a forma em que a verdade se enuncia trocam igualmente. Quando falam em deus e o clarividente, a verdade se formula em forma de prescrição e profecia, como a visão eterna e toda poderosa do deus Sol, como a do clarividente que, ainda sendo cego, é capaz de ver o passado, o presente e o futuro. É, precisamente, esta espécie de *mirada* mágico-religiosa que, no começo da obra, faz brilhar uma verdade que nem Édipo nem o coro querem crer.

A visão aparece também em outro patamar, já que, se dois escravos podem dar testemunho do que têm visto, isso ocorre precisamente

---

[461] FOUCAULT, p. 45 e 46.

porque viram. Um deles viu como Jocasta o entregava uma criança e o ordenava que o levasse ao bosque e o abandonasse. O outro viu a criança em um bosque, viu como seu companheiro escravo o entregava esta criança e recorda tê-lo levado ao palácio de Polibio. Uma vez mais se trata da visão, mas já não daquela visão eterna, iluminadora, fulgurante do deus e seu clarividente, agora é a *mirada* de pessoas que vêem e recordam ter visto com seus olhos humanos: é a visão de testemunho.[462]

Pode dizer-se que toda a obra é uma maneira de não se ajustar à enunciação da verdade de um discurso profético e de outro retrospectivo: já não é mais uma profecia, é um testemunho. É também uma certa maneira de desalojar o brilho ou a luz da verdade do brilho profético e divino acerca da visão, de algum modo empírica e cotidiana, dos pastores. Entre os pastores e os deuses há uma correspondência: dizem o mesmo, vêem a mesma coisa, mas não com a mesma linguagem e tampouco com os mesmos olhos. Durante toda a tragédia vê-se uma única verdade que se apresenta e se formula de duas maneiras diferentes, com outras palavras, em outro discurso, com outra visão. No entanto, estas visões se correspondem. Os Pastores respondem exatamente aos deuses: poder-se-ia dizer, inclusive, que os simbolizam. No fundo, o que os pastores dizem é aquilo que os deuses já haviam dito, só que o fazem de outra forma. Estes são os dois *rasgos* fundamentais da tragédia de Édipo: a comunicação entre os pastores e os deuses, entre a recordação dos homem e as profecias divinas. Esta correspondência define a tragédia e estabelece um mundo simbólico no qual a recordação e o discurso dos homens são, algo assim, como uma imagem empírica da grande profecia dos deuses.

Temos de insistir sobre estes dois pontos para compreender o mecanismo da progressão da verdade em *Édipo*. Em um lado estão os deuses, em outro os pastores, mas entre eles se situa o patamar dos reis, ou melhor, de Édipo. Qual é seu *patamar* de saber e que significa sua visão? Relacionado com esta questão, é preciso retificar algumas coisas. Quando se analisa a obra solta se diz que Édipo é aquele que nada sabia, que era cego, que tinha os olhos vendados e a memória bloqueada dado que nunca tinha mencionado, e, inclusive, parecia ter *olvidado* seus próprios atos ao matar o rei na encruzilhada dos três

---

[462] FOUCAULT, p. 49.

caminhos. Édipo homem do não-saber, um verdadeiro homem do inconsciente.

Sabe-se que a escolha do nome de Édipo foi empregada para realizar múltiplos jogos de palavras. Foucault relembra: "Sin embargo, no olvidemos que los mismos griegos habían ya señalado que en Οι–διπους tenemos la palabra οιδα que significa al mismo tiempo 'haber visto' y 'saber'". Michel Foucault quer demostrar que Édipo, colocado dentro deste mecanismo de Οιδιπους, de metades que se comunicam, jogo de respostas entre os pastores e os deuses, não é aquele que não sabia senão, ao contrário, aquele que sabia demasiado, aquele que unia seu saber e seu poder de uma maneira condenável e que a história de Édipo devia ser expulsa, definitivamente, da História. Em nenhum lugar da tragédia, disse Édipo que é inocente; nem uma só vez afirma ter feito algo contra sua vontade ou que quando matou aquele homem não sabia que se tratava de Laio. Em suma, o personagem central de Edipo Rei, de Sófocles, não invoca em nenhum momento sua inocência ou a escusa de ter atuado de modo inocente.[463]

Édipo, cego e miserável, geme ao dizer que nada podia fazer, pois os deuses lhe teriam feito uma armadilha que não havia previsto. Em Édipo Rei, Édipo não defende sua inocência, seu problema é o poder ou como fazer para conservá-lo; esta é a questão de fundo desde o começo até o final da obra. Na primeira cena, os habitantes de Tebas recorrem a Édipo em sua condição de soberano para plantar o problema da peste. "Tú deseas mi poder; has armado una conspiración contra mí para privarme de mi poder".[464] E ele responde dizendo que tem grande interesse em curar a todos da peste, pois esta afeta a todos, inclusive a ele na sua soberania e realeza. Para Édipo, a solução do problema é uma condição necessária para conservar seu poder e quando começa a sentir-se ameaçado pelas respostas que surgem a sua volta, quando o oráculo e o clarividente dizem de maneira mais clara ainda que é ele o culpado, Édipo, sem invocar sua inocência, comenta a Tirésisas: "Tu desejas meu poder; armaste uma conspiração contra mim para privar-me de meu poder".[465] A Édipo não assusta a idéia de que poderia ter matado a seu pai ou ao rei, teme somente perder seu próprio poder.

Na disputa com Creonte, este o diz: "Trajiste un oráculo de Delfos mas o falseaste porque, hijo de Laio, tú reivindicas un poder que me

---

[463] FOUCAULT, p. 49.
[464] Idem, p. 50.
[465] Ibidem.

fué dado".[466] Ainda Édipo se sente ameaçado por Creonte ao nível do poder, e não de sua inocência ou culpabilidade. Em todos estes embates, o que está em questão, desde o começo da obra, é o poder. E quando, ao final da obra, a verdade está a ponto de ser descoberta, quando o escravo de Corinto diz a Édipo: "No te inquietes, no es el hijo de Polibio",[467] Édipo não pensará que filho de algum outro e, talvez, de Laio, dirá: "Dices eso para que me avergüence, para hacer que el pueblo crea que soy hijo de un esclavo. Igualmente ejerceré el poder; soy un rey como los otros".[468] Uma vez mais é o poder. E em seu caráter de chefe de justiça, como soberano, Édipo convocará nesse momento a última testemunha: o escravo. Ameaçando-o com a tortura, arrancará a verdade, e quando já se sabe quem era Édipo e o que havia feito – parricídio e incesto com a mãe –, qual é a resposta do povo de Tebas? "Nosotros te llamábamos nuestro rei",[469] o qual significa que o povo de Tebas, ao mesmo tempo que reconhece em Édipo a quem foi seu rei, pelo uso de imperfeito – chamávamos – o declara agora destituído e o despoja dos atributos da realeza.

O que está em questão é a queda do poder de Édipo. A prova disso é que quando Édipo perde o poder em favor de Creonte, as últimas réplicas da obra ainda giram em torno ao poder. A última palavra dirigida a Édipo antes que o levem ao interior do palácio é pronunciada pelo novo rei, Creonte: "Ya no trates de ser el señor".[470] A palavra empregada é $\alpha\rho\alpha\tau\epsilon\iota\upsilon$, vale dizer que Édipo deve deixar de dar ordens. Creonte acrescenta $\alpha\chi\rho\alpha\iota\eta\sigma\alpha\varsigma$, palavra que quer dizer "después de haber llegado a la cima", mas que também é um jogo de palavras em que a "a" tem um sentido privativo: "no poseyendo más el poder".[471] $\alpha\chi\rho\alpha\iota\eta\sigma\alpha\varsigma$, significa ao mesmo tempo: "Tú que alcançaste o topo e que agora perdeste o poder".[472] Depois disto, intervém o povo que

---

[466] FOUCAULT, p. 50.
[467] Idem, p. 51.
[468] Ibidem.
[469] Ibidem.
[470] Ibidem.
[471] Ibidem. A palavra utilizada pela sua forma escrita e por símbolos gráficos lembra a arte da argumentação e a tópica de Aristóteles. REZENDE recorda: "*Topos* é uma palavra grega que nos remete evidentemente à 'tópica' de Aristóteles. Na tópica de Aristóteles, encontramos não apenas uma norma para classificação dos elementos mas uma espécie de diretório para a argumentação. Tópicos são os lugares nos quais coloco os elementos, e, por outro lado, de onde tiro argumentos para a 'argumentação' retórica." REZENDE, p. 85.
[472] Ibidem.

saúda Édipo, pela última vez, dizendo: "Tú que eras χρατυςμος", isto é, "tu que estavas em cima do poder". Édipo era: "ωχρατννον Οιδιπου", é dizer, "Édipo todo poderoso!"[473] Entre estas duas saudações do povo, desenrolou-se toda a tragédia. A tragédia do poder e do controle do poder político. Mas no que consiste este poder de Édipo e como ele se caracteriza. Suas características estão presentes na história, o pensamento e a filosofia grega da época. Édipo é chamado βασιλευς αναξ, o primeiro dos homens aquele que tem a χρατεια, aquele que detém o poder e é por ele τυραννος. Tirano não há de entender-se aqui em sentido stricto: Polibio, Laio e todos os demais eram considerados também τυραννος.

Na tragédia de Édipo aparecem algumas das características deste poder. Édipo tem o poder, mas o obtém ao cabo de uma série de histórias e aventuras que do homem mais miserável – filho abandonado, perdido, viajante errante – o convertem no mais poderoso. O seu destino foi desigual, conheceu a miséria e a glória: teve seu ponto mais alto quando todos o acreditavam filho de Polibio e sua condição mais baixa quando se viu obrigado a errar de cidade em cidade, e mais tarde volta ao alto. "Los años que crecieron conmigo – dice- me rebajaron a veces y otras me exaltaron".[474] Esta alternância de destino é um rasgo característico dos tipos de personagens, do herói legendário que perdeu sua cidadania e sua pátria e que depois de várias provas reencontra a glória, e o tirano histórico grego de finais de século VI e começo do V. O tirano era aquele que depois de ter passado por muitas aventuras e chegado à cúspide do poder estava sempre ameaçado de perdê-lo. A irregularidade de destino é característica de personagem do tirano tal como é descrito nos textos gregos dessa época.

Édipo é aquele que depois de ter conhecido a miséria, alcançou a glória, aquele que se converteu em rei depois de ter sido herói. Mas o que o converteu em rei foi ter sido capaz de curar a cidade de Tebas matando a Divina Cantora, a Cadela que devorava a todos aqueles que não conseguiam decifrar seus enigmas. Havia curado a cidade, e havia lhe permitido – como se diz na obra – recuperar-se, respirar quando havia perdido o alento. Para designar a esta cura da cidade, Édipo empregava a expressão δρθωσαν, "recuperar", ανορθωσαν πολιν,

---

[473] FOUCAULT, p. 52.
[474] Ibidem.

"recuperar a cidade",[475] expressão que encontramos no texto de Solón.[476] Solón, que não é um tirano senão mais um legislador, se vangloriava de haver recuperado a cidade de Atenas aos finais de século VI.

Esta é uma característica comum a todos os tiranos que surgem na Grécia entre os séculos VII e VI: não só conheceram os pontos altos e baixo da sorte pessoal, mas também desempenharam o papel de agentes de recuperação por meio de uma distribuição econômica equânime, como Cípselo em Corinto, ou por meio de uma justa legislação, como é o caso de Solón em Atenas. São estas, pois, duas características fundamentais do tirano grego que aparecem nos textos da época de Sófocles.

Em Édipo encontram-se características positivas da tirania e outras que poderiam considerar-se negativas. Numa discussão que mantém com Creonte, este verbaliza a tirania de Édipo assim: "Estás equivocado. Te identificas con esta ciudad, en la que no naciste. Imaginas que eres esta ciudad y que te pertence. Yo também formo parte de ella, no es sólo tuya".[477] Herodoto contava histórias acerca dos tiranos gregos que se consideravam donos da cidade. Isto aparece na tragédia de Sófocles.[478]

Édipo não dá importância às leis e as substitui por suas ordens, por sua vontade. Isto está claro em suas afirmações: quando Édipo responde a Creonte que o exilar não é uma decisão justa, afirma assim: "poco me importa que sea o no justo; igualmemnte has de obedecer".[479] Sua vontade será a lei da cidade, e é por isso que no momento em que se inicia sua queda do poder, o coro do povo o reprovará por ter desprezado a $\tau\upsilon\chi\eta$, a justiça. Portanto, Édipo é um personagem historicamente bem definido, marcado, catalogado, caracterizado pelo pensamento do século V: o tirano.[480]

Este personagem do tirano não só se caracteriza pelo poder senão também por certo tipo de saber. O tirano grego não era simplesmente quem toma o poder; apropriava-se dele porque detinha ou fazia valer um saber superior. Este é precisamente o caso de Édipo. Édipo é quem conseguiu resolver por seu pensamento, seu saber, o famoso enigma

---
[475] FOUCAULT, p. 53.
[476] Ibidem.
[477] Idem, p. 53.
[478] Idem, p. 53 e 54.
[479] Idem, p. 54.
[480] Ibidem.

da esfinge; e assim como Solón pôde dar efetivamente leis justas a Atenas, pôde recuperar a cidade porque era σοΦος, sábio, assim também Édipo é capaz de resolver o enigma da esfinge porque também ele é σοΦος.[481]

O que significa este saber de Édipo? Durante toda a obra o saber de Édipo se destingue em suas características: em todo momento diz que ele venceu aos outros, que resolveu o enigma da esfinge, que curou a cidade por meio disso que chama γνωμη, seu conhecimento ou sua τεχνη. Outras vezes, para designar seu modo de saber, diz-se aquele que encontrou ευρηχα. Esta é a palavra que, com maior freqüência, utiliza Édipo. Se Édipo resolveu o enigma da esfinge é porque encontrou; se se quer salvar novamente a Tebas é preciso de novo encontrar ευρισχειν. Que significa ευρισχειν? Em um começo, esta atividade de encontrar é mostrada na obra como algo que se faz sozinho. Édipo insiste uma e outra vez: ao povo e ao clarividente os diz que quando resolveu o enigma da esfinge não se dirigiu a ninguém; ao povo o disse: "Nada pudestes fazer para ajudar-me a resolver o enigma da esfinge, nada podias fazer contra a Divina Cantora".[482] E a Terésias o disse: "¿Que clase de adivino éres que ni siquiera fuiste capaz de liberar a Tebas de la esfinge? Cuando todos estaban dominados pelo terror yo solo liberé a Tebas; nadie me eneño nada, no envié a nengún mensajeiro, vine persoalmente".[483] "Encontrar es algo que se hace a solas y también lo que se hace cuando se abren los ojos". Utiliza freqüentemente o verbo οιδα, que significa ao mesmo tempo saber e ver. Οιδιπους é aquele que é capaz de ver e saber. Édipo é o homem que vê, o homem da visão, e o será até o fim.[484]

Se Édipo cai em uma armadilha é precisamente porque, em sua vontade de encontrar, postergou o testemunho, a recordação, a busca das pessoas que viram, até o momento em que do fundo de Citerón saiu o escravo que havia assistido a tudo e sabia a verdade. O saber de Édipo é esta espécie de saber de experiência e ao mesmo tempo, este saber solitário, de conhecimento, saber do homem que quer ver com seus próprios olhos, só, sem apoiar-se no que se diz nem a ninguém:

---
[481] FOUCAULT, p. 54.
[482] Idem, p. 55.
[483] Ibidem.
[484] Idem, p. 56.

saber autocrático do tirano que por si só pode e é capaz de governar a cidade. A metáfora do que governa, do que conduz, é utilizada freqüentemente por Édipo para descrever o que faz. Édipo é o condutor, o piloto, aquele que na proa do navio abre os olhos para ver. E é precisamente porque abre os olhos sobre o que está ocorrendo que encontra o acidente, o inesperado, o destino lá τυχη. Édipo caiu na armadilha porque foi este homem de visão autocratica, aberta sobre as coisas.[485]

Para Foucault, a personagem representada por Édipo na obra de Sófocles compreende um ser de certo tipo que ele chamou de saber-e-poder, poder-e-saber. E porque exerce um poder tirânico e solitário – desviado tanto do oráculo dos deuses que não quer entender o dizer dos deuses, nem o querer do povo – em seu afã de poder e saber, de governar descobrindo por si só, encontra na última instância os testemunhos daqueles que viram.

Viu-se, assim, como funciona o jogo das metades e como, ao final da obra, Édipo é uma personagem supérfluo, na medida em que este saber tirânico de quem quer ver com seus próprios olhos sem explicar a deuses nem homens, permite a coincidência exata do que haviam dito os deuses e o que sabia o povo. Édipo, sem querer, consegue estabelecer a união entre a profecia dos deuses e a memória dos homens. O saber edípico, o excesso de poder, o excesso de saber, foram tais que o protagonista se tornou inútil; o círculo se fechou sobre ele, ou melhor, os dois fragmentos da trama se acoplaram e sua imagem se tornou monstruosa ao acoplarem-se ambos os fragmentos. Édipo podia demasiado por seu poder tirânico, sabia demasiado em seu saber solitário, neste excesso ainda era esposo de sua mãe e irmão de seus filhos: é o homem de excesso, aquele que tem demasiado de todo, em seu poder, seu saber, sua família, sua sexualidade. Édipo, homem dúplice – doble –, que estava demais ante a transparência simbólica do que sabiam os pastores e haviam dito os deuses.

Segundo Foucault, esta peça aproxima-se do que será, uns anos mais tarde, a filosofia platônica. Platão restaura valor ao saber dos escravos, memória empírica do que foi visto, em proveito de uma memória mais profunda. Não obstante, o importante é aquilo que será, fundamentalmente, desvalorizado, desqualificado, tanto na tragédia de Sófocles como na *República* de Platão: o tema, ou melhor, o persona-

---

[485] REZENDE: a importância do ver para o mundo grego. Na peça de Sófocles, Édipo Rei, depois que Édipo enxergou tudo ele se puniu privando-se da visão.

gem, a forma de um saber político que é ao mesmo tempo privilegiado e exclusivo. A figura assinalada pela tragédia de Sófocles ou da filosofia de Platão, colocada em uma dimensão histórica, é a mesma que aparece por trás de Édipo. Édipo o sábio, o tirano do saber político e do saber que existia efetivamente na sociedade ateniense correspondente à da época de Sófocles. Mas, o mais além desta figura, o que Platão e Sófocles assinalam é outra categoria de personagens de que o sofista era, algo assim, como um pequeno representante, continuação e fim histórico: a personagem de tirano.

Conforme Foucault, nas sociedades indoeuropéias do Oriente mediterrâneo, ao final do segundo e começo do primeiro milênio, o poder político detinha sempre certo tipo de saber. O rei que o rodeava administrava um saber que não podia e não devia ser comunicado aos demais grupos sociais, por si só realizador do poder. Saber e poder eram exatamente correspondentes, correlativos, superpostos. Não podia existir saber sem poder, e não podia existir poder político que não supusesse, a sua vez, certo saber especial.

Na origem da sociedade grega do século V que é, talvez a origem da nossa civilização se produziu um desmantelamento desta grande unidade formada pelo poder político e o saber. Os tiranos gregos, impregnados de civilização oriental, trataram de instrumentar para seu proveito o desmantelamento desta unidade de poder mágico-religioso que aparecia nos grandes impérios assírios. Em alguma medida, também os sofistas dos séculos V e VI utilizaram-na como puderam, em forma de lições retribuídas com dinheiro. Durante os cinco ou seis séculos que correspondem à evolução da Grécia arcaica, assistiu-se a esta ampla decomposição e quando começa a época clássica – Sófocles representa a data inicial, o ponto de eclosão – se faz urgente a desaparição desta união do poder e saber para garantizar a sobrevivência da sociedade. A partir deste momento, o homem de poder será o homem da ignorância. Édipo nos mostra o caso de quem, por saber demasiado, nada sabia. Édipo funcionará como homem de poder, cego, que não sabia e não sabia por que podia demasiado.

Assim, quando o poder é tachado de ignorância, inconsciência, obscuridade, por um lado, ficaram o clarividente e o filósofo em comunicação com a verdade, com as verdades eternas dos deuses ou de espírito, e por outro, estará o povo que, ainda quando é absolutamente desapossado de poder, guarda em si a recordação ou pode dar testemunho da verdade. Para ir mais além de um poder que cega como o de Édipo, estão os pastores que recordam e os clarividentes que dizem a verdade.

De algum modo essa teia de relação, armada à luz do poder, revela que o Ocidente será dominado pelo grande mito de que a verdade nunca pertence ao poder político, de que o poder político é cego, de que o verdadeiro saber é o que se possui quando se está em contato com os deuses ou quando se recordam as coisas, quando se viu havia o grande sol eterno, ou se abrimos os olhos para observar o que tem passado. Com Platão inicia-se um grande mito ocidental: o que de antinômico tem a relação entre o poder e o saber, se se possui o saber é preciso renunciar ao poder; ali donde é procedência estão o saber e a ciência em sua pura verdade jamais pode haver poder político.

Um mito que Nietzsche começou a demolir ao mostrar nos textos aqui citados que por trás de todo saber, o conhecimento, o que está em jogo é uma luta pelo poder. "O poder político não está ausente do saber, ao contrário, está tramado com este".[486]

Na Grécia arcaica a disputa ocorria entre os dois contendores, não havia um terceiro para dirimir o conflito existente, não existia a preocupação com a busca da verdade e a verificação de quem estava com a razão. O duelo e as provas com os quais os deuses protegiam o vencedor são características marcante dessa época.

Com a tragédia de Édipo verifica-se uma alteração significativa, pois *Édipo Rei* é uma espécie de resumo da história do direito grego. "Esta dramatização da história do direito grego compreendia uma das grandes conquistas da democracia ateniense: a história do processo por meio da qual o povo se apoderou do direito de julgar, de decidir a verdade, de opor a verdade a seus próprios senhores, de julgar a quem os governassem".[487]

Esta grande conquista da democracia grega, o direito de dar testemunho, de opor a verdade ao poder, se logrou ao final de um largo processo nascido e instaurado, definitivamente, em Atenas, durante o século V. Este direito de opor uma verdade sem poder a um poder sem verdade deu lugar a uma série de grandes formas culturais que são características da sociedade grega. A elaboração do que poderia chamar formas racionais da prova e a demonstração: como produzir a verdade, em que condições, que formas tem de observar-se e que regras tem de aplicar-se. Estas formas são a Filosofia, os sistemas racionais, os sistemas científicos. E em relação a estas formas se pode mencionar,

---

[486] FOUCAULT, p. 59.
[487] Idem, p. 64.

se o desenvolvimento de uma arte de persuadir, de convencer as pessoas sobre a verdade do que se diz, de obter a vitória para a verdade (*ou aún más, por la verdad*). Refere-se aqui à retórica grega. Há também o desenvolvimento por testemunhos, recordações e indagação. É este um saber que historiadores como Heródoto, pouco antes de Sófocles, naturalistas, botânicos, geógrafos e viajantes gregos tinham de desenvolver e que Aristóteles totalizará e converterá em um saber enciclopédico.

Nessa época na Grécia se produziu uma espécie de grande revolução que, ao final de uma série de lutas e questionamentos políticos, deu como resultado a elaboração de uma determinada forma de descobrir a verdade, a qual constitui a matriz, o modelo, o ponto de partida para uma série de outros saberes, tais como: filosóficos, retóricos e empíricos, que puderam desenvolver-se e que caracterizam o pensamento grego.

Compreende-se que um texto importante como este de Sófocles pode receber uma série de interpretações. Foi trazido por Michel Foucaultd pela capacidade e sincronia que o autor demonstrou possuir com os aspectos jurídicos desde a Grécia arcaica e que ainda hoje são relevantes para o aspecto da busca da verdade no processo, o próximo passo.

4.6. A busca da verdade no processo

A verdade não existe. A verdade que se busca existiu, mas a sua busca em um processo é uma potencialidade de se desvelar, não uma certeza; é por isso que o julgamento é sempre um processo de escolha, da melhor escolha para uma dada situação levada a juízo. O juiz é aquele que sabe que o relato das partes é um enigma a ser decifrado, e sabe-se também que por meio desse enigma uma verdade se insinua. No enigma, verdade e engano são complementares e não excludentes.[488] A verdade não é o que se oferece benevolamente à escuta do julgador, mas teima em se ocultar, e que só se oferece distorcidamente, equivocamente dissimulada nos autos do processo, nos sintomas e nas lacunas do nosso discurso consciente. O enigma a ser descoberto im-

---
[488] GARCIA-ROZA, p. 7-8.

plica ouvir o silêncio, a sombra que deixa de entrar nos autos, mas é reveladora e de maneira jurídica é ocultada.

O *essencial é invisível aos olhos*,[489] esta frase pode querer dar ensejo a uma série de interpretações como a de que, ao julgar, o julgador não deve preocupar-se, atentar apenas para as palavras, as manifestações, mas também a sua ausência, o silêncio, a falta destas manifestações, abstrair-se do ver para melhor poder ouvir a harmonia da música que se deixa escapar, conhecer também aquela verdade latente que paira no ar, deixa-se sentir. Frutifica-se na intuição constituída por uma atenta investigação de quem só se dá por satisfeito quando desvela, descobre e faz lembrar o esquecido, a verdade. Este movimento é desencadeado pelo simples fato de o sujeito ser responsável por aquilo que ele conquistou, o poder de julgar.

A busca da verdade nem sempre foi uma preocupação no curso da história. Michel Foucault traça um percurso curioso para que se possa visualizar como a cultura jurídica anterior à codificação se posicionava para solucionar os conflitos. Curiosamente, a história do nascimento da indagação permaneceu esquecida e se perdeu, sendo retomada vários séculos depois, na idade Média. No medioevo europeu assiste-se a uma espécie de segundo nascimento da indagação, mais obscuro e lento, ainda muito mais efetivo que o primeiro.[490]

O método grego de indagação consistia, segundo o pensamento de Huizinga, num momento cultural muito rico e que antecedeu o estudo filosófico na Grécia, oportunidade em que se enfrentavam as questões que dizem respeito à descoberta dos enigmas e à importância das indagações. Descreve este autor que este exercício se realizava aos moldes de um jogo, uma brincadeira, uma competição e que, por esta razão formaram-se na Grécia as condições necessárias para o desenvolvimento da filosofia em face deste firme alicerce devidamente construído pela prática cultural.[491]

Assinala Michel Foucault que essa forma de indagação, conhecida pelos gregos, tinha se estancado e não conseguia fundar um conhe-

---

[489] SAINT-EXUPERY, Antoine. *O Pequeno Príncipe*, 47. ed., 3. Impressão. Rio de Janeiro: AGIR, 1999.p. 72.

[490] FOUCAULT, p. 65.

[491] O primeiro foi exemplificado por meio da tragédia escrita por SÓFOCLES, ver capítulo anterior, e também a obra de Johan HUIZINGA, na parte que trata dos momentos culturais que antecedem ao estudo filosófico na Grécia antiga quando se enfrentava as questões que dizem respeito à descoberta dos enigmas e à importância das indagações.

cimento racional capaz de desenvolver-se indefinidamente. Em compensação, a indagação que nasce na Idade Média terá dimensões extraordinárias, seu destino será, praticamente, coextensivo ao destino mesmo da cultura chamada européia ou ocidental. O antigo Direito Germânico, que regulamentava os litígios existentes entre indivíduos e nas sociedades germânicas no período em que estas entram em contato com o Império Romano, se assemelha em muitos sentidos às formas do Direito Grego Arcaico. O Direito Germâncico não existia do sistema de interrogatório posto que litígios entre os indivíduos se regiam pelo jogo de provas.[492]

Uma vez introduzida a ação penal, quando um indivíduo já se havia declarado vítima e reclamava reparação a outro, a liquidação judicial se chegava ao final como uma espécie de continuação da luta entre os contendores. Inicia-se, assim, uma sorte de guerra particular, individual, e o procedimento penal será só uma ritualização de lutas entre os indivíduos. O Direito Germânico não opõe à guerra, à justiça, não identifica justiça e paz, mas ao contrário, supõe que o direito é uma forma singular e regulamentada de conduzir a guerra entre os indivíduos e de encadear os atos de vingança. A terceira condição é que, se a verdade que não há oposição entre direito e guerra, não é menos certo que é possível chegar a um acordo, isto é, interromper estas hostilidades regulamentares. O antigo Direito Germânico sempre ofereceu a possibilidade de chegar a um acordo ou transição por meio desta série de vinganças rituais e recíprocas. A interrupção pode ser um pacto que, contando com seu mútuo consentimento, estabelecerá uma soma de dinheiro que constitui o resgate. Não se trata do resgate da falta, pois não há falta, mas só dano e vingança. É este procedimento do Direito Germânico: em que um dos adversários resgata o direito de ter paz, de escapar da possível vingança de seu contendente. Resgata sua própria vida, e não o sangue que derramou, e põe, assim, fim à guerra. A interrupção da guerra ritual é o terceiro ato do drama judicial do Direito Germânico.[493]

O sistema que regulamentava os conflitos e litígios, nas sociedades germânicas desta época, é um procedimento interamente governado pela luta e transição, é uma prova de força que pode terminar em transação econômica. Trata-se de um procedimento que não autoriza

---
[492] FOUCAULT, p. 66.
[493] Ver, neste sentido, FOUCAULT, p. 67.

colocar um terceiro indivíduo sobre os dois adversários. A maneira de um elemento neutro que busca a verdade intentando saber qual dos dois não mente, um procedimento de indagação ou uma investigação da verdade. Este era o núcleo do Direito Germânico antes da investigação do Império Romano.[494]

Em verdade, trata-se sempre de uma batalha para saber quem é mais forte: no velho Direito Germânico, o processo é só uma continuação regulamentada, ritualizada da guerra.[495] Quem ganhava a luta ganhava também o processo e não se dava a possibilidade de dizer a verdade, nem sequer se pedia que provasse a verdade de suas pretensões.[496] O sistema da prova judicial feudal não se preocupa em investigar a verdade, mas é uma espécie de jogo de estrutura binária. O indivíduo aceita a prova ou renuncia a ela; ao renunciar à prova, perde o processo de antemão; se tem prova, vence ou fracassa e não tem outra possibilidade. A prova binária é uma característica da prova. A outra característica é que a prova termina por uma vitória ou um fracasso, sempre tem alguém que ganha e alguém que perde, o mais forte ou o mais débil, um resultado favorável ou desfavorável. Em nenhum momento aparece algo semelhante à sentença, como ocorrerá a partir do final do século XII e início do século XIII. A sentença consiste na enunciação, por um terceiro, do seguinte: certa pessoa que disse a verdade tem razão. Por conseqüência, a sentença não existe, a separação da verdade e do erro entre os indivíduos não desempenha papel algum, existe simplesmente a vitória e o fracasso.

Este sistema de prática judicial desaparece ao final do século XII e durante o século XIII. Toda a segunda metade da Idade Média assistirá à transformação dessas velhas práticas e a invenção de novas formas de justiça, de práticas e procedimentos judiciais. Formas que são, absolutamente, capitais para a história da Europa e do mundo inteiro, na medida em que a Europa impõe violentamente seu jogo a toda a superfície da terra. Nessa reelaboração do direito se inventou algo que, em realidade, não concerne tanto aos conteúdos senão às formas e condições de possibilidade de saber. No Direito dessa época se inventou uma determinada maneira de saber, uma condição de possibilidade de saber cuja projeção e destino serão capitais para o Oci-

---

[494] Ver, neste sentido, FOUCAULT, p. 68.
[495] Idem, p. 70.
[496] Idem, p. 71.

dente. Esta modalidade de saber é a indagação, que apareceu pela primeira vez na Grécia e ficou oculta depois da queda do Império Romano durante vários séculos. A indagação que reaparece nos séculos XII e XIII é, no entanto, de um tipo muito diferente daquele que foi visto no exemplo de Édipo.[497]

Na sociedade contemporânea, Alberone defende a idéia de que a verdade possa ser buscada no processo, se o juiz deixar de ser indiferente à história. Para tanto, relembra a postura positiva de Salomão assim:

> Freqüentemente, representamos o juiz indiferente. Ele não pende para nenhum dos dois lados, não tem emoções nem sentimentos. Mas é mais correto dizer que o juiz está comprometido do mesmo modo com ambas as posições. Salomão não ficou indiferente ao problema das duas mães. Se tivesse ficado, decidiria ao acaso. Salomão, entretanto, quis fazer justiça quis identificar a mãe. Ele participou do amor da mãe pelo filho, embora não sabendo qual delas fosse. E estava interessado porque era o rei, porque a coletividade estava aos seus cuidados, como todas as mães e os seus filhos. Ele não pôde, por isso, ficar indiferente, mas não pôde também envolver-se na disputa. Deveria agir de modo a transcender aquele conflito para chegar a uma solução superior. E a essência da sua sentença não se encontra no fato de que dê razão a uma das mães e a tire da outra. A sua verdade não se reduz à questão de que a primeira tenha vencido e a segunda perdido. O seu juízo leva os fatos de volta ao ponto em que deveriam estar antes do conflito, quando ainda nenhuma delas havia mentido. O juiz, em outras palavras, aparece apenas quando a paz social, a harmonia, o acordo e a sinceridade se apresentam como bens superiores.[498]

Do ponto de vista do postulante e dos advogados, o que interessa é a verdade na perspectiva utilitária, ou seja, aquela que atende e corresponde aos interesses das partes na busca da prestação jurisdicional. As partes levam ao judiciário apenas as provas necessárias à comprovação das suas alegações e deixam de juntar as provas comprobatórias das alegações da parte contrária. Circunscrita a este objetivo as partes buscam demonstrar, processualmente, a parcela de verdade que as elas é útil e a qual respalda o resultado desejado para a solução da lide. Sob este ponto de vista, as partes não necessitam juntar provas comprobatórias do direito da contraparte, e agindo assim tutelam o seu direito na esfera da defesa processual, sem incorrer na má-fé processual.

Posicionamento contrário pode compreender que a parte tem o dever de se comportar no processo a fim de proteger, demonstrar e

---
[497] Ver, neste sentido, FOUCAULT, p. 73.
[498] ALBERONI, nota 5, p. 33.

trazer a verdade aos autos e se assim não se comportar no transcurso do processo e de diversas formas ocultar a verdade poderá ser atingida com o instituto da má-fé processual, desde que nos autos se verifique que assim agiu. Como referido anteriormente, a verdade, por vezes, é demasiada ao ser humano que não atinge a completude de algo porque não tem a compreensão necessária para atingi-la. Em se tratando de algo simples, de fácil verificação e de demonstração concreta, a negativa em trazê-la aos autos é injustificável e também injusta. Se no passado o direito não se preocupava com a verdade e deixava as provas físicas a critério da sorte, da força, ou do poder dos deuses, hoje isso não me parece seja aceitável dado o grau de avanço da cultura jurídica.

O juiz não participa desta disputa de verdades parciais que as partes por seus advogados levam ao conhecimento do julgador, nos autos do processo, pois ao juízo cabe atingir a verdade na sua acepção mais integral (correspondência, revelação, conformidade a uma regra, coerência e utilidade).

Pode ocorrer que várias dessas concepções de verdade estejam presentes no momento da produção da prova e na aferição dos diversos meios de prova constantes dos autos como, por exemplo: o depoimento pessoal, a ouvida de testemunhas, o laudo pericial, o exame dos documentos juntados, o silêncio, a falta de documentos, a inexistência de quesitos formulados pelas partes ao perito para que seu laudo fosse mais claro e esclarecedor, cabendo ao juiz a árdua tarefa da constante *escolha*, em cada caso concreto, de uma verdade, a que comporte a melhor possibilidade dentro do ordenamento jurídico na proteção material dos direitos passíveis de violação.

O juiz escolhe nos limites da produção da prova produzida, cabendo-lhe inclusive o direito de requerer a complementação a fim de formar, livremente, a sua convicção. No que toca especificamente a este intrincado tema, esclarecedor é o pensamento de Carnelutti:

> Quando comecei, nos meus estudos sobre o processo com a prova civil, falei sobre verdade, juntando isso ao processo com a finalidade de pesquisa da verdade substancial e como resultado a obtenção de uma verdade formal. Mas não foi uma distinção fundamentada. A verdade não é e não pode ser uma só; aquela que eu, como outras pessoas chamava de verdade formal, não é a verdade. Nem eu sabia ainda que coisa era, sobretudo porquê era, nem com o processo, nem em algum outro modo; como homem, não se pode jamais atingir (essas respostas).(...)Alguma coisa sobre isso comecei a entender com a meditação sobre o conceito de parte, que constitui um dos sustentáculos do meu modo de pensar.

(...) Também porque a coisa é uma parte e outra não é; pode ser comparada com uma medalha, no lado direito está o ser e no outro lado está o não ser. Mas para conhecer a verdade da coisa, ou melhor, da parte, é necessário conhecer tanto o lado direito (ser) quanto o outro (não ser). (...) Por isso a verdade de uma coisa nos foge até que nós possamos conhecer todas as outras coisas e assim não podemos conseguir disso que não um conhecimento parcial. E quando digo uma coisa, me refiro também a um homem. Em suma, a verdade está no todo e não na parte; e o todo é muito para nós.[499]

Assim como a música e a fala, o discurso se degusta, observa e apreende não só pelo som constante, mas pelo silêncio, pela ambigüidade, pela pausa, respectivamente.

Em resumo, a certeza será produto da melhor escolha em face dos elementos aferidos dentro dos autos de um determinado processo. Esclarecedora a compreensão de Carnelutti:

> Mas também ao redor da certeza é necessário tempo e pesquisa para aprofundar o conceito. No princípio, na polêmica com Calamandrei, provada pelo conhecido e famoso livro do filósofo Lopez de Oñate, sobretudo pela contraposição entre certeza e justiça, o meu conceito de certeza era pouco, para não dizer rudimentar. Ainda agora eu tinha a virtude das palavras; mas a evidente derivação de certeza do latim *CERNERE*, para que eu traduzisse *CERNERE* com *VEDERE*, me enganou. Foram necessários anos, muitos anos até os últimos, ou seja, até quando escrevi '*Direito e Processo*', para que eu me desse conta de que o significado original de *CERENERE* não é aquele de *VEDERE* mas de *SCEGLIERE* (escolher). A certeza, escrevi ainda, implica em uma escolha; e isto, provavelmente, foi o passo decisivo para compreender não somente o verdadeiro valor do seu conceito, mas o drama do processo. Escolher entre o que? Escolher porquê? Quando se colocam essas perguntas surge o valor da dúvida, que é a raiz do conceito de certeza; e é estranho que os cientistas e também os filósofos do processo tenham feito pouco caso. É necessário dizer que a dúvida é con-

---

[499] CARNELUTTI, Francesco. Verità, dubbio, certezza. Rivista di Diritto, Padova, v. 20, n. 1, p. 4-9, gen./mar. 1965. "Quando sono partito, nei miei studi sul processo, con la *Prova civile*, ho parlato di *verità*, assegnato pressapoco al processo come scopo la ricerca della verità sostanziale e come risultato il conseguimento di una *verità formale*. Ma non era, per quanto piuttosto comune, una distinzione fondata. La verità non è e non può essere che una distinzione fondata. La verità non è e non può essere che una sola; quella che io come alti chiamavo verità formale non è la verità. Nè io sapevo allora che cosa fosse e perché, soprattutto, né col processo né in alcun altro modo, dall'uomo si può mai raggiungere (...) Qualche cosa ho cominciato a capirne con la meditazione sul concetto di *parte*, che constituisce uno dei fulcri del mio modo di pensare. (...) Proprio perché la cosa é una parte essa è e *non è*; può essere paragonata ad una medaglia sul cui diritto é inciso il suo essere e sul rovescio il suo non essere. (...) Perciò la verità di una cosa ci sfungge fino a che noi non possiamo conoscere tutte le alte le altre cose e così non ne possiamo conseguire se non una conoscenza parziale. E quando dico una cosa, mi riferisco anche ad un uomo. Insomma la verità é nel *tutto*, non nella *parte*; e il tutto è troppo per nio."

traste ou incompatibilidade não somente entre dois julgamentos como entre dois pensamentos.[500]

A tarefa do julgador é de constante escolha, até que por fim a decisão em si e por si constitui-se no somatório destas escolhas, ou de uma grande escolha. Por isso o estudo da prova não é objeto de apreciação apenas sob o enfoque processual, mas também material. Em estudo a respeito da verdade na prova esclarecem os autores, assim:

> A verdade material é importante para o processo. Seria errôneo alegar que a verdade formal basta para o funcionamento do processo, e que o direito processual civil despreza a verdade, em si. É importante lembrar que a necessidade de se decidirem as lides em certo tempo, os meios, mais ou menos precários de prova e o desinteresse do próprio litigante, comumente acarretam a conseqüência prática de que é preferível decidir-se o processo, sem uma preocupação absoluta na perquirição da verdade.[501]

Não basta ao juiz se contentar com a verdade revelada se esta revelação traz em si um juízo de probabilidade, e não um juízo de realidade. A probabilidade pode e em muitas oportunidades é útil a uma das partes. No entanto, há momentos em que o juízo de probabilidade é a única alternativa já que as partes silenciam, ocultam e não

---

[500] CARNELUTTI, p. 5 e 6. "Ma anche intorno alla certezza, c''e voluto del tempo, e della fatica, per approfundirne il concetto. Da principio, nella polemica con Calamandrei, provocata dal nottissimo e bellissimo libro del filosofo Lopez de Oñate, soprattutto per la contrapposizione tra certezza e giustizia, il mio concetto di certeza dal latino cernere, poichè io tradussi cernere con vedere, mi ha ingannato. Ci sono voluti degli anni, molti anni, fino agli ultimi, cioè fino a quando scrissi Diritto e Processo, affinché mi accorgessi che il significato originario di cernere non è quello di vedere ma di scegliere. La certezza, io scrissi allora, implica una scelta; e questo, probabilmente, fu il passo decisivo per comprendere non solo il vero valore del suo concetto, ma pure il dramma del processo. Scegliere tra che? Scegliere perché? Quando si pongono queste domande emerge il valore del dubbio, che è alla radice del concetto di certezza; ed è strano che gli scienziati e perfino i de Unamuno, in uno dei suoi dei suoi saggi, mi ha insegnato che dubium viene da duo; ed io ho ripetuto che, alla stretta dei conti, il giudice si trova al bivio tra due strade. Ma questa era una metafora; e bisogna ragionare con maggior precisione. Bisogna dire che il dubbio è il contrasto o la incompatibilità non tanto tra due giudizi quanto tradue ragionamenti. Comentando a obra de Carnelutti, advoga COUTINHO: "Aqui, como salta à vista, há uma grande irresponsabilidade ética: Carnelutti funda as bases para que se sustente que os julgamentos são lançados sobre aquilo que, a priori, sabe-se não ser verdadeiro. Dá-nos, então, por primário, a possibilidade – quiçá pela primeira vez! – de questionar a malfadada segurança jurídica, desde sempre tão-só retórica e que transformou heróis em vilões e vice-versa". COUTINHO, Jacinto Nelson de Miranda. Glosas ao 'Verdade, dúvida e certeza', de Francesco Carbekutti, para os Operadores do Direito. In: RUBIO, David Sánchez; FLORES, Joaquín Herrera; CARVALHO, Salo de (Coords.). Anuário Ibero-Americano de Direitos Humanos (2001/2002). Rio de Janeiro: Lumen Juris, 2002, p. 178.

[501] Ver nesse sentido o trabalho apresentado no curso de pós-graduação em direito Processual Civil, oferecido pela UNOESC – Campus Chapecó, sob o título Da verdade na prova, de autoria coletiva de Helenice A.Dambrós Braun, Maria A. Lucca Caovilla, Marta N. de Menezes Scussiato e Rudimar R.Bortolotto, *Revista Jurídica*, 1995, Chapecó, p. 35.

trazem aos autos as provas que permitiriam ao julgador constituir a realidade dos fatos necessários para a solução da lide. Na impossibilidade de se constituir a realidade, Ovídio Baptista esclarece:

> no direito moderno, a partir de Jeremy Bentham, eminente jurista e filósofo inglês do século XVIII (nascido em 1748) e por influência do utilitarismo que tem marcado de forma tão profunda toda a filosofia contemporânea, verifica-se uma crescente tendência a considerar a prova judiciária como a demonstração da *verossimilhança* da existência de uma determinada realidade, restaurando-se, neste sentido, a doutrina aristotélica da retórica, como 'ciência provável', a que se chega através de uma juízo de probabilidade...[502]

Como as partes são desiguais, a prova deve ser interpretada, pelo juízo, circunscrita a esta visão da desigualdade material e processual que envolve as partes litigantes. A desigualdade material e processual deve ser objeto de constante atenção do julgador, que fará a apreciação do caso concreto sob a mira atenta e compreendendo a prova dentro de um sistema jurídico que confere ônus diferenciados para a produção da prova, e, desta maneira, também, carga de responsabilidades diferentes atribuídas pelo próprio sistema.

A probabilidade e utilidade da verdade trazida ao juízo devem ser observadas e aferidas dentro dos limites atribuídos pelo amplo sistema construído pelo direito. Não é suficiente que o juízo atente tão-somente para a conformidade a uma regra, pois a função jurisdicional é uma atividade criadora do direito e esta conformidade se dá de maneira integradora, em que a conformidade se realiza de forma criativa, e a regra existente pode não atender às justas expectativas do caso concreto, em face da inexistência de regra ou do envelhecimento da regra[503] já existente para a solução do conflito levado a juízo. Em virtude destas ponderações se fez pertinente verificar também o comportamento processual das partes como meio de prova.

---

[502] Ver SILVA, Ovídio Araújo Baptista da. *Curso de Processo Civil*. Porto Alegre: Fabris, 1987.
[503] Comparar com o acima referido – nota 336.

Conclusão

Desenvolvido o percurso que foi preambularmente apontado, evidenciou-se que o sujeito pode ser reduzido ao estatuto de objeto, ao não perceber que apenas ele se lança no vôo cego do jogo, uma vez que o fornecedor de bens e serviços detém todas as informações e previsões transformando a magia e a essência do jogo, que reside no ser aleatório, em um negócio jurídico lucrativo e previsível. A tese demonstrou a força do jogo e como esta energia potencializada pela publicidade exerce vínculos envolvendo os consumidores que buscam um ganho fácil. Com isso, a partir das premissas e dos marcos teóricos eleitos, fica evidenciada a proposta que embalou a motivação temática da tese.

Para explicar o fio condutor eleito. A tese desnudou que o jogo é utilizado apenas como agente desencadeador de consumo, e o instrumental lúdico passa a ser também um ingrediente deste captar consumidores que, desavisados e despreparados em sua psique, jogam-se na teia do consumo movidos mais pelo desejo de reconhecimento e de compensação do que desejo de atender necessidades, pois estas são artificiais. Assim o fez passando pelo exame o mais acurado possível do estado da arte na temática submetida a esse *discrimen*, propondo-se arrostar a lacuna existente sobre a questão específica suscitada e a indicar meios e modos de preencher esse vazio com novas perspectivas, críticas e construtivas.

O curso da investigação, para além de reconhecer, de um lado, a liberdade de criação inventiva nos processos de oferta e damanda, e de outro, os limites pragmáticos de uma sociedade que claudica entre o ser o ter, sob as vestes do mercado que reifica pessoas e interesses à luz dos pressupostos do consumo, permitiu demonstrar que estas novas armadilhas publicitárias atuam frente a uma lacuna no ordenamento jurídico que não protege, diretamente, o consumidor que inadvertidamente ingressa numa brincadeira de consumo onde de fato o brinquedo se resume aos recursos econômicos que o consumidor deixa ao fornecedor de bens e serviços, envolvendo-o numa ciranda consumista.

O método da tese foi alavancado na empiria do caso concreto, elevado à jurisprudência, a papel destacado no plano da fonte temática apreendida. A importância do estudo do caso concreto dissecado na tese tem o objetivo de comprovar e demonstrar a presença lógica do lúdico nos jogos de mercado, e de algum modo advertir os consumidores, os tribunais, e a sociedade destas práticas abusivas com vistas não apenas a restringir, proibir e reprimir as promessas e expectativas não cumpridas, mas, principalmente, cumprindo a função promocional do direito de estar sempre alerta. A metodologia abraçada foi reviver a antiga sistemática utilizada pelos magistrados romanos, com vistas a tornar públicas as decisões, valorizando-as e com o firme propósito de aperfeiçoar as *novas fórmulas de direito*. Permitiu-se na elaboração da tese ultrapassar as muralhas da bibliografia jurídica, investigando parcela da bibliografia composta por escritores que enfrentam a psique humana.

A escolha do caso concreto investigado identificou uma série de mecanismos, que, previstos no Código de Defesa do Consumidor, foram somados ao fatos da vida para edificar a tese. A insatisfação dos consumidores, desprotegidos nas práticas comerciais abusivas, traz ao Judiciário os casos concretos merecedores de tutela jurídica, de acordo com a nova mentalidade visualizável na Constituição Federal e nos princípios contidos no Código de Defesa do Consumidor. Estas mensagens publicitárias visam a desencadear nos consumidores desejo de preencher um vazio existencial que jamais será preenchido e desta forma viciam o jogador que à mercê deste reconhecimento vai em busca de algo que lhe faz falta e não existe em seu interior, não sendo possível de ser encontrado no mundo exterior e em nenhum bem de consumo.

Este vazio, não passível de ser preenchido, é bem identificado pela publicidade que atua sob esta carência e manipula, como numa brincadeira de fantoches, os consumidores, ora atuando sob o medo, ora sob a figura do super-herói, ora do ser cotidiano que vive feliz em seu lar, ora da criança recolhida em todos que querem redescrever a vida a cada dia que nasce o sol.

A base fundante da investigação foi repousar no poder do jogo. Nele pode estar não apenas o princípio, como também o fim. A conduta das partes constituiu a essência da tese que a justificou nos princípios da boa-fé objetiva, no papel da publicidade e na constatação de não ser possível alcançar a verdade, mas na conclusão que sua busca deve constituir o desejo do investigador.

A discussão da verdade como uma busca constante pretende compreender o ser, em sua mais profunda inteireza, ao visualizá-lo como agente e interlocutor deste processo aleatório que se faz cotidiano, onde a verdade não reside fora do ser, mas no seu interior na busca de seus sonhos e de seus desejos. Na compreensão de que por mais difícil que possa se chegar a verdade esta não deixará de ser buscada, pois o ser humano é um ser em permanente busca, perder a dimensão e a vontade de encontrá-la é deixar de ser humano.

A sensação do jogo é inexplicável, de prazer e de angústia, uma sensação enorme de alegria e uma sensação indescritível de sofrimento. O jogo causa dependência no repetir-se de emoções artificiais, de vitória e de derrota, e no trabalhar com a idéia de esperança de uma vida a qual a pessoa não tem condições reais de construir. Esta sucessão de emoções torna-a debilitada e sem condições de libertar-se da dependência, à mercê das mudanças de alegria e agonia, criando a figura do ser doente incapaz de se afastar da avalanche de sentimentos que são sua tortura e seu deleite.

Para alcançar o objetivo proposto, a tese deixou nítido que a relação entre o consumidor envolvido no jogo sedutor do consumo é desigual, e atenta para o comportamento necessário e indispensável às relações interpessoais de lealdade, de confiança, de ser correto, de ser justo, de ser honesto e ser com o outro da maneira que se desejaria que o outro fosse se estivesse em posição oposta. O consumidor é visto como um número a ser arrecadado na disputa do mercado, e não como um ser merecedor de dignidade e respeito.

Por fim, percorrida a travessia a que se propôs, o trabalho conclui, retomando próximo ao ponto de partida, indicando conclusões que se espraiam pelo caminho sempre aberto à investigação científica socialmente comprometida com a transformação do direito e da sociedade atenta à dimensão dialética do Direito e da própria vida, arremata afirmando, sem prejuízo do que se elucidou sobre o jogo, o consumo e o mercado, que não contém o jogo uma única face, existem a luz e a sombra. A face oculta desfaz o agente, mas a face lúdica constrói a ilusão necessária à vida, que faz nascer mais vida, mais prazer, mais alegria, mais emoção. Nesta constante ambivalência é que se constrói frente ao convívio com as possibilidades e os riscos de viver e de concretizar os sonhos, as ilusões e enfrentar os pesadelos e as desilusões. A luta constante é a característica do jogo tanto o lúdico como o de morte, a guerra. As duas faces não se desprendem e com a idéia de jogo pode-se ganhar mais felicidade e prazer, e também infelicidade e desprazer. Quem lança a semente à terra joga com o tempo, tem a esperança da colheita farta, deseja e tem a ilusão de que sua ação fará nascer vida para manter vidas.

Referências bibliográficas

ABBAGNANO, Nicola. *Dicionário de filosofia*. Tradução e revisão de Alfredo Bosi e colaboradores. 2.ed. São Paulo: Editora Mestre Jou, 1982. 980p. Tradução do original italiano: Dizionario di filosofia.

AGUIAR JR., Ruy Rosado de. Aspectos do Código de Defesa do Consumidor. *Ajuris*, Porto Alegre, n.52, p. 167-187, jul. 1991.

——. *Extinção dos contratos por incumprimento do devedor (resolução)*. Rio de Janeiro: Aide, 1991.

——. A convenção de Viena (1980) e a resolução do contrato por incumprimento. *Revista da Faculdade de Direito da UFRGS*, Porto Alegre, v.10, 7-21, jul. 1994.

——. A boa-fé na relação de consumo. *Direito do Consumidor*, São Paulo, v.14, abr./jun. 1995.

ALBERONI, F. Valores – o bem, o mal, a natureza, a cultura, a vida. Tradução de Y. A. Figueiredo. Rio de Janeiro: Rocco Ltda., 2000. *Valori, il bene, il male, la natura, la cultura, la vita,* 1993, 1995, Milão: R.C.S. Libri, Grandi Opere S.P.A .

ALEXY, Robert. *Teoria de los derechos fundamentales*. Madrid: Centro de Estudios Constitucionales, 1990.

——. *El concepto y la validez del derecho*. Barcelona: Editorial Gedisa-Estudios Alemanes, 1994.

ALLEN, C.K. *Las fuentes del derecho ingles*. Madrid: Instituto de Estudios Politicos, 1969.

ALMEIDA, Carlos Ferreira de. *Os direitos dos consumidores*. Coimbra: Almedina, 1982.

ALMEIDA COSTA, Mário Júlio de. *Direito das obrigações*. Coimbra: Almedina, 1979.

——. *Responsabilidade civil pela ruptura das negociações preparatórias de um contrato*. Coimbra: Coimbra, 1984.

ALVIM, Agostinho. *Da inexecução das obrigações e suas conseqüências*. 4. ed. São Paulo: Saraiva, 1972.

AMARAL, Andréia Terre do. *Iura novit curia: os sujeitos processuais e a aplicação do direito*, 2001. Dissertação (Mestrado) Faculdade de Direito, Universidade Federal do Rio Grande do Sul, Porto Alegre.

——. *O contato social como fonte do negócio jurídico*. Porto Alegre, 1994.Trabalho apresentado no mestrado em Direito da UFRGS, inédito.

AQUINO, Santo Tomás de. *Do governo dos príncipes*. Tradução e anotações de Arlindo Veiga dos Santos. São Paulo: Anchieta S.A., 1946.

ARANGIO-RUIZ, V. *Historia del Derecho romano*. 5.ed. Tradução de Francisco de Pelsmaeker e Ivañes da 2. ed. Italiana. Madrid: Editorial Reus, 1994.

ASSIS, Araken de. Eficácia das normas constitucionais. *Ajuris*, Porto Alegre, v.50, p. 33-50,nov. 1990.

AZEVEDO, Antônio Junqueira de. *Negócio jurídico*: existência, validade e eficácia. 2.ed. São Paulo: Saraiva, 1986.

——. A boa fé na formação dos contratos. *Revista Direito do Consumidor*, São Paulo, n.3, p.78-87, 1992.

BARROSO, Luís Roberto. Direito e paixão. *Revista da Faculdade de Direito da UERJ*, Rio de Janeiro, n.2, p. 338, 1994.

BECKER, Anelise. *Violação positiva do contrato*. Porto Alegre, 1993. Trabalho acadêmico de Pós-Graduação da Faculdade de Direito da UFRGS, inédito.

——. Inadimplemento antecipado do contrato. *Revista de Direito do Consumidor*, São Paulo, n.12, p. 68-78, out./dez. 1994.

——. *Teoria geral da lesão nos contratos*. São Paulo: Saraiva, 2000.

BENATTI, F. *A responsabilidade pré-contratual*. Coimbra: Livraria Almedina, 1970.

BENJAMIN, Antônio Herman. A repressão penal aos desvios de marketing. *Revista de Direito do Consumidor*, São Paulo, n.4, p. 91-125, 1992(a)

——.O conceito jurídico de consumidor. *Revista dos Tribunais*, São Paulo, v.77, n. 628, p.69-79, fev. 1988.

BETTI, Emílio. V. *Istituzioni di diritto romano*. 2.ed. Padova: CEDAM, 1947. v.1.

——. *Teoria geral do negócio jurídico*. Coimbra: Coimbra, 1969.

BEVILÁQUA, Clóvis. *Código Civil dos Estados Unidos do Brasil*. Rio de Janeiro: Rio Estácio de Sá, [s.d.]. v.1. Edição histórica.

BION, W.R.. *Estudos psicanalíticos revisados*. Rio de Janeiro: Imago, 1967.

BONATTO, Cláudio; MORAES, Paulo Valério Dal Pai. *Questões controvertidas no Código de Defesa do Consumidor*. Porto Alegre: Livraria do Advogado, 1998.

BONAVIDES, Paulo. *Teoria constitucional da democracia participativa*: – por um Direito Constitucional de luta e resistência por uma nova hermenêutica por uma repolitização da legitimidade. São Paulo: Malheiro, 2001.

BRAUN, Helenice A. Dambrós, e outros. Da verdade na prova. *Revista Jurídica*, Chapecó, 1995.

BRETONE, M. *História do Direito romano*. Tradução de Isabel Teresa Santoso e Hossein Seddighzadeh Shooja. Lisboa: Editorial Estampa, 1990 (Coleção Imprensa Universitária, 73). Título original do italiano: *Storia del diritto romano*.

BRITO, Alejandro Guzmán. Apresentação. In: VILLEY, Michel. *Estudios en torno a la nocion de derecho subjetivo*. Chile: Ediciones Universitarias de Valparaíso, 1976.

CANARIS, Claus Wilhelm. *Pensamento sistemático e conceito de sistema na ciência do direito*. Traduzido por A. Menezes Cordeiro. Lisboa: Calouste Gulbenkian, 1989.

CANOTILHO, José Joaquim Gomes. Direito Constitucional. *O problema da responsabilidade do estado por actos lícitos*. Coimbra: Livraria Almedina, 1976.

CAPPELLETTI, Mauro. Conferências. *Revista do Ministério Público do Estado do Rio Grande do Sul*, Porto Alegre, v. 1, p. 8-26, n.18, 1985.

CARNELUTTI, Francesco. Verità, dubbio, certezza. *Rivista di Diritto*, Padova, v. 20, n. 1, p. 4-9, gen/ mar. 1965.

CASTANHEIRA NEVES, Antonio *Metodologia jurídica*: problemas fundamentais. Coimbra: Coimbra Editora, 1993.

CAVALCANTI NETTO, João Uchôa. *Ainda, e sempre, Clóvis*: prefácio ao Código Civil dos Estados Unidos do Brasil, comentado por Clóvis Bevilaqua. Rio de Janeiro, [s.d.]. Edição Histórica.

CHAISE, Valéria Falcão. *A publicidade em face do código de defesa do consumidor*. São Paulo: Saraiva, 2001.

CHAVES, A. *Responsabilidade pré-contratual*. Rio de Janeiro: Forense, 1959.

COUTINHO, Jacinto Nelson de Miranda. Glosas ao "verdade, dúvida e certeza", de Francesco Carnelutti, para os Operadores do Direito. In: RUBIO, David Sáncgez; FLORES, Joaquín Herrera; CARVALHO, Salo de (Coords.). *Anuário Ibero-Americano de Direitos Humanos* (2001/2002). Rio de Janeiro: Lumen Juris, 2002. p. 173-197.

——. Atualizando o discurso sobre direito e neoliberalismo no Brasil, *Revista de Estudos Criminais*: Instituto Transdisciplinar de Estudos Criminais. Porto Alegre.

COUTO E SILVA, Clóvis do. *A obrigação como processo*. São Paulo: José Bushatsky, 1976.

——. O princípio da boa fé no direito brasileiro e português. In: JORNADA LUSO-BRASILEIRA DE DIREITO CIVIL, 1, 1980, Porto Alegre. *Estudos de Direito Civil brasileiro e português*. São Paulo: Revista dos Tribunais, 1980.p. 43-72.

——. O Direito Civil brasileiro em perspectiva histórica e visão de futuro. *Revista Ajuris*, Porto Alegre, v.14, p. 128-149, ul. 1987.

——. *Principes fondamentaux de la responbilite civile en droit brasilien et comparè*. Curso apresentado na Faculté de Droit et Sciences Politiques de St. Maur (Paris XIII). Paris: s.n., 1988.

——. A teoria da base do negócio jurídico no Direito brasileiro. *Revista dos Tribunais*, São Paulo, n.655, maio 1990.

——. O conceito de dano no Direito brasileiro e comparado. *Revista dos Tribunais*, São Paulo, n.667, p.7-16, maio 1991.

CRISCUOLI, Giovanni. Buona fede e ragionevolezza. *Rivista di Diritto Civile*, Padova, v. 30, n. 6, p. 709-754, n.6, nov./dez. 1984.

CRITELLI, Dulce Mara. In: HEIDEGGER, Martin. *Todos nós ...ninguém:* um enfoque fenomenológico do social. São Paulo: Moraes, 1981.

CROSS, R. *Statutory interpretation*. London: Butterworths, 1976.

CUERPO DEL DERECHO CIVIL ROMANO: Instituta – Digesto 1ª, 2ª y 3ª. Tradução de Ildefonso L. García del Corral. Valladolid: Editorial Lex Nova, [1988], Edição bilíngüe latim/espanhol, 6.t, T.1.

DAVID, R. *Os grandes sistemas do direito contemporâneo*. São Paulo: Martins Fontes, 1986.

DETIENNE, M. *Les maîtres de vérité dans la Grèce archaîche*. Paris: Maspero, 1967.

DI PIETRO, Alfredo. *Derecho privado romano*. Buenos Aires: Ediciones Depalma, 1996.

DOSTOIÉVSKI, F.M. *O jogador*: do diário de um jovem. Tradução de Roberto Gomes. Porto Alegre, 1998

ENNECCERUS e LEHMANN. *Tratado de Derecho Civil*. Tradução de Blás Péres Gonzáles e José Alguer. Barcelona: Bosch, 1954. v.1. Derecho de obligaciones

FABRÍCIO, Adroaldo Furtado. As novas necessidades do processo civil e os poderes do juiz.*Revista de Direito do Consumidor*. São Paulo, n.7, p. 20-36 jul./set. 1993.

FACHIN, Luiz Edison. *Novo conceito de ato e negócio jurídico; conseqüências práticas*. Curitiba: Scientia et Labor; EDUCA, 1988.

——. Negócio jurídico e ato jurídico em sentido estrito: diferenças e semelhanças sob uma tipificação exemplificativa no direito civil brasileiro.p 22.

—— (Org.). *Repensando fundamentos do Direito Civil contemporâneo*. Rio de Janeiro: Renovar, 1998.

——. A reforma no direito brasileiro: novas notas sobre um velho debate no direito civil. *Boletim da Faculdade de Direito de Coimbra*: Coimbra, v.74, 1998.

——. *Teoria crítica do direito civil*. Rio de Janeiro: Renovar, 2000.

——. "Virada de Copérnico": um convite à reflexão sobre o Direito Civil brasileiro contemporâneo., *Repensando fundamentos do Direito Civil Brasileiro Contemporâneo*, Rio de Janeiro: Renovar, 1998, p. 318-319. (é um artigo do Livro Coordenado pelo Prof. Fachin)

——. Sobre o projeto de código civil brasileiro: crítica à racionalidade patrimonialista e conceitualista. Boletim da Faculdade de Direito, vol. LXXVI [separata], Coimbra, 2000.

FAVARETTO, Isolde. *Comportamento processual das partes*: como meio de prova. Porto Alegre: Acadêmica, 1993.

FEKETE, Elisabeth. A proteção ao Consumidor como Instrumento de aperfeiçoamento da Integração Econômica no Mercosul – com especial relevo para seu relacionamento com o direito das marcas e da concorrência desleal. *Revista Direito do Consumidor*, São Paulo, n.20, 1996.

FERREIRA, Jussara Suzi Assis Borges Nasser. O projeto de novo código civil e a tutela dos direitos individuais e coletivos. *Scientia Iuris*: Revista do Curso de Mestrado em Direito Negocial da UEL, Londrina, v.1, n.1, p.42-60, 1997.

FLORES-VALDEZ, Joaquim Arce. *El derecho civil constitucional*. Madrid: Civitas, 1986.

FOUCAULT, Michel. *La verdad y las formas jurídicas*. Rio de Janeiro: Gedisa Editorial, 1978.

FRADERA, Vera Maria Jacob. Quebra positiva do contrato. *Ajuris*, Porto Alegre, v.15, n.44, p. 144-152, 1988.

———. A interpretação da proibição da publicidade enganosa ou abusiva à luz do princípio da boa fé: dever de informar no código de defesa do consumidor. *Direito do Consumidor*, São Paulo: RT, n.4, p.173-191, 1992.

FRANCE, Anatole. *Le Lys Rouge*. Paris: Galmann-Lévy, p.374-375. Edição brasileira: O Lírio Vermelho. Tradução de Marques Rebelo. Rio de Janeiro: Irmãos Pongetti, 1942, p. 259.

FREIRE, Paulo. *Educação como prática da liberdade*. 23.ed. Rio de Janeiro: Paz e Terra, 1999.

FREITAS, Juarez. Funcionalismo e estruturalismo: diálogo como o pensamento jurídico de Norberto Bobbio. *Revista da Ajuris*, Porto Alegre, v. 18, n.53, p. 34-49, 1991.

———. *A interpretação sistemática do Direito*. São Paulo: Malheiros, 1995.

FURLAN, Valéria C.P. Princípio da veracidade nas mensagens publicitárias. *Direito do Consumidor*, São Paulo, n.10, p. 97-125, 1992.

GADAMER, H.G. *Verdad y método*: fundamentos de uma hermenéutica filosófica. Tradução de Ana Agud Aparicio e Rafael de Agapito. 6.ed. Salamanca: Ediciones Síguene (Colección Hermeneia). Título original do alemão: *Wahrheit undmethode*. 1986.

GALGANO, Francesco. *Il diritto privato fra Codice e Costituzione*. Bolonha: Zanichelli, 1983.

GARCÍA, César Rascón. *Manual de derecho romano*. 2.ed. Madrid:l Tecnos, 1996.

GARCIA, J. F.Z. *El Diálogo como juego*: la Hermenéutica Filosófica de Hans-Georg Gadamer. Granada: Universidade de Granada, 1995.

GARCIA-ROSA, Luiz Alfredo. *Palavra e verdade na filosofia antiga e na psicanálise*. 3.ed. Rio de Janeiro: Jorge Zahar, 1998.

GEDIEL, José Antônio Peres.*Os transplantes de órgãos e a invenção moderna do corpo*, Curitiba: Moinho do Verbo, 2000.

GHESTIN, Jacques. La Notion de Contrat. *Recueil Dalloz Sirey*, v. 27, n. 23, 1990, 23e. Cahier, ch XXVII.

GROSSI, P. *Fondamenti del pensiero giuscivilistico moderno*, apresentado no ciclo de palestras realizadas na UFRGS, 1995.

GROSSO, G. *Lezioni di storia del diritto romano*. 3.ed. Torino: G. Giappichelli, 1955.

GUINCHARD, Serge. *La publicité mensogère en droit français et en droit féderal suisse*. Paris: LGDJ, 1971.

HECK, Luís Afonso. Direitos fundamentais e sua influência no Direito Civil. *Revista da Faculdade de Direito da UFRGS*, Porto Alegre, v.16, p. 111-125, 1999.

———. *O Tribunal Constitucional Federal e o desenvolvimento dos princípios constitucionais*: contributo para uma compreensão da jurisdição alemã. Porto Alegre: Fabris, 1995.

HEIDEGGER, Martin. *Sobre a essência da verdade*. São Paulo: Abril, 1979.

———. *Todos nós ...ninguém*: um enfoque fenomenológico do social. São Paulo: Moraes, 1981.

———. *A origem da obra de arte*. Lisboa: Biblioteca de filosofia contemporânea edições 70, 2000.

———. *Ser e tempo*. (parte I). 10 ed.Tradução de Marcia de Sá Cavalcante. Petrópolis: Vozes, 2001.

HESSE, Konrad. *Escritos de derecho constitucional*. Madrid: Centro de Estudios Constitucionales, 1983.

———. *Derecho constitucional y derecho privado*. Madrid: Civitas, 1985.

HUIZINGA, Johan. *Homo ludens*. São Paulo: Perspectiva, 1999.

IGLESIAS, J. *Las fuentes del derecho romano*. Madrid: Cuadernos Cívitas, 1989.

IRTI, Natalino. Il negozio giuridico come categoria storiografica. *Quaderni Fiorentini*, Milano, v.19, p. 557-576, 1990.

———. Leggi speciali (dal mon-sistema al poli-sistema). *Rivista di diritto Civile*, Padova, v. 25, n.2, p. 141-153, mar./apr. 1979.

———. *L'età della decodificazione*. 4.ed. Milano: Giuffrè, 1989.

ITURRASPE, Jorge Mosset. *Justicia contractual*. Buenos Aires: Ediar, 1978.

———. La revisión de officio – el desequilibrio contractual y la nulidad absoluta. *Revista Jurídica Argentina la Ley*, Buenos Aires, n.189, 1983.

JHERING, Rudolf von. *A evolução do Direito*. Salvador: Livraria Progresso, 1953.

———. *El espiritu del derecho romano en las diversas fases de su desarrollo*. 5.ed. Tradução de Enrique Príncipe y Satorres. Madrid: Casa Editorial Billy-Bailliere, [18--?a]. 4v.

JÖRS, Paul; KUNKEL, Wolfgang. *Derecho privado romano*. Tradução da segunda edição alemã de L. Prieto Castro. Barcelona: Editorial Labor, 1965. 559p.

KANT, Immanuel. *Fundamentação da metafisica dos costumes*. Tradução de Paulo Quintela. Lisboa: Edições 70, 1995.

KARL, Engish. *Introdução ao pensamento jurídico*. Lisboa: Fundação Calouste Gulbenkian, 1988.

KASER, Max. *Direito Privado Romano*. Lisboa: Calouste Gulbenkian, 1999.

KERCHOVE, Michel van de; OST, François. *Le droit ou les paradoses du jeu, Il diritto ovvero i paradossi del gioco*. Tradução de Simona Andrini e Geraldo Lucidi, Milão: Giuffrè Editore, 1995.

KINIJNIK, Danilo. Os standards do convencimento judicial: paradigmas para o seu possível controle. *Revista Forense*, Rio de Janeiro, v.97, n.353, p. 15-52, jan./fev.2001.

KUHN, T. *A estrutura das revoluções científicas*. 2.ed. Tradução de Beatriz Vianna Boeira e Nelson Boeira. São Paulo: Perspectiva, 1987. (Coleção Debates, 115). Título original do inglês: *The struture or scientific revolutionos*.

LACAN, J. *O Seminário*. Rio de Janeiro: Jorge Zahar, 1986.

LARENZ, Karl. *Derecho de obligaciones*. Madri: Revista de Derecho Privado, 1958. v1.

LA PUENTE, Miguel de Sobre a Palavra. Conceito "Conhecimento" para uso clínico. In: *Revista Brasil. Psicanal.*, v. 26, n. 33, 1992.

LEÃO, Emmanuel Carneiro. Apresentação. In: HEIDEGGER, Martins. *Ser e tempo.* 10.ed. Tradução de Marcia de Sá Cavalcante. Petrópolis: Editora Vozes, 2001.

LEDUR, José Felipe. *A realização do direito ao trabalho.* Porto Alegre: Fabris, 1998.

LÔBO, Paulo Luiz Netto. *Condições gerais dos contratos e cláusulas abusivas.* São Paulo: Saraiva, 1991.

——. O Direito Privado como construção: as cláusulas gerais no projeto do Código Civil Brasileiro. *Revista de Informação Legislativa,* Brasília, v. 139, p.5-22, 1998.

——. Constitucionalização do direito civil. *Revista de Informação Legislativa,* Brasília, v. 36, n.141, p. 99-109, jan./mar. 1999.

LORENZETTI, Ricardo Luis. *Fundamentos do direito privado,* São Paulo: Revista dos Tribunais, 1998.

MARQUES, Cláudia Lima. *Contratos no Código de Defesa do Consumidor.* 3.ed. São Paulo: Revista dos Tribunais, 1998.

——. Vinculação própria através da publicidade? a nova visão do código de defesa do consumidor. *Revista Direito do Consumidor,* São Paulo, n.10, p. 7-20, abr. /jul. 1994.

——. Proposta de uma teoria geral dos serviços com base no Código de Defesa do Consumidor – a evolução das obrigações envolvendo serviços remunerados direta ou indiretamente. *Revista do Consumidor,* São Paulo, v.33, p. 79-122, jan. /mar. 2000.

MARTINS-COSTA, Judith. O Direito Privado como construção: as cláusulas gerais no projeto do Código Civil Brasileiro. *Revista de Informação Legislativa,* Brasília, v. 35, 139, p. 5-22, jul./set., 1998.

——. O Direito Privado como sistema em construção – as cláusulas gerais no projeto do código civil brasileiro. *Revista dos Tribunais,* São Paulo, ano 87, v. 753, p.24-48, jul.1998.

——. A incidência do princípio da boa-fé no período pré-negocial: reflexões em torno de uma notícia jornalística. *Revista de Direito do Consumidor,* São Paulo, n.4, 140-172,1992.

——. *A boa-fé no Direito Privado.* São Paulo: Revista dos Tribunais, 1999.

——. *O projeto de Código Civil Brasileiro*: em busca da "ética da situação". Estudo originalmente elaborado para integrar volume acerca da codificação nas Américas, a ser publicado na Revista Jurídica de La Universidad Interamericana de Puerto Rico, inédito.

MATTOS, Sérgio Luís Wetzel de. *Da iniciativa probatória do juiz no processo civil,* Rio de Janeiro: Editora Forense, 2001.

MELLO, Marcos Bernardes de. *Teoria do fato jurídico.* São Paulo: Saraiva, 1994.

MENEZES CORDEIRO, Antônio Manuel da Rocha e. *Da boa fé no Direito Civil.* Coimbra: Almedina, 1985. (Coleção Teses)

MENNA BARRETO, Roberto. *Análise transacional da propaganda.* São Paulo: Summus, 1981.

MIQUEL, Joan. *Derecho Privado Romano.* Madrid: Marcial Pons, 1992.

MOMMSEN, T. *Compendio del derecho publico romano.* Buenos Aires: Impulso, 1942.

MONEY-KYRLE, Roger. *Obra selecionada de Roger Money-Kyrle.* Tradução de Ester Hadassa Sandler e Paulo Sandler. São Paulo: Casa do Psicólogo, 1996.

MORAES, Maria Celina Bodin de. A caminho do Direito Civil-Constitucional. *Revista Direito, Estado e Sociedade*, Rio de Janeiro, n. 1, p. 59-73, jul./dez. 1991.

MORAES, Paulo Valério Dal Pai. *Princípio da vulnerabilidade no contrato, na publicidade e nas demais práticas comerciais.* Porto Alegre: Síntese, 1999.

MORAIS, José Luis Bolzan de. *Do direito social aos interesses transindividuais*: o Estado e o direito na ordem contemporânea. Porto Alegre: Livraria do Advogado, 1996.

MOREIRA ALVES, José Carlos. *Direito Romano.* 9.ed. Rio de Janeiro: Forense, 1995

MOTA PINTO, Carlos Alberto. Contratos de adesão. Uma manifestação jurídica da moderna vida econômica. *Revista Forense*, Rio de Janeiro, v. 257, p. 38.

———. *Cessão de contrato.* São Paulo: Saraiva, 1985.

———. *Teoria geral do direito civil.* 3.ed. Coimbra: Coimbra, 1992.

NEGREIROS, Teresa. *Fundamentos para uma interpretação constitucional do princípio da boa-fé.* Rio de Janeiro: Renovar, 1998.

NIETZSCHE, Friedrich. *Obras incompletas.* São Paulo: Nova Cultural, 1996.

———. *Genealogia da moral*: uma polêmica. Tradução, notas e posfácio de Paulo César de Souza. São Paulo: Companhia das Letras, 1999. Título original: *Zur Genealogie der Moral.*

———. *A origem da obra de arte.* Tradução de Maria da Conceição Costa, revisão de Artur Morão. Lisboa, 2000. Título original: *Der Ursprung des Kunstwerks.*

———. *A Gaia ciência.* Tradução, notas e posfácio de Paulo César de Souza. São Paulo: Companhia das Letras, 2001. Título original: Die fröbliche Wissenschaft.

NOVAIS, Alinne Arquette Leite. Os novos Paradigmas da Teoria Contratual: O princípio da boa-fé objetiva e o princípio da tutela do hipossuficiente. *Problemas de Direito Civil-Constitucional.* Coordenador Gustavo Tepedino. Rio de Janeiro: Renovar. 2001, p.17-54.

OLIVEIRA, Carlos Alberto Alvaro de. *Do formalismo no processo civil*, São Paulo: Saraiva, 1997.

ORGAZ, Alfredo. *El daño resarcible.* Buenos Aires: Editorial Bibliografia Argentina, 1952.

OST, François. Abertura. In: ———. *O tempo do direito.* Lisboa: Instituto Piaget, 1999, p. 9-21. Título original: Le temps du droit.

PASQUALINI, Alexandre. Sobre a interpretação sistemática do direito. *Ajuris*, Porto Alegre, n.65, p. 285-300, 1995.

PASQUALOTTO, Adalberto. *Os efeitos obrigacionais da publicidade no código de defesa do consumidor.* São Paulo: Revista dos Tribunais, 1997.

PECES-BARBA, G. *Escritos sobre derechos fundamentales.* Madrid: Eudema, 1988.

PEREIRA, Caio Mário da Silva. Introdução ao *Código Civil dos Estados Unidos do Brasil*: comentado por Clóvis Bevilaqua. Edição histórica. Rio de Janeiro, [s.d.].

PERLINGIERI, Pietro. *Il diritto civile nella legalità costituzionale.* Nápoles: Edizione Scientifiche Italiane, 1991.

——. Normas constitucionais nas relações privadas. *Revista da Faculdade de Direito da UERJ*, Rio de Janeiro, n.6-7, 1998/1999.

PEZZELLA, Maria Cristina Cereser. *Propriedade privada no direito romano*. Porto Alegre: Fabris, 1998.

——. O princípio da boa-fé objetiva no direito privado alemão e brasileiro. *Estudos Jurídicos*, São Leopoldo, vol. 30, n. 78, p. 47-76, 1997.

PONTES DE MIRANDA, *Tratado de direito privado*. Rio de Janeiro: Borsoi, 1954. v.38.

——. *Tratado de direito privado*: Parte geral. 3.ed. Rio de Janeiro: Borsoi, 1971, v.3.

PORTANOVA, Rui. *Princípios do Processo Civil*. Porto Alegre: Liv. do Advogado, 1997.

RANDAZZO, Sal. *A criação de mitos na publicidade, como os publicitários usam o poder do mito e do simbolismo para criar marcas de sucesso*. Rio de Janeiro: Rocco, 1997.

REALE, M. *Estudos de filosofia e ciência do direito*. São Paulo: Saraiva, 1976.

——. *Lições preliminares de direito*. São Paulo: Saraiva, 1985.

——. *Memórias*. São Paulo: Saraiva, 1987, v. 2 – A Balança e a Espada.

——. *Nova fase do Direito moderno*. São Paulo: Saraiva, 1990.

——. *O Direito com experiência*. São Paulo: Saraiva, 1992.

——. *Fontes e modelos do direito*: para um novo paradigma hermenêutico. São Paulo: Saraiva, 1994.

REZENDE, Antonio Muniz de. *Bion e o futuro da psicanálise*. São Paulo: Papirus. 1993.

RIBEIRO, Darci Guimarães. *Provas atípicas*. Porto Alegre: Livraria do Advogado, 1998.

RODRIGUES, Silvio. *Dos vícios do consentimento*. São Paulo: Saraiva, 1979.

ROPPO, Enzo. *O contrato*. Coimbra: Almedina, 1988.

SAINT-EXUPÉRY, Antoine. *O Pequeno Príncipe*. 47. ed. Rio de Janeiro: AGIR, 1999. SANSEVERINO, Paulo de Tarso Vieira. *Responsabilidade civil no código do consumidor e a defesa do fornecedor*. São Paulo: Editora Saraiva, 2002.

SANT'ANA, Armando. *Propaganda*: teoria, técnica e prática. 3 ed. São Paulo: Pioneira, 1981.

SARLET, Ingo Wolfgang. *Dignidade da pessoa humana e direitos fundamentais na Constituição brasileira de 1988*. Porto Alegre: Livraria do Advogado, 2001.

SAVIGNY, F. K. *Metodologia jurídica*. Tradução de J. J. Santa-Pinter. Buenos Aires: Depalma, 1979, (Clásicos del Derecho y Ciencias Sociales).

SCHULZ, Fritz. *History of roman legal science*. London: Oxford University Press, 1953.

——. *Derecho romano clássico*. Tradução de José Santa Cruz Teigeiro. Barcelona: Bosch, 1960. Título original do inglês: *Classical roman law*.

——. *Principios de derecho romano*. Tradução de Manuel Abellán Velasco. Madrid: Editorial Civitas, 1990. (Monografias Civitas).

SCHWAB, Dieter. Liberdade contratual e formação de contratos "ex vi legis". *Ajuris*, Porto Alegre, v.14, n.39, p. 16-36, mar. 1987.

——. Validade e controle das "condições gerais de negócios". *Ajuris*, Porto Alegre, n.41, nov. 1987.

SESSAREGO, Carlos Fernández. *Abuso del derecho*. Buenos Aires: Astrea, 1992.

SEVERO, Sérgio. *Os danos extrapatrimoniais*. São Paulo: Saraiva, 1996.

SILVA, Jorge Cesa Ferreira da. *A boa-fé e a violação positiva do contrato*. Rio de Janeiro/São Paulo: Renovar, 2002.

SILVA, Luis Renato Ferreira da. O princípio da igualdade e o código de defesa do consumidor. *Revista de Direito do Consumidor*. São Paulo, v.8, p. 146-156, jan./mar. 1993.

SILVA, Ovídio Araújo Baptista da. *Curso de processo civil*. Porto Alegre: Fabris, 1987.

SÓFOCLES. *Édipo Rei*. Traduzida por Paulo Neves. Porto Alegre: L&PM 1998. (Coleção L& PM Pocket, 129)

STOFFEL, Ângela. *A Publicidade no Código Brasileiro de Defesa do Consumidor*. São Leopoldo, 1999.

STRECK, Lenio Luiz. *Hermenêutica jurídica e(m) crise*: uma exploração hermenêutica da construção do direito. 3.ed. Porto Alegre: Livraria do Advogado, 2002.

TEPEDINO, Gustavo. *Problemas de Direito Civil – Constitucional*. Rio de Janeiro: Renovar, 2000.

TOMASSETTI, Alcides. A configuração constitucional e o modelo normativo do CDC. *Revista de Direito do Consumidor*, São Paulo, v.14, p. 28-40, maio/jun. 1995.

TORRINHA, F. *Dicionário latino português*. 2.ed. Porto: Gráficos Reunidos, 1942.

TRACHTENBERG, Renato. A gangorra. *Revista do CEP*, Porto Alegre, v. 7, n.7, set. 1998.

VAN GOGH, Vincent. *Cartas a Théo*: antologia. Tradução de Pierre Ruprecht. Porto Alegre, 2001. (Coleção L&PM, POCKET)

VERDEN-ZÖLLER, Gerda e ROMESIN, Humberto, *El juego, el camino desdeñado*: Amor y juego fundamentos olvidados de lo humano desde el patriarcado a la democracia, Colección experiencia humana, Instituto de terapia cognitiva, 5ª ed. Santiago do Chile, 1997.

VILLEY, Michel. *Le droit romain*. Paris: Presses Universitaire de France, 1972.

———. *Estudios en torno a la nocion de derecho subjetivo*. Tradução de Alejandro Guzmán Brito e outros. Chile: Ediciones Universitarias de Valparaiso, 1976. 248p. (Colección Jurídica Serie Mayor). Coletânea de artigos publicados e palestras proferidas pelo autor.

WESTERMANN, Harm Peter. *Código Civil Alemão. Direito das obrigações, parte geral*. Tradução de Armindo Edgar Laux. Porto Alegre: Sergio Fabris, 1983.

WIEACKER, Franz. *História do direito privado moderno*. Lisboa: Calouste-Gulbenkian, 1980.

WINTER, Vera Regina Loureiro. A boa-fé no direito privado público: breve estudo comparativo e suas aplicações práticas. *Síntese Trabalhista*, Porto Alegre, v.9, n.104, p. 133-155, fev. 1998.

ZIMERMAN, D.E. *Bion da teoria à prática uma leitura didática*. Porto Alegre: Artes Médicas, 1995.

Anexo

SENTENÇA CASO PEPSI
Sentença da 4ª Vara Cível de Canoas
Processo 08197012548 – Nº da vara: 019113.
Ação: Ordinária.
Autor: Adão Sidnei de Oliveira.
Réu: Pepsi Cola Engarrafadora Ltda.
Prolator: Patrícia Silveira de Araújo.
Data: 25.05.99
Vistos etc.

ADÃO SIDNEI DE OLIVEIRA, qualificado na inicial ajuizou *AÇÃO ORDINÁRIA* contra *PEPSI COLA ENGARRAFADORA LTDA*. Objetivando, em síntese, receber o prêmio de R$ 50.000,00 (cinqüenta mil reais) eis que colecionou tampinhas do refrigerante Pepsi, relativas ao concurso PEPSI GOL.
Tendo encontrado uma tampinha premiada, na primeira semana do concurso, sexta-feira, dia 04.10.96, a tampinha de nº 8, gol de Jardel, foi surpreendido com a negativa da requerida em lhe alcançar o prêmio alcançado, sem qualquer razão para tanto, pois preencheu todos os requisitos exigíveis no concurso mencionado.
Requereu a procedência da ação e juntou documentos.
Citada, as requerida apresentou defesa, onde reconhece a existência do concurso, menciona a existência das regras atinentes à premiação e pré-requisitos exigíveis para a premiação. Insurge-se contra a pretensão esboçada na inicial sob o fundamento de que a tampinha em questão contém falhas, sendo que grande parte dos seus caracteres gráficos estão desconfigurados. Ademais, o seu código de segurança-C2G não se configura em chave correta para a combinação jogador/número do quadrante/valor do prêmio, e não corresponde a nenhuma tampinha vencedora. Requereu a improcedência da ação.
Houve réplica.
Realizada a prova pericial, cujo laudo e esclarecimentos foram justados a fls. 191/211 e 224/227.
Encerrada a instrução, as partes ofereceram memoriais, onde reiteraram as pretensões anteriormente formuladas.

Relatados.

Decido.

Objetiva, a parte autora, o pagamento de um prêmio na quantia de R$ 50.000,00, importância que entende ser devida, em razão de ser possuidor de uma tampa de refrigerante Pepsi Cola premiada, correspondente ao prêmio do dia 04.10,96 – Gol de Jardel 8 Quadrante oito, adquirida por ocasião de Campanha Pepsi Gol levada a efeito pela requerida.

A requerida, tecendo considerações sobre as regras do concurso, refere que o autor não faz *jus* à premiação, porquanto deixou de preencher os requisitos exigíveis, ou seja, referiu que a tampinha que lhe foi apresentada contém incorreções gráficas, não corresponde ao código de segurança.

A demanda improcede.

Com efeito, a requerida realizou campanha promocional visando a contemplar com prêmios os consumidores que possuíssem para a premiação, quais sejam: nome do jogador que bateria a penalidade; número do quadrante ou o nome do goleiro, se a penalidade fosse defendida; o valor do Prêmio; o código de segurança próprio.

A prova pericial efetuada, cujas conclusões são acolhidas pelo Juízo, por se tratar de laudo técnico, adequadamente elaborado e bem fundamentado, com a utilização de critério técnico e comparativo com os demais materiais utilizados, elucidou a divergência travada entre as partes.

Em suas conclusões, o Dr. Perito refere, In *verbis*; *"(...) nas inscrições congtidas na tampa examinada não perceptíveis os caracteres "gol de Jardel", R$5...e C2G, os demais estão totalmente alterados (...). As ausências de entitamente responsável pela impossibilidade de leitura da maioria dos dados originalmente impressos, decorrem de processo subtrativo, provavelmente raspagem. As inscrições da tampa eme xame não confirmam a inscrição premiada na forma proposta pela promoção Pepsi Gol. Os resultados dos estudos técnicos indicam que o algarismo originalmente impresso na tampa dubitada era um "9", conforme ilustrações(...)".*

Ora, não tendo o consumidor preenchido os requisitos exigíveis para auferir o prêmio e, assim sendo, não logrando demonstrar os fatos constitutivos de seu direito (art. 333, I, do CPC, improcedente a pretenção esboçada na inicial.

Face ao Exposto, JULGO IMPROCEDENTE A AÇÃO.

Condeno o vencido ao pagamento de custas processuais e honorários, que fixo em 15% sobre o valor dado à causa. Tal condenação fica suspensa, eis que beneficiário da justiça gratuita. Deixo de impor ao requerido a penalidade prevista no art. 17, do CPC, por entender que a parte não procedeu com má-fé processual.

Registre-se.

Intimem-se.

Canoas, 25 de maio de1999.

Patrícia Silveira Araújo – Pretora

PROMOÇÃO COMERCIAL COM PREMIAÇÃO. RELAÇÃO DE CONSUMO. ÔNUS DA PROVA.

Havendo ponto de dúvida sobre a premiação ou não, restando inerte o fornecedor após toda a chance de esclarecer a dúvida, tem-se que a ação deve ser julgada procedente.

AFASTARAM AS PRELIMINARES, DERAM PROVIMENTO AO PRIMEIRO APELO E NEGARAM PROVIMENTO AO SEGUNDO. UNÂNIME.

APELAÇÃO CÍVEL Nº 70000106377-Canoas
Adão Sidnei de Oliveira, ApelantE/Apelado;
Pepsi Cola Engarrafadora Ltda, Apelante/Apelado.

Acórdão caso Pepsi

Acordam os Desembargadores da Décima Quarta Câmara Cível do Tribunal de Justiça do Estado, à unanimidade, afastar as preliminares, dar provimento ao primeiro apelo e negar provimento ao segundo apelo.

Custas na forma da lei.

Participaram do julgamento, além do signatário, os eminentes Desembargadores AYMORÉ ROQUE POTTES DE MELLO e CARLOS ALBERTO ALVARO DE OLIVEIRA.

Porto Alegre, 24 de abril de 2000.

RUI PORTANOVA,
Presidente e Relator.

RELATÓRIO

ADÃO SIDNEI DE OLIVEIRA propôs ação contra PEPSI COLA ENGARRAFADORA LTDA objetivando receber prêmio de R$ 50.000,00 referente à promoção PEPSI GOL II por possuir uma tampa premiada.

Em contestação, a requerida alegou falhas na tampa e a não correspondência do código de segurança com o de qualquer tampa premiada. Foi realizada prova pericial, que demonstrou existirem indícios de raspagem de informações constantes na tampa.

Em 1º grau a ação foi julgada improcedente, e o autor não foi considerado litigante de má-fé.

As duas partes apresentaram apelação.

Apelou o autor (fls. 268-276), pedindo a condenação da ré, pois a mesma não apresentou a relação dos códigos de segurança das tampas premiadas, que estão registrados em cartório. Em decorrência da não apresentação desses documentos, busca a aplicação do artigo 359 do CPC, para que os fatos alegados sejam tidos como verdadeiros.

O segundo apelo (fls. 278-283), requer a imposição da pena prevista nos artigos 16 a 18 do CPC, em virtude de litigância de má-fé, a indenização relativa aos custos da perícia e a determinação de remessa dos autos ao Ministério Público, tendo em vista o indício da prática de ilícito penal por parte do autor da demanda.

Apresentadas contra-razões, subiram os autos.

Em sessão realizada nesta Câmara, em 28 de outubro de 1999 foi dada a seguinte decisão:

"POR MAIORIA, BAIXARAM EM DILIGÊNCIA PARA QUE, EM TRINTA DIAS, A PEPSI-COLA TRAGA AOS AUTOS CERTIDÃO DO CARTÓRIO ONDE ESTÁ REGISTRADO O PLANO DE RELAÇÃO DO NÚMERO DE SÉRIE DAS TAMPINHAS PREMIADAS. O PROCURADOR DA RÉ, PRESENTE NA SESSÃO, FICA INTIMADO DA PRESENTE DECISÃO."

Remetidos os autos à origem retornaram, juntada pela empresa petição explicando que não foi possível trazer a relação pedida, pois tal documento foi extraviado pela promotora do evento PEPSICO & CIA.

É o relatório.

VOTO

Preliminares

Em sessão, o procurador da Pepsi Cola verbalizou duas preliminares.

A primeira, de incompetência da justiça estadual.

A competência seria da Justiça Federal, porque em caso de não pagamento de prêmio, a Fazenda Federal teria interesse.

A alegação foi afastada, com base na prova dos autos. Ocorre que conforme alegação e documentos juntados, a defesa da Pepsi não se funda na alegação de não pagamento do prêmio, tanto assim, que trouxe documentos, dando conta de que o valor de R$ 50.000,00 referente ao único prêmio pertinente teria sido pago.

Logo, a hipótese de eventual interesse federal não vinga.

A outra preliminar diz com a prescrição. A ação teria sido intentada fora do prazo.

Também pela prova dos autos esta alegação restou afastada.

É bem de ver que o regulamento de fls. 8 e 29 diz que "as tampas da Promoção Pepsi Gol são válidas por 180 dias após o término da promoção (13.12.96)."

Ora, a ação foi intentada em 20/03/97, ou seja, dentro do prazo legal, que escoava em 31.06.97.

Nesta hipótese é o regulamento e não qualquer outra norma que disciplina o prazo prescricional.

Do mérito.

A solução do presente processo do ponto de vista probatório deve ser enfrentada por meio de dois aspectos: uma probabilidade e uma presunção.

Desde logo, anuncio que para o meu convencimento, entre a probabilidade e a presunção não exsurgem certezas, mas dúvidas.

E a dúvida favorece ao autor/apelante.

A probabilidade de que falo é aquela que aparece na complementação do laudo a partir das fls. 192.

Um dos elementos indicativos do prêmio (quadrante 9 ou 8), pelo que aparece na resposta do perito, provavelmente afastaria a premiação. Como se vê na fl. 226 é mais provável que na tampinha estivesse escrito número "9" e não número "8" premiado.

Mas isso é uma probabilidade.

Além do mais, a tampinha tem um outro elemento de identificação do prêmio. Este outro elemento está absolutamente claro na tampa e reveste-se da possibilidade de dar certeza ao juiz.

Trata-se do número de série C2G, cuja referência estaria registrada em Cartório (como diz a declaração unilateral da Pepsi na formulação do regulamento cuja cópia aparece nas fls. 8 e 29) como tampinha premiada ou não.

Esta é uma prova suficiente para possibilitar toda a certeza sobre o destino do presente processo, a qual é plenamente possível de vir para apreciamento, mas que, enfim, não veio ao grampo dos autos.

Ora, pelo princípio do ônus da prova nos termos do Código do Consumidor, a Pepsi deveria trazer tal certidão.

A Pepsi teve todas as possibilidades para tanto. Inclusive, inusitadamente, a prova foi autorizada neste segundo grau.

A inércia da Pepsi, aliada à certeza que poderia advir de um documento registrado em Cartório gera a dúvida.

E a dúvida, repita-se favorece ao consumidor-autor.

Os obstáculos que a Pepsi alegou na primeira instância (fls. 137), dada vênia, não foram adequadamente enfrentados no âmbito jurisdicional de primeiro grau. Ao primeiro, tratando-se de registro público, independe quem seja que fez registrar tal lista. Ao depois, já tendo encerrada a promoção, hoje, já não se corre risco de futura e eventual fraude. Por fim, não se fazia necessário que o registrado apresentasse todos os números contemplados. Bastava certificar, com a fé que porta, se o número de série da tampinha objeto de discussão está entre os contemplados ou não.

Na verdade, vieram para os autos relações que não oferecem a necessária certeza.

Veio a relação (fls. 143) de atletas e quadrantes não premiados, em que aparece no número 207 que o gol do jogador Jardel no quadrante nove, com o Código de Segurança C2G não foi premiado.

Também veio relação (fls. 166/167) das tampinhas ganhadoras com "seus respectivos códigos de segurança", em que não se constata como premiada a tampinha em questão.

Contudo, nenhum dos documentos é aquele que foi registrado em Cartório como refere o folheto constante nas fls. 8 e 29 dos autos.

Argumenta a empresa, após esgotamento do prazo dado à juntada do documento neste grau de jurisdição, que a promotora do evento é a PEPSICO & CIA. e que essa não entregou-lhe os documentos, alegando que os mesmos foram extraviados quando de mudança ocorrida em 1998.

Essa justificativa não pode ser aceita. A tarefa de entregar a relação é da empresa parte deste processo. Além de tudo, o documento não está com a promotora do evento, mas registrado em cartório (como diz a declaração unilateral da Pepsi na formulação do regulamento cuja cópia aparece nas fls. 8 e 29). Ou seja, em primeiro lugar não há como aquela empresa extraviar algo que não está em seu poder. Em segundo lugar, o registro é público e compete à Pepsi trazê-lo aos autos.

Ademais, a alegação, de uma forma ou de outra, centra-se na obrigatoriedade que seria oriunda de fato de terceiro. Aqui, de novo, aplica-se o Código de Defesa do Consumidor, que diz "os fornecedores de produtos de consumo duráveis respondem solidariamente" (artigo 18). A solidariedade também está presente no artigo 19 do CDC, assim como no parágrafo único do artigo 7º que dispõe que "havendo mais de um autor a ofensa, todos responderão solidariamente pela reparação dos danos".

Aproveitando-se da inércia probatória da empresa, o apelante pediu a procedência da ação, invocando o princípio da inversão do ônus da prova em favor do consumidor. Como a Pepsi não fez a prova que lhe competia, pretende que se presuma contra a ré.

Bem, como não se conseguiu resolver esta causa com a certeza consubstanciada pela certidão requerida, cabe utilizar o sistema de presunções.

O CPC trata da exibição de documento ou coisa nos artigos 355 a 363. O juiz pode ordenar que a parte exiba um determinado documento, desde que o faça de forma individualizada, indicando sua finalidade e as circunstâncias que comprovem a posse do documento.

Isto foi feito. Pediu-se que a empresa trouxesse a certidão que contém a relação de tampinha premiadas, com a finalidade de comparar o número de série da tampinha trazida aos autos com aqueles registrados em cartório. A existência do documento é provada com o documento de fls.8 e 29.

Não trazendo aos autos o documento aplica-se o disposto no artigo 359 do CPC, ou seja, admitir-se-ão como verdadeiros os fatos que por meio do documento, a outra parte pretendia provar.

O autor da ação pretendia com esta prova fundamental provar que o número de série C2G está contido na relação registrada em cartório, e que o portador dessa tampinha tem o direito de receber da Pepsi R$ 50.000,00.

Assim, provado está que a tampinha cujo número de série é C2G está registrada em Cartório como sendo a tampinha premiada com as inscrições "Gol do Jardel" e "Quadrante 8", fazendo jus ao prêmio da promoção de cinqüenta mil reais.

ANTE O EXPOSTO, dou provimento ao primeiro apelo e nego provimento ao segundo, para condenar PEPSI COLA ENGARRAFADORA LTDA. a indenizar ADÃO SIDNEI DE OLIVEIRA em R$ 50.000,00, corrigidos monetariamente pelo IGP-M desde a data de 11.10.96, e com a incidência de juros de mora desde a citação. Fixo os honorários do procurador do autor em 20% sobre o valor da condenação.

DES. AYMORÉ ROQUE POTTES DE MELLO (Revisor) – De acordo.

DES. CARLOS ALBERTO ALVARO DE OLIVEIRA – Examino em primeiro lugar, as duas preliminares suscitadas da tribunal pelo eminente advogado da apelada.

A meu juízo, a competência é da Justiça estadual, pois se cuida essencialmente de interesse indenizatório de ente privado em face de outro ente privado. Eventual pretensão da União Federal, como alegado pelo suscitante, não se manifestou nos autos. Como a União Federal não é parte na causa, nem nela interveio, a competência é da Justiça Estadual, nos precisos termos do art. 109, I, da Constituição da República. A esse respeito, bem decidiu a 2.ª Seção do STJ, em acórdão de 26.9.1990, relatado pelo Ministro Athos Carneiro, no julgamento da CC 793-SC, v.u., DJU de 22.10.1990, 0p. 11.649, que se o autor indica como litisconsorte passiva necessária uma empresa pública federal, "antes de citado o apontado litisconsorte e de manifestar o mesmo interesse na demanda, competente para o processo é a Justiça Estadual."

Também rejeito a preliminar de decadência, pois como se verifica da prova produzida nos autos (f. 9) as tampas da Promoção Pepsi Gol seriam válidas por 180 dias após o término da promoção, encerrada em 13.12.1996, e a demanda foi aforada em 20.3.1997 (f. 2).

Dito isso. Passo a examinar o mérito do recurso.

Na divulgação da campanha publicitária está dito, com todas as letras que o código de segurança foi registrado em cartório (f. 29). O documento veio aos autos com a própria contestação da demandada, que o qualifica como "folheto informativo, distribuído aos consumidores nos supermercados, armazéns, pontos de venda, lancherias, atacadistas, distribuidores etc. e, também, inserido no gargalo das embalagens descartáveis" (f. 29).

Ora, a publicidade, o *marketing*, em que o consumidor sempre desempenha um papel meramente passivo e receptivo, caracteriza claramente uma equação de poder (e de riscos). Por isso é perfeitamente compreensível, constituindo mesmo exigência de justiça social, que o anunciante seja responsabilizado pelo que disse ou deixou de dizer (cf., a respeito, Antônio Herman de Vasconcelos e Benjamin, *Código Brasileiro de Defesa do Consumidor*, comentado pelos autores do anteprojeto, 6ª ed., Rio de Janeiro, Forense Universitária, 1999, p. 130). E exatamente nesse sentido estatui o art. 30 do CDC: "toda informação ou publicidade, suficientemente precisa, veiculada por qualquer forma ou meio de comunicação, com relação a produtos e serviços oferecidos ou apresentados, obriga o fornecedor que a fizer veicular ou dela se utilizar e integra o contrato que vier a ser celebrado."

Pois bem. Para que serve o código de segurança, que se divulgou estar registrado em cartório? A resposta é óbvia, para dar segurança à promotora do evento e especialmente ao consumidor. No regulamento do certame, aliás, está dito que o código de segurança tem a finalidade de proteger os próprios consumidores contra possíveis fraudes (f. 27). É preciso ressaltar, nestas alturas, que a perícia realizada comprovou, de modo a não deixar dúvida ou entredúvida, não ter sido rasurado o código de segurança, como se verifica de f. 201 e 202. Assim, respondendo ao quesito terceiro, formulado pelo autor (f. 201), esclarece o experto que "são legíveis na tampa questionada os seguintes caracteres: 'Gol do Jardel...R$ 5...' e, no local correspondente ao código de segurança, 'C2G'." Com maior ênfase, essa conclusão é corroborada na resposta ao quesito primeiro da ré (f. 202), nestes termos: "São perceptíveis, na tampa contestada, os caracteres 'Gol do Jardel..., R$ 5...e C2G', que guardam semelhanças de volume e forma com aqueles correspondentes das tampas-paradigma. Os demais estão totalmente alterados, por supressão de entintamento.

Desde 9 de outubro de 1997, por determinação do MM. Juízo de 1º grau, depois reiterada nesta instância, a demandada foi intimada, sob as penas da lei, a exibir a certidão correspondente ao código de segurança. Todavia, resistiu como pode e de todas maneiras, em conduta que, a meu ver, chega às raias da má fé, alegando necessidade de sigilo e que os documentos estariam em poder da Pepsico, argumentando em momento posterior com seu extravio. Nenhuma das alegações resiste ao menor espírito crítico. Não é possível invocar-se sigilo se é de segurança que se trata e segurança do próprio consumidor, para o qual, segundo o regulamento do concurso, foi exatamente instituído o código de segurança.

Nem se há de falar em extravio de documentos ou posse de terceiros, porquanto registrados em cartório, tendo assim *ex hypothesis* adquirido caráter público, elemento a impossibilitar como é óbvio a perda alegada. Aliás, ao contrário do sustentado pela apelada, não há nos autos prova de que tais documentos, registrados em cartório, tenham sido devolvidos à Pepsico.

Se a própria parte não se interessa em trazer aos autos a prova que se encontra em cartório, determinação judicial da qual foi intimada, obra a seu próprio risco e deve arcar com as conseqüências daí decorrentes. Uma delas está prevista no art. 359, I, do CPC: ao decidir o pedido, o juiz admitirá como verdadeiros os fatos que, por meio do documento, a parte pretendia provar se o requerido não efetuar a exibição, nem justificar adequadamente a recusa.

Esses fundamentos evidenciam, também, não ter ocorrido qualquer alteração da verdade dos fatos por parte do apelante ou qualquer outra circunstância que pudesse contribuir para que se lhe pudesse averbá-lo como litigante de má fé.

Com essas singelas considerações, acompanho integralmente o eminente relator. Rejeito as preliminares e dou provimento à primeira apelação, interposta pelo autor, e nego provimento à segunda.

Decisor(a) de 1º Grau: Dr(a) Patricia Silveira de Araújo